Ricky Greenwald
EMDR in der Psychotherapie
mit Kindern und Jugendlichen
Ein Handbuch

Ausführliche Informationen zu weiteren Büchern aus dem Bereich EMDR sowie zu jedem unserer lieferbaren und geplanten Bücher finden Sie im Internet unter **www.junfermann.de** – mit ausführlichem Infotainment-Angebot zum Junfermann-Programm

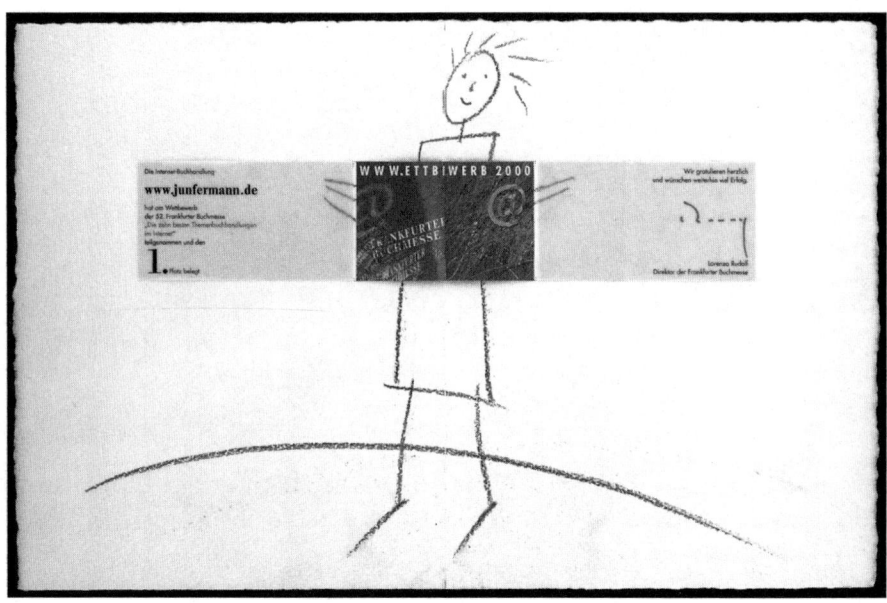

www.junfermann.de: 1. Platz im Wettbewerb
»Beste Themenbuchhandlung im Internet«

Ricky Greenwald

EMDR
in der Psychotherapie
mit Kindern und Jugendlichen

Ein Handbuch

Aus dem Amerikanischen von Theo Kierdorf
in Zusammenarbeit mit Hildegard Höhr

Junfermann Verlag • Paderborn
2001

Copyright © der deutschen Ausgabe: Junfermannsche Verlagsbuchhandlung, Paderborn 2001
Copyright © 1999 by Jason Aronson Inc.
By arrangement with Mark Patterson

Originaltitel: *Eye Movement Desensitization and Reprocessing (EMDR) in Child and Adolescent Psychotherapy*
Erschienen bei Jason Aronson Inc., Northvale, NJ

Übersetzung aus dem Amerikanischen: Theo Kierdorf, in Zusammenarbeit mit Hildegard Höhr

Satz: SpaceType, Köln

Die Deutsche Bibliothek – CIP-Einheitsaufnahme
Greenwald, Ricky:
EMDR in der Psychotherapie mit Kindern und Jugendlichen / Ricky Greenwald
[Übers.: Theo Kierdorf, in Zus.arbeit mit Hildegard Höhr].
Paderborn: Junfermann, 2001

   Einheitssacht.: Eye Movement Desensitization and Reprocessing (EMDR) in Child and Adolescent Psychotherapy <dt.>
   ISBN 3-87387-431-8

ISBN 3-87387-431-8

Inhalt

Vorwort

EMDR (*Eye Movement Desensitization and Reprocessing*) ist eine im letzten Jahrzehnt neu entwickelte Methode für die psychotherapeutische Behandlung von Einzelklienten, die Expositionstechniken und Prinzipien klientzentrierter Therapie auf einzigartige Weise miteinander verbindet. Sehr vereinfacht dargestellt, besteht diese Methode darin, daß der Klient dazu gebracht wird, auf den schwierigsten Aspekt einer belastenden Erinnerung zu fokussieren und gleichzeitig seine Augen hin- und herzubewegen, wobei er den Bewegungen folgt, die der Therapeut mit einer Hand oder einem anderen Objekt ausführt. Die Augenbewegungen erfolgen in einer Geschwindigkeit von einer Hinundherbewegung pro Sekunde, wobei die Gesamtdauer zwischen 20 und 60 Sekunden variieren kann. Nach einer solchen Serie von Augenbewegungen wird der Klient gebeten, zu berichten, was bei ihm »aufgetaucht« ist. Es kann sich dabei um Veränderungen der bildlichen Vorstellungen, Gedanken, Emotionen oder Körperempfindungen handeln (all dies kommt regelmäßig vor). Das, worüber der Klient berichtet, wird zum Fokus für die nächste Serie von Augenbewegungen. Sagt er beispielsweise: »Jetzt fühle ich mich wütender«, antwortet der Therapeut wahrscheinlich: »Konzentrieren Sie sich darauf« und initiiert dann die nächste Serie von Augenbewegungen. Diese Prozedur wird wiederholt, bis der Klient die betreffende Erinnerung nicht mehr als belastend empfindet und sich ihr gegenüber eine positivere, die Integration des Erlebten fördernde Haltung zu eigen machen kann. Um eine möglichst umfassende Wirkung zu erzielen, kann es notwendig sein, mit verwandten Erinnerungen ähnlich zu verfahren, da den akuten Symptomen des Klienten zuweilen mehr als eine traumatische Erinnerung zugrunde liegt.

Es folgt nun eine zusammenfassende Beschreibung der Entwicklung und des augenblicklichen Standes der EMDR-Arbeit mit Kindern und Jugendlichen. Die kurze EMDR-Geschichte ist gekennzeichnet durch ebenso große Begeisterung wie heftige Kontroversen. Francine Shapiros (1989a, b) zunächst »EMD« genannte Methode zur schnellen Behandlung traumatischer Erinnerungen vermochte posttraumatische Belastungsstörung (PTBS) in manchen Fällen in einer einzigen Sitzung zu heilen. Als die EMDR-»Erfinderin« bemerkte, daß nicht alle Therapeuten, die mit der von ihr neu entwickelten Technik arbeiteten, diese auf die gleiche Weise anwandten, wurde ihr die Komplexität der Methode bewußt. Sie erkannte die Bedeutung des »Reprozessierens«, und dies veranlaßte sie dazu, diesen Begriff fortan der ursprünglichen Bezeichnung EMD hinzuzufügen (Shapiro 1991b). Ihre Ausbildungen erweiterte sie dahingehend, daß sie detaillierte Instruktionen und Praktika unter Supervision in Kleingruppen umfaßten, und sie empfahl ein solches Training unter Supervision als Minimalvoraussetzung für die verantwortungsvolle Anwendung ihrer Methode (Shapiro 1991a).

Daß die Resultate in den Veröffentlichungen über EMD und EMDR zunächst sehr stark variierten, hängt wahrscheinlich mit der unterschiedlichen Qualität der Interventionen bzw. der Anwendung der Methode zusammen. Dies führte zu Unstimmigkeiten zwischen adäquat ausgebildeten Therapeuten, die aus eigener Erfahrung wußten, daß EMDR »funktionierte«, und skeptischen Therapeuten und Akademikern, denen die vorliegenden empirischen Daten nicht überzeugend genug erschienen. Die Kluft zwischen diesen beiden Lagern vergrößerte sich noch, weil die Kliniker, die selbst an einer EMDR-Ausbildung teilgenommen hatten, zu positiven Forschungsberichten bereits vor deren Veröffentlichung Zugang hatten und ihnen auch die zahlreichen Mängel derjenigen Studien, die EMDR in einem weniger günstigen Licht erscheinen ließen, deutlicher waren (Greenwald 1996).

Einige neuere Untersuchungen, die ein höheres Maß an Methodentreue bezüglich des revidierten EMDR-Protokolls aufweisen, sind durchaus positiv ausgefallen und bestätigen Francine Shapiros ursprüngliche Ergebnisse. Tatsächlich wird die Wirksamkeit von EMDR durch mehr kontrollierte Studien bestätigt, als dies bei jeder anderen psychotherapeutischen Methode der Traumabehandlung der Fall ist (Shapiro 1996a). Deshalb wird EMDR heute in weiten Kreisen als geeignetes Mittel zur Behandlung von Traumafolgen anerkannt (Chambless et al. 1998; Feske 1998; Greenwald 1996; Shapiro 1996a; van Etten & Taylor 1998) und von vielen als die Methode der Wahl zur Behandlung traumatischer Erinnerungen und ähnlicher Probleme angesehen. Kontroverse Ansichten zu EMDR gibt es zwar nach wie vor, doch entfernen sich einige der hartnäckigsten EMDR-Kritiker in ihrer Argumentation immer weiter vom existierenden Datenmaterial (Greenwald, im Druck).

Die Notwendigkeit einer formellen EMDR-Ausbildung unter Supervision wird von allen Therapeuten, die selbst an einer solchen Ausbildung teilgenommen haben, immer wieder betont (Lipke 1994). Die Erkenntnis, daß Methodentreue für die Qualität der Behandlungsergebnisse entscheidend ist (Greenwald 1996; Lee et al. 1996;

Shapiro 1996*b*), läßt die Qualität der Ausbildung als noch wichtiger erscheinen. Es erhebt sich die Frage, ob das zur Zeit übliche Ausbildungsverfahren zur Meisterung der Methode wirklich ausreicht (Greenwald 1996, 1997*a*). Verantwortungsbewußten Klinikern, die beabsichtigen, EMDR im Rahmen ihrer therapeutischen Arbeit einzusetzen, möchte ich dringend empfehlen, sich um eine möglichst gründliche Ausbildung in dieser Methode zu bemühen.

Zwar können Erinnerungen durch die EMDR-Behandlung verblassen, doch wird die Detailerinnerung während einer solchen Behandlung verstärkt. Caryl McBride (persönliche Mitteilung) hat sich damit beschäftigt, ob EMDR bei kindlichen Mißbrauchsopfern die Erinnerung an Details des erlebten Mißbrauchs verstärkt. Nach dem Standardinterview vor der zuständigen staatlichen Institution wurde EMDR zur Präzisierung zahlreicher Details eingesetzt, von denen viele anschließend von unabhängiger Seite bestätigt wurden. Diese ausgezeichnet geplante Untersuchung führte bei den ersten zwanzig Kindern zu sehr guten Resultaten, doch waren die finanziellen Mittel zur Durchführung des Projekts danach leider erschöpft. Die Studie ist, soweit mir bekannt, weder später fortgesetzt noch jemals publiziert worden. McBrides Resultate stehen im Einklang mit denen von Lipke (1994), der unter 442 Klinikern mit EMDR-Ausbildung eine Umfrage durchführte, von denen 86 Prozent die Ansicht äußerten, daß EMDR mit höherer Wahrscheinlichkeit als andere Methoden unterdrücktes Material wieder zugänglich machen könne.

Welcher Wirkungsmechanismus EMDR zugrunde liegt, ist bisher nicht bekannt. Francine Shapiro vermutet, daß die Anwendung der Methode irgendwie eine Beschleunigung der Informationsverarbeitung zur Folge hat, die es möglich macht, das dysfunktional gespeicherte traumatische Material zu kontaktieren, es schnell zu integrieren und dadurch zu »entschärfen«. Anknüpfend an diese Hypothese haben einige die Vermutung entwickelt, daß dieser vermutete Effekt mit der Traumaktivität in der Phase des REM-Schlafs verwandt sein könnte (z.B. Greenwald 1995; Stickgold 1998). Ungeachtet der eventuellen Wirkung der Augenbewegungen haben andere darauf hingewiesen, daß die EMDR-Methode praktisch alle für eine wirksame Traumatherapie als unverzichtbar geltenden Elemente umfaßt (Hyer & Brandsma 1997; Sweet 1995). Die Frage, wie EMDR letztendlich wirkt, ist von einer schlüssigen Beantwortung noch weit entfernt, und insbesondere die Rolle der Augenbewegungen dabei ist nach wie vor ein Geheimnis.

Wenn auch die meisten EMDR-Studien sich auf die Behandlung von Traumata und/oder PTBS mit Hilfe der Methode beziehen, ist diese auch zur Behandlung vieler anderer Probleme eingesetzt worden, unter anderem bei dissoziativen Störungen,

Trauer, somatischen Störungen, Angststörungen, Depressionen und Suchtkrankheiten (Shapiro 1995). Generell besteht die EMDR-Arbeit darin, die der betreffenden Störung zugrunde liegenden belastenden Erinnerungen zu lokalisieren und zu reprozessieren. Allerdings läßt sich der erfolgreiche Einsatz von EMDR in einigen der genannten Anwendungsbereiche durch die offenbar verstärkende Wirkung von EMDR auf andere Techniken, darunter Hypnose sowie Visualisations-, Affirmations- und Lerntechniken, erklären. Das große Spektrum von Anwendungsmöglichkeiten steht im Einklang mit Shapiros (1995) Vermutung, EMDR begünstige die beschleunigte Informationsverarbeitung. Wenn auch weitere Studien über das potentielle Anwendungsspektrum von EMDR noch ausstehen, läßt sich die Bedeutung der Methode für die Traumabehandlung nicht mehr in Abrede stellen.

EMDR für Kinder und Jugendliche

Auch bei der Behandlung traumatisierter Kinder und Jugendlicher scheint EMDR erstaunliche Erfolge zu ermöglichen, wobei allerdings darauf hingewiesen werden muß, daß Informationen, die sich speziell auf diese Population beziehen, weniger fundiert sind, als dies in anderen Anwendungsbereichen der Fall ist. Es liegen Berichte über Hunderte von Fällen mit generell positiven Resultaten vor (Greenwald 1993c). Veröffentlichte Fallberichte über die Anwendung von EMDR bei Kindern sind einhellig positiv und stehen im Einklang mit den Resultaten entsprechender Behandlungen bei Erwachsenen, mit dem Unterschied, daß der Behandlungserfolg bei Kindern noch schneller eintritt (Cocco & Sharpe 1993; Cohen & Lahad 1997; Greenwald 1993b, 1994a, 1998b, d; Grosso 1996; Mendoza-Weitman 1992; Pellicer 1993; Rodriguez 1997; Shapiro 1991a). Beispielsweise berichtet Greenwald (1994a), daß fünf Kinder, die mehrere Monate nach einem Hurrikan eine oder zwei EMDR-Sitzungen erhielten, dadurch ihr prätraumatisches Symptomniveau erreichten und diese Besserung auch bei einer einen Monat später durchgeführten Nachuntersuchung weiterhin bestand.

Mittlerweile liegen auch Berichte über die ersten kontrollierten EMDR-Studien vor. Da die meisten von ihnen noch nicht veröffentlicht sind, möchte ich hier kurz darüber referieren.

Chemtob und Nakashima (1996) berichten über sehr positive Resultate bei der Anwendung von EMDR zur Behandlung von Kindern, die auf Kauai durch den Hurrikan Iniki traumatisiert worden waren und die auf ein anderes, allgemein als effektiv geltendes Behandlungsprogramm nicht angesprochen hatten. Das Design der Studie umfaßte eine Kontrollgruppe, die erst einige Zeit später als die Testgruppe behandelt wurde, außerdem die unabhängige Beurteilung mit Hilfe mehrerer standardisierter Meßverfahren und die Beteiligung von fünf Therapeuten mit unterschiedlich umfassender EMDR-Ausbildung und unterschiedlicher Erfahrung in der Anwendung der Methode (im Minimalfall eine Level-1-Ausbildung in Verbindung mit einer speziellen EMDR-Ausbildung für die Behandlung von Kindern). Das Behandlungsprotokoll war sehr klar spezifiziert, und es wurden diverse Anstrengungen zur Sicherung von Methodentreue unternommen. Bei den Teilnehmern wurde nach drei Sitzungen ein durchschnittlicher Rückgang der Symptome um 58 Prozent, verglichen mit der ursprünglichen Traumamessung zu Beginn der Behandlung, festgestellt, und dieses Ergebnis lag auch bei einer drei Monate später durchgeführten Kontrolluntersuchung weiterhin vor. Auch bei den Werten in bezug auf Ängste und Depression wurden signifikante Besserungen festgestellt, und die Zahl der Besuche bei der Gesundheitsbeauftragten der Schule nahmen ebenfalls stark ab.

Puffer und Kollegen (1998) berichten über eine Studie mit zwanzig Kindern und Jugendlichen im Alter von 8 bis 17 Jahren, die nichtzufallsgemäß für eine EMDR-Behandlung oder eine verzögerte Behandlung ausgewählt wurden (entsprechend den verfügbaren Zeitkapazitäten). Die Behandlung erfolgte in einer einzigen Sitzung, in welcher auf ein einmaliges traumatisches Erlebnis oder ein Verlusterlebnis fokussiert wurde. Der erste der beiden Autoren führte alle Behandlungen und Beurteilungen sowie mehrere Messungen durch: eine vor der Behandlung, eine im Anschluß daran und eine anläßlich einer 1-2 Monate später durchgeführten Kontrolluntersuchung. Während der einmonatigen Pause nach der Behandlungsphase trat keine Veränderung ein, und zwischen der ersten und letzten Beurteilung wurden bei allen Messungen signifikante Verbesserungen verzeichnet. Bei der besten Messung der Traumasymptome (mit Hilfe der *Impact of Events Scale*) erreichten von den siebzehn Teilnehmern, deren Meßwerte zu Beginn der Arbeit im klinischen Bereich gelegen hatten, elf das Normalniveau, und bei drei weiteren sank der Wert sogar um zwölf oder mehr Punkte, wohingegen die Werte der restlichen drei unverändert blieben. Zu den problematischen Aspekten des Designs dieser Studie zählen unter anderem das Fehlen einer unabhängigen Beurteilung (obwohl in diesem Fall keine rein subjektiven Einschätzungen berücksichtigt wurden) und die Mitwirkung eines Therapeuten, der seine EMDR-Ausbildung noch nicht vollständig abgeschlossen hatte. Außerdem bestanden bei drei Teilnehmern weiterhin Belastungsquellen, weshalb mit ihrer Genesung kaum zu rechnen war. Insgesamt waren die Resultate recht positiv, wenn auch mit mehr Streubreite als die anderer Studien.

Sandra Wilson (persönliche Mitteilung) hat mit Kollegen eine Studie über eine auf drei Sitzungen beschränkte EMDR-Behandlung bei siebzig Kindern im Alter von 8-11 Jahren durchgeführt, bei denen zuvor PTBS (n = 27) oder PTBS-Symptome (n = 43) festgestellt worden waren. Das Design dieser Studie war randomisiert, eine Kontrollgruppe wurde mit einer gewissen Verzögerung behandelt, es nahmen viele gut ausgebildete Therapeuten an der Arbeit teil, und es erfolgte eine unabhängige Blindbeurteilung mittels verschiedener standardisierter Meßverfahren. Obwohl die statistische Analyse dieser Untersuchung noch nicht fertiggestellt ist, lassen die vorläufigen Ergebnisse einen für EMDR extrem günstigen Abschluß erkennen. Wilson merkte an, daß die gelegentlichen Fehlschläge bei der Anwendung dieser Methode in allen Fällen auf das Fortbestehen von Streßquellen zurückzuführen waren.

Rubin & Bischofshausen (1997) berichten über die ersten 27 Teilnehmer einer größeren, in einem Child Guidance Center durchgeführten randomisierten Studie, bei der EMDR als Ergänzung einer generell eklektischen Behandlung der Experimentalgruppe eingesetzt wurde. Bei diesen Teilnehmern war eine Vielzahl von Störungen diagnostiziert worden, und in allen Fällen gab es eine traumatische Vergangenheit. Als Therapeuten fungierten psychotherapeutische Sozialarbeiter mit abgeschlossener EMDR-Ausbildung, die von einem erfahrenen Kindertherapeuten mit EMDR-Ausbildung monatlich Supervision erhielten. Eine unabhängige Beurteilung der Methodentreue stellte Werte zwischen angemessen und gut fest. Ein möglicherweise problematischer Aspekt dieser Untersuchung besteht in der Anwendung relativ grober Meßverfahren, was insbesondere angesichts der Ungleichförmigkeit der Stichprobe relevant sein könnte. Die vorläufigen Ergebnisse verschiedener Messungen fielen entweder neutral oder zugunsten von EMDR aus, wobei einige Unterschiede im signifikanten Bereich lagen. Die endgültigen Resultate dieser Studie sind noch nicht veröffentlicht worden.

Weinberg und Caspers (1997) berichten über eine Pilotstudie, in der EMDR auf eine innovative Weise bei Kindern eingesetzt wurde, die unter einer Lernstörung litten. Sie teilten sechs Jungen (der 3. bis 4. Klasse), deren Fähigkeiten und Umgebungsbedingungen vergleichbar waren, nach dem Zufallsprinzip in zwei Gruppen auf. Die Angehörigen beider Gruppen erhielten acht Wochen lang zweimal wöchentlich eine zehnminütige Einzelbehandlung, in der jeweils auf kürzlich erlebte schwierige oder belastende Situationen in der Schule fokussiert wurde. Dabei erhielt die Experimentalgruppe eine EMDR-Behandlung; in der Kontrollgruppe wurde über die Problemsituation nur geredet. Bei allen drei Kindern der mit EMDR behandelten Gruppe sowie bei einem Kind der Kontrollgruppe besserte sich die Lese- und Schreibfähigkeit, wie die Ergebnisse verschiedener Messungen erkennen lassen, dramatisch; hingegen waren bei den anderen beiden Mitgliedern der Kontrollgruppe keinerlei Veränderungen zu erkennen. Die Kontrolluntersuchungen (Weinberg & Caspers 1998) gelangten zu ähnlichen Ergebnissen, wobei allerdings in jener zweiten Untersuchung nicht alle, die eine EMDR-Behandlung erhalten hatten, so positiv reagierten wie beim ersten Mal. Anzumerken ist, daß beide Studien durch zahlreiche Faktoren relativiert werden, etwa durch die kleine Teilnehmerzahl (*n*) und die Heranziehung von Kindern mit unbehandelten schweren Traumata, bei denen vernünftigerweise nicht zu erwarten war, daß sie auf die Interventionen, bei denen es um geringfügigere, mit der Schule zusammenhängende Erlebnisse ging, voll ansprachen.

Mehrere Forscher haben versucht, an traumatischen Erinnerungen mit Hilfe von EMDR zu arbeiten, um Tendenzen zu kriminellem Verhalten bzw. zum Ausagieren zu verringern. Soberman und Kollegen (1998) führten bei der Hälfte einer Gruppe von 29 zum Ausagieren tendierenden Jungen im Alter zwischen 10 und 16 Jahren, die wegen ihrer Probleme in stationärer oder ambulanter Behandlung waren, zusätzlich zur üblichen Standardbehandlung drei EMDR-Sitzungen durch, in denen auf eine bestimmte traumatische Erinnerung fokussiert wurde. Die Zuweisung zu den beiden Teilgruppen erfolgte in dieser Studie nach dem Zufallsprinzip, es wurden mehrere traumafokussierte Messungen sowie Verhaltensmessungen unterschiedlicher Art durchgeführt, von denen die meisten von unabhängiger Seite überprüft wurden, und die EMDR-Behandlungen wurden von einem voll ausgebildeten erfahrenen EMDR-Therapeuten vorgenommen. Problematisch am Design dieser Studie war der Einsatz eines einzigen EMDR-Therapeuten, der zudem auch die Selbstbericht-Formulare austeilte, sowie das Fehlen einer unabhängigen Verifikation der Methodentreue. Die auf die behandelte Erinnerung bezogene Traumamessung zeigte wesentlich stärkere Veränderungen an als die allgemeinen Traumamessungen – was wahrscheinlich ein Zeichen dafür war, daß weitere Traumata existierten, die nicht behandelt worden waren. Die Behandlungsresultate der mit EMDR behandelten Teilgruppe fielen wesentlich besser aus als die Behandlungsresultate der Kontrollgruppe: Bei der ersteren waren zuvor festgestellte problematische Verhaltensweisen noch drei Monate nach der Behandlung, zum Zeitpunkt der Durchführung einer Kontrolluntersuchung, um fast die Hälfte verringert.

Datta und Wallace (1996) berichten über die Behandlung von zehn inhaftierten männlichen Sexualstraftätern, die selbst ebenfalls sexuell mißbraucht worden waren. Nach durchschnittlich drei auf ihre eigene Traumageschichte fokussierenden EMDR-Sitzungen in Verbindung mit einer Standardbehandlung wurde die Empathie der

Teilnehmer für Mißbrauchsopfer signifikant stärker, wobei davon auszugehen ist, daß mitfühlende Empfindungen dieser Art mit einer Fortsetzung des Mißbrauchsverhaltens nicht zu vereinbaren sind. Anläßlich einer Überprüfung der Behandlungsergebnisse nach einem Jahr erwies sich der Zuwachs an Empathie als weiterhin stabil, und auch der Belastungsgrad (SUD-Wert) und das gesteigerte Selbstwertgefühl (VoC) im Hinblick auf die anvisierten traumatischen Erinnerungen waren in der durch die Behandlung erreichten Stärke erhalten geblieben. Ähnliche Empathiezuwächse ließen sich bei den Kontrollgruppen nicht erkennen. Zu den problematischen Aspekten des Designs dieser Studie zählen das Fehlen einer unabhängigen Beurteilung sowie die Tatsache, daß die Validität der Empathiemessung noch nicht völlig erwiesen ist. Aus Informationen über einzelne Teilnehmer geht hervor, daß bei vielen objektive Verhaltensverbesserungen eintraten, unter anderem spontane Bemühungen um Wiedergutmachung den Opfern gegenüber, bessere Ergebnisse bei IQ-Tests, bessere schulische Leistungen und beispielhaftes Verhalten innerhalb der Gemeinschaft.

Scheck und Kollegen (1998) berichten über die Behandlung einer zum Ausagieren tendierenden Stichprobe aus einem Hochrisiko-Milieu, zu der sowohl weibliche Jugendliche (im Alter zwischen 16 und 19 Jahren, $n = 18$) als auch junge erwachsene Frauen (im Alter zwischen 20 und 25 Jahren, $n = 42$) gehörten. Alle Teilnehmer berichteten über traumatische Erlebnisse, und mehr als drei Viertel der Gruppe erfüllten die Kriterien für PTBS. Die Teilnehmer der Studie wurden nach dem Zufallsprinzip entweder der EMDR-Gruppe oder einer Kontrollgruppe zugeteilt, die mit Aktivem Zuhören behandelt wurde. Die Teilnehmer beider Gruppen erhielten jeweils zwei Behandlungssitzungen, die auf die traumatischen Erinnerungen der Betreffenden fokussierten. Die unabhängige Blindbeurteilung mit Hilfe von fünf standardisierten Messungen, welche vor und nach der Behandlung durchgeführt wurden, ließ erkennen, daß beide Behandlungsmethoden von Nutzen gewesen waren, wobei EMDR offensichtlich eine stärkere Wirkung gehabt hatte. Die Mitglieder der mit EMDR behandelten Gruppe erzielten bei allen Messungen nach der Behandlung normale (nichtklinische) Werte, wohingegen bei der mit Aktivem Zuhören behandelten Gruppe nur ein Resultat in diesen Bereich fiel. Eine drei Monate später durchgeführte Überprüfung einer Teilstichprobe zeigte, daß die erzielten Resultate Bestand hatten. Hinsichtlich der Wirkung von EMDR wurden im Rahmen dieser Studie keine Unterschiede bei weiblichen Jugendlichen bzw. jungen Erwachsenen festgestellt (Judith Schaeffer, persönliche Mitteilung).

Zusammenfassend können wir feststellen, daß (1) EMDR bei Kindern und Erwachsenen in etwa genauso wirksam zu sein scheint wie bei Erwachsenen, wobei die Resultate bei ersteren in vielen Fällen sogar schneller erreicht werden; daß (2) die Behandlung traumatischer Erinnerungen mit EMDR ein großes Spektrum von Verhaltensweisen beeinflussen kann; und daß (3) für die Anwendung von EMDR bei Kindern ein etwas anderes technisches Repertoire erforderlich ist als für die EMDR-Arbeit mit Erwachsenen. Ungeachtet dessen, daß wohl noch viele weitere Studien erforderlich sind, unterstützen die vorliegenden Untersuchungsergebnisse die Annahme, daß die *Wirkung* von EMDR *um so stärker* ist, *je jünger* die behandelten Klienten sind. Da EMDR allem Anschein nach sowohl unbedenklich als auch wirksam ist (Greenwald 1993c; Lipke 1994) und da die Anwendung dieser Methode die gleichzeitige Arbeit mit anderen Ansätzen nicht behindert, brauchen Kliniker nicht auf die Ergebnisse weiterer Studien zu warten, bevor sie mit der verantwortungsvollen Anwendung von EMDR bei Kindern und Jugendlichen beginnen (Greenwald 1998b). Eine gründliche Ausbildung und anschließende Praxis unter Supervision sind erforderlich, um sowohl die Sicherheit des Klienten als auch die zuverlässige Wirkung der Methode zu gewährleisten. Und da die EMDR-Arbeit mit Kindern und Jugendlichen ein etwas anderes Repertoire an EMDR-Interventionen erfordert als bei der Arbeit mit Erwachsenen, sollten Kliniker, die diese Populationen mit EMDR behandeln wollen, auch über diese speziellen Kenntnisse und Fähigkeiten verfügen. In diesem Zusammenhang möchte ich darauf hinweisen, daß die Untersuchungen, die die Wirksamkeit von EMDR bestätigen, sich auf die Anwendung des EMDR-Standardprotokolls beziehen und daß auch die vorliegenden Studien über die EMDR-Arbeit mit Kindern und Jugendlichen sich relativ stark an den Vorgaben des Standardprotokolls orientieren. Trotz der zahlreichen technischen Varianten, die für die Arbeit mit Kindern und Jugendlichen zur Verfügung stehen und die im Bedarfsfall angewendet werden können, sollte die Orientierung am Standardprotokoll wenn irgend möglich Vorrang haben.

Danksagung

ZUNÄCHST MÖCHTE ICH Dianne Lynn für ihre Unterstützung bei meiner Arbeit an diesem Buch danken, die sie mir trotz der dadurch hervorgerufenen finanziellen Engpässe niemals entzog.

Mein Dank gilt weiterhin Marlene Miller und Lisa Sieverts, die mir geholfen haben, zu lernen, mich für alle Kinder verantwortlich zu fühlen – selbst für Kinder, die ich gar nicht kenne.

Ich danke auch den vielen Klinikern, die mit im Laufe der Jahre ihre Erkenntnisse, Fallgeschichten und Fragen mitgeteilt haben. Das vorliegende Buch enthält gewissermaßen die gesammelte klinische Erfahrung einer Gemeinschaft von Psychotherapeuten. Einige Mitglieder dieser Gemeinschaft möchte ich hier namentlich nennen, wobei ich mir der Gefahr bewußt bin, daß ich unabsichtlich einige zu erwähnen versäume, die diese Anerkennung ebenfalls verdient hätten.

Ich danke Francine Shapiro und Robbie Dunton für ihre Pionierleistungen bei der Entwicklung von Techniken für die EMDR-Behandlung von Kindern. Das grundlegende Protokoll für die Behandlung von Kindern, das Francine in den Level-I-Trainings vorgestellt hat, und die Innovationen, die Robbie in der Gemeinschaft der EMDR-Therapeuten so großzügig verbreitet hat, bilden die Grundlage dieses Buches über EMDR-bezogene behandlungstechnische Innovationen. Francines Aufforderung, die EMDR-Arbeit mit Kindern zu vereinfachen und kreativ zu gestalten, ist von vielen Praktikern aufgegriffen und mit gutem Erfolg umgesetzt worden. Robbies zahlreiche Erkenntnisse sowie die von ihr entwickelten »Schubladen«- und »Behälter«-Metaphern haben vielen anderen Therapeuten insbesondere zu Beginn ihrer EMDR-Arbeit mit Kindern gute Dienste geleistet. Außerdem möchte ich Francine und Robbie ganz generell für ihre Ermutigung und Unterstützung über die Jahre danken.

Danken möchte ich weiterhin auch all jenen, die (manchmal sogar unabsichtlich) Material zu diesem Buch beigesteuert haben: Michael Abruzzese, Joy Armstrong, Sue Bishop, Ari Blatt, Judith Boel, Pamela Carlton, Georgia Carpenter, den früheren Mitgliedern der *Child and Adolescent Specialty Group* (Jane Hadley, Jack Hennessey, Virginia Lewis, Linda Martin, Liz Mendoza, Elizabeth Myers, Alice Ruzicka und anderen), Nick Cocco, Purna Datta, Philip Dutton, Frederico C. Grosso, Michael Harris, Faye B. Heller, Jeanne Hoffman, Greg Keck, Joan Lovett, Theresa Marshall, Terry Martin, Joanne May, Rick McMahon, Carol Naumann, Linda Neider, Sandra Paulsen, Jerry Powell, Stephen Reiter, Caroline Sakai, Anne Samson, Zvia Silberman, Diane Spindler-Ranta, Jean Sutton, Yoshinori Takasaki, Bob Tinker, Shannon Tolson, Marilyn Vargas-Lobato, Silke Vogelman-Sine, Jane Wakefield und Jesse Work.

Ich danke auch all jenen, die mir zu Teilen dieses Buches editorische Vorschläge gemacht haben: Michael Abruzzese, James L. Bibb, Judy Boore, Robbie Dunton, Ruth Grainger, Jill Greenwald, Jeanne Hoffman, LaVay Lau, Dianne Lynn, Dennis McLaughlin, Carol Nowak, Sandra Paulsen, Phil Robbins, Don Rosenberg, Francine Shapiro, Roger Solomon und Silke Vogelman-Sine.

Teile des Vorworts sind erstmals 1998 in der Zeitschrift *Clinical Child Psychology and Psychiatry* erschienen und werden hier mit Genehmigung des Originalverlags wiedergegeben.

Einleitung

EINE DER GRÖSSTEN EHRUNGEN in meinem Leben ist mir vor einigen Jahren widerfahren, als ich einen Anruf von meiner Mutter erhielt, die selbst Psychotherapeutin ist. Sie fragte mich: »Rick, meinst du, du könntest mit einigen meiner Klienten EMDR-Sitzungen durchführen?« Meine Mutter ist nicht nur eine sehr erfahrene und kompetente Therapeutin, sondern auch eine meiner Therapie-Heldinnen. Unsere gemeinsamen Fallbesprechungen waren weitaus lehrreicher für mich als meine gesamte Ausbildung während der höheren Fachsemester. Allerdings war diese Anfrage für mich auch ein ziemlicher Schock. Ich hatte meiner Mutter schon seit längerem immer wieder über EMDR berichtet, und sie hatte darauf stets mit Bemerkungen wie: »Ach, das klingt ja interessant, mein Junge« reagiert. Und jetzt bat sie mich, einigen ihrer Klienten zu helfen, traumabedingte Behandlungsstillstände zu überwinden!

Bei einer von mir durchgeführten EMDR-Sitzung war meine Mutter als Beobachterin zugegen. Natürlich fragte ich sie danach: »Was für einen Eindruck hast du gewonnen?« Sie antwortete: »Ich fand sehr interessant, daß sich [der Klient] so schnell verändert hat. Wirklich *sehr* merkwürdig! Aber, weißt du, im Grunde mache ich viele von diesen Dingen selbst auch.« Ich entgegnete: »Es ist eben Therapie, Mom.«

Ich mag EMDR, weil es Menschen, die unter bestimmten Problemen leiden, ermöglicht, sich schnell besser zu fühlen. Doch ist EMDR kein *Ersatz* für Therapie, sondern *selbst eine therapeutische Methode,* ein Werkzeug, das ein Therapeut bei seiner Arbeit benutzen kann. Manchmal vergleiche ich EMDR mit Penicillin, denn ebenso wie dieses scheint auch EMDR seine Funktion besser zu erfüllen als alles, was vorher für die betreffenden Zwecke zur Verfügung stand. Und ebenso wie Penicillin kann auch EMDR bei bestimmten Behandlungen eine Schlüsselrolle spielen. Natürlich müssen Therapeuten, die eine EMDR-Ausbildung haben, unabhängig davon gute Therapeuten sein; sie müssen sich auf ihren Spezialgebieten auskennen, und sie müssen EMDR ihrem klinischen Urteil entsprechend und im Rahmen eines umfassenden Behandlungskonzepts nicht nur kompetent, sondern auch selektiv einsetzen. Man kann nicht ausschließlich mit EMDR arbeiten.

Traumata sind in meinen Augen unvollständig verarbeitete belastende Erlebnisse und einer der Hauptgründe für die psychischen Störungen und Verhaltensprobleme, die bei Kindern auftreten. Ich gehe in diesem Buch von einem erweiterten Verständnis der Traumatheorie aus, das man zusammenfassen könnte in dem Satz, daß Probleme durch Erfahrungen entstehen. Ich werde beschreiben, wie ich eine vollständige Behandlung aus der Perspektive der Traumaorientierung gestalte und wie ich in diesem Rahmen verschiedene die Familie und Individuen betreffende Interventionen einsetzen würde. EMDR läßt sich keineswegs nur für die Behandlung von Traumata verwenden. Bei einer Therapie resultiert das Behandlungskonzept stets aus der Fallbeschreibung, und EMDR wird in einem solchen Zusammenhang dann eingesetzt, wenn es als adäquat erscheint.

Das vorliegende Buch konzentriert sich auf den Einsatz von EMDR bei Kindern und Jugendlichen. EMDR ist eine noch recht neue Methode, und die meisten Varianten dieser Methode, die bei Kindern und Jugendlichen Anwendung finden, sind noch jüngeren Ursprungs. Ein Großteil des hier beschriebenen Materials war bisher noch nicht veröffentlicht.

Ich habe dieses Buch für all jene geschrieben, die lernen wollen, therapeutisch mit Kindern und Jugendlichen zu arbeiten, oder ihre diesbezüglichen Kenntnisse erweitern wollen. Aus der Trauma-Orientierung bei der Durchführung einer Therapie in verschiedenen EMDR-Anwendungsbereichen sind einige innovative und effektive Ansätze zum Umgang mit typischen Behandlungsproblemen entwickelt worden. Die Anwendung von EMDR in einer Therapie erfordert eine gründliche Ausbildung und Supervision, wie sie ein Buch allein niemals leisten kann. Doch können Leser, die bereits an einer EMDR-Ausbildung teilgenommen haben, dieses Buch als Leitfaden für die Anwendung von EMDR bei der Behandlung von Kindern und Jugendlichen benutzen.

Der Behandlungsansatz, den ich hier beschreibe, spiegelt, wie ich mit traumatischen Erlebnissen im Kindesalter zusammenhängende Konzepte in meine klinische Praxis einbeziehe. In den neunziger Jahren des 20. Jahrhunderts hat das Interesse an der Wirkung traumatischer Erlebnisse auf das Leben von Kindern, begleitet von entsprechenden Forschungsaktivitäten, in ungeahntem Maße zugenommen – eine Entwicklung, an der ich aktiv beteiligt war. Schon zu Beginn meiner beruflichen Laufbahn wurde mir klar, daß viele Probleme mit unverarbeiteten Verlusterfahrungen zusammenhängen, die man sowohl im Rahmen einer Einzelbehandlung als auch einer Familientherapie bearbeiten kann. Später, als mir die Bedeutung traumatischer Erlebnisse klarer wurde, bezog ich dieses Bewußtsein in meinen ursprünglichen Ansatz ein, was sowohl mit dem Ursprung der Symptome im persönlichen Erleben als auch mit den Prinzipien der therapeutischen Behandlung im Einklang stand.

Ich erlernte die Anwendung von EMDR im Jahre 1992. Ich arbeitete damals nach schweren Wirbelstürmen als psychotherapeutischer Helfer. Ich mußte in diesen Situationen alle meine Kenntnisse in der klinischen Behandlung von Kindern und Familien aktivieren, und auch meine Spezialausbildungen in akuter Krisenintervention und in EMDR waren mir sehr von Nutzen. Die Arbeit fand statt unter Menschen, die auf Schulhöfen und in Büros in Schlangen auf die Ausgabe von Lebensmittelmarken warteten. Die Erfahrung, so viele Menschen mit akuten posttraumatischen Reaktionen zu behandeln, und zwar oft mit erstaunlicher Effizienz und großem Erfolg, war für mich von unschätzbarem Wert. In einer akuten Traumasituation vermag der sachkundige Kontakt mit Klienten innerhalb eines bestimmten Zeitfensters die Entstehung einer posttraumatischen Belastungsstörung (PTBS) zu verhindern. Ich hatte das Gefühl, Einzelnen und Familien bei der Lösung von Problemen zu helfen, bevor diese sich richtig festsetzen konnten – Probleme, die andernfalls jahrelanges Leiden nach sich gezogen hätten. Noch nie hatte ich in so kurzer Zeit eine so deutliche Wirkung erzielt, und nie zuvor hatte ich soviel Freude bei meiner Arbeit wie in jenen Situationen. Ich spielte sogar mit dem Gedanken, Katastrophenpsychologe zu werden.

Unglücklicherweise müssen Katastrophenpsychologen meist über lange Zeiträume auf freiwilliger Basis arbeiten und jederzeit bereit sein, zu einem plötzlichen Einsatz aufzubrechen, bevor sie irgendwann in der Lage sind, mit dieser Tätigkeit ihren Lebensunterhalt zu verdienen. Deshalb beschloß ich, mich auf die Behandlung von Kindheitstraumata zu konzentrieren und weiter als Kinder- und Familientherapeut zu arbeiten. Irgendwann entwickelte sich dann mein ursprünglicher Ansatz, der sich auf unverarbeitete Verlusterfahrungen konzentrierte, zu einer Orientierung auf unverarbeitete Traumata hin, und ich fing an, Verlusterfahrungen als traumaartige Erlebnisse zu verstehen. Im Laufe der Zeit machte ich es mir zur Gewohnheit, die Prinzipien der Traumabehandlung generell bei jeder Behandlung anzuwenden. Doch erst als ich anfing, als klinischer Supervisor angehende Therapeuten zu betreuen, wurde mir klar, daß ich einen neuen systematischen Ansatz zur Behandlung von Kindern und Familien entwickelt hatte.

Eine wichtige Informationsquelle für das vorliegende Buch war eine informelle interne Publikation des EMDR-Instituts (Greenwald 1993c), die für bereits in EMDR und in der therapeutischen Arbeit mit Kindern ausgebildete Therapeuten bestimmt ist und die diesen helfen soll, für erwachsene Klienten konzipierte Methoden auf die Behandlung jüngerer Klienten zu übertragen. Als ich im Jahre 1992 an der Zusammenstellung dieses Leitfadens arbeitete und zu diesem Zweck zahlreiche EMDR-Praktiker befragte, fielen mir zwei Dinge auf. Erstens konnte ich insgesamt nur dreißig Therapeuten aufspüren, die EMDR bei der Arbeit mit Kindern anwandten (wobei es durchaus möglich ist, daß mir ein paar entgangen sind). Zweitens benutzten diese Kliniker sehr unterschiedliche Techniken, und sie waren in ihrer Arbeit in sehr unterschiedlichem Maße erfolgreich. Viele wußten im Grunde einfach nicht, was sie tun sollten, wohingegen andere eine stattliche Anzahl kreativer Ansätze entwickelt hatten. Offenbar gab es kein allgemein akzeptiertes Repertoire an Standardverfahren für die Anwendung von EMDR bei Kindern, und dies spiegelte sich in den eher zufälligen Resultaten, über die berichtet wurde. (Von regelrechten Mißerfolgen war bei jener Befragung kaum die Rede, doch waren viele gar nicht bereit, eine EMDR-Therapie bei Kindern auch nur auszuprobieren.) In dem Leitfaden, den ich damals zusammenstellte, wurden Techniken und Protokolle beschrieben, die ich aus den Gesprächen mit jenen EMDR-Praktikern abgeleitet hatte, außerdem Protokolle von Zusammenkünften der *Child and Adolescent Special Interest Group*, Vorträge, die auf Konferenzen gehalten worden waren, publizierte Artikel zum Thema sowie einige von mir selbst entwickelte Innovationen und eigene Fallstudien.

Das vorliegende Buch erscheint zu einer Zeit, die von Veränderungen geprägt ist. Mittlerweile ist die empirische Bestätigung für die Wirksamkeit von EMDR so überzeugend, daß das allgemeine Interesse an der Methode erheblich zugenommen hat. Viele Therapeuten möchten sich heute darüber informieren, was EMDR ist, wie es angewandt wird und ob sie selbst lernen sollten, damit zu arbeiten. Außerdem hat die Tatsache, daß heute viele Tausend Kliniker eine EMDR-Ausbildung haben und daß solche Ausbildungen mittlerweile so zahlreich angeboten werden, zur Folge, daß die in diesem Buch enthaltene Information einem wesentlich größeren Interessentenkreis zur Verfügung steht, als dies noch vor einigen Jahren der Fall gewesen wäre. Des weiteren könnten zahlreiche Neuentwicklungen hinsichtlich der EMDR-Arbeit mit Kindern und Jugendlichen einbezogen werden. Dieses Material entstammt Konferenzbeiträgen, Zeitschriftenartikeln, zahlreichen Gesprächen mit Kollegen, Internet-Diskussionen und meiner eigenen Erfahrung als Berater und Kliniker. Ich habe mein Bestes getan, um alles, was mit der Anwendung von EMDR bei Kindern und Jugendlichen zusammenhängt, in dieses Buch aufzunehmen.

Teil I meiner Darstellung beschäftigt sich allgemein mit der therapeutischen Anwendung von EMDR bei Kindern und Jugendlichen. Kapitel 1 enthält mehrere Fall-Vignetten, außerdem Fallgeschichten und Teile von Sitzungstranskripten, um dem Leser ein grundlegendes Verständnis dessen zu vermitteln, was in einer traumafokussierten EMDR-Sitzung mit Kindern und Jugendlichen geschieht. Im gesamten Verlauf des Buches werden immer wieder Fälle geschildert und Ausschnitte aus Sitzungen wiedergegeben. Um die Privatsphäre Beteiligter zu wahren, sind Namen und andere persönliche Merkmale der geschilderten Personen generell abgeändert worden. Einige Vignetten basieren auf realen Fällen, andere wurden aus Elementen verschiedener realer Fälle zusammengestellt.

In Kapitel 2 und 3 wird ein allgemeiner traumaorientierter Ansatz für die Behandlung von Kindern beschrieben, um zu veranschaulichen, wie EMDR selbst bei Problemen kreativ benutzt werden kann, von denen gewöhnlich nicht angenommen wird, daß sie auf Traumata basieren. Die Trauma-Orientierung soll keineswegs andere Arten des Verständnisses kindlicher Probleme ersetzen (z.B. die systemische, verhaltenspsychologische, psychodynamische oder physiologische Sichtweise); vielmehr organisiert sie jene anderen Perspektiven auf eine bestimmte Weise. Mein Ziel ist, integrative Behandlungsansätze, einschließlich EMDR, unter der Leitidee der Traumaorientierung zu präsentieren. Die hier beschriebenen Interventionen beziehen sich auf ein bestimmtes Ausgangsproblem – expansive Verhaltensstörungen. Unter solchen Störungen leidende Kinder erscheinen häufig in der Praxis, und ihnen gilt mein besonderes Interesse. Doch läßt sich mein genereller Ansatz – ebenso wie viele der beschriebenen Interventionen – leicht auf völlig andere Arten von Problemen übertragen. In Kapitel 2 wird ein umfassender Behandlungsansatz für verhaltensgestörte Jungen in der Latenzperiode beschrieben, wobei Komponenten der Familien- und der Einzeltherapie und eventuell auch medikamentöse und edukative Maßnahmen einbezogen werden. In Kapitel 3 wird ein integratives individualtherapeutisches Protokoll für Jugendliche mit Störungen des Sozialverhaltens vorgestellt.

Teil II des Buches befaßt sich mit dem technischen Repertoire für die Anwendung von EMDR bei Kindern und Jugendlichen. Dort ist ein Überblick über das EMDR-Standardprotokoll für Erwachsene zu finden, und es werden detaillierte Erläuterungen und Instruktionen für Abwandlungen des Standardprotokolls gegeben, wie sie bei seiner Anwendung in der Arbeit mit Kindern und Jugendlichen notwendig werden können.

Teil III beschäftigt sich mit speziellen Anwendungen der Trauma-Orientierung und von EMDR, wobei besondere Aspekte der Arbeit mit verschiedenen Altersstufen, bei diversen Ausgangsproblemen und in unterschiedlichen Behandlungskontexten berücksichtigt werden.

Die einzelnen Kapitel befassen sich mit der Situation bei Säuglingen, sehr kleinen Kindern, in der Familientherapie und beim Problem des Bettnässens. In Kapitel 12 werden besondere Aspekte für weitere spezielle Populationen und andere Behandlungszusammenhänge beschrieben.

In den Anhängen werden Ressourcen für die Beschaffung einer großen Vielfalt von Informationen über Kindheitstraumata und EMDR genannt. Unter anderem werden dort auch Maßnahmen beschrieben, die bei akuten traumatischen Erlebnissen von Kindern getroffen werden sollten; es werden Quellen für den Bezug von Merkblättern für Eltern angegeben, es wird auf wissenschaftliche Artikel zum Thema sowie auf Ausbildungsmöglichkeiten hingewiesen. Dies alles finden Sie in Anhang A. Anhang B enthält eine konzentrierte Beschreibung des Phänomens der Traumatisierung von Kindern als Grundlage der klinischen Orientierung des vorliegenden Buches.

Aus zwei Gründen wurde im gesamten Text fast generell auf Quellenhinweise verzichtet. Erstens basiert der Ansatz, den ich beschreibe, auf der Integration der Traumaorientierung mit allgemein akzeptierten klinischen Prinzipien. Zweitens weiß ich bei einem großen Teil der EMDR-spezifischen technischen Innovationen nicht, woher das Material tatsächlich stammt. Die rege informelle Kommunikation zwischen EMDR-Praktikern macht es oft sehr schwierig zurückzuverfolgen, wo genau eine bestimmte Technik ihren Ursprung hatte. In vielen Fällen bin ich mir nicht einmal mehr sicher, ob ich etwas selbst entwickelt habe, ob ich es irgendwo gehört habe oder, was ebensogut der Fall sein kann, ob ich etwas gehört und dann modifiziert habe. Sofern mir eine Quelle zweifelsfrei bekannt war, habe ich dies angegeben.

Das vorliegende Buch erfüllt mehrere Funktionen. Erstens ist es eine Einführung in einen traumabasierten integrativen Ansatz zur psychotherapeutischen Behandlung von Kindern und Jugendlichen unter Einbeziehung der selektiven Anwendung von EMDR. Außerdem kann es Klinikern, die theoretischen und technischen Rat zur Anwendung von EMDR bei Kindern und Jugendlichen suchen, als Nachschlagewerk dienen, und schließlich fungiert es als aktuelle Dokumentation für Trainings- und Forschungszwecke. Ich hoffe, daß dieses Buch all jene ermutigt, die diesen Ansatz weiterentwickeln wollen, und ihnen Rohmaterial liefert. Für Weiterentwicklungen gibt es genügend Gründe und ebensoviel Raum, und ich freue mich schon jetzt darauf, Erkenntnisse und Innovationen von Lesern in eine zukünftige Neuauflage dieses Buches aufzunehmen.

Teil I

EMDR in der Psychotherapie mit Kindern und Jugendlichen

1

Traumata bei Kindern und Jugendlichen

EMDR IST VOR ALLEM ALS METHODE zur Behandlung traumatischer Erinnerungen bekannt, und die in diesem Kapitel vorgestellten Vignetten vermitteln einen Eindruck von diesem klassischen EMDR-Anwendungsgebiet. Allerdings ist es ungewöhnlich, EMDR als *einzige* Methode zur Behandlung separater traumatischer Erinnerungen zu verwenden, obgleich dies in manchen Fällen erforderlich ist, beispielsweise wenn einem Betroffenen zunächst einmal zu einer gewisse Linderung verholfen werden soll. Meist jedoch findet Traumaarbeit mit EMDR im Rahmen eines umfassenderen Behandlungsansatzes statt. Eine detailliertere Beschreibung von EMDR als Methode folgt in Teil II dieses Buches.

Das EMDR-Protokoll umfaßt eine Folge von Schritten, die den Klienten auf die potentiellen Schwierigkeiten bei der Verarbeitung belastender Erinnerungsdetails vorbereiten, diese Verarbeitung erleichtern, die Reorganisation der Erinnerungen unterstützen und schließlich den Fortbestand der Errungenschaften sichern sollen. Außerdem gibt es spezielle Techniken zur Lösung von Problemen in schwierigen Situationen.

Varianten des EMDR-Standardprotokolls für Erwachsene können auch zur Behandlung von Kindern benutzt werden, wobei Erfordernisse des spezifischen Alters und des konkreten Falls berücksichtigt werden müssen. Das Standardprotokoll wird für die Arbeit mit Kindern und Jugendlichen oft vereinfacht, und einige Komponenten müssen gelegentlich modifiziert werden.

Die folgenden Vignetten beinhalten eine Kombination aus Fallbeschreibung und auszugsweiser Wiedergabe des Dialogs während der Sitzungen sowie einen Kommentar. Die hier und an anderer Stelle in diesem Buch beschriebenen Fälle sind typisch für meinen persönlichen Therapiestil.

Fall-Vignetten

Russell

Nach dem Hurrikan Iniki, der am 11. September 1992 die Insel Kaui heimsuchte, wurden auf der ganzen Insel Hilfszentren für die Katastrophenopfer eingerichtet. In der zweiten Woche nach dem Hurrikan behandelte ich dort als psychotherapeutischer Helfer zehn Kinder. Ein Katastrophenhilfszentrum ist nicht gerade die ideale Umgebung für eine Therapie, weil dort unablässig eine große Menge von Menschen auf die Ausgabe von Essens- und Kleidermarken, die Zuteilung von Notkrediten, die Zuweisung von Wohnmöglichkeiten oder einfach auf eine heiße Mahlzeit wartet, was viel Unruhe schafft. Ich fand meine EMDR-Klienten, indem ich einfach herumging und mit den Leuten redete. Bei diesen Gesprächen stellte sich heraus, daß einige Eltern sich über die Reaktionen ihrer Kinder nach dem Hurrikan Sorgen machten. Die Behandlung beschränkte sich jeweils auf eine einzige, ziemlich kurze Sitzung (15-30 Minuten) in irgendeiner halbwegs ruhigen Ecke.

Ich hatte Russels Mutter kennengelernt, als ich ihre Tochter am Tag zuvor wegen Alpträumen behandelt hatte. Die Frau berichtete, das Mädchen habe in der Nacht gut geschlafen und keine Angstträume mehr gehabt. Nun machte sie sich Sorgen wegen Russell, dem fünfjährigen jüngeren Bruder des Mädchens, der seit dem Hurrikan ebenfalls Angstträume hatte und außerdem wieder das Bett näßte, obwohl er schon seit einem Jahr trocken gewesen war.

Russell war das schwierigste und ungewöhnlichste unter den zehn Kindern, die ich auf Kauai behandelte. Sein Fall veranschaulicht, wie wichtig es ist, sich zunächst im Gespräch mit einem Elternteil die erforderliche Information über das Kind zu beschaffen. Ein Therapeut trägt bei der Behandlung sehr kleiner traumatisierter Kinder, deren sprachliches Ausdrucksvermögen noch sehr begrenzt ist, eine sehr große Verantwortung, und er muß in solchen Fällen sehr viel Initiative entwickeln. Ich versuchte Rapport zu Russell herzustellen, indem ich seine Versicherung, er habe *keine* Angst bekommen, akzeptierte und indem ich das Bettnässen als normale Reaktion auf ein traumatisches Erlebnis hinstellte, bevor ich darauf hinwies, daß dieses Problem bei ihm bestehen könnte. Nach der Verarbeitung der traumatischen Erinnerungen *verankerte* ich eine Erfolgserinnerung und ein Rollenmodell, um die Wiederherstellung der Kontinenz zu fördern.

Verankerung

Die Verankerung beinhaltet, daß sich der Klient auf ein positives Bild und/oder einen Gedanken konzentriert, während er Augenbewegungen ausführt. Schwierigkeiten bei dem Versuch, ein positives Bild oder einen entsprechenden Gedanken zu verankern, können darauf hindeuten, daß irgendein belastender Aspekt der anvisierten Erinnerung unverarbeitet geblieben ist. Die Verankerung dient dazu, die während der Behandlung erreichten Resultate zu stärken und zu konsolidieren.

THERAPEUT: Deine Mutter hat gesagt, daß du seit dem Hurrikan manchmal böse Träume hast. Möchtest du, daß wir zusammen etwas ausprobieren, damit diese Träume verschwinden?

KIND: Ich habe keine bösen Träume.

THERAPEUT: So? Warum hat deine Mutter denn gesagt, daß du welche hast?

KIND: Also ich habe vorige Nacht keine gehabt, aber ich hatte in der Nacht davor welche, und ein anderes Mal auch.

THERAPEUT: Aha. Hast du Lust, mit mir etwas auszuprobieren, damit sie nicht mehr zurückkommen?

KIND: Nein.

THERAPEUT: Okay. Hast du Lust, etwas zu tun, damit sich die bösen Erinnerungen an den Hurrikan nicht mehr so schlimm anfühlen?

KIND: Nein.

THERAPEUT: Nein?

KIND: Ich habe keine bösen Erinnerungen.

THERAPEUT: Okay. Wo warst du während des Hurrikans?

KIND: In unserem Haus.

THERAPEUT: Hast du Angst gehabt?

KIND: Nein.

THERAPEUT: Weißt du, viele von den Kindern, mit denen ich gesprochen habe, hatten während des Hurrikans Angst, sie würden sterben. Und weißt du, wie es ihnen ergangen ist?

KIND: Nein.

THERAPEUT: Viele haben jetzt schlimme Träume, oder sie machen ins Bett. Deine Mutter hat gesagt, daß du ins Bett machst. Ist das wahr?

KIND: Ja.

THERAPEUT: Hast du Lust, etwas auszuprobieren, das dir vielleicht hilft, nicht mehr ins Bett zu machen?

KIND: Ja.

THERAPEUT: Okay, los geht's, damit das Bett wieder trocken bleibt. Erzähl' mir das Schlimmste, was während des Hurrikans passiert ist.

KIND: Als das Auto im Wasser versank.

SUD-Skala (Subjective Units of Distress Scale – SUDS)

Die SUD-Skala ist eine subjektive Einschätzung dessen, wie belastend sich eine anvisierte Erinnerung im Augenblick anfühlt. Der SUD-Wert wird benutzt, um Fortschritte im Laufe der Behandlung festzustellen. Bei Erwachsenen und älteren Kindern geschieht dies mit Hilfe einer von 0 bis 10 reichenden Skala. Bei kleineren Kindern ist die Methode des verschieden weiten Ausbreitens der Arme vorzuziehen.

THERAPEUT: Wenn du daran denkst, wie das Auto im Wasser versank, wie schlecht fühlt sich das dann an: sehr schlecht – etwa so (breitet die Arme weit aus), ziemlich schlecht – etwa so (Hände auf halber Strecke) oder nur ein bißchen schlecht, so wie das (Hände fast zusammen)?

KIND: So (breitet die Arme weit aus); wie der ganze Raum.

Andere Möglichkeiten zum Induzieren von Augenbewegungen

Kleineren Kindern fällt es oft schwer, den Bewegungen der Finger des Therapeuten durch ihr Sehfeld zu folgen. In solchen Fällen empfiehlt sich die Handklatsch-Methode, bei der das Kind abwechselnd auf die Hände des Therapeuten schlägt. Weil das Kind beim Schlagen hinschauen muß, werden Augenbewegungen induziert; dies ist für das Kind gewöhnlich leichter als das bei der Behandlung Erwachsener übliche Verfahren.

THERAPEUT: Okay, denke daran, wie das Auto im Wasser versank, und schlage hier auf meine Hand (*hält die Hände in geeignetem Abstand mit nach oben gerichteten Handflächen*). Und jetzt die hier. Gut, wechsle hin und her, und schlage immer nur mit der einen Hand. Okay, jetzt atme ganz tief, ungefähr so. Und wenn du ausatmest, dann atme den ganzen Müll aus. Gut, du atmest sehr gut. Und jetzt atme noch einmal tief ein, und atme anschließend wieder den ganzen Müll aus. Und nun denke daran, wie das Auto im Wasser versunken ist, und zeige mir, wie schlecht sich das *jetzt* anfühlt.

KIND: (*breitet die Arme ungefähr zur Hälfte aus*)

THERAPEUT: Okay, wir werden es noch einmal machen. Denke daran, wie das Auto versank, und schlage wieder so wie vorher auf meine Hände. Gut. Atme tief ein, und atme anschließend den ganzen Müll aus. Und noch einmal. Und jetzt zeig mir, wie schlecht sich das *jetzt* anfühlt.

KIND: (*bringt die Hände vor dem Körper zusammen, so daß sie sich berühren*)

Therapeut: Gut. Und jetzt erzähl mir, was während des Hurrikans sonst noch Schlimmes passiert ist.

KIND: Das Dach ist runtergefallen.

Therapeut: Denke nun daran, wie das Dach runterfiel, und zeige mir, wie schlimm sich das anfühlt.

KIND: (*breitet die Arme weit aus*)

THERAPEUT: Okay. Und jetzt denke daran, und schlag auf meine Hände. Gut, das reicht. Atme jetzt tief. Und noch einmal. Gut. Und nun zeig mir, wie schlimm sich das mit dem Dach *jetzt* noch anfühlt.

KIND: (*hält die Hände in einem geringen Abstand voneinander entfernt*)

THERAPEUT: Okay, denk wieder an das Dach, und schlag auf meine Hände. Und jetzt atme tief, und noch einmal. Nun zeig mir, was für ein Gefühl du *jetzt* dabei hast.

KIND: (*hält die beiden Hände zusammen*)

THERAPEUT: Okay, gibt es noch andere schlimme Dinge, die während des Hurrikans passiert sind?

KIND: Nichts.

THERAPEUT: Sonst war nichts schlimm?

KIND: Nein.

THERAPEUT: Also gut. Denke jetzt daran, wie gut es sich anfühlt, in einem trockenen Bett aufzuwachen. Fühlt sich gut an, hmm?

KIND: Ja.

THERAPEUT: Okay, denk daran, wie gut sich das anfühlt. Und schlag auf meine Hände. Gut. Jetzt atme wieder tief durch. Noch einmal. Gut. Wann hast du vorher aufgehört, ins Bett zu machen?

KIND: Als ich vier war.

THERAPEUT: Aber jetzt, wo du älter bist, tust du es nicht mehr so oft, hmm? Du bist ja jetzt schon ziemlich groß.

KIND: Ja, ich bin jetzt schon fünf.

THERAPEUT: Kennst du jemanden, der wirklich groß und stark ist? Vielleicht jemanden aus dem Fernsehen?

KIND: Hulk Hogan [*ein Ringkämpfer, der häufig im Fernsehen auftritt*].

THERAPEUT: Würde er ins Bett machen, oder ist er zu groß dazu?

Kind: Er ist zu groß.

THERAPEUT: Okay, ich möchte, daß du jetzt an Hulk Hogan denkst, daß du dich hinter ihn schleichst. Du sollst ihm so nah kommen, daß du spüren kannst, wie er atmet. Und jetzt, ganz einfach, schlüpfst du in ihn hinein, so daß du spüren kannst, wie es ist, er zu sein. Und schlag dabei auf meine Hände. Atme jetzt. Gut. Jetzt denke wieder daran, wie gut es sich anfühlt, in einem trockenen Bett aufzuwachen. Schlag auf meine Hände. Und atme. Gut.

KIND: Wo ist meine Mutter?

THERAPEUT: Die suchen wir jetzt und erzählen ihr, wie gut du deine Sache gemacht hast.

Kommentar

In diesem Fall mußte ich sowohl hinsichtlich der Wahl der Ziele als auch bei der ersten Verankerung (wie gut es sich anfühlt) ziemlich viel Initiative entwickeln. Russell konnte sich nicht gut ausdrücken, er wollte nicht zugeben, daß er Angst gehabt hatte, und er war nur in einer Hinsicht motiviert: nicht ins Bett zu machen. Nachdem ich mich auf dieses Ziel eingelassen hatte, tat Russell alles, worum ich ihn bat. Es war wichtig für mich, meine eigenen Vorstellungen darüber zu entwickeln, was dem Beginn von Russells erneutem Bettnässen vorangegangen war und welche Beziehung zwischen Kontinenz und Reifegrad bestand.

Der Behandlungskontext bot kaum Möglichkeiten, den Zustand des Patienten vor der Behandlung zu beurteilen und nach Behandlungsabschluß zu überprüfen, Faktoren, welche die Effektivität einer Behandlung stark einschränken. Doch hielt ich es trotz dieser Einschränkungen sowohl für ethisch vertretbar als auch für nützlich, eine EMDR-Behandlung durchzuführen. Zu dieser Entscheidung gelangte ich hauptsächlich aufgrund der Annahme, daß aktuelle Traumaerfahrungen, die zu plötzlichen Verhaltensveränderungen führen, in einem individualtherapeutischen Setting adäquat und erfolgreich behandelt werden können. Und da die Familien dieser Kinder außerdem unter starkem Streß standen, der durch die posttraumatischen Symptome der Kinder noch verstärkt wurde, eröffnete eine erfolgreiche Behandlung außerdem die Aussicht einer erheblichen Entlastung der gesamten Familie.

In Anbetracht der beschränkten Information, die mir über die einzelnen Kinder zur Verfügung stand, und der eingeschränkten Möglichkeit einer späteren Ergebnisüberprüfung mußte das Ziel der auf eine einzige Sitzung beschränkten Behandlung darin bestehen, ein Maximum an positiver Wirkung zu erzeugen, statt einfach nur die Reprozessierung der traumatischen Erinnerung zu erreichen. Ich nahm jede Gelegenheit wahr, um Russells Gefühl der eigenen Stärke, Meisterschaft und Reife zu verstärken. Mit Hilfe von EMDR verankerte ich bei ihm das gute Gefühl, morgens in einem trockenen Bett aufzuwachen, und indem ich ihn aufforderte, sich in Hulk Hogan hineinzuversetzen, half ich ihm, sich groß und stark zu fühlen. Außerdem hob ich seine Stärken auch auf andere Weisen hervor, beispielsweise indem ich ihn darauf hinwies, daß er nun schon älter und reifer sei, und indem ich herausstrich, wie gut er meine Bemühungen, ihm zu helfen, unterstütze. Auf subtilere Weise verstärkte ich diese Botschaft auch durch den Prozeß selbst, nämlich indem ich Russell aktiv auf meine Hände schlagen ließ, um die Augenbewegungen bei ihm zu initiieren, indem ich weiterhin seine Angstverleugnung nicht in Frage stellte und indem ich sein Bedürfnis nach Kontrolle über das Geschehen respektierte – was darin zum Ausdruck kam, daß ich mit der EMDR-Arbeit erst begann, als er die dazu erforderliche Motivation entwickelt hatte. Dieser »Streu«-Ansatz einer generellen Verstärkung aller Stärken eines Klienten kann die in einer so schwierigen Behandlungssituation relativ geringe Chance des Therapeuten, maßgeschneiderte Interventionen zu plazieren, ausgleichen.

Paul

Am 24. August 1992 verwüstete der Hurrikan Andrew den größten Teil von South Dade County in Florida. Noch fast vier Monate danach litten viele der dort lebenden Kinder unter den psychischen Folgen jenes Unwetters, was in vielen Fällen auf langanhaltende Angstzustände während des Sturms und anschließende Verlusterfahrungen zurückzuführen war. Damals gehörte ich einem Freiwilligenteam von Therapeuten an, die ihre Kenntnisse in der EMDR-Behandlung für die Förderung der emotionalen Genesung von Hurrikanopfern zur Verfügung stellten. Unsere Klienten kamen auf sehr unterschiedliche Weisen zu uns, unter anderem durch Behandlungsempfehlungen von Schulen, durch in Supermärkten aufgehängte Plakate, durch eine Sendung eines lokalen Fernsehsenders über unsere Arbeit oder ganz einfach durch Mund-zu-Mund-Propaganda. Auch in diesem Fall bestand die Behandlung normalerweise aus einer einzigen Sitzung, in einigen wenigen Ausnahmefällen aus zwei Sitzungen. Ich persönlich brachte EMDR in diesem Umfeld bei fünf Kindern zum Einsatz (Greenwald 1994a).

Paul war ein lebhafter und intelligenter elfjähriger Junge, dessen Verhalten sich nach dem Hurrikan sehr stark verändert hatte: Er war seither apathisch, schnell frustriert, pessimistisch und äußerst reizbar. Obwohl der Junge keinerlei Motivation für eine Behandlung erkennen ließ und er während der Arbeit häufig auf die Uhr schaute, verhielt er sich allgemein kooperativ. Die Behandlung fokussierte auf sein schrecklichstes Erlebnis während des Hurrikans: Er kauerte sich in einem Schrank zusammen, während das Haus, in dem er sich befand, um ihn herum einstürzte. Paul erlebte während der Arbeit nacheinander viele Aspekte seiner Erinnerungen wieder, fast so, als würde er sich einen Film immer wieder in Zeitlupe anschauen. Neben Angstgefühlen ließ er auch das Gefühl der Hilflosigkeit erkennen, indem er sagte: »Ich kann nichts tun.« Doch am Ende unserer Arbeit brachte er zum Ausdruck, daß er die Aussagen »Wir werden es besser machen als vorher« und »Ich werde darüber hinwegkommen« für zutreffend hielt. Sein SUD-Wert sank, während er verschiedene Erinnerungsbruchstücke wiedererlebte, ganz allmählich von 8 auf 0. Dem Wiedererleben eines Bruchstücks ging oft eine körperliche Empfindung voraus. Beispielsweise antwortete er einmal auf die Frage, was er in seinem Körper wahrnehme: »Meine Ohren tun weh«, und während der nächsten Serie von Augenbewegungen erlebte er dann den Lärm und den Luftdruck des Sturms wieder. Er sagte: »Ich werde immer besser damit fertig, je öfter ich es durchlebe.« Schließlich konnte er sich sogar vorstellen, mit einem neuen Hurrikan fertigzuwerden, und zwar diesmal mit weniger Angst und mit der Zuversicht, zusammen mit den übrigen Betroffenen dem Unheil standhalten zu können.

Individuelle Unterschiede bei der Verarbeitung traumatischer Erinnerungen

Einige Klienten tendieren bei einer EMDR-Behandlung dazu, den Fokus auf den ursprünglich ausgewählten Aspekt der Erinnerung gerichtet zu halten. Sie durchlaufen dann während einer Sitzung möglicherweise verschiedenartige emotionale Reaktionen, oder sie erleben einfach ein Abnehmen der entsprechenden Belastung. Andere Klienten durchleben in ihrer Erinnerung die gesamte Ereignissequenz erneut, und dies oft mehrere Male, auch wenn einige besonders belastende Aspekte der Erinnerung vielleicht mehr Aufmerksamkeit erfordern. Wenn die Erinnerungen, an denen Klienten arbeiten, sich auf Ereignisse der letzten Monate beziehen, läuft bei den Betreffenden mit höherer Wahrscheinlichkeit »der komplette Film ab« – dies kann jedoch auch bei weiter zurückliegenden Erinnerungen der Fall sein.

Eine weitere Variante der individuellen Reaktion auf EMDR betrifft den Fokus der Erinnerung selbst: Manche Klienten bleiben auf die ursprünglich anvisierte Erinnerung fokussiert, wohingegen andere von einer Erinnerung zur anderen springen. Werden Symptome von mehr als einer Erinnerung gespeist, sollten zur Erzielung einer maximalen Wirkung alle diese Erinnerungen reprozessiert werden. Doch scheint die Methode am besten zu funktionieren, wenn jeweils nur auf eine einzige Erinnerung fokussiert wird, und zwar stets auf diejenige, die in einem bestimmten Themenzusammenhang am bedeutsamsten ist. Sehr ausschlaggebend für die Qualität einer EMDR-Behandlung ist, daß der Therapeut erkennt, wann er den Vorgaben des Klienten folgen sollte, auch wenn dieser ihn zu einer anderen als der ursprünglich anvisierten Erinnerung führt, und wann es besser ist, ihn in solchen Fällen zum ursprünglich anvisierten Ziel zurückzuleiten.

Kommentar

Bei einer Überprüfung eine Woche nach der Behandlung berichtete Pauls Mutter, die Symptome ihres Sohnes hätte sehr nachgelassen, er sei nun »fast wieder normal«. Bei einer zweiten Überprüfung nach vier Wochen berichtete sie, eine bereits vorausgesehene traurige Veränderung innerhalb der Familie sei nun eingetreten: Pauls Vater habe eine Arbeitsstelle in einem anderen Bundesstaat angenommen, und er sei nun nur noch sehr selten bei seiner Familie. Trotz dieser neuen Belastungen waren Pauls Symptome mittlerweile so weit zurückgegangen, daß die Situation vor dem Hurrikan fast wieder erreicht war, was auf eine weitere leichte Verbesserung hindeutete. Diese Art von Reaktion ist ziemlich typisch: Mit EMDR behandelte Kinder scheinen mit neuen Problemen, die sie vor der Behandlung in große Schwierigkeiten gebracht hätten, sehr viel leichter fertig zu werden. Pauls Mutter berichtete, die schulischen Leistungen ihres Sohns seien wieder besser geworden, und auch sein generelles Verhalten habe sich gebessert. Beispielsweise beurteilte er sich selbst nicht mehr so streng, und er fühlte sich auch nicht mehr so schlecht, wenn er einen Fehler gemacht hatte. Und, so sentimental es vielleicht auch klingen mag: Er freute sich wieder auf Weihnachten.

Shirley

Als ich einmal in einer großen kommunalen psychiatrischen Tagesklinik arbeitete, bat mich eine Kollegin, die wußte, daß ich eine EMDR-Ausbildung hatte, sie bezüglich eines 15jährigen Mädchens, Shirley, zu beraten. Shirley war im Jahr davor vergewaltigt worden, und sie litt immer noch unter starken allgemeinen Ängsten, Alpträumen und intrusiven bildlichen Vorstellungen. Nach mehreren Monaten bestand eine gute therapeutische Beziehung zu der Patientin, doch Shirleys verbliebene Symptome schienen jedem Behandlungsversuch standzuhalten. Wir sprachen über die Möglichkeit einer ergänzenden EMDR-Behandlung, und nachdem ich mich ausreichend über den Fall informiert fühlte, willigte ich ein. Ich brauchte nicht viele konkrete Informationen über den Vorfall selbst, doch ich erfuhr, daß die Klientin nicht zu Hochrisikoverhalten neigte, daß sie sich vor dem traumatischen Erlebnis völlig normal verhalten hatte und daß sich sowohl Freunde als auch ihre Eltern um sie kümmerten. Außerdem war ich mir sicher, daß die Therapeutin das Mädchen nötigenfalls auf adäquate Weise weiterbetreuen würde.

Shirleys Eltern waren ebenso besorgt wie fürsorglich, und sie baten darum, mich in einer ihrer Sitzungen mit der behandelnden Therapeutin kennenlernen zu können, bevor sie in eine Behandlung ihrer Tochter durch mich einwilligen wollten. Ich beantwortete ihre Fragen über meinen beruflichen Werdegang und über EMDR und gab ihnen Lesestoff zur Thematik. Außerdem legte ich ihnen eine Theorie der Traumaverarbeitung dar und wie sich mit Hilfe von EMDR problematische Situationen entwirren und Probleme schnell überwinden lassen. Wir kamen überein, daß die EMDR-Behandlung, falls Shirley sich dafür entscheiden würde, nur eine oder zwei Sitzungen dauern und die behandelnde Therapeutin dabei anwesend sein und die Therapie anschließend fortsetzen sollte.

Wie man Eltern und Teenagern Traumata und EMDR erklären kann

Ich informiere Eltern und Teenager gewöhnlich auf die im folgenden beschriebene Weise über Traumata und darüber, wie EMDR in solchen Situationen helfen kann. Dabei gebe ich manchmal ausführlichere Informationen über EMDR, doch liegt der Schwerpunkt der Beschreibung in jedem Fall auf der Traumatheorie. Mir gefällt die anschließend wiedergegebene Erklärung insbesondere deshalb, weil sie dem augenblicklichen Stand der wissenschaftlichen Forschung entspricht und weil die Klienten praktisch immer erkennend nicken, wenn ich die verschiedenen Elemente der posttraumatischen Reaktion beschreibe. Es kann nützlich sein, Beispiele einzubeziehen, die der Erfahrung der Zuhörer entsprechen. Ich sage meist ungefähr folgendes:

Wenn Sie etwas sehr Schlimmes erleben, können Sie zwei Dinge tun; Sie können sich in zwei Richtungen bewegen. Eine Möglichkeit ist, sich die Erinnerung ständig zu vergegenwärtigen, darüber nachzudenken, darüber zu reden und Gefühle darüber zu haben. Das kann schwierig sein, aber es ist so, als würden Sie jedesmal, wenn Sie sich das Geschehene vorstellen, einen kleinen Bissen davon in den Mund nehmen, ihn gründlich durchkauen und anschließend verdauen. Nach diesem Verdauungsprozeß zählt der betreffende Teil zu den Nährstoffen, die wir aufnehmen, er hilft uns zu wachsen. Und der Teil, der sich schlecht fühlt, wird auf diese Weise allmählich immer kleiner. Dies ist die Grundlage der Redensart, derzufolge uns stark macht, was uns nicht umbringt.

Doch leider schlagen Menschen in ihrem Umgang mit Dingen manchmal eine andere Richtung ein. Sie empfinden die betreffende Erinnerung als so schlimm, sie fühlt sich so schlecht an, daß Sie nichts anderes wollen, als von ihr wegzukommen. Sie würden gern eine Mauer davorbauen, um sich wieder okay fühlen und den Tag durchstehen zu können. Das funktioniert sogar eine Zeitlang, und es wirkt erleichternd. Leider läßt sich die Erinnerung letztlich nicht völlig vertreiben, vielmehr ist sie immer da, so frisch wie am Tag des Geschehens. Sie wartet ständig darauf, endlich richtig »durchgekaut« und verdaut zu werden, um zu einem Bestandteil der Vergangenheit werden zu können. Und jedesmal, wenn Sie wegen irgend etwas an jene Erinnerung denken, sagt sie: »He, ich bin auch noch da! Kann ich jetzt endlich reinkommen?«

Dazu ein Beispiel: Wenn jemand uns im Vorübergehen zufällig anrempelt, sind wir vielleicht einen Moment lang etwas gereizt, aber wir machen keine großartige Angelegenheit daraus. Wir sagen einfach: »Entschuldigung« oder: »Was ist nur mit ihm los?«, und das war's. Hat aber jemand einen Haufen Wut im Bauch, wenn jemand anders ihn anrempelt, tritt bei dem Betreffenden nicht

nur die normale kleine Reaktion wie bei uns allen auf, sondern außerdem werden auch noch all die Dinge aktiviert, die er bisher unterdrückt hat und die nur
warten, an die Oberfläche zu kommen, und er wird danach so wütend, daß er
sofort losprügeln könnte. Und das ist das Problem: das, was hinter der Mauer
verborgen liegt, denn dieses Zeug kann jederzeit reaktiviert werden und Sie
dazu bringen, zu stark auf eine Situation zu reagieren, und es Ihnen erschwe-
ren, mit Dingen fertig zu werden, die eigentlich keine große Sache zu sein
bräuchten. Manchmal sickert dieses Zeug auch einfach ohne besonderen Grund
durch und ruft in Ihnen ein Gefühl der Traurigkeit, der Angst oder der Entmuti-
gung oder was auch immer hervor. Diese Dinge liegen ständig auf der Lauer. So
beschäftigt Sie auch sein mögen, ob Sie über andere Dinge nachdenken, sich
betrinken oder irgend etwas anderes tun, trotzdem sind diese Quälgeister immer da und lauern darauf, sich endlich bemerkbar machen zu können.
   Und wenn die Betreffenden es dann endlich leid sind, unter solchen Problemen zu leiden, wenden sie sich vielleicht an einen Therapeuten. Und mit Hilfe
des Therapeuten greifen Sie dann hinter diese Mauer, nehmen sich ein kleines
Stück, kauen es richtig durch, verdauen es und gewinnen zunehmend an Kraft.
Das funktioniert tatsächlich. Es kann allerdings sehr lange dauern, Monate oder
sogar noch länger, und selbst dann gelingt es nicht immer, völlig mit der ganzen Sache fertig zu werden. Mit EMDR verhält es sich ganz ähnlich wie mit anderen Arten von Therapie: Sie greifen hinter die Mauer, nehmen ein Stück und
kauen das Ganze gut durch. Nur können Sie Dinge mit Hilfe von EMDR wesentlich schneller durcharbeiten. Mit EMDR können Sie die gesamte schlechte Erinnerung in ein paar Sitzungen verarbeiten – manchmal dauert es länger, in anderen Fällen weniger lang. Außerdem scheint EMDR gründlicher zu wirken als andere Therapiemethoden; deshalb besteht eine geringere Gefahr, daß Material
hinter der Mauer zurückbleibt. Dabei werden die verschiedenen Teile der Erinnerung sehr schnell durchgearbeitet; dies ist ein sehr konzentrierter Prozeß, der
manchmal sehr intensiv werden kann. Einigen wird das zuviel, so daß sie mal
eine Pause machen müssen. Aber die meisten möchten am liebsten so schnell
wie möglich da durch, um ein für allemal darüber hinwegzukommen.

Zwei Wochen später lernte ich Shirley kennen. Sie machte einen sehr stillen und
zurückhaltenden Eindruck, war aber anscheinend entschlossen, diese neue Sache auszuprobieren, um herauszufinden, ob sie ihr helfen würde. Obwohl ihre behandelnde
Therapeutin und ihre Eltern mit ihr über EMDR gesprochen hatten, tat auch ich
dies noch einmal, hauptsächlich, um ihr die Möglichkeit zu geben, sich an mich zu
gewöhnen. Es war mir wichtig, sie darauf hinzuweisen, daß manche Klienten die
EMDR-Arbeit als schmerzhaft empfanden. Außerdem versicherte ich ihr, daß sie mir

nichts zu erzählen bräuchte, was sie nicht erzählen wolle, und daß sie die Behandlung jederzeit unterbrechen könne. Sie stellte nur wenige Fragen, reagierte auf meine Äußerungen hauptsächlich mit Nicken, und schließlich gab sie mir zu verstehen, daß sie sich auf einen Versuch mit EMDR einlassen wolle. Ich sagte ihr, sie könne erst in der folgenden Woche einen Termin bei mir bekommen, und es sei in Ordnung, wenn sie mir bei unserem nächsten Treffen weitere Fragen stelle oder wenn sie es sich dann anders überlegt hätte und sie auf die Behandlung verzichten wolle.

Als wir uns in der folgenden Woche trafen, hatte sie keine weiteren Fragen mehr, und sie war immer noch entschlossen, die EMDR-Behandlung auszuprobieren. Es ist nicht einfach, als männlicher Therapeut mit einem Mädchen im Teenageralter zu arbeiten, das vergewaltigt wurde. Viele Mädchen in diesem Alter sprechen nicht gern mit einem Mann über irgend etwas, das mit Sex zu tun hat, und wenn dabei auch noch Angst-, Scham- oder Schuldgefühle eine Rolle spielen, macht das die Situation noch schwieriger. Die Anwesenheit ihrer Therapeutin war insofern eine große Hilfe. Trotzdem bemühte ich mich, ihr die Situation so angenehm wie möglich zu machen und ihr das Gefühl zu vermitteln, daß letztendlich sie darüber entscheiden könne, wie unsere gemeinsame Arbeit verliefe. Ich erklärte ihr, daß sie die Behandlung jederzeit unterbrechen könne. Außerdem half ich ihr, Zugang zu einem starken Teil von ihr selbst zu finden, und ich machte ihr klar, daß sie selbst darüber entscheiden könnte, in welchem Maße sie sich im Laufe der Sitzung öffnen wollte. Je sicherer sich eine Klientin fühlt und je stärker sie das Gefühl hat, den Lauf der Dinge in der Hand zu haben, um so wahrscheinlicher ist sie bereit und in der Lage, schwierige Phasen des Prozesses durchzustehen.

Vorbereitung der Klientin

Eine zentrale Komponente der Traumabehandlung besteht darin, der Klientin das Gefühl zu vermitteln, selbst die Kontrolle über das Geschehen zu haben. Nur auf dieser Grundlage eines generellen Gefühls der Sicherheit kann eine Konfrontation mit dem traumatischen Material und eine Durcharbeitung desselben stattfinden. Dieses Gefühl der Sicherheit und Kontrolle entsteht, wenn bei der vorbereitenden Arbeit folgende Aspekte berücksichtigt werden:

Vorhersehbarkeit: Erklären Sie der Klientin, was sie während einer EMDR-Sitzung erwartet, auch, daß sie möglicherweise Zustände sehr hoher Belastung erleben wird. Wenn ihr klar ist, daß sie mit starkem Streß rechnen muß, ist dies für sie nicht überraschend, falls es tatsächlich eintritt.

Willensfreiheit: Um sich frei fühlen zu können, muß die Klientin wissen, daß sie dem Prozeß des Wiedererlebens, nachdem er einmal begonnen hat, nicht auf Gedeih und Verderb ausgeliefert ist. Die weiter unten beschriebene »Stopp! heißt Stopp!«-Intervention ist eine sehr anschauliche und effektive Möglichkeit, dieses Gefühl der Kontrolle über das Geschehen zu vermitteln.

Bewältigungsvermögen: Die Klientin muß in der Lage sein, mit dem potentiell belastenden Material fertig zu werden. Dies kann erreicht werden, indem über Möglichkeiten der Problemlösung für den Fall, daß die Arbeit sie zu stark beunruhigt, gesprochen wird, weiterhin indem sie Entspannungstechniken und Methoden der Selbstberuhigung erlernt oder indem ihr geholfen wird, Zugang zu existierenden inneren Ressourcen wie zu ihrem Gefühl der Stärke zu erlangen.

THERAPEUT: Ich habe dir beim letzten Mal schon gesagt, daß das, was wir hier machen werden, manchmal ziemlich unangenehm für dich werden kann. Denk daran: Wenn du an irgendeiner Stelle aufhören willst, dann bedeutet das nicht, daß du schwach bist oder es nicht schaffen kannst. Es bedeutet nichts weiter, als daß du eine Pause brauchst. Wir werden dann aufhören und uns überlegen, was wir als nächstes tun können. Zuerst möchte ich jetzt mit dir üben, die Arbeit zu unterbrechen. Wenn du Polizist wärst, wie würdest du dann die Autos mit deiner Hand anhalten?

KIND: (*streckt einen Arm aus, wobei die Handfläche nach vorn gerichtet ist*)

THERAPEUT: Ganz genau. Ich werde meine Hand jetzt hin- und herbewegen, und du gibst mir dieses Stoppsignal (*bewegt seine Hand hin und her*). Los, gib mir das Stoppsignal. (*Klientin gibt das Signal; Therapeut hört mit den Bewegungen auf.*) Gut. Wir probieren das jetzt noch einmal aus. (*Wiederholt die Bewegungen.*) Gut. Wenn du möchtest, daß wir die Arbeit unterbrechen, dann weißt du jetzt, was du tun mußt.

KIND: (*nickt*)

THERAPEUT: Bevor wir anfangen, an der Erinnerung zu arbeiten, möchte ich, daß du dir eine Minute lang vorstellst, daß das Ganze ein böser Traum war. Wenn ich dich bitten würde, dich in diesen schlechten Traum zurückzuversetzen, was bräuchtest du dann, um dich sicher zu fühlen – um das Gefühl zu haben, daß alles in Ordnung ist?

KIND: Ich müßte stärker sein, um mich selbst schützen zu können.

THERAPEUT: Was ist das stärkste Tier, das du dir vorstellen kannst?

KIND: Ein Tiger.

THERAPEUT: Dann möchte ich, daß du dir einen Tiger vorstellst, einen richtig starken Tiger. Stell dir seine Größe vor, seine Farben und wie er dasteht oder sich bewegt. Konzentriere dich darauf, und bewege dann deine Augen so, wie wir es geübt haben. (*Der Therapeut bewegt seine Hände von Seite zu Seite, und das Kind folgt ihm mit den Augen.*) Gut. Wie war das für dich?

KIND: Irgendwie komisch.

THERAPEUT: Okay. Konzentriere dich noch einmal auf den Tiger, und bewege wieder deine Augen. (*Augenbewegungen*) Wie war es diesmal?

KIND: Gut, glaube ich.

THERAPEUT: Fühlst du dich jetzt sicherer, weniger sicher oder ungefähr genauso wie vorher?

KIND: Sicherer.

THERAPEUT: Okay. Wenn du dich gleich wieder auf den Tiger konzentrierst, dann sage zu dir selbst: »Ich bin in Sicherheit.« (*Augenbewegungen*) Wie fühlst du dich jetzt: sicherer, weniger sicher oder genauso wie vorher?

KIND: Noch sicherer. Der Tiger duldet nicht, daß irgend jemand mich verletzt.

THERAPEUT: Gut. Wenn wir uns jetzt in die Erinnerung versetzen, dann denke daran: Was auch immer im vorigen Jahr passiert ist, jetzt ist es deine Erinnerung, und du kannst damit machen, was du willst. Wenn du den Tiger ins Spiel bringen willst, ist das deine Sache.

KIND: Okay.

Wahl der Ziel-Erinnerung

Das EMDR-Standardprotokoll für Erwachsene zur Auswahl der Ziel-Erinnerung kann auch bei den meisten Jugendlichen Anwendung finden. Es beinhaltet die Wahl eines intensiven, multimodalen Fokus, der den belastendsten Aspekt der Erinnerung beinhaltet. Der Klient wird aufgefordert, das belastendste Bild sowie die damit verbundene Kognition (oder negative Überzeugung), Emotion und körperliche Empfindung zu nennen. (Erwachsene Klienten werden aufgefordert einzuschätzen, als wie zutreffend sie eine positive Überzeugung empfinden, doch sehe ich im hier geschilderten konkreten Fall davon ab.) Außerdem wird der Klient gebeten, mit Hilfe der SUD-Skala das mit der Erinnerung assoziierte momentane Belastungsniveau zu bewerten.

THERAPEUT: Okay. Ich möchte, daß du jetzt an die schlimme Erinnerung denkst, an der wir arbeiten werden. Nimm die schlimmste Erinnerung, die dir einfällt, vielleicht etwas, woran du denken mußt, obwohl du es gar nicht willst. Hast du so etwas?

KIND: (*nickt*)

THERAPEUT: Möchtest du mir erzählen, was es ist, oder willst du lieber nur daran denken?

KIND: Nur daran denken.

THERAPEUT: Okay. Wenn du dieses Bild vor dir hast, was sagst du dann innerlich zu dir?

KIND: Ich habe Angst.

THERAPEUT: Und wenn du an diese Erinnerung denkst, was glaubst du dann im Moment über dich selbst?

KIND: Was meinen Sie damit?

THERAPEUT: Zum Beispiel könnten andere Mädchen in dieser Situation denken: »Ich bin selbst daran schuld« oder: »Ich fühle mich nicht sicher« oder: »Irgend etwas ist mit mir nicht in Ordnung« oder auch etwas anderes. Sag mir, was davon am meisten auf dich zutrifft oder wovon du glaubst, daß es am treffendsten für dich ist. Was ist es?

KIND: Ich fühle mich nicht sicher. Ich habe Angst, allein irgendwo hinzugehen.

THERAPEUT: Und wenn du dieses Bild vor dir hast und das »Ich fühle mich nicht sicher«, dann hast du gleichzeitig Angst?

KIND: (*nickt*)

THERAPEUT: Wo in deinem Körper spürst du das?

KIND: In meiner Brust und in meinem Hals. Alles fühlt sich verengt und angespannt an.

THERAPEUT: Wie stark ist dieses schlechte Gefühl jetzt, wenn du es auf einer Skala von 0 bis 10 bewertest, wobei 10 für das schlimmste Gefühl steht, das du dir vorstellen kannst, und 0 für gar kein schlechtes Gefühl?

KIND: Neun oder zehn.

THERAPEUT: Also ziemlich schlimm. Nun denke daran: Wenn du die Augenbewegungen ausführst, sollst du zwei Dinge gleichzeitig tun: Einmal sollst du dich so gut, wie du kannst, darauf konzentrieren, und wenn dann etwas auftaucht, sollst du deine Konzentration *darauf* richten. Es gibt kein Richtig oder Falsch. Was auch immer passiert, ist okay. Deine andere Aufgabe ist, Beobachterin zu sein, so als würdest du das Erlebnis auf einem Video sehen. Okay?

KIND: (*nickt*)

THERAPEUT: Nun stell dir das Bild wieder vor - »Ich fühle mich unsicher und habe Angst« - das Gefühl in der Brust und im Hals. (*Augenbewegungen*) Gut. Atme jetzt tief, und entspanne dich. Wie war das jetzt für dich? Und was ist dir dabei aufgefallen?

KIND: Nichts.

THERAPEUT: Ist das Bild stärker oder schwächer geworden? Hat es sich verändert, oder ist es gleich geblieben?

KIND: Etwas stärker.

THERAPEUT: Okay. Und wie war es mit der Angst? Ist sie stärker oder schwächer geworden? Hat sie sich verändert, oder ist sie gleich geblieben?

KIND: Stärker.

THERAPEUT: Konzentriere dich darauf. (*Augenbewegungen*) Was ist diesmal aufgetaucht?

KIND: Ich habe jetzt ein bißchen weniger Angst.

THERAPEUT: Okay, bleibe dabei. (*Augenbewegungen*) Was ist dir diesmal aufgefallen?

KIND: Ich habe noch weniger Angst und fühle mich hier entspannter (*tippt sich auf die Brust*).

THERAPEUT: Bleib dabei. (*Augenbewegungen*) Was ist dir jetzt aufgefallen?

KIND: Jetzt bin ich richtig wütend!

Dies ging etwa 45 Minuten lang so weiter, wobei Shirley verschiedene belastende Aspekte der Erinnerung und verschiedene Gefühle durchlebte (Angst, Wut, Traurigkeit, das Gefühl des Akzeptierens und die Vorstellung, daß sie durch das Erlebte stärker werden könnte). Im Verlauf der Arbeit gab es mehrere emotional sehr intensive Phasen, die jeweils mehrere Minuten lang anhielten. Wäre es im Laufe der Behandlung zu einem Stillstand gekommen - wenn nach einigen Serien von Augenbewegungen kein Fortschritt und keine Veränderung mehr erkennbar gewesen wären -, hätte ich Shirley vorgeschlagen, sich von ihrem Tiger schützen zu lassen. Dies war jedoch nicht notwendig. Ich weiß nicht, ob sich die Tatsache, daß ich mit dem Tiger begonnen hatte, positiv auf den gesamten weiteren Verlauf der Sitzung ausgewirkt hatte oder ob diese ohnehin gut verlaufen wäre. Ich habe es mir zur Gewohnheit gemacht, meinen Klienten gleich am Anfang zu helfen, zu einer solchen Ressource in Kontakt zu treten, damit diese, wenn wir sie später tatsächlich brauchen, verfügbar ist.

Viele Kinder und Jugendliche sagen zu Beginn der Behandlung, daß sie sich die Erinnerung, an der gearbeitet werden soll, lieber nur vorstellen möchten, statt mir von ihrem Ziel-Bild zu berichten. Gewöhnlich enthüllen sie dann im weiteren Verlauf der Sitzung viele Details, und ich sehe dieses allmähliche Zutagetreten der Fähigkeit, über das Geschehene zu sprechen, als einen Aspekt des Heilungsprozesses an. Shirley behielt die Details für sich. Ich respektierte dies in dem Bewußtsein, daß sie mit ihrer Therapeutin darüber sprechen konnte, wenn sie dies wollte. Allerdings war es eine recht merkwürdige Erfahrung für mich, während des größten Teils der Sitzung nicht genau zu wissen, woran ich mit der Klientin eigentlich konkret arbeitete.

Am Ende der Sitzung hatte Shirley sehr große Fortschritte gemacht, die belastenden Aspekte der Erinnerung aber noch nicht vollständig durchgearbeitet. Sie gab zum Schluß einen SUD-Wert von 3 an, was darauf hindeutete, daß ein großer Teil des Materials aufgelöst worden war, aber immer noch ein nicht näher zu bestimmender Teil übrig geblieben war. (Die Beurteilungen des SUD-Werts sind nicht immer völlig korrekt. Jemand kann glauben, der SUD-Wert liege bei 3, sich dann erneut in die Erinnerung hineinversetzen und feststellen, daß er tatsächlich noch wesentlich höher liegt.) In den letzten Minuten fokussierten wir auf positive Dinge, um Shirley zu helfen, die während der Sitzung erreichten Resultate zu sichern und sich wieder auf den normalen Alltag einzustellen. Ich forderte sie auf, sich während einer Serie von Augenbewegungen auf den Tiger zu konzentrieren und gleichzeitig zu sagen: »Ich bin in Sicherheit.« Außerdem geleitete ich sie zur Förderung der Entspannung durch eine Atemübung. Als sie ging, wirkte sie recht entspannt und gefaßt. Ich hatte sie darauf hingewiesen, daß nach einer solchen Sitzung manchmal »Gefühlswellen« oder andere unvorhersehbare Reaktionen auftreten und daß sie sich an ihre Therapeutin wenden solle, wenn sie sich wegen irgend etwas Sorgen mache.

Meine Kollegin berichtete mir eine Woche später und dann noch einmal nach einem Monat, daß Shirleys böse Träume und ihre intrusiven Erinnerungen keine Probleme mehr seien. Die Ängste träten zwar immer noch auf, seien aber nicht mehr so umfassend. Ich erklärte ihr, daß eine EMDR-Behandlung eigentlich bis zur vollständigen Verarbeitung der traumatischen Erinnerung (bis ein SUD-Wert von 0 erreicht sei) fortgesetzt werden solle und daß es auch sein könne, daß unerkannte traumatische Erinnerungen die Symptome aufrechterhielten. Ich habe mit Shirley keine weitere Sitzung durchgeführt. Offenbar war sie selbst ebenso wie ihre Therapeutin so zufrieden damit, daß EMDR ihr über die »Hürde« geholfen hatte, daß sie sich entschieden, die Behandlung auf ihre eigene Weise abzuschließen.

2

Jungen im Latenzalter
mit expansiven Verhaltensstörungen

WIE IM VORIGEN KAPITEL BESCHRIEBEN, sehen viele Kliniker EMDR mittlerweile als die beste Möglichkeit zur Behandlung von Traumata an. Doch läßt sich diese Methode in wesentlich mehr Bereichen anwenden, unter anderem auch in solchen, die bisher nicht mit einer Traumatisierung in Verbindung gebracht wurden. Das Bewußtsein dessen, daß in Wahrheit viele der bei Kindern auftretenden psychischen Probleme und Verhaltensprobleme auf Traumatisierungen zurückgehen, ist erst in der Entstehung begriffen (siehe Anhang B). Hinzu kommt, daß die Probleme von Kindern selbst dann, wenn kein extremes Trauma im Sinne der Definition des DSM-IV (*Diagnostic and Statistical Manual*) vorliegt, oft aufgrund hochgradig beunruhigender Erlebnisse wie Trennung der Eltern, Frustration in der Schule, Ablehnung durch Altersgenossen oder schwere Verlusterfahrungen entstehen. Die für EMDR charakteristische beschleunigte Informationsverarbeitung scheint jedoch unabhängig von der Schwere einer belastenden Erinnerung zu wirken.

Die Wirkung der beschleunigten Informationsverarbeitung

Francine Shapiro (1998) hat die Theorie der beschleunigten Informationsverarbeitung als Erklärungsmodell für die Wirkung von EMDR formuliert. Traumata rufen nicht deshalb Symptome hervor, weil sie besonders belastende Erfahrungen beinhalten, sondern weil die Person, die davon betroffen ist, über diese Erlebnisse nicht hinwegkommt. Das belastende Material (oder die »Information«) wird nicht nach und nach verarbeitet und dadurch integriert, dieser Prozeß kommt vielmehr vorzeitig zum Stillstand. EMDR scheint den Integrationsprozeß nicht nur zu reaktivieren, sondern außerdem auch eine erheblich schnellere Verarbeitung des Materials zu ermöglichen, als dies bei anderen Therapieformen gewöhnlich der Fall ist. Die Wirkung der beschleunigten Informationsverarbeitung könnte auch der Grund dafür sein, daß EMDR die Lern- und Leistungsfähigkeit, das Visualisierungsvermögen sowie die Entwicklung anderer Fähigkeiten positiv beeinflußt.

Ich interpretiere praktisch alle Fälle, die ich behandle, im Sinne einer erweiterten Traumatheorie, weil die Probleme von Kindern meiner Meinung nach meist zumindest teilweise durch frühere beunruhigende Erfahrungen in der Vergangenheit entstanden sind (siehe Anhang B). Die meisten Kinder, die zur Behandlung kommen, haben ein signifikantes Trauma oder einen schwerwiegenden Verlust erlebt und sind dadurch entweder allgemein verletzlicher geworden, oder das aktuelle Problem ist dadurch entstanden. Das Bewußtsein, daß Traumata (im weitesten Sinne definiert) zu den bei Kindern auftretenden Problemen erheblich beitragen, ist für mich zu einem Leitprinzip der Diagnose und der Behandlungsplanung geworden. Diese Orientierung soll andere Ansätze des Verständnisses der Probleme von Kindern nicht ersetzen (z.B. den systemischen, den psychodynamischen oder den verhaltenspsychologischen), sondern sie fungiert als Grundgerüst für die Organisation der im konkreten Fall relevanten Perspektiven.

Der Behandlungsansatz

Dieses Kapitel beschäftigt sich mit der Anwendung von EMDR im Kontext eines umfassenden traumabewußten (*trauma-informed*) Ansatzes zur Behandlung von Problemen, die auf den ersten Blick nicht mit Traumata in Zusammenhang gebracht werden mögen. Dabei bildet die EMDR-Arbeit nur einen kleinen Teil der gesamten Behandlung, der außerdem familientherapeutische und nach Bedarf anderweitige Interventionen einschließt. Der Ansatz wird am Beispiel der Behandlung von expansiven Verhaltensstörungen bei Jungen im Latenzalter dargestellt.

Das englische Äquivalent des Begriffs *expansive Verhaltensstörung* im DSM-IV, »*disruptive behavior disorder*«, weist auf ein Problem der Impulskontrolle hin, welches wiederum ein Hinweis auf starke Impulsaktivität einerseits und schwache Selbstkontrolle andererseits ist. Der hier beschriebene umfassende Behandlungsansatz zielt sowohl auf die zugrundeliegenden Gefühle der Wut, Traurigkeit und Angst als auch auf das störende Verhalten selbst. Der gleiche Ansatz kann mit geringfügigen Modifikationen zur Behandlung von Kindern mit einer Vielzahl akuter Probleme benutzt werden, wie beispielsweise Depressionen oder Angstzuständen. In allen diesen Fällen hat die Sicht der Probleme aus der Traumaperspektive zur Folge, daß in der Therapie versucht wird, die Umgebung der Klienten unterstützender und sicherer zu gestalten, belastende Erinnerungen, durch die die Symptome gespeist sein könnten, aufzulösen und die Entwicklung adaptiver Verhaltensweisen zu unterstützen.

Dieser Behandlungsansatz ist in erster Linie in der Arbeit mit Jungen mit schulischen Verhaltensproblemen entwickelt worden. Häufig waren für diese Klienten eine sehr geringe Frustrationstoleranz, schlechtes Bewältigungsvermögen, leichte Erregbarkeit und expansives und/oder aggressives Ausagieren charakteristisch. Bei den meisten von ihnen war AD/HD (Aufmerksamkeitsdefizit-/Hyperaktivitätsstörung) diagnostiziert worden, wenn auch nicht immer zu Recht (einige posttraumatische Reaktionen ähneln Symptomen von AD/HD). Bei manchen wurden außerdem spezifische Lernstörungen festgestellt. Bei fast allen traten auch in der häuslichen Umgebung Verhaltensprobleme auf. Wenn den Betreffenden schließlich eine Behandlung empfohlen wurde, befanden sich das Kind selbst, seine Eltern und seine Lehrer oft schon in einem wahren Teufelskreis ständig zunehmender Frustration und Wut.

Weil chronische expansive Verhaltensstörungen gewöhnlich durch verschiedene Faktoren aufrechterhalten werden, ist zu ihrer Behebung ein sehr umfassender Behandlungsansatz erforderlich. Dabei besteht der erste Schritt in einer sorgfältigen Evaluation, damit der Familie eine zutreffende Fallbeschreibung präsentiert werden kann. Diese sollte allen Betroffenen helfen, ihre Sichtweise zu verändern und das Kind nicht mehr als »böse« oder »schlecht«, sondern als traurig, verängstigt oder wütend anzusehen. Wenn die beteiligten Erwachsenen ein dahingehendes Verständnis entwickeln, haben sie bessere Chancen, die vorgeschlagenen Interventionen umzusetzen: das Bemühen um Aufrechterhaltung einer konsistenten Disziplin sowie um eine allgemein unterstützende Haltung und das Fokussieren auf positive Verhaltensweisen. Die individuelle Behandlung des Klienten beginnt gewöhnlich mit EMDR-Arbeit an der Bewältigung erlittener Traumata oder Verluste. Daran schließen sich durch EMDR unterstützte Bemühungen um eine Verstärkung der Fähigkeiten zur Selbstkontrolle und anderer erwünschter Verhaltensweisen an, die für gute Leistungen in der Schule und adäquates Sozialverhalten wichtig sind. In manchen Fällen ist zusätzlich eine Medikation und/oder ein formelles Verhaltensänderungsprogramm erforderlich.

Beurteilung

Der Prozeß der Beurteilung ist, abgesehen von seiner generellen Unverzichtbarkeit bei jeder Therapie, auch deshalb wichtig, weil er den Anfang der klinischen Arbeit und der Beziehung des Therapeuten zum Kind und zu den betreuenden Erwachsenen darstellt. Die Beurteilung eines zum Ausagieren neigenden Kindes erfordert Informationen aus vielen Quellen, unter anderem von den Lehrern und Eltern des Kindes, vom Kind selbst und natürlich auch solche, die der Therapeut durch eigene Beobachtung gewinnt.

Der Lehrer

Die beste Grundlage für die Zusammenarbeit mit Lehrern ist die Würdigung ihrer Kompetenz. Elementarschullehrer haben im allgemeinen das Gefühl, ihre Schüler sehr gut zu kennen. Außerdem glauben sie gewöhnlich, der Schüler selbst sei das Problem. Die beste Basis für eine gute Arbeitsbeziehung zu einem Lehrer ist, ihm zu signalisieren, daß man den Wert seiner Arbeit zu schätzen weiß. Stellen Sie dem Lehrer zunächst Fragen über das Kind hinsichtlich dessen, was es gut kann, wann und wie es in Schwierigkeiten gerät und wie er als Lehrer darauf reagiert. Fragen Sie ihn auch, wie er mit anderen schwierigen Schülern umgeht, mit denen er besser fertig wird. Hat der Lehrer das Gefühl, daß Sie ihn für kompetent halten, verfällt er weniger leicht in eine defensive Haltung, er beschreibt sein Problem mit dem Kind bereitwilliger und bittet eher um Hilfe. Später kann der Therapeut ihm dann Ratschläge bezüglich eines aus seiner Sicht günstigeren Umgangs mit dem Kind im Unterricht geben, beispielsweise in Form einer schnelleren Reaktion beim Verhängen von Disziplinarmaßnahmen, des Fokussierens auf positive Verhaltensweisen und/oder eines Programms zur Verhaltensverbesserung. Lehrer sind ebenso wie die Eltern sowohl selbst Klienten als auch Partner bei der Behandlung des Kindes, und man sollte sie mit persönlicher Rücksichtnahme und Achtung behandeln.

Die Eltern

So wichtig Zusammenkünfte mit der ganzen Familie sind, so wertvoll kann auch ein Gespräch nur mit den Eltern sein. Ein Hauptziel der Therapie besteht häufig darin, den Eltern zu mehr Autorität innerhalb der Familie zu verhelfen – was eine Rollendifferenzierung erfordert. Ein Gespräch mit den Eltern, in dem Dinge besprochen werden können, über die in Gegenwart der Kinder nicht gesprochen werden sollte, trägt zur Entwicklung eines Gefühls für Rollenunterschiede innerhalb der Familie bei. Wenn in einer Familie normalerweise nichts von den Kindern ferngehalten wird, sind solche Gespräche mit den Eltern unter Ausschluß der Kinder besonders wichtige Gelegenheiten klarzustellen, daß Kinder nicht an »Erwachsenengesprächen« teilnehmen sollten. Und wenn die Eltern die Möglichkeit erhalten, in Abwesenheit ihrer Kinder über deren Probleme zu sprechen, wird dadurch auch die Gefahr verringert, daß das Kind sich schämt, weil sie in seiner Gegenwart über diese Dinge sprechen.

Die Vorgehensweise beim Gespräch mit den Eltern ist einfach und direkt. Der Therapeut befragt sie nach der Entwicklungsgeschichte des Kindes und bittet sie dann um eine ausführliche Beschreibung des aktuellen Problems einschließlich der Umstände, unter denen es entstanden ist, der konkreten Verhaltensweisen des Kindes und der Folgen seines Verhaltens. Man sollte die Eltern auch nach ihrer Theorie darüber befragen, weshalb ihr Kind das Problem hat, denn manchmal ist eine solche Beschreibung ihrer eigenen Vermutungen äußerst nützlich. Und wenn ihre Antwort auf einen völligen Mangel an Verständnis der Situation schließen läßt, ist auch dies von Interesse.

Ich zeichne am Anfang gewöhnlich ein Genogramm, ein Diagramm, das die Beziehungen zwischen den einzelnen Familienmitgliedern veranschaulicht. Die meisten Familien schätzen es, wenn ein Therapeut sich die Mühe macht, sich vor der Beschäftigung mit Problemen nach ganz »normalen« Dingen über sie zu erkundigen (»Was machen Sie beruflich?« – »Wann haben Sie geheiratet?« – »Welche gemeinsamen Unternehmungen bevorzugen Sie als Familie?«). Es ist wichtig, der Familie gleich zu Anfang eines solchen Gesprächs ein positives Bild von ihr selbst zu vermitteln, und umgekehrt ist es auch von Nutzen, wenn die Familie von Anfang an einen positiven Eindruck vom Therapeuten bekommt. Auch die folgenden Themen sollten in dem Gespräch angesprochen werden:

► Gründe für eventuelle physiologische Ursachen AD/HD-ähnlicher Symptome wie beispielsweise Alkohol- und Drogenkonsum der Mutter vor der Geburt des Kindes, andere nachteilige pränatale oder perinatale Einflüsse, Tendenzen zu Hyperaktivität seit der frühen Kindheit, Anfallserkrankungen, hohes Fieber und Kopfverletzungen.

► Geschichte der Bindungen, insbesondere zwischen Eltern und Kind, familiäre Beziehungen und Freundschaften.

► Gründe für schulische Probleme einschließlich AD/HD, eines niedrigen IQ und spezifischer Lernstörungen. Auch ein hoher IQ kann zu Schwierigkeiten führen, wenn das Kind in der Schule unterfordert ist.

► Art der Disziplinierungsmaßnahmen in der Familie. Statt der Frage »Schlagen Sie Ihr Kind?«, die die Eltern leicht in die Defensive treibt, sollte der Therapeut besser eine Formulierung verwenden wie: »Wenn die Kinder gegen eine Regel verstoßen, wie sorgen Sie dann dafür, daß die Ordnung wiederhergestellt wird? Durch Schelte, Schläge, Hausarrest, Beharren auf dem betreffenden Verhalten oder wie sonst?« Disziplin ist ein schwieriges Thema. Verfolgen beide Eltern dieselbe Linie? Generell immer? Geben sie nach? Wechseln sie den Standpunkt? Werden sie wütend? Wenn körperliche Disziplinierungsmethoden angewandt werden, geschieht dies dann nach durchschaubaren Regeln und auf konsequente Weise? (Gibt es beispielsweise für Lügen automatisch immer Schläge?) Oder schlagen die Eltern einfach, wenn sie wütend sind?

► Die Entstehungsgeschichte des Problems, so detailliert wie notwendig, damit der Therapeut sich ein umfassendes Bild davon machen kann. Wann ist es entstanden? Wann ist es stärker geworden? Welche Auswirkungen hat es in der häuslichen Umgebung, in der Schule und beim Zusammensein mit Gleichaltrigen? Welche Kontexte und Konsequenzen spielen in jedem dieser Settings eine Rolle?

► Welche Traumata und Verluste hat das Kind bereits erlebt, einschließlich kumulativer Traumata im umfassendsten Sinne, beispielsweise wiederholte Versagenserlebnisse in der Schule, eine generell lieblose Behandlung durch ein bestimmtes Familienmitglied oder ein Muster sozialer Zurückweisung. Der Therapeut kann seine diesbezügliche Untersuchung durch eine Erklärung wie die folgende einleiten: »So gut Eltern auch für ihre Kinder sorgen mögen, meist bleibt es diesen nicht erspart, gelegentlich sehr schwierige Situationen zu erleben.« Anschließend kann der Therapeut ein »Menü« von Beispielen für potentiell beunruhigende Erfahrungen anführen: »Ein Autounfall, ein Feuer im Haus, ein Hurrikan, der Tod eines Freundes oder eines Familienmitglieds, körperliche Mißhandlungen oder sexueller Mißbrauch, erleben, daß man selbst verletzt wird, mitansehen, wie jemand anders verletzt wird, sehen, wie die Eltern einander anbrüllen und mit Gegenständen nach dem anderen werfen ...« Auf diese Weise wird den Eltern nahegebracht, um welche Art von Vorkommnissen es bei dem Gespräch geht. Die Liste kann so gestaltet werden, daß sie die Ereignisse umfaßt, von denen der Therapeut vermutet, daß sie das Kind beunruhigt haben könnten, beispielsweise eine Scheidung. Eltern unterschätzen die Wirkung bestimmter Ereignisse auf ihr Kind oft.

► Traumasymptome wie Alpträume, Bettnässen, Nachtangst, Wut, Reizbarkeit, Ängste oder Rückzugstendenzen. Auf objektive Werte hin orientierte Traumasymptom-Fragebögen für Eltern (siehe Anhang A und Anhang B) können sehr nützlich sein. Selbst wenn die betreffenden Eltern das akute Problem des Kindes bisher noch nicht in Zusammenhang mit einem bestimmten Ereignis gesehen haben, können sie dadurch möglicherweise das erste Auftreten eines Traumasymptoms mit einem bestimmten belastenden Ereignis in Verbindung bringen.

► Die guten Seiten des Kindes: »Was gefällt Ihnen an Ihrem Kind am besten?« Wenn diese Frage bewußt nach der Aufforderung zur Beschreibung der üblichen Disziplinierungsmaßnahmen und der Traumageschichte gestellt wird – wodurch der Therapeut bereits ein gewisses Verständnis von den Problemen des Kindes entwickelt hat –, stärkt diese Frage die Sympathiegefühle der Eltern ihrem Kind gegenüber, und möglicherweise fangen sie dadurch sogar an, ihre gewohnte Wut und Frustration zu überwinden.

Während des gesamten Gesprächs mit den Eltern stelle ich immer wieder Fragen, ich kommentiere Äußerungen, teile Eindrücke mit und überprüfe Hypothesen. Am Ende beschreibe ich meinen allgemeinen Eindruck sowie meine vorläufigen Schlußfolgerungen aus dem Gehörten und gebe Empfehlungen. Dadurch erhalten die Eltern Gelegenheit, eventuell falsche Eindrücke sogleich zu korrigieren, und außerdem geben sie mir durch ihre Reaktionen neue Informationen. Die Konfrontation mit meinen Gedanken vermittelt den Eltern einen realistischen Eindruck davon, was sie in der Sitzung, in der die Behandlung geplant werden soll, erwartet. Manche Eltern greifen meine Ideen auf und berichten in unserer nächsten Sitzung meist schon über Verbesserungen der Situation.

Das Kind

Wenn Kinder mit Psychiatern oder Psychotherapeuten zusammentreffen, sind sie sich meist nicht ganz sicher, warum es zu dieser Begegnung gekommen ist oder was sie dort erwartet. Einer der Gründe für diese Unwissenheit besteht darin, daß ihre Eltern selbst den Grund nicht genau verstehen und es dem Kind deshalb auch nicht erklären können. Gewöhnlich frage ich das Kind zu Beginn der Arbeit, ob es weiß, warum es zu mir kommen sollte, und was man ihm darüber gesagt hat. Nur sehr selten erhalte ich daraufhin eine adäquate Antwort. Ich erkläre dann: »Deine Mami, dein Papi und dein Lehrer möchten, daß du in der Schule besser wirst und dich nicht ständig in Schwierigkeiten bringst, so wie du es jetzt tust. Sie wollen, daß ich dich besser kennenlerne, damit ich danach vielleicht etwas dazu sagen kann, was du in der Schule besser machen könntest.« Da die meisten Kinder selbst gern in der Schule besser zurechtkommen möchten, reicht diese Einleitung meist, um die jungen Klienten zur Mitarbeit zu bewegen.

Als nächstes muß dafür gesorgt werden, daß sich das Kind wohl dabei fühlt, wichtige Informationen über sich offenzulegen. Eine Möglichkeit, dies zu erreichen, besteht darin, daß man zunächst einfache allgemeine Fragen stellt, damit sich das Kind daran gewöhnt, zu antworten, bevor man ihm Fragen über persönliche und eventuell schmerzliche Themen stellt. Eine andere Strategie besteht darin, dem Kind ausdrücklich die Entscheidung zu überlassen, was und wieviel es von sich offenlegen will. Man sollte an diesem Punkt noch nicht zu sehr in die Tiefe gehen, damit das Kind die Sitzung nicht in einem aufgewühlten Zustand verläßt, denn dies wäre für das Kind selbst ebenso schlecht wie für die entstehende therapeutische Beziehung. Nachdem ich den Zweck der Beurteilung erläutert habe, gehe ich gewöhnlich wie folgt vor:

THERAPEUT: Meine erste Aufgabe ist, eine Menge über dich herauszufinden. Deshalb werde ich dir viele Fragen stellen. Aber was ist, wenn ich dir eine Frage stelle, die du nicht beantworten möchtest? Vielleicht hast du das Gefühl, du kennst mich nicht gut genug, um über bestimmte Dinge zu reden, und vielleicht würde es auch deine Gefühle verletzen, dies zu tun. Was könntest du in solch einem Fall tun?

KIND: (*zuckt die Achseln*)

THERAPEUT: Was würdest du denn sagen, wenn du über etwas Bestimmtes nicht sprechen willst?

KIND: Ich möchte nicht darüber reden?

THERAPEUT: Klar, das würde reichen. Versuche, es noch einmal zu sagen.

KIND: Ich möchte nicht darüber reden.

THERAPEUT: Ich denke, daß das reicht. Probieren wir es doch einfach mal. Ich werde dir eine Frage stellen, die du nicht beantworten willst. Wie heißt die Hauptstadt von Guatemala?

KIND: Ich möchte nicht darüber reden (*lächelt*).

THERAPEUT: Gut. Wir werden jetzt für den Fall, daß dir die Worte nicht einfallen, auch ein Handsignal vereinbaren. Wie hält ein Polizist Autos mit der Hand an?

KIND: (*hält die Hand mit der Handfläche nach vorn*)

THERAPEUT: Auch dieses Signal kannst du also benutzen. Probieren wir es doch einmal. Wieviel ist 26 mal 491?

KIND: (*streckt die Hand erneut aus*)

THERAPEUT: Okay, das funktioniert auch. Jetzt kommen also die Fragen. Bereit? Was ist deine Lieblingsfarbe?

Das Gespräch kann von der Lieblingsfarbe über das Lieblingsessen zu den Lieblingsaktivitäten, Vorlieben und Abneigungen in der Schule und damit zusammenhängenden anderen Themen wechseln. Wenn das Kind darüber befragt wird, was es gern tun würde oder worin es gut ist, so kann ihm dies helfen, sich wohler und positiver gesehen zu fühlen. Für ein Kind, das gewöhnlich eher Wut und Schelte von seiten Erwachsener provoziert, ist dies eine erfrischende Abwechslung, und außerdem trägt es wesentlich zur Stärkung der therapeutischen Beziehung bei. Das Kind sollte auch über seine Familienbeziehungen, Disziplinierungsmaßnahmen innerhalb der Familie, seine Freundschaften und seine eigene Sicht des akuten Problems befragt werden. Viele Kinder glauben, daß sie nur dann ausagieren, wenn sie von anderen dazu provoziert werden; doch sind sie sich manchmal auch ihrer Neigung zum Überreagieren bewußt.

Ein projektives Interview kann zur Entdeckung potentieller Motivationsquellen und wichtiger Themen beitragen. Gewöhnlich frage ich Kinder danach, welches Ziel sie für die Zukunft anstreben (»Wenn du älter und mit der Schule fertig bist, was meinst du, was du dann tun möchtest?«), nach einem Lieblingstier, das sie gern selbst sein würden (»Wenn du ein Tier sein könntest, welches würdest du dann gern sein?«), nach drei Wünschen, und ich stelle ihnen die »Zauberstab«-Frage (»Wenn du einen Zauberstab hättest und mit seiner Hilfe Dinge in deinem Leben verbessern könntest, was würdest du dann verändern?«). Einige dieser Fragen müssen möglicherweise erläutert werden, damit das Kind sie versteht und es sie im Sinne seiner Interessen beantworten kann.

THERAPEUT: Du könntest zum Beispiel ein Polizist werden wollen. Oder möchtest du vielleicht lieber Häuser bauen? Was wäre gut daran, wenn du Polizist würdest? Was macht ein Polizist?

KIND: Er fängt böse Leute und sperrt sie ins Gefängnis. Die Polizei hat Radargeräte, mit denen sie feststellen kann, wo böse Leute sind und wo Verbrechen passieren werden. Sie haben diese Geräte in den Polizeiautos.

THERAPEUT: Das wäre sehr nützlich. Und was wäre gut am Bauen von Häusern?

KIND: Mein Onkel baut Häuser. Manchmal darf ich ihm helfen, wenn ich bei ihm zu Besuch bin. Das macht Spaß, und er sagt, daß man auch viel Geld damit verdienen kann. Ich könnte irgendwann mein Haus selbst bauen.

Die Untersuchung der Entstehungsgeschichte des Traumas und der damit in Zusammenhang stehenden Symptome ist ebenso wichtig wie schwierig. (Die Informationen darüber sollte ein Therapeut sich sowohl von beiden Eltern als auch vom Kind selbst beschaffen, da alle genannten Parteien dazu neigen, irgendwelche wichtigen Informationen zu übergehen.) Der Therapeut sollte sich in diesem Teil des Interviews in besonderem Maße bemühen, dem Kind ein Gefühl der Sicherheit zu vermitteln, um es dazu zu bewegen, ihm die benötigten Antworten zu geben.

THERAPEUT: Ich werde dir nun ein paar Fragen stellen, die du vielleicht schwer beantworten kannst. Weißt du noch, was du tun kannst, wenn du eine Frage nicht beantworten willst?

KIND: Ich soll dann sagen: »Ich möchte nicht darüber sprechen.«

THERAPEUT: Genau. Sag das jetzt gleich noch einmal, einfach um es zu üben.

KIND: Ich möchte nicht darüber sprechen.

THERAPEUT: Gut. Ich werde dich jetzt bitten, mir von dem Schlimmsten zu erzählen, was du jemals erlebt hast. Ich meine Dinge, durch die du sehr viel Angst bekommen hast oder durch die du dich sehr verletzt gefühlt hast. Fällt dir so etwas ein, oder soll ich dir sagen, was andere Kinder mir auf diese Frage geantwortet haben?

KIND: Andere Kinder.

THERAPEUT: Andere Kinder haben mir zum Beispiel gesagt, sie hätten einen Autounfall miterlebt oder ein Feuer in ihrem Haus oder einen Hurrikan ...

KIND: Ich habe einen Hurrikan erlebt, und wir mußten uns in der Toilette verstecken. Danach mußten wir umziehen, weil das ganze Haus kaputt war.

THERAPEUT: Okay, das ist ein gutes Beispiel. Schauen wir mal, was andere Kinder sonst noch sagen. Manche sagen, sie fühlen sich verletzt, wenn sie geschlagen werden oder wenn jemand sie zu Sexspielen zwingt oder wenn sie etwas sehr Böses mitansehen müssen, zum Beispiel, daß jemand verletzt wird oder daß ihre Eltern sich streiten oder prügeln oder wenn jemand stirbt.

KIND: Meine Eltern haben sich ziemlich schlimm gestritten, bevor sie sich getrennt haben. Wir haben uns dann immer hinter der Treppe versteckt.

THERAPEUT: Okay, du hast also einen Hurrikan miterlebt, und deine Eltern haben sich schlimm gestritten. Sonst noch etwas?

KIND: Als meine Omi gestorben ist.

THERAPEUT: Hast du deine Omi gut gekannt?

KIND: Ja, wir sind immer den ganzen Sommer bei ihr gewesen.

THERAPEUT: Das ist aber traurig, daß sie gestorben ist. Wie alt warst du denn da?

Der Therapeut versucht, sich die entscheidenden Informationen auf eine möglichst schonende Weise zu beschaffen, ohne das Kind jedoch schon zu diesem Zeitpunkt dazu zu bringen, seine Wunden offenzulegen. Falls die Eltern Ereignisse erwähnt haben, über die das Kind selbst nicht berichtet hat, kann der Therapeut auch danach fragen. Es ist sinnvoll, für jedes Ereignis um eine SUD-Beurteilung zu bitten und zu fragen, wie alt das Kind zum Zeitpunkt des Geschehens ungefähr war. Allerdings sollte sich der Therapeut nicht zum Narren halten lassen, wenn das Kind abstreitet, augenblicklich auch nur im geringsten unter den Dingen zu leiden, die ihm in Wahrheit am stärksten zu schaffen machen.

Besonders nützlich ist es, eventuell vorhandene Traumasymptome zu identifizieren, und zwar nicht nur, um die Hypothese des Therapeuten zu untermauern, sondern auch, weil solche Symptome belastend wirken und den Klienten deshalb für die Behandlung motivieren können. Eine objektive Messung der Traumasymptome kann sinnvoll sein. Besonders nützlich ist in dieser Hinsicht die »Menü«-Technik, da es Kindern leichter zu fallen scheint, etwas aus einem »Menü« auszuwählen, als aus eigenem Antrieb sozial so inakzeptable Dinge wie Bettnässen oder Mangel an Freunden zuzugeben. Im übrigen ist zu derartigen Problemen zu sagen, daß sie zwar tatsächlich Nachwirkungen von Traumata sein können, andere Ursachen oder mitverursachende Faktoren jedoch nicht völlig ausgeschlossen werden können.

THERAPEUT: Ich möchte dir jetzt über ein paar Dinge erzählen, von denen andere Kinder sich wünschen, daß sie für sie besser würden. Du kannst mir dann sagen, ob etwas darunter ist, das du dir auch wünschst. Manche Kinder wünschen sich, daß sie nicht mehr ins Bett machen ...

KIND: Ich mache nicht ins Bett.

THERAPEUT: Oh, das ist gut. Manche Kinder wünschen sich, sie hätten keine bösen Träume mehr oder sie würden sich nachts nicht mehr fürchten ...

KIND: Ich habe oft böse Träume.

THERAPEUT: Wie oft? Jede Nacht? Einmal in der Woche? Oder einmal im Monat?

KIND: Manchmal. Nicht jede Nacht, aber oft.

THERAPEUT: Wünschst du dir, daß das nicht so wäre?

KIND: Ja.

THERAPEUT: Okay. Manche Kinder wünschen sich, mehr Freunde zu haben oder besser mit anderen Kindern zurechtzukommen ...

KIND: Ich mag es nicht, wenn ich mich mit anderen streite.

THERAPEUT: Okay. Und manche Kinder wünschen sich, sie würden nicht so große Schwierigkeiten bekommen oder sie wären besser in der Schule.

KIND: Das wünsche ich mir auch alles.

Der Therapeut kann nun anfangen, dem Kind die Situation aus der Perspektive der Traumatheorie zu erklären. Dies ermöglicht es dem Kind, sich in einem positiveren Licht zu sehen, nämlich als jemand, der sein Bestes versucht, jedoch daran gehindert wird. Außerdem trägt die Fallbeschreibung dazu bei, daß das Kind eine Motivation für Behandlungsaktivitäten aufbaut.

THERAPEUT: Ich bin jetzt etwas verwirrt. Du hast vorhin gesagt, du würdest in der Schule nicht besonders gut aufpassen und dir nicht soviel Mühe geben, wie du eigentlich solltest. Und jetzt sagst du, daß du deine Sache eigentlich gut machen willst. Ist das wahr? Möchtest du in der Schule wirklich besser sein?

KIND: Ja. Manchmal versuche ich, besser zu werden, aber dann mache ich doch wieder Mist.

THERAPEUT: Ich habe eine Idee, weshalb das passieren könnte. Soll ich es dir sagen?

KIND: Ja.

THERAPEUT: Wenn Kinder böse Dinge erleben, bleiben die schlimmen Gefühle, die sie deswegen haben, manchmal in ihnen und gehen nicht weg. Das kann sehr lange so bleiben. Sie können sogar noch aus der Zeit da sein, als deine Eltern miteinander stritten, oder seit dem Hurrikan. Später in der Schule passiert dann irgendwas, das nicht so gut für dich ist, und dann tauchen diese schlimmen Gefühle wieder auf, und zwar so stark, daß du im Unterricht Mist baust. Meinst du, das könnte bei dir auch so sein?

KIND: Kann schon sein.

THERAPEUT: Meinst du, wenn die schlimmen Gefühle weniger würden, hättest du größeren Einfluß darauf, wie gut du in der Schule bist?

KIND: Ja.

Behandlung

Entwicklung einer Behandlungsvereinbarung

Obwohl die Behandlung im Grunde schon seit dem ersten Kontakt mit dem Klienten im Gange ist, beginnt die formelle Behandlungsphase nach der Evaluation, nämlich dann, wenn der Therapeut der Familie seine Erkenntnisse und Empfehlungen erläutert. Ich persönlich ziehe es vor, die Beteiligten vorab einzeln zu informieren, damit sie sich auf den nächsten, gemeinsamen Schritt vorbereiten können. Bei der von mir bevorzugten traumaorientierten Fallbeschreibung wird der Begriff Trauma so gefaßt, daß er auch Verlusterfahrungen sowie alle Muster kumulativ schädigender Erlebnisse einschließt. Wenn ein problematisches Verhalten mit einem bestimmten Erlebnis in Beziehung gebracht wird, trägt dies ein wenig zur Entlastung des betreffenden Kindes bei, weil es zeigt, daß das Kind nicht schon von Geburt an »böse« war und daß es nicht »böse« sein *will*, sondern daß es einfach von negativen Gefühlen, die durch bestimmte Erlebnisse entstanden sind, verfolgt wird und es keine Möglichkeit sieht, sich anders zu verhalten. Diese Sicht des Problems schafft Raum für Sympathie und die Entwicklung einer Veränderungserwartung und bereitet so den Boden für einzeltherapeutische und familientherapeutische Interventionen.

THERAPEUT: Ich möchte Ihnen nun sagen, was ich über Ihr Kind in Erfahrung gebracht habe und was man meiner Meinung nach für den Jungen tun könnte. Anschließend können wir gemeinsam darüber reden, und Sie können sich überlegen, was Sie tun wollen. Eine wichtige Sache, die ich herausgefunden habe, ist, daß alle, mit denen ich gesprochen habe, ihn sehr mögen! Er paßt auf seine kleine Schwester auf, hilft manchmal im Haus, möchte in der Schule gut abschneiden und hat Freunde, die gern mit ihm spielen. Aber ich weiß auch, daß er große Probleme mit dem Lesen hat, und das erschwert es ihm sehr, die Hausaufgaben richtig zu machen. Wir sprechen jetzt hier miteinander, weil er manchmal auch in der Schule große Schwierigkeiten hat – weil er nicht richtig mitarbeitet, weil er Lärm macht und weil er an

Streitereien beteiligt ist. Außerdem haben Sie mir gesagt, daß er zu Hause manchmal nicht auf Sie hört, wenn Sie ihm etwas sagen. Jetzt werde ich Ihnen erklären, weshalb er meiner Meinung nach so ist, wie er ist.

Jedes Kind, das so große Schwierigkeiten mit dem Lesen hat, hat es in der Schule sehr schwer. Wenn Ihr Junge sieht, daß andere Kinder Dinge tun, die er nicht tun kann, fragt er sich wahrscheinlich, ob er dumm ist, obwohl er das in Wirklichkeit gar nicht ist. Es muß ziemlich frustrierend sein, immer wieder vor einer derartigen Mauer zu stehen. Wenn jemand Schwierigkeiten mit dem Lesen hat, hat er fast mit allen Schulfächern Probleme. Selbst in Mathematik ist es wichtig, daß man Wörter richtig lesen kann. Ich glaube, daß der Junge es so leid ist, ständig frustriert zu werden, daß er manchmal gar nicht erst versucht zu verstehen, worum es geht, nur damit er nicht schon wieder frustriert wird. Und wenn er es dann doch versucht und etwas schwierig für ihn ist, dann erinnert ihn das an all die anderen Situationen, und er ist von Anfang an überzeugt, daß er es nicht schaffen kann, und dann gibt er auf. Es ist, als würden all die Jahre der Frustration auf ihm lasten.

ELTERNTEIL: Ja, das ist wahr. Lesen ist bei allem sehr wichtig. Und er gibt jetzt immer häufiger auf; manchmal versucht er es nicht einmal mehr.

THERAPEUT: Und da ist noch etwas anderes, das die Dinge noch schwieriger für ihn macht. Wenn Kinder etwas sehr Beunruhigendes erleben – wenn sie beispielsweise ihre Eltern heftig miteinander streiten sehen oder wenn sie einen Hurrikan miterleben –, kann es sein, daß sie die dadurch hervorgerufenen schlechten Gefühle weiter mit sich herumschleppen. Und wenn dann später etwas passiert, das sie an die negativen Erlebnisse erinnert – auch wenn es nur eine Kleinigkeit ist –, werden all die alten Gefühle wieder geweckt und rufen bei dem Betroffenen eine relativ starke Reaktion hervor. Ich nehme an, daß die Schwierigkeiten, in die er kommt, deshalb so groß sind, weil er nicht nur auf das reagiert, was zum aktuellen Zeitpunkt tatsächlich geschieht, sondern auch auf die alten, wiedererwachten negativen Gefühle, die er noch mit sich herumschleppt.

Fast allen Eltern leuchtet die Vorstellung ein, daß sich Streß durch eine Anhäufung negativer Erfahrungen summieren kann. Meist verstehen sie auch, daß ein Auslöser genügt, um die alten unverarbeiteten Gefühle zu reaktivieren. Falls hierbei jedoch Verständnisschwierigkeiten auftreten, kann es nützlich sein, spezifische Verhaltensbeispiele anzuführen. Wenn die Familie die Fallbeschreibung akzeptiert hat, kann der Therapeut Empfehlungen aussprechen. Die Eltern akzeptieren die Beschreibung des Therapeuten fast immer und stehen einem von ihm entwickelten Plan positiv gegenüber. Entscheidend ist in dieser Situation, auf der Bedeutung der Rolle der Eltern zu beharren, damit sie nicht glauben, sie könnten die gesamte Arbeit einfach dem Therapeuten überlassen.

THERAPEUT: Wenn sich Kinder in der Situation Ihres Sohnes befinden, tun wir gewöhnlich mehrere Dinge. Zunächst ist es natürlich wichtig, daß er in der Schule spezielle Hilfe erhält, damit er das Lesen lernt. Außerdem können Sie zu Hause einige Dinge tun, damit er sich sicherer fühlt und sich weniger Sorgen macht. Das wird ihm helfen, sich zu beruhigen. Und schließlich kann ich mit ihm allein arbeiten, um ihm zu helfen, die alten negativen Gefühle zu überwinden, die er mit sich herumschleppt. Später könnten wir auch noch ein Verhaltenstraining durchführen, aber vielleicht ist das nicht einmal nötig.

ELTERNTEIL: Das klingt gut. Ich glaube, daß er eine Einzelberatung braucht – damit er mal jemanden hat, mit dem er reden kann.

THERAPEUT: Ja, ich glaube auch, daß das helfen wird. Aber den größten Teil der Arbeit werden Sie selbst tun müssen. Wenn es Ihnen gelingt, ihm zu Hause ein stärkeres Gefühl der Sicherheit zu vermitteln, wird sich das sehr positiv auf meine Arbeit auswirken, und ich kann dann wesentlich mehr schaffen. Sie sind bei der ganzen Sache viel wichtiger als ich. Ich bin nur jemand, mit dem er sich hin und wieder ein wenig unterhält. Aber Sie sind seine Mutter.

ELTERNTEIL: Was soll ich denn tun?

THERAPEUT: Verschiedene Dinge. Wir haben schon ein wenig darüber gesprochen. Erinnern Sie sich noch, daß Sie mir gesagt haben, Ihr Mann sei mit den Kindern reichlich streng, und Sie selbst seien ihnen gegenüber oft nachgiebig? So etwas vermittelt Kindern ein Gefühl der Unsicherheit, weil sie sich ständig auf andere Regeln umstellen müssen. Außerdem haben Sie mir gesagt, daß Sie manchmal ziemlich wütend werden und den Jungen dann anschreien oder daß Sie ihm eine große Strafe ankündigen und diese dann später nicht durchsetzen. Sie verlieren also die Kontrolle und tun dann Dinge, die Sie eigentlich gar nicht tun wollen. Außerdem vermitteln Sie ihm, wenn Sie die Kontrolle verlieren, ein Gefühl der Unsicherheit. Es ist für ihn sehr wichtig, daß Sie die Zügel in der Hand haben, denn nur dann können Sie ihn schützen und seine Sicherheit garantieren.

ELTERNTEIL: Es ist nicht leicht mit diesen Kindern. Manchmal machen sie mich ganz schön wütend.

THERAPEUT: Ich weiß, daß es nicht leicht ist. Ich werde Ihnen ein paar Dinge nennen, die Sie ausprobieren können. Sie müssen selbst schauen, wie Sie damit zurechtkommen. Falls Probleme auftreten, kann ich Ihnen helfen, ihnen auf die Spur zu kommen. Dies alles ist für Sie viel Arbeit, aber meist beruhigen sich die Kinder tatsächlich, und die Situation bessert sich, nachdem den Eltern klargeworden ist, was sie tun müssen.

Manchmal fühlen sich Eltern schon allein deshalb als Versager, weil es ihnen nicht gelungen ist, mit dem Problem ihres Kindes selbst fertig zu werden. Fordert der Therapeut sie auf, sich aktiv an der Behandlung ihres Kindes zu beteiligen, entwickeln sie wahrscheinlich größeres Selbstvertrauen und verhalten sich nutzbringender. Der Therapeut sollte unbedingt bei jeder sich bietenden Gelegenheit auf die Bedeutung des Beitrags der Eltern hinweisen. Selbst wenn das Kind sehr stark auf eine Einzelsitzung reagiert, kann der Therapeut berechtigterweise sagen, daß allein die unterstützende Haltung der Eltern diesen Erfolg möglich gemacht hat. Ziel des Therapeuten ist nicht, Ruhm zu ernten, sondern der Familie zu helfen.

THERAPEUT: Wenn Ihr Kind sich das Knie aufschürft, was tun Sie dann?
ELTERNTEIL: Ich wasche die Stelle und klebe ein Pflaster darauf.
THERAPEUT: Okay. Und wenn es sich ein Bein bricht? Schienen Sie das Bein dann auch selber?
ELTERNTEIL: Nein, ich bringe den Jungen in die Notfallambulanz eines Krankenhauses.
THERAPEUT: Natürlich. Mit den alltäglichen Problemen können Sie selbst fertig werden. Aber manchmal ist ein Problem so groß, daß Sie die Hilfe eines Fachmanns in Anspruch nehmen müssen. Genau so ist es. So verhalten sich gute Eltern, wenn etwas zu schwierig ist, als daß sie selbst damit fertig werden könnten.

Der letzte Punkt der Behandlungsvereinbarung besteht darin, daß die Eltern dem Kind ausdrücklich die Erlaubnis geben, sich behandeln zu lassen und in der Behandlung Fortschritte zu machen. Die Eltern können dem Kind ihre Unterstützung vermitteln, indem sie die Ziele des Kindes rekapitulieren und bestätigen, beispielsweise in der Schule besser zu werden und nicht mehr so häufig in Schwierigkeiten zu kommen, und indem sie das Kind zur Kooperation mit dem Therapeuten ermutigen. Falls Befürchtungen bestehen, daß ein Fortschritt des Kindes bestimmte negative Auswirkungen haben könnte, sollte darüber gesprochen werden (siehe Kapitel 10).

THERAPEUT: Deine Mami und dein Papi haben mir gesagt, daß du gern lernen möchtest, dich besser zu beherrschen, damit du in der Schule besser wirst und nicht mehr so oft in Schwierigkeiten kommst. Letzte Woche hast du gesagt, daß du das auch willst. Kannst du dich daran erinnern? Wir beide werden also zusammenarbeiten, damit du lernst, dich besser zu beherrschen. Glaubst du, wenn du älter und stärker bist, wirst du dich besser beherrschen können?

KIND: Ja, wenn ich älter bin.

THERAPEUT: Dann werden wir versuchen, dir zu helfen, älter und stärker zu werden, damit du mit allem möglichen besser klarkommst – zum Beispiel, wenn jemand dich wütend machen will. Ist das okay?

KIND: Okay.

THERAPEUT: Dann sage ich dir jetzt, was wir tun werden. Deine Eltern haben mir gesagt, sie würden zu Hause ein bißchen strenger sein, damit du lernst, zu tun, was du tun sollst. Und wir beide werden uns einmal in der Woche treffen, und ich werde dir dann ein paar Tricks beibringen, die dir dabei helfen werden, dich besser zu beherrschen. Weißt du übrigens noch, wie wir über die negativen Gefühle gesprochen haben, die noch in dir festsitzen könnten – Gefühle aus Situationen wie dem Hurrikan und den Streits deiner Eltern, die du miterlebt hast?

KIND: Ja.

THERAPEUT: Auch über diese alten Geschichten können wir sprechen. Und wir können versuchen, diese negativen Gefühle so klein zu machen, daß Sie dir nicht mehr solche Schwierigkeiten machen.

Das Hauptziel besteht an diesem Punkt darin, dem Kind in Gegenwart der Eltern und mit ihrer Unterstützung zu erklären, daß es mit Ihnen zusammenkommen wird, um Ziele zu erreichen, die es selbst und seine Eltern definiert haben. Die spezifischen Details der Einzelbehandlung werden in den folgenden Sitzungen festgelegt.

Therapeutischer Umgang mit den Eltern/der Familie

Die Stabilisierung der häuslichen Umgebung spielt bei der Behandlung des Kindes eine wichtige Rolle. Beim Umgang mit den Eltern geht es mir letztendlich um ihren Umgang mit dem Kind: darum, ihnen zu helfen, eine konsistente und unterstützend wirkende Disziplin durchzusetzen: »Denken Sie immer daran, daß Disziplin Ihrem Kind Sicherheit vermittelt, daß sie ihm hilft, ein guter Mensch zu werden. Vergessen Sie nie, daß die Grundlage aller Disziplinierungsmaßnahmen Liebe, nicht Zorn sein sollte.« In manchen Familien sollten auch andere Faktoren angesprochen werden. So können sehr stark variierende Tagesabläufe, starke Konflikte zwischen den Eltern und Unzuverlässigkeit nicht sorgeberechtigter Elternteile in der Wahrnehmung ihrer Besuchsrechte bei dem Kind ebenfalls ein Gefühl der Unsicherheit erzeugen. Doch geht es in diesem Teil der Behandlung gewöhnlich in erster Linie um Disziplin.

Es gibt einige Faktoren, die häufig die effektive Durchsetzung von Disziplin verhindern. Diesbezüglich benötigen Eltern möglicherweise besondere Hilfe. Manchmal verwechseln sie beispielsweise Disziplin mit hartem und grausamem Verhalten ihren Kindern gegenüber und versuchen deshalb, Disziplinierungsmaßnahmen jeder Art zu vermeiden. Insbesondere alleinerziehende Mütter fühlen sich häufig schuldig, weil ihre Kinder in der Vergangenheit schwierige Zeiten durchgemacht haben, und versuchen dies dann »wiedergutzumachen«, indem sie den Kindern alles erlauben. Auch gegensätzliches Verhalten der beiden Eltern ihren Kindern gegenüber kommt häufig vor. In solchen Fällen reagiert der eine Elternteil um so härter, je nachgiebiger der andere ist. Dies ist insbesondere in Familien mit einem Stiefelternteil häufig der Fall. Weiterhin können die Eltern überlastet sein, so daß es ihnen an Energie fehlt, sich ihren Kindern gegenüber wirklich konsequent zu verhalten, selbst bei ihren Versuchen, dem Kind gegenüber etwas durchzusetzen. Natürlich begünstigen wirkungslose Disziplinierungsversuche das Ausagieren, was wiederum bei den Eltern Wut provoziert, die zur Folge hat, daß sie noch ineffektiver reagieren. Dieser Teufelskreis verstärkt gewöhnlich die falsche Vorstellung der Eltern, daß Bemühungen, ihre Kinder zu disziplinieren, zwangsläufig mit Wut und Bestrafung einhergehen müssen. Außerdem sind viele Eltern - wie ihre Kinder - sehr reaktiv und werden häufig viel wütender auf ihr Kind, als es der betreffenden Situation wirklich angemessen wäre.

Durch meine traumaorientierte Fallbeschreibung versuche ich, die Notwendigkeit einer konsistenten Disziplin zu unterstreichen. Hierzu bediene ich mich eines Merkblatts über Rolle und Aufgaben der Eltern (siehe Anhang A), und gewöhnlich verwende ich eine ganze Sitzung darauf, die Konzepte und Details dieses Merkblatts zu erläutern. Am Ende dieser Sitzung sollten die Eltern verstanden haben, daß eine konsistente und unterstützende Disziplinierung ihren Kindern ein allgemeines Gefühl der Sicherheit vermittelt, was wiederum eine Voraussetzung für den Erfolg des einzeltherapeutischen Teils der Behandlung ist. Die Eltern sollten ausreichend Gelegenheit erhalten, über diese Sicht der Disziplin zu sprechen und sie zu erproben, so daß sie sich in der Lage fühlen, sie zu Hause umzusetzen. Eine Warnung vor übermäßig hohen Erwartungen ist angebracht, weil sie den Eltern helfen kann, auch relativ geringfügige Fortschritte als Erfolge zu werten.

THERAPEUT: Es dauert lange, bis Gewohnheiten sich verändern. Ich empfehle Ihnen, es einfach einmal auszuprobieren. Versuchen Sie es, so gut Sie können, und kommen Sie dann wieder zu mir und erzählen mir, was davon seinen Zweck erfüllt hat und was nicht. Dann können wir gemeinsam versuchen, die aufgetretenen Probleme zu lösen, und danach werden Sie Ihre Aufgaben noch besser erfüllen können. Wir rechnen also im Augenblick gar nicht damit, daß es zu dramatischen Veränderungen kommen wird. Wir fangen einfach einmal an und schauen, was daraus wird.

Die im folgenden beschriebenen Interventionen können Eltern helfen, zu verstehen, welche Probleme vorliegen, Hindernisse zu überwinden und die spezifischen Verhaltensweisen zu entwickeln, die sie zur effektiven Disziplinierung ihrer Kinder benötigen. Der Therapeut muß den Erfordernissen des jeweiligen Falls entsprechend entscheiden, welche der beschriebenen Interventionen empfehlenswert sind und welche besser nicht zur Anwendung kommen sollten.

Halten Sie Ihre Versprechen

Eines der wichtigsten Konzepte, deren Bedeutung Eltern begreifen müssen, ist, daß feste Formen und Regeln so etwas wie Versprechungen der Eltern dem Kind gegenüber darstellen. Dadurch wird den Eltern vor Augen geführt, in welchem Maße ihr bisheriges Verhalten das Sicherheitsgefühl des Kindes beeinträchtigt hat. Man sollte dies den Eltern jedoch auf schonende Weise vermitteln und ihnen gleichzeitig zu verstehen geben, daß man die positive Absicht hinter dem bisherigen Verhalten durchaus sieht, und man sollte ihnen ausdrücklich zugute halten, daß sie es einfach nicht besser gewußt haben.

THERAPEUT: Ich möchte Sie nun etwas fragen. Nehmen wir an, Sie sagen zu Ihrem Sohn: »Wenn du das hier sauber machst, bekommst du ein Eis«, und der Junge tut es. Würden Sie dann anschließend zu ihm sagen: »Ach, das mit dem Eis war nur ein Witz«, oder würden Sie Ihr Versprechen halten?
ELTERNTEIL: So etwas würde ich *nie* machen. *Natürlich* würde er das Eis bekommen.
THERAPEUT: Das habe ich mir gedacht. Wenn Sie ihm etwas versprechen, enttäuschen Sie ihn anschließend nicht. Aber wie ist es in folgendem Fall: Er erledigt irgendeine kleine Sache, die Sie ihm aufgetragen haben, nicht, und darüber werden Sie so wütend, daß Sie sagen: »Also gut, dann gehst du morgen nicht in den Park.« Der

nächste Tag kommt, Ihre Wut ist verraucht, Ihnen wird klar, daß die Strafe etwas übertrieben war, es ist ein schöner Tag ...

ELTERNTEIL: Dann laß ich ihn gehen. Ich gebe meistens später nach.

THERAPEUT: In solchen Fällen halten Sie sich also *nicht* an Ihr Versprechen?

ELTERNTEIL: Ja, stimmt eigentlich. So habe ich das noch nie gesehen.

THERAPEUT: Wenn Sie etwas nicht tun, das Sie vorher angekündigt haben, lassen Sie Ihr Kind dadurch im Stich. Vielen Eltern ist das nicht klar. Wenn Sie sagen, das etwas Bestimmtes passieren wird, rechnet Ihr Kind damit, daß es tatsächlich passieren wird. Sie müssen wie ein Fels sein, auf den es stets bauen kann. Wissen Sie, wie es ist, wenn Sie auf einen Menschen nicht zählen können? Dann fühlt man sich ziemlich unsicher. Außerdem haben Sie ja gute Gründe dafür gehabt, bestimmte Regeln festzulegen, nicht wahr?

ELTERNTEIL: Das sehe ich auch so.

THERAPEUT: Nehmen wir also einmal an, Sie haben Ihrem Kind verboten, auf der Straße zu spielen, und ...

ELTERNTEIL: Das ist ein gutes Beispiel. An unserem Haus fahren viele schnelle Autos vorbei.

THERAPEUT: Nehmen wir also an, Sie hätten Ihrem Kind gesagt: »Spiel nicht auf der Straße. Wenn du es doch tust, hole ich dich ins Haus.« Und dann spielt das Kind auf der Straße, und Sie lassen es trotzdem draußen bleiben. Was wird Ihr Junge dann denken?

ELTERNTEIL: Er wird sich freuen, daß er weiterspielen kann. Und er wird das Gefühl haben, mit seinem Verhalten »durchgekommen« zu sein.

THERAPEUT: Ein Teil von ihm wird sicher froh sein, aber ein anderer Teil wird sich fragen, was dies bedeutet, und wird sich innerlich unsicher und nervös fühlen ...

ELTERNTEIL: Ja, er könnte vielleicht denken, daß er mir nicht wichtig ist.

THERAPEUT: Genau *so* ist es! Vielleicht denkt er, daß es Ihnen egal ist, ob er in Sicherheit ist oder nicht. Wenn Sie eine Regel festgelegt haben, um für seine Sicherheit zu sorgen oder um ihm zu helfen, ein guter Mensch zu sein, was auch immer, dann zeigen Sie Ihrem Kind, daß es Ihnen wichtig ist, indem Sie dafür sorgen, daß es sich an Ihre Regeln hält. Wenn Sie tun, was Sie angekündigt haben, weiß Ihr Kind, daß es sich immer auf Sie verlassen kann. Dann fühlt es sich sicherer und fängt an, sich zu beruhigen.

Spielautomat

Wie wichtig es ist, sich an ein gegebenes Wort zu halten, kann mit Hilfe der Spielauto-maten-Metapher veranschaulicht werden.

THERAPEUT: Ihnen ist also jetzt klar, daß alles, was Sie sagen, für Ihr Kind wie ein Ver-sprechen ist. Ebenso wichtig ist, daß Sie sich an das Gesagte halten. Wie Sie wissen, quengelt an der Kasse im Supermarkt immer irgendein Kind: »Bitte, Mami, bitte, bitte, bitte.«

ELTERNTEIL: Genau, und dann sagt die Mutter schließlich: »Okay, da hast du, was du willst, und jetzt gib endlich Ruhe!«

THERAPEUT: Das Merkwürdige ist, daß eine Mutter, die sich so verhält, ihr Kind regel-recht dazu erzieht, sich wie eine Nervensäge zu verhalten.

ELTERNTEIL: Wie meinen Sie das?

THERAPEUT: Lassen Sie mich mal erklären, wie Las Vegas funktioniert: warum dort so viel Geld verdient wird. Was dort läuft, funktioniert nach genau dem gleichen Prinzip, und Sie können es auf Ihre Situation zu Hause anwenden. Nehmen wir einmal an, ich stecke Vierteldollars in einen Spielautomaten, und jedesmal wenn ich einen Quarter hineinstecke, bekomme ich einen Dollar zurück. Was werde ich dann tun?

ELTERNTEIL: Weiter Quarters hineinstecken.

THERAPEUT: Genau. Und was passiert, wenn ich einen Quarter hineinstecke, und nichts kommt heraus?

ELTERNTEIL: Sie hören auf.

THERAPEUT: Ich höre dann bald auf. Allerdings stecke ich vielleicht vorher noch ein paar Münzen hinein und sage: »Was ist los mit dem Ding?« Und vielleicht schlage ich sogar ein paarmal dagegen. Aber Sie haben recht. Ziemlich schnell wird der Punkt kommen, an dem ich sage: »Ich glaube, diese Maschine ist kaputt«, und dann gehe ich weg und probiere ein anderes Spiel aus. Aber wie ist es im folgenden Fall: Ich stecke Quarters in eine Maschine, und meist passiert nichts, aber hin und wieder bekomme ich den Jackpot?

ELTERNTEIL: So ist es bei den Spielautomaten.

THERAPEUT: Genau. Richtige Spielautomaten funktionieren aus einem ganz bestimm-ten Grund so. Denn was passiert, wenn ich einen Quarter hineinstecke und nichts herauskommt?

ELTERNTEIL: Sie versuchen es weiter.

THERAPEUT: Genau. Vielleicht stecke ich noch zehn Quarter hinein, vielleicht sogar hundert, und jedesmal sage ich mir: »Probier es nur weiter; beim nächsten Mal könntest du den Jackpot bekommen.«

ELTERNTEIL: Und dann bist du Millionär und kannst aufhören zu arbeiten.

THERAPEUT: Genau das gleiche tut ein Kind an der Supermarktkasse, wenn es sagt: »Bitte, Mami!« und die Mutter dann sagt: »Nein«, und dann geht es zehnmal hin und her: »Bitte!« »Nein!« »Bitte!« »Nein!« Das Kind denkt sich dann: »Versuch's nur weiter. Vielleicht knackst du nächstes Mal den Jackpot.«

ELTERNTEIL: Das heißt, wenn er mich nervt und ich nachgebe ...

THERAPEUT: Genau: Jackpot!

ELTERNTEIL: Jetzt verstehe ich, was Sie meinen.

THERAPEUT: Der Trick ist, immer daran zu denken, daß Ja auch wirklich Ja bedeutet und Nein wirklich Nein. Wenn Sie es einmal gesagt haben, müssen Sie sich auch daran halten. Andernfalls trainieren Sie ihn darin, Sie weiter zu nerven, um irgendwann den Jackpot zu knacken.

ELTERNTEIL: Jetzt habe ich es begriffen.

THERAPEUT: Ich möchte Sie warnen: Wenn Sie versuchen, sich anders zu verhalten und dem etwas entgegenzusetzen, kann es am Anfang noch schwerer für Sie werden. Erinnern Sie sich noch daran, was passieren kann, wenn die Maschine nicht mehr so reagiert wie bisher?

ELTERNTEIL: Es kann sein, daß er seine Bemühungen dann noch verstärkt.

THERAPEUT: Genau. Er könnte alle Quartermünzen, die er noch hat, einsetzen oder auf die Maschine einschlagen – was im konkreten Fall bedeutet, daß er Ihnen gegenüber sehr aggressiv werden könnte, um herauszufinden, ob er jetzt wirklich auf Sie zählen kann oder ob Sie es gar nicht ernst meinen. Und was passiert, wenn Sie es irgendwann Leid sind und nachgeben?

ELTERNTEIL: Jackpot.

THERAPEUT: Genau. Wenn Sie also wollen, daß es funktioniert, müssen Sie wirklich konsequent bleiben. Wenn er erst einmal gelernt hat, daß Sie wirklich ernst meinen, was Sie sagen, warum soll er dann noch all seine Münzen in die Maschine stecken? Dann muß er sich ein neues Spiel ausdenken.

Unterbinden Sie ein Problem so schnell wie möglich

Diese Strategie erfüllt verschiedene Funktionen. Sie vermittelt Eltern konkret, wie sie auf effektive Weise Disziplin durchsetzen können. Außerdem hilft sie ihnen, ihre Versprechen zu halten, indem sie so kleine Strafen verhängen, daß es nicht so schwer ist, diese auch tatsächlich durchzusetzen. Gleichzeitig verhindert diese Intervention, daß die Eltern wütend werden, indem sie dazu gebracht werden, etwas zu unternehmen, *bevor* eine Problemsituation ihnen entgleitet. Wenn Eltern lernen, sehr schnell zu intervenieren und nur relativ kleine Strafen zu verhängen, gibt dies dem Kind ein Gefühl der Sicherheit, ohne daß die Situation eskaliert, und das Disziplinierungsproblem wird gar nicht erst so groß.

THERAPEUT: Eines der größten Probleme, die Eltern mit dem Einhalten von Versprechen haben, besteht darin, daß sie aufgrund der Stärke ihrer Wut Strafen verhängen, die ihnen später, wenn die Wut verraucht ist, als unangemessen stark erscheinen.

ELTERNTEIL: Ja, so geht es mir auch.

THERAPEUT: Eine Möglichkeit, dies zu vermeiden, besteht darin, daß Sie im voraus festlegen, welche Arten von Strafen Sie verhängen wollen. Dadurch vermeiden Sie, daß Sie sich gerade dann, wenn Sie wütend sind, erst etwas ausdenken müssen.

ELTERNTEIL: Das leuchtet mir ein.

THERAPEUT: Verhängen Sie manchmal Auszeiten?

ELTERNTEIL: Ja, ich schicke ihn manchmal in sein Zimmer, wenn ich wütend auf ihn bin und ihn nicht mehr um mich haben will. Er kann dann nach einer halben Stunde zurückkommen, wenn er bereit ist, sich wieder gut zu benehmen.

THERAPEUT: Ich würde Ihnen jetzt gern beibringen, eine ganz bestimmte Art von Auszeit zu verhängen. Sie wählen irgendeinen Punkt in dem Raum, in dem Sie gerade sind, beispielsweise einen Stuhl oder eine Stelle an einer Wand des Raums, in dem Sie sich befinden. Wenn er sich dann während einer Auszeit an dieser Stelle befindet, darf er nicht sprechen, nicht spielen und auch nichts anderes tun, beispielsweise gegen die Wand treten oder ähnliches. Eine solche Auszeit sollte eine Minute dauern.

ELTERNTEIL: *Eine* Minute? Das erscheint mir aber *nicht* sehr lang.

THERAPEUT: Vielleicht sollte die Zeitspanne sogar noch kürzer sein. Ich bin auf der Suche nach einer Strafe, die so klein ist, daß es Ihnen nicht das Herz bricht, sie durchzuhalten. Wären Sie imstande, eine solche Auszeit von einer Minute durchzusetzen?

ELTERNTEIL: (*lacht*) Das wäre kein Problem.

THERAPEUT: Gut. Ich werde Ihnen nämlich jetzt den Auftrag geben, dies bei jeder sich bietenden Gelegenheit zu tun und wirklich aktiv nach solchen Gelegenheiten Ausschau zu halten. Erinnern Sie sich noch an unsere Feststellung, daß eines der Probleme in seiner Fähigkeit besteht, Sie wütend zu machen?

ELTERNTEIL: Allerdings.

THERAPEUT: Werden Sie ziemlich schnell wütend oder erst nach einer längeren Zeit?

ELTERNTEIL: Es passiert immer dann, wenn ich ihn auffordere, etwas zu unterlassen, und er dann trotzdem damit weitermacht. Er hört nicht auf, er hört nicht auf mich, und irgendwann werde ich dann wütend auf ihn.

THERAPEUT: So etwa habe ich es mir vorgestellt. Sie könnten folgendes tun: Sagen Sie ihm einmal, er soll es unterlassen. Und wenn er es dann nicht tut, fordern Sie ihn noch einmal dazu auf und zählen bis drei. Nicht 1, 2, 2½, 2¾, sondern einfach 1, 2, 3. Und dann Bumm! Eine Minute Auszeit! Und anschließend muß er natürlich immer noch tun, was Sie gesagt haben. Keine Diskussion, so ist es, und so bleibt es.

ELTERNTEIL: Das ist alles? Eigentlich ganz einfach.

THERAPEUT: Der Trick dabei ist, daß Sie gar keine Chance haben, wütend zu werden, weil Sie es nicht dazu kommen lassen, daß sich die Sache ellenlang hinzieht. Und eine kleine Strafe genügt, weil er nicht viel angestellt hat. Im Grunde ist die Auszeit nicht einmal eine richtige Strafe, sondern sie bedeutet nur etwas wie: Wenn du dich nicht an die Regeln hältst, mußt du ein wenig auf der Bank sitzen; danach kannst du wieder mitspielen und bekommst eine neue Chance.

ELTERNTEIL: Ich glaube, das kriege ich hin.

THERAPEUT: Ich möchte Sie bitten, diese Woche jede Chance, die Sie bekommen, zu nutzen, um eine Auszeit zu verhängen. Wenn Sie sich nicht sicher sind, dann riskieren Sie es einfach. Und falls Sie jemals merken sollten, daß Sie frustriert oder wütend werden, haben Sie die Zügel wahrscheinlich schon zu lange locker gelassen; aber das braucht Sie nicht daran zu hindern, sofort wieder eine Auszeit zu verhängen. Das Merkwürdige dabei ist: Je stärker Sie sich bemühen, konsequent zu sein, um so seltener werden Sie wirklich große Strafen verhängen.

Falls das Kind anwesend ist oder in die Sitzung geholt werden kann, spiele ich die Auszeit-Prozedur oft mehrmals durch, wobei ich zunächst selbst die Elternrolle übernehme und diese später dem anwesenden Elternteil übertrage. Manchmal hat das Kind auch Lust, selbst einmal in die Elternrolle zu schlüpfen. Diese Übung hat verschiedene positive Auswirkungen. Erstens wird der Elternteil dazu gebracht, zu beobachten und das neue Verhalten dann unter Beobachtung zu üben. Das Kind erlebt die Intervention zunächst auf eine positive, eventuell sogar spielerische Weise, und vielleicht wird ihm sogar das Gefühl vermittelt, das es sich eigentlich gar nicht um eine Strafe handelt. Zweitens kann das Kind, wenn es gehorsames und ungehorsames Verhalten im Rollenspiel erlebt, eine bessere Kontrolle über sein Symptomverhalten entwickeln. Und drittens kann der Therapeut das gesamte Vorhaben dadurch um einen zusätzlichen therapeutischen Effekt bereichern.

THERAPEUT: Ich habe mich mit deiner Mutter unterhalten, und sie hat gesagt, daß sie findet, es sei Zeit, die Zügel fester in die Hand zu nehmen, damit du dich zu Hause sicherer fühlst. Deshalb werden wir jetzt etwas üben. Hast du Lust, uns dabei zu helfen?

KIND: Okay.

THERAPEUT: Okay, ich werde dir jetzt sagen, daß du das Spielzeug wegräumen sollst, aber du spielst dann einfach weiter damit. Können wir anfangen? Leg das Spielzeug weg!

KIND: (*spielt weiter*)

THERAPEUT: Ich habe dir gerade gesagt, daß du das Spielzeug weglegen sollst. 1, 2, 3. Du mußt jetzt eine Auszeit nehmen. Stell dich da drüben in die Ecke. Nein, du darfst damit während der Auszeit nicht spielen. Ich kann das Spielzeug so lange nehmen. Ich werde dir sagen, wann die Minute um ist. ... Gut so, das war's. Gut gemacht! Diesmal ist deine Mami dran. Meinst du, sie könnte das genauso gut wie ich? Hilfst du ihr, es zu üben?

Die Kraftwörter-Progression

Falls das Prinzip der frühzeitigen Intervention noch stärkeren Nachdrucks bedarf, läßt sich das vermutlich auf folgende Weise erreichen. Die Kraftausdrücke helfen den Eltern, im Auge zu behalten, worum es geht. Außerdem wird dadurch das schlechte Benehmen des Kindes mit seiner Unsicherheit in Verbindung gebracht und dadurch wiederum der Wunsch der Eltern, ihrem Kind Sicherheit zu geben, geweckt, und nicht ihre Aversion gegen Bestrafungen. Natürlich sollten solche Kraftausdrücke nur benutzt werden, wenn sich die Eltern nicht allzu unbehaglich dabei fühlen, und das Kind sollte während dieser Erklärung nicht zugegen sein.

THERAPEUT: Wenn Ihr Kind etwas tut, das es nicht tun soll, bittet es meiner Meinung nach um Hilfe. Es fordert Sie auf, ihm klare Grenzen zu setzen, damit es ein Gefühl der Sicherheit bekommt. Wenn Ihr Junge das Gefühl hat, die Kontrolle über sich verloren zu haben, braucht er Ihre Hilfe, bis er wieder in der Lage ist, sich zu beherrschen. Baut er hingegen irgendeinen Mist, und Sie lassen dies einfach geschehen, wird er immer nervöser. Was glauben Sie, was dann passiert?

ELTERNTEIL: Er macht einfach damit weiter.

THERAPEUT: Genau. Es gibt etwas, das ich die *Kraftwörter-Progression* nenne – das ist das, was meiner Meinung nach mit Ihrem Sohn passiert. Wenn er »Verdammt!« sagt und nichts passiert, wird er noch nervöser und bittet noch lauter um Hilfe. Er versucht es dann mit »Scheiße!«, um herauszufinden, ob dieses Wort Sie dazu bringt, ihm zu helfen. Tun Sie es nicht, geht er zur nächsten Eskalationsstufe über.

ELTERNTEIL: Das kenne ich. Er gerät dann völlig außer sich.

THERAPEUT: Wenn er nervös ist, braucht er, daß Sie sich um ihn kümmern. Sie müssen ihm zeigen, daß *Sie* das Heft in der Hand haben. Das Verhängen einer Auszeit gibt ihm in solchen Situationen Sicherheit und Gelegenheit, sich zu beruhigen. Andernfalls begibt er sich einfach auf die nächste Eskalationsstufe, bis Sie ihm endlich die rote Karte zeigen.

Körperliche Einschränkung

Manchmal sagen Eltern: »Aber er wird die Auszeit nicht einhalten.« Darauf antworten Sie als Therapeut einfach: »Dann sorgen Sie dafür, *daß* er es tut. *Sie* haben das Kommando.« Anschließend muß ausführlicher über das Wie gesprochen werden. Meist reicht es, daß der Elternteil auf der Durchführung der Anordnung beharrt oder sich vor das Kind stellt und ihm dadurch die Möglichkeit nimmt, den für die Auszeit festgelegten Ort zu verlassen. Manchmal muß ich Eltern Techniken physischer Einschränkung beibringen, was allerdings nur möglich ist, wenn man den betreffenden Eltern zutraut, daß sie diese komplexe Intervention auf ebenso wirksame wie gefahrlose Weise anwenden. Sie müssen zu einem liebevollen, bestimmten und nichtreaktiven Vorgehen in der Lage sein, damit sich das Kind nicht angegriffen, sondern sicher fühlt.

Ein weiteres Auszeit-System (Dutton 1996)

Der oben beschriebene allgemein gebräuchliche Umgang mit der Auszeit-Methode ist für stark reaktiv veranlagte Eltern möglicherweise nicht praktikabel. Wenn Eltern gewöhnlich beim kleinsten Regelverstoß aus der Haut fahren, kann die Auszeit-Prozedur schlicht zu einem weiteren Bereich werden, in dem die negative Aufmerksamkeit der Eltern den Ungehorsam des Kindes geradezu herausfordert. Das folgende Auszeit-System ermöglicht Eltern eine verstärkte Kontrolle über das Verhalten ihres Kindes und sorgt gleichzeitig für den nötigen Abstand, so daß sie sein negatives Verhalten nicht noch verstärken.

Die Eltern müssen einen Raum für die Auszeit festlegen – beispielsweise das Schlafzimmer des Kindes –, in dem sich (einschließlich der Wände und der Möbel) nichts befindet, das sie nicht aufs Spiel setzen wollen. Im betreffenden Raum sollte es kein Fernsehgerät geben; gegen Spielzeug ist nichts einzuwenden. Begibt sich das Kind bei Verhängung der Auszeit nicht sofort in diesen Raum, wird es von dem Elternteil, der die Auszeit verhängt hat, eigenhändig dorthin befördert. Bleibt es daraufhin nicht freiwillig in dem Raum, wird es durch Verschließen der Tür dazu gezwungen. Das Kind bringt die Auszeit zum Abschluß, indem es sich über die festgesetzte Zeitspanne ruhig verhält – beispielsweise fünf Minuten oder eine Minute für jedes Lebensjahr.

Während einer solchen Auszeit gehen die Eltern ihren normalen Beschäftigungen nach, ganz gleich, was in dem Auszeitraum geschieht. Das Kind kann minuten- oder sogar stundenlang brüllen und alles, was in seiner Reichweite ist, kaputtschlagen, doch erst nachdem es sich über die festgesetzte Zeitspanne ruhig verhalten hat, nehmen die Eltern wieder Kontakt zu ihm auf. Anschließend sollten sie das Kind dafür loben, daß es sich während der letzten Minuten gut benommen und auf diese Weise die festgesetzte Auszeit zum Abschluß gebracht hat. Das Kind braucht während der Auszeit nicht still und stumm dazusitzen, es muß sich nur ruhig in seinem Zimmer beschäftigen.

Dieses System basiert auf dem Prinzip, daß das Kind das tut, was durch die Aufmerksamkeit der Eltern verstärkt wird. Benimmt es sich schlecht, schicken die Eltern es sofort in den Auszeitraum, so daß es für sein schlechtes Benehmen keine Verstärkung mehr bekommen kann. Benimmt es sich gut, indem es die Auszeit erfolgreich zum Abschluß bringt, verstärken die Eltern sein positives Verhalten. Das negative Verhalten wird automatisch verringert, sobald das Kind lernt, daß es dafür keine Verstärkung erhält. Sofern die Eltern diese Methode richtig anwenden, kann sie selbst bei sehr schwierigen Kindern äußerst erfolgreich wirken.

Über die Auszeiten hinaus: Natürliche Konsequenzen

Über die Verhängung von Auszeiten bei störendem Verhalten hinaus kann der Therapeut den Eltern helfen, auf eine Vielzahl von Disziplinproblemen die Prinzipien der Traumabehandlung anzuwenden. Ziel ist in jedem Fall, das Sicherheitsgefühl des Kindes zu stärken und ihm sowohl adäquate Grenzen zu setzen als ihm auch Möglichkeiten zum Lernen zu geben. Zu den genannten Prinzipien zählen:

► Halten Sie, was Sie versprechen – seien Sie bereit, die Konsequenzen, die Sie angekündigt haben, in die Tat umzusetzen.

► Vermeiden Sie Vergeltungs- oder Racheakte, denn diese zeigen nur, daß Sie als Elternteil selbst die Kontrolle über Ihr Verhalten verloren haben.

► Bestrafen Sie das Kind nicht, indem Sie ihm Mahlzeiten, den Schlaf, den Schul-
besuch oder andere wichtige Aktivitäten vorenthalten.

► Die angekündigten Konsequenzen müssen fair und einleuchtend sein und nach
Möglichkeit zu einem positiven Endergebnis führen.

Diese Prinzipien können Eltern bei der Beurteilung möglicher Disziplinierungs-
maßnahmen als Leitfaden dienen. Beispielsweise sind körperliche Züchtigungen ge-
nerell problematisch, weil sie eine Vergeltungsmaßnahme sind und einen Kontrollver-
lust der Eltern beinhalten; außerdem liefern sie dem Kind nur noch weitere Gründe,
Angst zu haben. Der Restitutionsansatz hat den Vorteil, daß er keine Strafe, sondern
Rehabilitationsmaßnahmen beinhaltet; er ist eindeutig fair, und das Kind kann sein
Fehlverhalten dadurch tatsächlich wiedergutmachen, wodurch sowohl beschädigte
Beziehungen als auch sein eigenes Selbstwertgefühl wiederhergestellt werden.

Das Konzepte der »natürlichen Konsequenzen« hilft vielen Eltern, die konstruktive Absicht zu erkennen, die diesem Disziplinierungsansatz zugrunde liegt. Die Aufgabe der Eltern besteht dabei nicht darin, eine Strafe zu verhängen, sondern sicherzustellen, daß das Kind eine Gelegenheit erhält, aus seinen Fehlern zu lernen, indem es
die Verantwortung für sie übernimmt. Beispiele für natürliche Konsequenzen sind:

► »Wenn du etwas dreckig machst, mußt du es wieder saubermachen.«

► »Wenn du etwas kaputtmachst, mußt du es reparieren oder ersetzen.« Ersatz
kann in Form von Geld oder Arbeit geleistet werden (z.B. durch Übernahme
zusätzlicher häuslicher Arbeiten).«

► »Wenn du mein Vertrauen verletzt, verlierst du es, bis du es dir zurückverdient
hast.« Zum Beispiel: »Weil du heute abend nicht vor Anbruch der Dunkelheit
nach Hause zurückgekommen bist, darfst du morgen nach dem Abendessen
nicht ausgehen. Und weil ich wegen deiner Verspätung eine halbe Stunde damit
vertan habe, mir Sorgen zu machen, schuldest du mir eine halbe Stunde Hausar-
beit.«

► »Erst die Arbeit, dann das Spiel.« Dies gilt insbesondere, wenn das Kind mit der
vereinbarten Arbeit nicht fertig wird. Schlechte Noten? »Kein Fernsehen, bis du
deine Schularbeiten gemacht hast.«

Obwohl solche Konsequenzen häufig notwendig sind, ist das Hervorheben positiver
Aspekte zum Hervorrufen erwünschten Verhaltens stets zu bevorzugen. Wenn Eltern
ein bestimmtes problematisches Verhalten nicht in den Griff bekommen, kann der

Therapeut ein spezifisches Anreizprogramm empfehlen, um das Kind zu einer Verhaltensverbesserung zu motivieren. Manchmal funktioniert eine Methode nach dem Prinzip Zuckerbrot und Peitsche am besten, wobei zum Erreichen eines bestimmten Zwecks sowohl Belohnungen in Aussicht gestellt als auch Drohungen ausgesprochen werden. Wird ein Kind beispielsweise nicht rechtzeitig fertig, um zur Schule zu gehen, kann man es am Abend des gleichen Tages fünfzehn Minuten früher als sonst ins Bett schicken. Ist es hingegen an jedem Morgen rechtzeitig fertig, kann man ihm am Freitag nach der Schule eine Belohnung schenken.

Eine der wichtigen Komponenten sowohl eines formellen verhaltenstherapeutischen Programms als auch eines allgemeineren Disziplinierungsansatzes besteht in einer Haltung unterstützender Neutralität auf seiten der Eltern. Ist sich das Kind darüber im klaren, daß bestimmte Verhaltensweisen unangenehme Konsequenzen haben, die ihm bekannt sind, können die Eltern ihm klarmachen, daß es sich durch sein Verhalten für eine bestimmte Konsequenz entschieden hat. Das rückt die Eltern als die Veranlasser der Sanktionen aus dem Blickfeld und läßt sie neutraler erscheinen. Eignen Eltern sich die Sichtweise an, daß sich das Kind mit den Konsequenzen seiner eigenen Entscheidungen auseinandersetzen muß, sind sie in der Lage, sich von ihrer eigenen Reaktivität besser zu distanzieren und in verstärktem Maße auf die Bedürfnisse des Kindes einzugehen.

THERAPEUT: Wenn er zu Ihnen sagt, es sei gemein, daß Sie ihn früh zu Bett schicken, wie reagieren Sie dann darauf?

ELTERNTEIL: Ich werde wütend. Ich fühle mich dann tatsächlich, als ob ich gemein gewesen wäre, und ich bin sein ständiges Herumnörgeln gründlich leid.

THERAPEUT: Versuchen Sie einmal, folgendes zu sagen: »Du hast mir gesagt, du wolltest früh zu Bett gehen. Das hast du mir heute morgen durch dein Verhalten zu verstehen gegeben. Es ist also nicht meine Entscheidung, daß du jetzt früh zu Bett gehst, sondern deine eigene.« Sagen Sie das jetzt.

ELTERNTEIL: »Du hast die Entscheidung selbst getroffen. Du bist heute morgen zu spät gekommen, und ich habe mich nur an unsere Vereinbarung gehalten.«

THERAPEUT: Wie fühlt es sich an, wenn Sie das sagen?

ELTERNTEIL: So, als ob das Ganze nicht mein Problem wäre.

THERAPEUT: Genau. Sie erfüllen Ihre Elternpflichten. Sie halten Ihre Versprechen, und Sie geben ihm die Möglichkeit, aus seinen Fehlern zu lernen, damit er sein Verhalten verbessern kann.

ELTERNTEIL: Aber ich kenne ihn. Er wird noch mehr nörgeln.

THERAPEUT: Das ist nicht Ihr Problem! Er *muß* sogar nörgeln, denn er will herausfinden, ob er wirklich auf Sie zählen kann. Er wird Ihnen sämtliche Knöpfe drücken – den »Schuld«-Knopf, den »Gemein«-Knopf, und welche noch?

ELTERNTEIL: Oh, das weiß er ganz genau.

THERAPEUT: Ihre erste Aufgabe besteht also darin, zu tun, was Sie angekündigt haben, Ihre Versprechen zu halten. Anschließend können Sie ihm helfen zu lernen, indem Sie ihm klarmachen, daß er die Konsequenzen, über die er sich beklagt, selbst gewählt hat und daß er selbst sich glücklicher machen kann, wenn er bessere Entscheidungen trifft. Und wenn er dann immer noch murrt, können Sie ihm, wenn Sie wollen, bezüglich seiner Gefühle helfen. Sie können beispielsweise zu ihm sagen: »Du scheinst nicht sehr glücklich darüber zu sein, daß du früher ins Bett gehen mußt.«

ELTERNTEIL: »Du scheinst nicht sehr glücklich darüber zu sein, früher ins Bett gehen zu müssen.«

THERAPEUT: So ist es. Sie können ihm helfen, mit Dingen zurechtzukommen, die ihm nicht gefallen. Aber trotzdem ist das Ganze nicht Ihr Problem.

Sie haben das Kommando

Eltern müssen sich darüber im klaren sein, daß Kinder, die sich nicht beherrschen können, jemanden brauchen, der die Kontrolle für sie übernimmt und ihnen hilft, sich zu fangen, bis sie ihr Verhalten wieder selbst steuern können. Dieses Konzept läßt sich auf vielfältige Weise übertragen, und es spielt in Sitzungen mit Eltern oft eine zentrale Rolle. Zunächst müssen die Eltern jedoch begreifen, daß ihre Kinder sich nur dann sicher fühlen können, wenn die Erwachsenen die Verantwortung übernehmen. Außerdem müssen die Eltern lernen, Situationen zu erkennen, in denen sie ihre Autorität verlieren, und sie müssen lernen, diese Autorität wiederherzustellen.

THERAPEUT: Wir haben schon vorher darüber gesprochen, daß Ihr Kind sich verängstigt fühlt und daß immer dann, wenn es wegen irgendeiner Kleinigkeit nervös wird, all die alten Angstgefühle reaktiviert werden.

ELTERNTEIL: Richtig. Das haben Sie gesagt. Durch den Hurrikan ist das passiert. Das war mir vorher nicht klar. Und durch die Streitereien zwischen mir und meinem Mann. Ich wußte, daß der Junge das nicht ausstehen konnte, aber mir war nicht klar, daß es ihm immer noch zu schaffen macht.

THERAPEUT: Manchmal ist es schwer herauszufinden, was Kinder denken. Es kann passieren, daß solche Gefühle, die durch längst vergangene Erlebnisse entstanden sind, sich nicht auflösen, und irgendein kleiner Anlaß reicht dann manchmal, um die Angst wieder zu mobilisieren. Aber wissen Sie auch, woran Sie erkennen können, ob er Angst hat?

ELTERNTEIL: Nein, über so etwas spricht er nie.

THERAPEUT: Kinder wissen oft nicht, wie man über solche Dinge sprechen kann. Er zeigt ihnen, daß er Angst hat, indem er etwas tut, das er eigentlich nicht tun soll. Wenn Sie ihn dann klar auf die gültigen Regeln verweisen, fühlt er sich sicher, weil Sie auf diese Weise klarstellen, daß *Sie* das Sagen und damit auch die Verantwortung haben, und daraus schließt er, daß er sich auf Sie verlassen kann.

ELTERNTEIL: Ich weiß, wir haben schon darüber gesprochen – die Auszeiten.

THERAPEUT: Aber dabei gibt es noch den folgenden Aspekt. Wenn Sie mit ihm streiten oder wenn Sie ihn anbrüllen, haben Sie die Kontrolle verloren, und das kann die ganze Hilfe zunichte machen, die Sie ihm zukommen lassen wollen.

ELTERNTEIL: Nur weil ich ihn anbrülle?

THERAPEUT: Ja. Wenn Sie das Heft in der Hand haben und sich so verhalten, wie Eltern dies tun sollten, gilt das, was Sie sagen, ohne jeden Zweifel. Schafft er es jedoch, Sie in endlose Diskussionen zu verwickeln, dann sind Sie für ihn wie ein anderes Kind, auf der gleichen Ebene wie er und *damit* nicht mehr in Kontrolle über die Situation. Und wenn er es schafft, Ihnen die »Knöpfe« zu drücken und Sie dadurch wütend zu machen, haben Sie die Kontrolle ebenfalls an ihn abgegeben. Er hat Sie dazu gebracht, zu brüllen und sich auf einen Streit mit ihm einzulassen, so als wären Sie ein anderes Kind. Als Eltern brauchen Sie es nicht dazu kommen zu lassen. Wenn Ihr Sohn sich nicht beherrschen kann, braucht er Sie in Ihrer Funktion als Eltern: Er braucht, daß Sie die Kontrolle übernehmen.

Eltern fällt es oft schwer, die Selbstkontrolle zu behalten und sich nicht zum Streiten, Brüllen oder Schlagen hinreißen zu lassen – Verhaltensweisen, die leicht zur Gewohnheit werden können. Die folgenden Strategien können den Erfolg in diesem Bemühen fördern:

► Das Fehlverhalten ihres Kindes als Ausdruck von Angst zu sehen kann Eltern helfen, Sympathie für das Kind zu empfinden, statt sich durch dieses Verhalten persönlich angegriffen zu fühlen

► Gewöhnlich vermögen schnelle, relativ geringfügige Bestrafungen eine tiefergehende Frustration der Eltern zu verhindern.

► Der »Nicht mein Problem«-Ansatz kann ebenfalls zur Objektivierung des Eltern-Kind-Konflikts beitragen.

Wenn dieser auf das Kind fokussierende Ansatz nicht ausreicht, um den Eltern die Aufrechterhaltung ihrer Selbstkontrolle zu ermöglichen, ist eventuell therapeutische Einzelarbeit mit den Eltern erforderlich. Einige der im folgenden Kapitel beschriebenen Techniken, die Erwachsenen mit Verhaltensproblemen helfen sollen, konstruktiv mit Wut umzugehen, können dabei von Nutzen sein. Eine weitere Möglichkeit besteht darin, das Fehlverhalten des Kindes als Auslöser für eine traumatische Erinnerung des Elternteils zu verstehen und diesem dann mit Hilfe von EMDR zu helfen, die Grunderinnerung aufzulösen.

Die Stieffamilien-Falle

In vielen Familien spielt ein Elternteil, gewöhnlich der Vater, die Rolle des übermäßig harten Zuchtmeisters, während der andere Elternteil, gewöhnlich die Mutter, die übermäßig nachsichtige Rolle spielt. (Dies kommt besonders häufig nach Scheidungen vor, wenn die Mutter das Sorgerecht für die Kinder erhalten und später wieder geheiratet hat. Allerdings besteht in vielen intakten Familien die gleiche Dynamik.) Das Problem ist: Je härter sich der Vater den Kindern gegenüber verhält, um so nachsichtiger und beschützender tritt die Mutter auf, und in dem Maße, wie die Mutter es versäumt, die Kinder zu disziplinieren, fühlt sich der Vater dazu verpflichtet. Dadurch kommt es zu einer ständig zunehmenden Polarisierung, einem Teufelskreis, der innerhalb der Familie erhebliche Spannungen erzeugt. Und wenn der Vater zum Verhängen von Strafen tendiert und die Mutter zur Nachgiebigkeit, kann das Kind im Grunde von seiten beider Eltern nicht auf eine adäquate Führung und Unterstützung zählen.

Der Therapeut kann den Eltern diese Dynamik einfach erklären und ihnen sagen, daß sie dieselbe auflösen können, indem die Mutter (bzw. der Elternteil, der die »weiche« Rolle übernommen hat) in Zukunft die Rolle des Zuchtmeisters übernimmt. Ihre Beziehung zu ihren Kindern wird durch das Ausüben von Autorität nicht beschädigt, sondern sogar noch verstärkt. Wenn die Mutter den Kindern gegenüber als Zuchtmeisterin auftritt, gibt dies dem Vater die Möglichkeit, in den Hintergrund zu treten und eine positivere Beziehung zu den Kindern zu entwickeln.

Konzentration auf das Positive

Die Eltern können aufgefordert werden, positive Verhaltensweisen ihrer Kinder immer wieder hervorzuheben und zu loben, statt hauptsächlich deren Fehlverhalten zu betonen. Manchmal können die Eltern auch lernen, die negativen Verhaltensweisen ihrer Kinder zu ignorieren, statt dessen auf positive Verhaltensweisen anderer Kinder hinzuweisen und dadurch das Kind mit dem problematischen Verhalten möglicherweise zur Nachahmung der positiven Verhaltensweisen zu animieren. Außerdem kann der Therapeut den Eltern empfehlen, sich regelmäßig Zeit zu nehmen, um mit dem Kind Dinge zu unternehmen, die beiden Seiten Spaß machen. In Verbindung mit einem effektiven Ansatz zur Sicherung von Disziplin kann auf diese Weise die Energie der Familie zu positiveren Interaktionen hin verlagert werden. Außerdem können, wie bereits weiter oben erwähnt, mit Hilfe von Belohnungsstrategien spezifische Verhaltensweisen entwickelt und gefördert werden.

Einzeltherapie mit dem Kind

Der individuelle Teil dieses Behandlungsansatzes beinhaltet gewöhnlich das Aufbauen von Rapport, Arbeit an dem Trauma sowie das Entwickeln von Ressourcen und bestimmten Fähigkeiten.

Rapport

Rapport ist jene geheimnisvolle Beziehungsqualität, die eine längere Zusammenarbeit ermöglicht, im Gegensatz dazu, daß das Kind völlig dicht macht. Der Rapport zu einem Kind kann man verstärken, indem man ihm vor Augen führt, wie es mit den Eltern zusammenarbeiten kann, indem man auf die Sorgen des Kindes eingeht, indem man ihm das Gefühl vermittelt, daß es sich gefahrlos öffnen kann und daß es Schwierigkeiten bei der Verarbeitung letztendlich unbeschadet überwinden wird, und indem man die Therapiesitzungen angenehm, ja sogar lustig gestaltet. Positive Ergebnisse der therapeutischen Arbeit werden das Ihre zu einem guten Rapport beitragen.

Zusammenarbeit mit den Eltern

Die Zusammenarbeit mit den Eltern ist bereits in Zusammenhang mit der Behandlungsplanung und den Phasen der familientherapeutischen Arbeit beschrieben worden. Der Therapeut kann dieses Bündnis verstärken, indem er auf Gespräche mit den Eltern verweist und indem er ihre Autorität respektiert.

Eingehen auf die Sorgen des Kindes

Indem der Therapeut das Kind fragt, welche Ergebnisse es sich von der Behandlung verspricht, und indem er es dazu auffordert, diese nach Prioritäten zu ordnen, übermittelt er die Botschaft, daß die Ansichten des Kindes bei der Wahl der Behandlungsaktivitäten eine wichtige Rolle spielen. Daß die Behandlung andernfalls vermutlich ziemlich ähnlich verlaufen würde, weiß das Kind natürlich nicht.

Sicherheit vermitteln

Vertraulichkeit ist eine Komponente des Sicherheitsgefühls, über die schon früh gesprochen werden sollte. Dies kann auf folgende simple Weise geschehen: »Bei mir gilt die Regel, daß ich über das, was du mir sagst, mit keinem anderen Kind spreche. Wenn ich aber befürchte, daß irgend jemand verletzt werden könnte, muß ich etwas dagegen unternehmen.« Die ärztliche bzw. therapeutische Meldepflicht trägt insofern zur Behandlung bei, als dadurch ein spezifischer Mechanismus festgelegt wird, der Sicherheit garantiert. Jedesmal wenn Kinder im Laufe einer Behandlung Fragen über andere Kinder stellen, erhält der Therapeuten dadurch die Möglichkeit, die Vertraulichkeitsregel anzuwenden und zu bekräftigen.

Außerdem kann der Therapeut das Sicherheitsgefühl des Kindes durch konsequente Aufrechterhaltung des äußeren Rahmens der Therapie unterstützen (indem er zur festgelegten Zeit anfängt und endet, indem er vermeidet, sich selbst zum Mittelpunkt zu machen, von sich selbst zu erzählen usw.) und indem er das Kind ausdrücklich darauf hinweist, daß es selbst die Entscheidungsgewalt darüber hat, ob es über problematisches Material sprechen will oder nicht. Der Therapeut braucht nicht lediglich darauf zu warten, daß das Kind selbst etwas zur Sprache bringt; ein strukturierter, aktiver, direktiver Ansatz funktioniert so lange gut, wie das Kind sich unterstützt fühlt und die Möglichkeit hat, nein zu sagen.

Check-in

Der Therapeut kann das Kind zu Beginn jeder Sitzung auffordern: »Erzähl mir einmal das Beste und das Schlimmste, was du seit unserem Treffen in der vergangenen Woche erlebt hast.« Die Einführung eines Rituals verstärkt schon an und für sich die Sicherheit. Solch ein Check-in ermutigt das Kind, zu offenbaren, was es am stärksten bedrückt, und liefert dem Therapeuten dadurch wichtiges Rohmaterial für weitere Interventionen. Das antizipierende Sich-Einstellen auf das kommende Check-in-Ritual steigert die Aufmerksamkeit des Kindes hinsichtlich therapierelevanter Vorfälle zwischen den Sitzungen.

Kinder, denen es generell unangenehm ist, über Dinge zu sprechen, die sie betreffen, werden möglicherweise leugnen, daß es irgend etwas zu berichten gibt. Der Therapeut kann in solchen Fällen im allgemeinen durch Senken der Hürde eine Reaktion elizitieren, indem er beispielsweise sagt: »Versuch einfach einmal, eine Minute lang an eine Situation zu denken, in der du dich gut (oder schlecht) gefühlt hast. Das kann auch bloß irgendeine Kleinigkeit sein.« Relativ harmlose Antworten zu Beginn können späteren, wichtigeren den Weg bereiten. Der ritualisierte Charakter dieser Routine – »So fangen wir jedesmal an« – kann dazu beitragen, daß das Eis gebrochen wird.

Natürlich muß mit dem Fortschreiten der Therapie beim Check-in mehr Information elizitiert werden. Dabei kann sich der Therapeut auch auf bereits vorher angesprochene Themen beziehen: »Ist der Alptraum noch einmal aufgetreten? Hast du den Selbstkontrolltrick im Laufe der Woche geübt?« Das Check-in gibt dem Therapeuten auch Gelegenheit, nach anderen Ereignissen zu fragen, die für das Kind von Bedeutung sein könnten. Da Kinder häufig nicht die besten Berichterstatter sind, ist regelmäßiger Kontakt des Therapeuten mit den Eltern ratsam.

Spaß
Obwohl die Behandlungsziele ernst sind und das Kind sich darüber im klaren sein sollte, daß es um eine wichtige Arbeit geht, kann die Einbeziehung von Spaßelementen seine Bereitschaft zur Mitarbeit erheblich stärken. Der Therapeut kann anbieten, im letzten Teil der Sitzung ein vom Kind selbst vorgeschlagenes Spiel zu spielen, falls es sich vorher bei den übrigen therapeutischen Aktivitäten kooperativ verhalten hat. Natürlich kann auch dieses Spiel einen Teil der Behandlung bilden, etwa in dem Sinne, daß dabei die Fairneß oder Frustrationstoleranz des Kindes im Mittelpunkt steht. Spaßelemente können auch bei der Ausführung der im Rahmen der Therapie vorgegebenen Aufgaben einbezogen werden, beispielsweise bei der Aufforderung, über Geschehnisse zu berichten, beim Handklatschen (zur Aktivierung der Augenbewegungen), beim Fokussieren auf eine belastende Erinnerung oder bei der Ausführung von Liegestützen (siehe Dialog im folgenden Abschnitt). Selbst das Ende der Sitzung kann zu einer Art Wettbewerb oder zu einem Spiel umfunktioniert werden: »Wie viele Sekunden wird das Wegräumen des Spielzeugs dauern?« – »Und jetzt geh schnell zu deiner Klasse zurück, aber ohne zu rennen!« Manche Kinder freuen sich so sehr auf solche Spaßelemente, daß sie um ihretwillen den Rest der Behandlung klaglos in Kauf nehmen.

Stärker werden

Da die meisten Kinder sich gern größer und stärker fühlen möchten, kann diese Metapher für die Begründung therapeutischer Aktivitäten genutzt werden. Dabei kann sich der Therapeut jener Verschmelzung von körperlicher und innerer Stärke bedienen, die Kindern sehr naheliegt. Das Gefühl körperlicher Stärke vermittelt den Kindern dann das nötige Selbstvertrauen, um sich mit schwierigem emotionalem Material auseinanderzusetzen. Der Therapeut kann dem Kind auf unterschiedliche Weisen helfen, ein Gefühl der Stärke und des Selbstvertrauens aufzubauen. Bei den meisten dieser Interventionen spielt EMDR eine Rolle.

THERAPEUT: Wir haben darüber gesprochen, daß du immer stärker wirst. Wie stark bist du denn eigentlich? Spann einmal die Muskeln an, damit ich es sehen kann.

KIND: (*spannt die Armmuskeln an*)

THERAPEUT: Oh, du bist ja wirklich schon ganz schön stark. Wie viele Liegestütze schaffst du?

KIND: Vielleicht fünf.

THERAPEUT: Das möchte ich gern mal sehen. Probier's doch mal.

KIND: (*führt acht Liegestütze aus, während der Therapeut laut mitzählt*)

THERAPEUT: Acht! Und ich möchte wetten, wenn wir uns das nächste mal treffen, schaffst du zehn. Was machst du denn eigentlich, um so stark zu werden?

KIND: Ich hebe keine Gewichte oder so.

THERAPEUT: Ißt du gut? (*Kind nickt.*) Essen ist wichtig, damit man groß und stark wird. Fährst du Fahrrad?

KIND: Ich fahre zusammen mit meinem Freund viel Fahrrad.

THERAPEUT: Ja, Sport jeder Art macht einen stärker. Läufst du viel herum? Oder machst du irgendeinen anderen Sport?

KIND: Auf dem Schulhof spiele ich gern Fangen und im Park auch Basketball.

THERAPEUT: Dann tust du ja eine ganze Menge, um stark zu werden. Kein Wunder, daß du schon so viele Liegestütze schaffst. Je mehr Sport du treibst, um so stärker wirst du. Du sollst nun etwas tun, das dir vielleicht schwerfallen wird. Schau, ob es zu schwer für dich ist oder ob du es schaffst. Bist du bereit?

KIND: (*nickt*)

THERAPEUT: Ich werde jetzt meine Hand hin- und herbewegen. Versuche, ihr mit deinen Augen zu folgen, ohne dabei den Kopf zu bewegen. (*Der Therapeut bewegt seine Hand ein paar Sekunden lang von Seite zu Seite, und das Kind folgt seinen Handbewegungen mit den Augen.*) Oh, du hast es geschafft! War das für dich einfach oder schwer?

KIND: Einfach.

THERAPEUT: Dann werde ich jetzt versuchen, es schwieriger zu machen. Okay, wenn du das Gefühl hast, ganz stark zu werden, welches Bild siehst du dann vor dir?

KIND: Daß ich ein Haus hochhebe.

THERAPEUT: Dann werde ich dich diesmal bitten, zwei Dinge gleichzeitig zu tun. Schau, ob du das auch schaffst. Denke daran, daß du ein Haus hochhebst; schau, ob du das schaffst. Denke daran, daß du ein Haus hochhebst. Hast du das Bild jetzt vor dir? Gut, denke daran, und bewege gleichzeitig die Augen (*Therapeut bewegt seine Hand wieder*). Gut! Du hast es geschafft! War das leicht oder schwer?

KIND: Leicht.

THERAPEUT: Jetzt werde ich noch einmal versuchen, es dir schwerer zu machen. Denke wieder an das Bild, wie du das Haus hochhebst, und sage zu dir: »Ich werde ganz stark.« Und jetzt beweg deine Augen (*Therapeut bewegt seine Hand*). Wie war das jetzt? Hast du dich auf all das gleichzeitig konzentrieren können?

KIND: Ja.

THERAPEUT: Donnerwetter! Das hast du also auch geschafft! Du scheinst es immer zu schaffen, egal, wie schwer ich es dir mache. Was war das noch alles, was du tust, um stärker zu werden?

KIND: Essen, Fahrradfahren, Basketball-Spielen.

THERAPEUT: An was davon möchtest du jetzt am liebsten denken?

KIND: Fahrradfahren.

THERAPEUT: Okay, dann denk jetzt daran, und sag dir: »Ich werde ganz stark« (*bewegt eine Hand*). Okay. Sag es jetzt noch einmal laut: »Ich werde ganz stark.«

KIND: Ich werde stärker.

THERAPEUT: Fühlt sich das jetzt eher wahr oder eher nicht wahr an?

KIND: Eher wahr.

Auf diese Weise macht das Kind die Erfahrung, eine Herausforderung gemeistert und den Therapeuten dadurch beeindruckt zu haben, wobei es auch inhaltlich um die Verstärkung des Selbstbildes und des Selbstvertrauens geht. Falls das Kind in der Behandlung Fortschritte macht, wird es dies wahrscheinlich seinen eigenen Bemühungen zugute halten, und dadurch werden wiederum sein Selbstvertrauen und seine Kooperationsbereitschaft verstärkt.

Verankerungen, bei denen es um Stärke und den Aufbau von Stärke geht, können bei verschiedenen Anlässen im Laufe der Behandlung wiederholt werden. Der Therapeut kann regelmäßig Hausaufgaben zur Förderung der eigenen Stärke geben, um Berichte bitten, aus denen ein Zuwachs an Stärke in problematischen Situationen hervorgeht (beispielsweise zunehmende Toleranz gegenüber schwierigen Emotionen), und um Demonstrationen körperlicher Stärke während der Sitzung. Wenn das Kind bei einem Spiel verliert, kann der Therapeut an seine Stärke appellieren, um es zur Fairneß zu ermutigen. Später in der Behandlung – am besten nicht *viel* später – kann der Therapeut an dieses Muster der Überwindung einer Herausforderung durch Stärke anknüpfen, wenn er mit der Traumaarbeit beginnt.

Traumaarbeit

Die Last eines unverarbeiteten Traumas schwächt das Kind und macht den Erfolg seiner Bemühungen, mit der eigenen Situation fertig zu werden, unwahrscheinlicher. Nach der Auflösung des Traumas verschwinden einige der akuten Probleme von selbst, und andere lassen sich durch andere effektive Interventionen auflösen.

Die Traumaarbeit beginnt gewöhnlich innerhalb der ersten drei Einzelsitzungen. Wenn der Therapeut mit dieser Arbeit beginnt, sollte er aus der Evaluationsphase der Behandlung über eine Liste von Erinnerungen über Traumata oder Verlusterfahrungen verfügen. Darin sollte auch jeweils der Zeitpunkt des Ereignisses im Leben des Kindes (sein Alter) und der festgestellte SUD-Wert vermerkt sein. Normalerweise ist es am besten, die traumatischen Erinnerungen mit Hilfe von EMDR in chronologischer Folge durchzuarbeiten – oder in chronologischer Ordnung bezogen auf ein bestimmtes Thema, falls dies als sinnvoll erscheint. Doch dies ist nicht immer umstandslos möglich. Der Druck, der entsteht, wenn man zu dieser schnellen Art der Traumaarbeit auffordert, läßt sich dadurch ausgleichen, daß man dem Kind einen gewissen Einfluß auf das Arbeitstempo zugesteht.

THERAPEUT: Wir haben schon einmal darüber gesprochen, was wir tun werden, als du mir von einigen Dingen erzählt hast, die dir immer noch innerlich wehtun. Manche Kinder fangen am liebsten mit dem Schlimmsten an, um möglichst schnell ein besseres Gefühl zu bekommen. Andere beginnen lieber mit einer kleineren Sache, um erst einmal zu sehen, wie diese Arbeit funktioniert. Was wäre *dir* denn lieber?

KIND: Etwas Kleineres.

THERAPEUT: Okay. Weshalb findest du es besser, wenn du mit etwas Kleinerem anfängst?

KIND: Ich kann es erst einmal ausprobieren und sehen, wie es ist.

THERAPEUT: Okay. Du hast mir gesagt, am schlimmsten sei für dich, daran zu denken, wie deine Omi gestorben ist, und am wenigsten schlimm sei für dich der Hurrikan gewesen. Bevor wir mit diesen Dingen anfangen, wollen wir noch einmal das Stoppsignal üben. Bring meine Handbewegungen zum Stoppen. (*Therapeut bewegt eine Hand, bis das Kind das Stoppsignal gibt.*) Gut. Nun wollen wir auch noch sicherstellen, daß du weißt, wie du das auch mit deiner anderen Hand machen kannst.

Vor Beginn der Arbeit an der ersten wichtigen traumatischen Erinnerung sollte ein sicherer Ort, ein Bild der Stärke oder ein anderes Hilfsmittel zur Verstärkung des Sicherheitsgefühls etabliert werden. Dadurch wird die Wahrscheinlichkeit, daß das Kind die EMDR-Arbeit unterbrechen muß, erheblich verringert, denn das Bedürfnis nach einer solchen Unterbrechung kann auftreten, wenn es von einem negativen Affekt überwältigt wird, der dazu führt, daß es sich gegen die therapeutische Arbeit zur Wehr setzt. Das Etablieren eines solchen Sicherheitsgaranten kann auch geradewegs in die eigentliche Verarbeitung hineinführen, wodurch ein weiteres häufiges Hindernis umgangen wird: das Problem, wie man mit der EMDR-Arbeit beginnt.

THERAPEUT: Was war der schlimmste Teil des Hurrikans? War das während des Sturms oder danach? Was ist passiert?

KIND: Das Schlimmste war, als die Fensterscheiben kaputtgingen.

THERAPEUT: Bevor wir anfangen, möchte ich dich noch um etwas anderes bitten. Ich weiß, daß das alles wirklich passiert ist, aber stell dir einfach einmal vor, es sei ein böser Traum gewesen, und du müßtest in diesen Traum zurückkehren. Was würdest du brauchen, um dich in diesem Traum sicher zu fühlen?

KIND: Hä?

THERAPEUT: Was würde dir helfen, dich sicher zu fühlen? Vielleicht daß du stärker oder größer wärest oder daß etwas dich schützen würde oder daß du mit einem bestimmten Menschen zusammen wärest ... ?

KIND: Ein Haus aus Ziegelsteinen.

THERAPEUT: Das ist eine gute Idee. Ich möchte, daß du jetzt an dieses Haus denkst: wie es aussieht, wie es ist, wer mit dir zusammen darin ist, wie sicher du dich darin fühlst. (*Augenbewegungen*) Fühlst du dich jetzt sicherer oder unsicherer oder genauso sicher wie vorher?

KIND: Sicherer. Der Hurrikan kann Ziegel nicht umblasen.

THERAPEUT: Laß uns das jetzt noch einmal machen. Stell dir noch einmal vor, du wärest in diesem Haus aus Ziegeln. (*Augenbewegungen*) Wie war es diesmal?

KIND: Ich fühle mich immer noch sicher. Man kann zwar den Wind hören, aber dem Haus passiert nichts.

THERAPEUT: Gut. Nun werden wir feststellen, wie schnell du dir diesen Ort vorstellen kannst. Ich werde dich auffordern, an etwas anderes zu denken, und wenn ich dann sage: »Umschalten«, denkst du so schnell wie möglich an das Haus aus Ziegeln. Sag mir sofort, wenn du es vor Augen hast. Bist du bereit? Okay, dann denke jetzt an einen Elefanten. (*Augenbewegungen*) Umschalten!

KIND: Hab ich.

THERAPEUT: Mann, *das* war schnell! Ungefähr drei Sekunden. Jetzt versuchen wir es noch einmal. Okay, denke jetzt an eine Ananas. (*Augenbewegungen*) Umschalten!

KIND: Hab ich.

THERAPEUT: Nur eine Sekunde! Du bist aber *wirklich* schnell! Sollen wir es noch einmal üben, oder bist du schon ziemlich gut darin?

KIND: Ich glaube, ich bin schon gut genug.

THERAPEUT: Okay, das freut mich. Weißt du, was du tun kannst, wenn die Erinnerung an den Hurrikan dir zu unangenehm wird? Wenn du dich zu unwohl dabei fühlst? Du kannst dann einfach umschalten und an das sichere Ziegelhaus denken. Okay?

KIND: Okay.

THERAPEUT: Dann denk jetzt daran, wie die Fensterscheiben kaputt gingen. Bist du bereit? (*Augenbewegungen*)

In dieser Behandlungsphase beginnt der Therapeut mit der Verarbeitung von Trauma- und Verlusterfahrungen mit Hilfe von EMDR und setzt diese Arbeit fort, bis alle Erlebnisse dieser Art verarbeitet sind. Natürlich ist dies bei einmaligen Ereignissen generell viel einfacher, als wenn es sich um chronisch über längere Zeiträume auftretende oder noch immer auftretende Vorfälle handelt. Außerdem arbeitet der Therapeut weiter mit den Eltern bzw. der Familie, um sicherzustellen, daß die häusliche Umgebung so verläßlich wie möglich ist und soviel Unterstützung wie möglich bietet. Gemäß der anfänglichen Evaluation und der Behandlungsplanung stimmen die individuellen und die familiären Behandlungsaspekte überein.

Schlafprobleme

Kinder haben gewöhnlich eine starke Motivation, das Bettnässen sowie nächtliche Ängste und Alpträume zu überwinden. Deshalb können diese Probleme gute Dienste als Motivatoren für die Traumaarbeit leisten. Falls sie nach der Traumaarbeit weiterhin bestehen, kann auch direkt mit EMDR an ihnen gearbeitet werden. (Die komplexere Behandlung bei Bettnässen wird in Kapitel 11 beschrieben.) Alpträume können in Zusammenhang mit dem Verankern von Sicherheit vermittelnden Bildern wiedererinnert und verarbeitet werden (»Was würdest du in diesem Traum brauchen, um dich sicher zu fühlen?«). Nach der Reprozessierung eines bestimmten Alptraums mit Hilfe von EMDR taucht dieser mit hoher Wahrscheinlichkeit nicht mehr auf. Solange jedoch die Traumaarbeit nicht abgeschlossen ist, können an seiner Stelle andere zutage treten. Auch an Nachtangst kann mit EMDR gearbeitet werden, und zwar sowohl indem man das Kind direkt mit der Angst konfrontiert als auch durch das Verankern von Ressourcen, die zur Meisterung der Angst ausreichen (wozu die oben beschriebenen Hilfsmittel zur Stärkung des Sicherheitsgefühls verwendet werden).

Die genannten Probleme sprechen gewöhnlich recht schnell auf diesen Behandlungsansatz an, und die dadurch bewirkte Verringerung der Spannung innerhalb der Familie verleiht den Bemühungen des Therapeuten natürlich ein deutlich höheres Maß an Glaubwürdigkeit. Wenn sich Probleme dieser Art nicht wie erwartet auflösen, so deutet dies im allgemeinen entweder auf weitere unaufgelöste Traumata hin oder auf eine mit der aktuellen Situation verbundene Belastungsquelle, die eine Lösung der bestehenden Probleme unmöglich macht.

Training zur Verbesserung der Selbstkontrolle

Das Training zur Verbesserung der Fähigkeit zur Selbstkontrolle, die letzte Komponente dieses Behandlungsansatzes, kann Entspannungsübungen, therapeutisches Selbstgespräch, Nachdenken über Entscheidungsmöglichkeiten und Konsequenzen sowie die Entwicklung von Ansätzen zur Lösung von Problemen umfassen, je nach dem Behandlungsrepertoire des Therapeuten, verfügbaren Rollenmodellen und den spezifischen Problemen des Kindes. Typische Problembereiche sind Schwierigkeiten in der Schule, das Gefühl, gekränkt oder herabgesetzt zu werden, Verlieren bei einem Spiel und Einschränkungen des eigenen Willens. Bei den im folgenden beschriebenen Interventionen wird EMDR hauptsächlich zur Unterstützung des Erlernens einer besseren Verhaltenskontrolle verwendet. Doch können die traumabezogenen Auslöser, die das Kind in schwierigen Situationen zu übertriebenen Reaktionen veranlassen, im Laufe dieser Arbeit ebenfalls desensibilisiert werden.

Weil kein Zweifel daran besteht, daß das Kind lernen muß, sich besser zu beherrschen, glauben viele Eltern und Lehrer, dieser Aspekt müsse im Zentrum des gesamten Behandlungsansatzes stehen. Doch auch wenn der Therapeut selbst der Meinung ist, eine Verbesserung der Selbstkontrolle sei im vorliegenden Fall ein wichtiges Ziel, sollte er trotzdem seinem eigenen Behandlungsplan folgen. Kinder in der Latenzperiode haben im allgemeinen nur dann gute Chancen, Kontrollfähigkeiten zu erlernen, wenn zuvor ihre traumatischen Erinnerungen aufgelöst wurden. Ein verfrühtes Trainieren von Selbstkontrollfähigkeiten kann bei Bestehen einer übermächtigen traumabedingten Reaktivität zu einem Mißerfolg führen.

Entscheidungen haben Konsequenzen

Diese Intervention dient dazu, das Kind in bezug auf häufig auftretende situative Auslöser zu desensibilisieren und ihm gleichzeitig klarer zu Bewußtsein zu bringen, daß seine impulsiven Reaktionen in Wahrheit Verhaltensentscheidungen darstellen und daß bessere Entscheidungen möglich sind. Imaginatives Einüben anderer, effektiverer Verhaltensmöglichkeiten wird dabei einbezogen. Ziel ist, diese neuen Erkenntnisse in schwierigen Situationen anzuwenden, um die Reaktivität des Kindes zu verringern und sein Gefühl, die Kontrolle über das eigene Verhalten und verschiedene Optionen zu haben, zu verstärken. (Eine kompliziertere Version dieser Intervention wird in Kapitel 3 beschrieben.)

Der erste Schritt besteht darin, eine typische schwierige Situation auszusuchen und im Hinblick auf sie eine positive Verhaltensalternative zum habituellen impulsiven Ausagieren des Kindes zu finden. Dies ist möglich aufgrund des Kontakts mit den Eltern (und eventuell auch mit dem Lehrer) sowie aufgrund der Check-in-Berichte zu Beginn jeder Sitzung. Der Therapeut kann dem Kind helfen, adäquate Strategien zu entwickeln, wobei er unter anderem Imaginationsübungen, Selbstgespräch und das Erlernen neuer Verhaltensweisen einbeziehen und mit Hilfe von Rollenspielen und kognitiven Reframings (Umdeutungen) versuchen kann, positive Verhaltensalternativen zu entwickeln.

THERAPEUT: Du hast mir erzählt, du hättest gestern nicht in die Pause gehen dürfen, weil du dich mit Ryan gestritten hast. Was genau ist denn passiert?

KIND: Er hat mich geschubst.

THERAPEUT: Er hat dich geschubst. Warum? Was ist davor passiert?

KIND: Er hat mich beleidigt, und deshalb habe ich ihn auch beleidigt. Dann hat er mich geschubst.

THERAPEUT: Und was hast du danach getan? Warum bist du in Schwierigkeiten geraten?

KIND: Ich habe ihn auch geschubst, und der Lehrer hat dann gesagt, wir sollten während der Pause in der Klasse bleiben.

THERAPEUT: War es das, was du wolltest: nicht in die Pause zu gehen?

KIND: Nein, ich hasse das.

THERAPEUT: Was hättest du dir statt dessen gewünscht? Was wäre dir lieber gewesen?

KIND: Ich hätte mir gewünscht, daß er nett zu mir gewesen wäre und daß er mein Freund wäre.

THERAPEUT: Aber wenn er dich noch einmal so beleidigen würde – was hat er eigentlich zu dir gesagt?

KIND: Arschloch.

THERAPEUT: Oh. Wenn er das noch einmal tun würde, und du wolltest lieber in die Pause gehen, als dich mit ihm zu streiten, was könntest du dann tun?

KIND: Ich könnte ihn vielleicht ignorieren.

THERAPEUT: Was würde dann passieren?

KIND: Nichts.

THERAPEUT: Würde es dann auch zu einem Streit kommen, oder könntest du dann in die Pause gehen?

KIND: Ich könnte in die Pause.

Diese Szene liefert erforderliches spezifisches Material einschließlich negativer und positiver Verhaltensalternativen und benennt die wahrscheinlichen Resultate, die mit den verschiedenen Möglichkeiten verbunden sind. Das Entscheidende an der Intervention ist, daß das Kind aufgefordert wird, sich auf die typische problematische Situation zu konzentrieren und sich diese Situation in Form eines Films vorzustellen, während es gleichzeitig eine Serie von Augenbewegungen ausführt. Der Film läuft zunächst in Verbindung mit der für das Kind typischen impulsiven Reaktion des Ausagierens ab, und er hat den typischen negativen Schluß. Anschließend wird er in Verbindung mit einer effektiveren Verhaltensmöglichkeit gesehen und endet mit einem von dem Kind als positiver empfundenen Resultat. Schließlich erhält das Kind in dem Film die Möglichkeit, über sein Verhalten frei zu entscheiden, wobei ihm klargemacht wird, daß es die Konsequenzen für die Art seiner Entscheidung später wird tragen müssen : »Schlechte Entscheidung, schlechter Ausgang; gute Entscheidung, guter Ausgang.«

THERAPEUT: Weißt du noch, wie ich dich aufgefordert habe, dich auf ein Bild von dem Hurrikan zu konzentrieren und gleichzeitig die Augen hin- und herzubewegen? Heute werde ich dich bitten, dich auf einen Film darüber zu konzentrieren, was mit Ryan geschehen ist, so als würdest du dir die Szene auf Video anschauen. Zuerst wird er dich in dem Film beleidigen. Dann wirst du wütend werden und tun, was du in der Situation tatsächlich getan hast; und deshalb mußt du dann während der Pause im Klassenraum bleiben. Fang also damit an, wie er dich beleidigt. Und wenn du am Ende der Szene angelangt bist, dann sag mir Bescheid. Können wir anfangen? (*Augenbewegungen*) Was ist passiert? Wie war der Film?

KIND: Er hat mich beleidigt, ich bin wütend geworden, habe ihn auch beleidigt, dann hat er mich geschubst, ich habe das auch getan, und dann mußte ich während der Pause im Klassenzimmer bleiben.

THERAPEUT: Okay. Der Film fängt wieder genauso an: Er beleidigt dich, und du wirst wütend. Aber nun werden wir das gute Ende durchspielen: Du darfst in der Pause auf den Schulhof. Was kannst du tun, damit es dazu diesem guten Ende kommt?

KIND: Ihn nicht beachten und weggehen.

THERAPEUT: Okay, versuchen wir einmal, ein gutes Ende zu erreichen. Fang am Anfang an. Bist du bereit?

Die Intervention *Entscheidungen haben Konsequenzen* kann auf Varianten der gleichen Situation angewandt werden sowie auch auf andere Situationen, beispielsweise wenn man sich angesichts einer schulischen Anforderung frustriert fühlt. Sie kann auch mit Elementen anderer Interventionen kombiniert werden. Beispielsweise kann das Kind (während es Augenbewegungen ausführt) zunächst visualisieren, daß es stärker wird, sich dann vorstellen, daß es das gewünschte Verhalten ausführt, und schließlich, daß es das gewünschte Resultat erreicht.

Schutz gegen Provokationen

Viele Kinder reagieren äußerst empfindlich auf Provokationen von seiten ihrer Altersgenossen, und diese provozieren sie oft absichtlich, um diese Negativreaktion bei ihnen auszulösen. Der erste Schritt des Bemühens, die Reaktivität zu verringern, besteht darin, daß man dem Kind hilft, die Dynamik des Hänselns zu verstehen, damit es solche Versuche nicht mehr persönlich nimmt. Manchmal wird Kindern beim Durchspielen verschiedener Möglichkeiten, auf Provokationen zu reagieren, klar, daß Wutreaktionen den Provokateur nur dazu ermutigen, seine Versuche zu intensivieren. Das Ziel dieser Intervention besteht darin, dem Kind zu helfen, eine Grenze zwischen sich selbst und dem Provokateur aufzubauen, so daß die Provokationen es nicht mehr verletzen oder wütend machen können. (Eine ausführlichere und komplexere Version dieser Intervention wird in Kapitel 3 beschrieben.)

THERAPEUT: Weißt du, warum Ryan dich beleidigt?

KIND: Nein. Manchmal ist er mein Freund.

THERAPEUT: Sagt er böse Dinge zu dir, weil du ein schlechter Mensch bist oder weil er einfach schlechte Gefühle hat, die er loswerden möchte?

KIND: Er hat schlechte Gefühle.

THERAPEUT: Und du bist kein schlechter Mensch?

KIND: Nein.

THERAPEUT: Denke daran. (*Augenbewegungen*) Du bist kein schlechter Mensch?

KIND: Nein.

THERAPEUT: Dann sind es also *seine* schlechten Gefühle, nicht deine?

KIND: Ja.

THERAPEUT: (*Augenbewegungen*) Aber manchmal schafft er es, dich ziemlich wütend zu machen. Ist das so, weil seine schlechten Gefühle in dich hineinkommen können, wenn er dich beleidigt?

KIND: Ich glaube schon.

THERAPEUT: Ich werde dir jetzt einen Trick beibringen, durch den du vielleicht verhindern kannst, daß seine schlechten Gefühle in dich hineinkommen. Wie wäre es, wenn du eine Wand errichten könntest, um die schlechten Gefühle von dir fernzuhalten? Woraus müßte diese Wand sein?

KIND: Aus Stahl.

THERAPEUT: Denke an diese Stahlwand. Wie hoch ist sie? Und wie breit? Du mußt sie jetzt sofort aufbauen, in möglichst kurzer Zeit. Wie kannst du das schaffen?

KIND: Ich drücke auf einen Knopf.

THERAPEUT: Gut. Denke jetzt daran, daß er dich beleidigt und daß du die Wand errichtest. Und dann schau, was passiert. (*Augenbewegungen*) Was ist passiert?

KIND: Er hat Arschloch gesagt. Dann habe ich die Wand aufgebaut, und von ihr ist das Wort abgeprallt und hat ihn selbst getroffen.

THERAPEUT: Dann konnte das schlechte Gefühl nicht in dich hineinkommen?

KIND: Nein.

Diese Übung kann mit Variationen zum gleichen Thema wiederholt werden oder bezogen auf andere Situationen, bei denen es ums Hänseln oder Provozieren geht. Außerdem kann sie in die Übung *Entscheidungen haben Konsequenzen* als bevorzugte Strategie einbezogen werden.

Andere Überlegungen

Obwohl ältere Kinder gewöhnlich nicht gerade besonders bereitwillig mitarbeiten, ist es sehr wichtig sicherzustellen, daß sie die Behandlungsziele akzeptieren und daß sie sich bereiterklären, aktiv an deren Verwirklichung mitzuarbeiten. Dabei ist es oft sinnvoll, möglichst viele Alternativen anzubieten und mit Methoden zu arbeiten, die dem Klienten das Gefühl vermitteln, daß er über den Verlauf des Geschehens entscheidet. Beispielsweise kann es einem Kind besonders großen Spaß machen, auf die Hände des Therapeuten zu schlagen – eine Methode zur Aktivierung der Augenbewegungen –, oder es befestigt lieber kleine Gegenstände an der Wand und fokussiert abwechselnd auf diese.

Traumatisierten Kindern dieses Alters fällt es oft schwer, sich an Situationen aus der Vergangenheit zu erinnern. Deshalb ist es bei ihnen möglicherweise notwendig, zunächst am neuesten Trauma oder an dessen letzter Manifestation zu arbeiten, weil diese nicht nur als leichter zugänglich, sondern auch als wichtiger empfunden werden. Hingegen kann ein zu schneller Sprung zu einer weiter zurückliegenden traumatischen Erinnerung zur Verweigerung führen.

Mißtrauische und widerwillige Kinder dieses Alters müssen mit dem Therapeuten und der Therapie sehr vertraut sein, bevor sie in der Lage sind, sich mit ihren traumatischen Erinnerungen auseinanderzusetzen. Die weiter oben beschriebene Check-in-Routine kann als relativ harmlose Einführung in EMDR benutzt werden. Dies sollte etwa wie folgt geschehen: »Bevor wir spielen, fangen wir mit einem Check-in an. Denke an das beste Gefühl, das du während der ganzen Woche gehabt hast, und daran, was du in der betreffenden Situation getan hast.« (*Suchen Sie nach einem Ziel-Bild und einem damit verbundenen Gefühl, und verankern Sie dieselben mit Hilfe von Augenbewegungen.*) »Denke jetzt an das schlimmste Gefühl, das du in der vergangenen Woche gehabt hast.« (*Verarbeiten Sie das Gefühl mit Hilfe von EMDR. Schließen Sie die Arbeit mit einem erneuten Verankern des positiven Gefühls ab.*) Wenn das Kind mit dieser harmlosen Form von EMDR (bei der kaum Druck ausgeübt wird) vertrauter geworden ist, wird dies seinem Vertrauen und seiner Kooperationsbereitschaft zugute kommen.

Viele Kinder dieser Altersgruppe berichten nur Probleme, die außerhalb von ihnen selbst liegen, indem sie beispielsweise behaupten, daß andere sie in Schwierigkeiten bringen. Sutton (1994) empfiehlt in dieser Hinsicht den folgenden Außen-innen-außen-Ansatz: (1) Beginnen Sie mit dem vom Klienten genannten äußeren Problem, beispielsweise Schwierigkeiten in der Schule am Vortag. (2) Verarbeiten Sie die Erinnerung mit Hilfe von EMDR, wobei innere Bilder, Gefühle und Erkenntnisse einbezogen werden können. (3) Benutzen Sie EMDR zum Einüben von Verhaltensalternativen (zu deren Verankerung), die wahrscheinlich zu erfreulicheren Resultaten führen werden. Der Vorteil dieses Ansatzes ist, daß er die Sichtweise des Kindes aufgreift, ihm hilft, über noch verbliebene Verstimmungen hinwegzukommen, und ihm praktische Lösungen an die Hand gibt.

Zum Schluß

Die Traumaorientierung bei der Arbeit mit Kindern in der Latenzperiode, die unter expansiven Verhaltensstörungen leiden, organisiert Interventionen sowohl auf individueller als auch auf familiärer Ebene und kann nötigenfalls pharmakologische und verhaltensverändernde Ansätze einbeziehen. Ich habe im vorliegenden Kapitel innerhalb dieses umfassenden Behandlungsansatzes sowohl typische als auch innovative Anwendungen von EMDR zur Behandlung eines möglicherweise nicht offensichtlich traumabezogenen Problems angeführt. Wie jeder andere Ansatz erfordert auch dieser gutes klinisches Urteilsvermögen sowie eine flexible, situationsentsprechende Form der Anwendung.

3

Jugendliche mit Störungen des Sozialverhaltens

OBWOHL DER IM FOLGENDEN BESCHRIEBENE Behandlungsansatz für inhaftierte jugendliche Straftäter entwickelt wurde, eignet er sich auch für die ambulante Behandlung von Jugendlichen (und Klienten anderer Altersstufen) mit impulsivem und antisozialem Verhalten (Greenwald 1997c). Jugendliche mit Verhaltensproblemen zu behandeln oder sie auch nur zur Mitarbeit in einer Behandlung zu bewegen ist immer sehr schwierig. Die Zukunft interessiert sie meist nicht sonderlich, sie haben keine gute Impulskontrolle und schlechte Bewältigungsfähigkeiten (was oft noch durch AD/HD verkompliziert wird), und sie sind von einer von traumatischen Erlebnissen und/oder Verlusterfahrungen herrührenden Wut getrieben. Die Behandlung dieser Population kann durch systematische Einbeziehung motivationaler (Selfmanagement-) sowie trauma- bzw. verlustbezogener Aspekte optimiert werden.

Obwohl auch noch andere Faktoren ins Spiel kommen können, kann jedes Symptom einer Störung des Sozialverhaltens auch ein Traumasymptom sein (Greenwald 1998c), so beispielsweise mangelnde Empathiefähigkeit, Desinteresse an der Zukunft, Wut, Aggressivität, Impulsivität, Drogen- oder Medikamentenmißbrauch, Hochrisikoverhalten, Reaktivität und Vermeiden negativer Affekte. Zwar gelten in solchen Fällen generell die allgemeinen Prinzipien der Traumabehandlung, doch müssen sie dieser Population angepaßt werden. Das hier beschriebene Protokoll versucht zunächst, das Interesse des Jugendlichen an der Zukunft zu wecken und ihn dadurch zur aktiven Teilnahme an der Behandlung zu motivieren. Das Training zur Verbesserung der Selbstkontrolle soll das Sicherheitsgefühl des Klienten fördern, wobei eine bessere Selbstkontrolle gleichbedeutend ist mit einer berechenbareren und günstigeren Umgebung. Dieses Gefühl der Sicherheit ist eine wichtige Voraussetzung für alle Bemühungen, Traumata aufzulösen. Das im weiteren Verlauf dieses Kapitels beschriebene Verfahren verbindet einige Standardkomponenten der Behandlung von Verhaltensstörungen mit anderen, spezielleren Elementen, die so arrangiert sind, daß sie eine systematische individuelle Traumabehandlung ermöglichen. (Die empirische Grundlage für diesen Ansatz wird in Greenwald 1998c beschrieben.)

Im Rahmen dieses Verfahrens ist eine wöchentliche Einzeltherapiesitzung erforderlich. Eine Abstimmung der Arbeit auf andere Faktoren, beispielsweise ein stationäres Behandlungsprogramm, die Situation in der Schule oder zu Hause, ist nicht unbedingt erforderlich, obwohl eine solche Integration natürlich von Vorteil und deshalb zu begrüßen ist. Allerdings ist es von Nutzen, wenn sich der Klient gezwungen sieht, an den Sitzungen teilzunehmen! Das Protokoll ist strukturiert, direktiv und relativ kurz (die Behandlung erstreckt sich über zwei bis sechs Monate). Es besteht aus drei Phasen, die einander überlappen: Motivation, Entwicklung von Fähigkeiten und Verarbeitung von Traumata, wobei jede dieser Phasen EMDR-Arbeit einschließt. Natürlich verläuft die Behandlung nicht immer in dieser idealen Reihenfolge, sondern die speziellen Eigenarten des Therapeuten, des Klienten und der Situationen erfordern in vielen Fällen Abwandlungen.

Motivation

Zu den Behandlungszielen der Motivationsphase zählen die Herstellung von Rapport, die Hilfe bei der Formulierung persönlicher Ziele sowie bei der Entwicklung des Bestrebens, diese Ziele auch zu erreichen, weiterhin die Ausarbeitung einer Fallbeschreibung und eines Behandlungsplans, der dem Klienten plausibel erscheint, sowie schließlich auch, daß das volle Engagement des Klienten in der Behandlung erreicht wird.

Rapport

Es ist wichtig, mit dem Klienten Klartext zu reden sowie seine Sichtweise zur Kenntnis zu nehmen und zu respektieren. Beispielsweise kann es sein, daß er impulsives Ausagieren nicht in erster Linie deshalb als Problem ansieht, weil er durch sein Handeln andere verletzt, sondern weil er sich dadurch selbst in Schwierigkeiten bringt. Ein Jugendlicher, der sich richtig gesehen und respektiert fühlt, wird die Bemühungen des Therapeuten wahrscheinlich nicht als belanglos abtun.

In seiner Beziehung zum Therapeuten sollte dem Klienten soviel offensichtliche Macht wie möglich zugestanden werden, jedoch innerhalb der Grenzen, auf deren Wahrung der Therapeut zwecks Aufrechterhaltung des therapeutischen Rahmens bestehen muß. Dem Klienten sollte das Recht zugestanden werden, selbst darüber zu entscheiden, ob er sich offenbaren will, ob er ein vorgeschlagenes Behandlungsziel verfolgen will und sogar ob er auch nur zu sprechen bereit ist oder nicht. Erteilt man Klienten die ausdrückliche Erlaubnis, die Behandlungsaktivität zu beenden, so fördert dies in der Regel den Fortschritt der Therapie.

Da viele Jugendliche sich sprachlich nicht besonders differenziert ausdrücken können, ist die »Menü«-Technik für das Sammeln von Informationen nützlich. So kann es zur Beschaffung von Informationen über eine Trauma- bzw. Verlustvorgeschichte manchmal reichen, nur zu fragen: »Was war das Schlimmste, was du jemals erlebt hast?« Oft ist es jedoch besser, die Möglichkeiten näher zu bezeichnen: »Hast du schon einen Autounfall miterlebt oder erlebt, wie ein Haus abgebrannt ist? Oder hast du irgendeine andere Situation erlebt, in der du glaubtest, du würdest verletzt werden oder sogar sterben? Hast du jemals miterlebt, wie jemand anders schwer verletzt wurde? Hast du erlebt, daß jemand, der dir sehr wichtig war, gestorben ist, beispielsweise jemand aus deiner Familie oder ein guter Freund von dir?« Die Menü-Technik kann auch zur Intensivierung der Selbstbeobachtung genutzt werden: »Wenn du wütend wirst, was fällt dir dann zuerst auf? Manche Kinder und Jugendliche fangen an zu zittern oder werden starr, oder es wird ihnen heiß, oder ihre Hände fangen an zu schwitzen, oder schlimme Worte gehen ihnen nicht aus dem Kopf.« Entscheidend dabei ist, den Klienten auf keinen Fall in eine bestimmte Richtung zu drängen, ihn aber trotzdem zu der Information hinzuführen, über die er bereits verfügt. Dies hilft dem Therapeuten nicht nur bei der Beschaffung der Informationen, die er braucht, sondern verhindert auch, daß der Klient es sich zur Gewohnheit macht, ständig zu sagen, ihm falle nichts ein, was für beide Seiten frustrierend ist.

Manchmal erzielt man als Therapeut gute Ergebnisse, indem man die Fragen von einem Formblatt abliest. Aus irgendeinem Grunde bringt die Magie des Formblatts Menschen dazu, Fragen zu beantworten, auch wenn sie ansonsten nicht bereit dazu sind. Außerdem kann der Therapeut dieser Prozedur einen unpersönlichen Anstrich geben, indem er beispielsweise sagt: »Dieser Papierkram ist zwar lästig, aber es gehört nun einmal zu meinem Job.«

Der beste Beitrag zur Entwicklung eines therapeutischen Bündnisses besteht im Produzieren positiver Ergebnisse. Die positiven Erfahrungen des Klienten in der Therapiesitzung und die daraus resultierenden positiven Auswirkungen auf seine Lebenssituation motivieren ihn dazu, die nächsten Schritte in der Behandlung zu tun. Die Aufeinanderfolge der einzelnen Phasen des Protokolls ist unter Berücksichtigung dieses Prinzips organisiert, und bei der Festlegung der endgültigen Reihenfolge sollten die individuellen Bedürfnisse des jeweiligen Klienten berücksichtigt werden. Wenn ein Klient beispielsweise so wütend ist, daß er die Sitzung verlassen und etwas tun möchte, das er wahrscheinlich später bedauern würde, ist vermutlich der richtige Zeitpunkt gekommen, ihm eine Selbstberuhigungstechnik beizubringen oder das aktuelle Problem mit EMDR zu bearbeiten, auch wenn das Protokoll an diesem Punkt die Anwendung von EMDR nicht vorsieht. Ist ein Klient völlig mit seiner unkontrollierten Reaktion auf die Provokationen eines Gleichaltrigen beschäftigt, so ist dies ein guter Zeitpunkt für Übungen zur Immunisierung gegen Provokationen. Generell sollte das gesamte Protokoll als Modell verstanden und mit gesundem Augenmaß und flexibel angewandt werden.

Das Erstgespräch

Das erste Zusammentreffen ist für die Entwicklung einer produktiven Arbeitsbeziehung sehr wichtig, insbesondere in Anbetracht der zeitlichen Beschränkungen, denen derartige Behandlungen häufig unterliegen. Ziel der ersten Sitzung oder der ersten beiden Sitzungen ist, Rapport herzustellen, mit der Fallbeschreibung und der Entwicklung eines Behandlungsplans zu beginnen und den Klienten zur Mitarbeit zu motivieren. Dieser Ansatz kann als eine Variante der motivationsfördernden Gesprächsführung verstanden werden.

Die Grundlagen
Eine wichtige Grundregel, über die gesprochen werden muß, ist die der Vertraulichkeit und ihrer Grenzen. Der Therapeut muß zwischen bloßen Verstößen gegen das

Gesetz und wirklicher Gefahr unterscheiden. Er könnte einen Klienten beispielsweise durch Fragen wie die folgenden auf die Probe stellen: »Was wäre, wenn du mir sagen würdest, daß du in einem Geschäft Zigaretten gestohlen hättest? Müßte ich das weitergeben oder nicht? Warum? Und was wäre, wenn du mir sagen würdest, daß du ein Messer gestohlen hast?«

Erklären Sie dem Klienten auch, woran in der Behandlung gearbeitet werden kann und wie dieser Prozeß vonstatten gehen könnte. Machen Sie dem Klienten seine eigene Macht bewußt: Wenn er selbst nicht die Entscheidung trifft, daß er an etwas arbeiten will, wird nichts geschehen. Sobald dies einmal klar ist, wird er sich leichter dazu bewegen lassen, der Arbeit zumindest für ein paar Sitzungen eine Chance zu geben, statt die ganze Sache schlicht von vornherein als Zeitverschwendung abzuhaken. Ich stelle die Therapie etwa wie folgt vor:

Manche Menschen möchten nicht mit einem Berater oder Therapeuten sprechen, selbst wenn sie gezwungen werden, ihn aufzusuchen. Falls du jedoch beschließt, diese Situation für dich zu nutzen, kannst du die Zeit, die du mit mir verbringst, auf viele verschiedene Weisen verwenden. Manche Kinder kommen einfach her und sprechen über die Dinge, die ihnen zu schaffen machen. Sie lassen bei mir Dampf ab, weil sie wissen, daß ich niemandem erzählen werde, was sie mir sagen. Andere Kinder möchten in irgendeiner Hinsicht stärker werden, beispielsweise indem sie ihre Wut besser unter Kontrolle bekommen, und dabei kann ich ihnen sehr gut helfen; sie benutzen mich also als eine Art Coach, der ihnen hilft, ihre Ziele zu erreichen. Und manche Kinder fühlen sich innerlich verletzt, möglicherweise durch etwas, das vor langer Zeit passiert ist; deshalb arbeite ich mit ihnen gemeinsam daran, dieses schlechte Gefühl zu verringern. Es gibt auch Kinder, die etwas herauszufinden versuchen, beispielsweise wie sie mit einem Problem fertig werden können, und sie reden mit mir, um zu hören, was jemand anders zu der Sache sagt. Ich kann zwar nicht jedem helfen, so sehr ich mich auch darum bemühe, aber viele Kinder sagen, daß sie letztendlich froh sind, zu mir gekommen zu sein.

Ich würde mit dir gern folgendes tun. Als erstes müßte ich dich ziemlich gut kennenlernen, damit mir klar wird, woran wir am besten arbeiten sollten – und dazu muß ich viele Informationen über dich zusammentragen. Gleichzeitig hast du während dieser Arbeit Gelegenheit herauszufinden, was für ein Mensch ich bin. Am Ende unseres nächsten Treffens – vielleicht auch schon vorher – werde ich dir sagen, was ich über dich herausgefunden habe und was wir meiner Meinung nach tun sollten. Aber denk daran: Wir werden nur dann an Dingen arbeiten, wenn du dies für wichtig hältst. Deshalb werde ich dich später unter anderem auch danach fragen, was dir wichtig ist. Auch wenn ich dir jetzt gleich ein paar Fragen stelle, brauchst du nichts zu sagen, was du nicht sagen willst.

Es ist auch sinnvoll, nach eventuellen früheren Erfahrungen mit Beratern zu fragen (nur wenige Jugendliche benutzen das Wort *Therapeut*) und zu versuchen, mit dem Klienten gemeinsam ein Resümee aus diesen Erfahrungen zu ziehen. Wenn derartige Erfahrungen als positiv beschrieben werden, kann der Therapeut den Klienten fragen, *was* ihm an dem betreffenden Berater gefallen hat und aus welchen Gründen die nun beginnende neue Erfahrung genauso bzw. anders sein könnte. Meist jedoch wird sich der Klient darüber beklagen, daß frühere Berater ihm nicht geholfen oder sogar negative Dinge getan haben. Beispielsweise kann es sein, daß sie den Klienten mißachtet oder vertrauliche Informationen an andere weitergegeben haben. Anschließend können Therapeut und Klient detailliert erörtern, wie ähnliche Probleme zu erkennen sind und wie im Falle ihres Auftretens mit ihnen umzugehen ist. Das kann wie folgt vonstatten gehen:

THERAPEUT: Woran würdest du merken, daß ich jemandem erzählt habe, was du mir anvertraut hast?
KLIENT: Ich würde von den Lehrern darüber hören oder so.
THERAPEUT: Glaubst du, daß ich so etwas tun würde?
KLIENT: Ich weiß nicht. Vielleicht.
THERAPEUT: Wie könntest du es herausfinden, ohne dich in Schwierigkeiten zu bringen?
KLIENT: Ich könnte einfach nichts zu Ihnen sagen.
THERAPEUT: Das wäre natürlich eine Möglichkeit. Aber wenn sich herausstellen würde, daß du mir wirklich vertrauen kannst?
KLIENT: Ich könnte Ihnen eine kleine Sache erzählen und dann abwarten, was passiert.
THERAPEUT: Du hast auch gesagt, daß Erwachsene oft behaupten, sie wollten helfen, aber dann nur über Dinge reden, die dich wütend machen. Ich würde sicher nicht absichtlich etwas Respektloses zu dir sagen, aber es könnte trotzdem passieren. Woran würdest du merken, ob das der Fall ist?
KLIENT: Ich würde dann wütend.

THERAPEUT: Und wenn ich dich dabei beobachten würde, was würde *ich* dann sehen?

KLIENT: Ich weiß es nicht. Ich wäre einfach wütend.

THERAPEUT: Würdest du anfangen zu brüllen und zu fluchen? Oder würdest du weggehen? Oder würdest du eher still werden? Wie würdest du dich verhalten?

KLIENT: Oh, ich sage dann einfach nichts und gucke auf den Boden, so als wären Sie gar nicht da.

THERAPEUT: Okay, wenn ich also merke, daß du still wirst und mich nicht anschaust, dann könnte das ein Zeichen dafür sein, daß ich etwas gesagt habe, das dir nicht gefällt.

KLIENT: Ich denke schon.

THERAPEUT: Ich weiß, daß du mich ignorieren und eine Schutzhaltung einnehmen kannst, wie du es ja auch mit deinen Lehrern gemacht hast. Aber ich hoffe, daß ich merke, wenn ich dir gegenüber einen Fehler gemacht habe, denn dann kann ich versuchen, ihn wieder in Ordnung zu bringen.

In der ersten Sitzung sollte eine ziemlich gründliche Anamnese erstellt werden, wobei auch Details über die familiären Beziehungen und Aktivitäten bzw. Verhaltensweisen in Zusammenhang mit dem aktuellen Problem sowie auch Verlusterlebnisse und Traumata, persönliche Erfolge jeder Art, in der Schule, im Beruf, im gesellschaftlichen, im sportlichen und gegebenenfalls sogar im kriminellen Bereich zur Sprache kommen sollten (auch ein guter Autodieb oder Drogenhändler verfügt über Talente und Fähigkeiten, die sich für andere Bereiche nutzen lassen). Diese Information bildet das Rohmaterial für zahlreiche spätere Interventionen.

Wenn man dem Klienten während des gesamten Gesprächs selektiv die eigenen Eindrücke mitteilt, statt alle Äußerungen dieser Art bis zum Ende zurückzuhalten, kann dies ein Gefühl der Sicherheit vermitteln. Viele verhaltensgestörte Jugendliche sind in unberechenbaren Situationen aufgewachsen, in denen das »Lesen« (das Erahnen) des wahrscheinlichen Verhaltens anderer eine überlebensnotwendige Fähigkeit ist. Verhält sich der Therapeut in dieser potentiell bedrohlichen Situation transparent, verbreitet er dadurch eine Atmosphäre der Sicherheit und gibt dem Klienten die Möglichkeit, seine Wachsamkeit zu verringern. Wird der Klient aufgefordert, seinerseits die Eindrücke des Therapeuten zu kommentieren, kann er bei der Entwicklung der Fallbeschreibung eine aktivere Rolle spielen. (Natürlich kann der Therapeut auch der Reaktionsweise des Klienten einiges entnehmen.) Wenn der Therapeut dem Klienten seine Fallbeschreibung darlegt, kann er dabei zur Erzielung einer stärkeren Wirkung Originalformulierungen des Klienten verwenden.

Filme über die Zukunft

Nachdem die grundlegenden Dinge geklärt sind – die grundlegenden Regeln für die Therapie, die Lebensgeschichte des Patienten sowie Informationen über die aktuelle Lebenssituation zusammengetragen worden und Rapport hergestellt ist –, verfügt der Therapeut bereits über einen ziemlich detaillierten Überblick über Charakter, Stärken und Probleme des Klienten – und allein dies reicht möglicherweise schon aus für eine Fallbeschreibung und für die Entwicklung eines Behandlungsplans. Doch sollte der Therapeut damit noch warten, denn in diesem Stadium würde es sich nur um seine eigene Fallbeschreibung und seinen eigenen Behandlungsplan handeln. Wird hingegen noch ein wenig mehr Mühe aufgewendet, kann auch der Klient sich beides zu eigen machen. Die Intervention »Zukunftsfilme« kann dabei von entscheidender Bedeutung sein. Sie beginnt mit dem »guten Film«, einer positiven Vision von der Zukunft des Klienten.

THERAPEUT: Ich habe dir über deine Vergangenheit alle Fragen gestellt, die mir eingefallen sind. Jetzt möchte ich gern etwas über deine Zukunft wissen. Nehmen wir an, daß ich in zehn Jahren – bist du dann 25? – auf dem Weg nach Hause in einen Videoverleih gehe und mir einen Film mit Namen *Die [Name des Klienten]-Story* ausleihe. Der Film fängt nicht besonders schön an. Da ist ein Kind, das eigentlich ganz in Ordnung ist, aber bei ihm laufen viele Dinge falsch; es stellt eine Menge Dummheiten an, und ich sage mir: »Das ist ja eine Pfeife! Ich habe oft mit solchen Kindern gearbeitet. Sieht ganz so aus, als ob mal wieder ein vielversprechendes Talent in der Gosse landet.« Doch dann verändert sich die Situation allmählich. Zuerst passiert eine gute Sache, dann eine andere, dann noch eine ... bis ich mir am Ende des Films beim Nachspann sage: »Donnerwetter, du hast es tatsächlich geschafft!« Nun erzähle mir, was in diesem Film passiert. Was kommt zuerst?

KLIENT: Sie meinen, wenn ich dieses Kind wäre?

THERAPEUT: Ja, wenn das deine Geschichte wäre, so wie du gern hättest, daß es laufen würde.

KLIENT: Ich würde nicht mehr in Schwierigkeiten kommen.

THERAPEUT: Okay. Was würdest du tun?

KLIENT: Zuerst würde ich in der Schule gut abschneiden und die Abschlußprüfung bestehen, damit meine Mutter stolz auf mich sein kann.

THERAPEUT: Was mußt du denn tun, um in der Schule gut zu werden?

KLIENT: Ich muß jeden Tag hingehen, im Unterricht gut aufpassen und meine Hausaufgaben machen.

THERAPEUT: Und nach dem Examen? Kannst du dir vorstellen, wie du einen Job findest, zur Armee gehst, zum College, oder was?

KLIENT: Wahrscheinlich werde ich bei meinem Onkel arbeiten, Autos waschen und ins Abendcollege gehen. Danach werde ich lernen, mit Computern zu arbeiten, weil man damit viel Geld verdienen kann.

THERAPEUT: Okay, und wenn der Film in zehn Jahren endet, was glaubst du, wo du dann leben wirst? In der Gegend, wo du jetzt lebst, oder irgendwo anders in einer Stadt oder wo sonst? In einem eigenen Haus oder einer Mietwohnung? Allein, mit einem Kumpel oder mit einer Freundin? Vielleicht bist du dann ja verheiratet? Wirst du ein eigenes Auto haben? Was für eins? Welche Farbe wird es haben? Und was für eine Musikanlage wird darin sein?

Diese Fragen sollen dem Klienten helfen, sich detailliert vorzustellen, wie er sich auf eine positive Zukunft zubewegen und ein Bild davon entwickeln kann. Dieser Prozeß verläuft nicht immer problemlos, da viele Klienten dieser Art zunächst leugnen, auch nur irgendwelche Ziele zu haben, und sich gegen das Auffinden irgendwelcher positiver Aussichten wehren. Doch bei angemessener Hilfestellung ist fast jeder in der Lage, eine solche Perspektive zu entwickeln. Die Schlußszene des Films ist besonders wichtig. Sie sollte deshalb sehr detailliert beschrieben werden, und in dieser Beschreibung sollten Emotionen, Empfindungen und Kognitionen berücksichtigt werden.

THERAPEUT: Was für ein Bild ist zu sehen, wenn der Nachspann läuft?

KLIENT: Ich stehe mit meiner Frau und meinem Kind vor meinem Haus.

THERAPEUT: Wenn du dieses Bild vor Augen hast, was für ein Gefühl hast du dann gleichzeitig?

KLIENT: Gut, glücklich.

THERAPEUT: Wo spürst du das? Wo in deinem Körper?

KLIENT: Überall.

THERAPEUT: Und was sagst du zu dir selbst? So etwas wie: »Ich kann es schaffen« oder: »Ich werde es packen«?

KLIENT: »Streng dich an.«

Die letzte Szene des Films wird mit Hilfe von Augenbewegungen verankert. Da die meisten Klienten noch keine Erfahrung mit den Augenbewegungen haben, ist es oft einfacher, sie aufzufordern, sich das Bild zuerst mit geschlossenen Augen vorzustellen und dann noch einmal während der Augenbewegungen. Anschließend wird der gesamte »gute Film« verankert, einschließlich aller Schritte, die letztendlich zu dem positiven Ausgang führen. Nachdem der Therapeut den Film erklärt hat, sagt er: »Gib mir ein Zeichen, wenn die Arbeit abgeschlossen ist.« Dann geleitet er den Klienten durch die Augenbewegungen, bis dieser das Zeichen gibt. Daraufhin fragt der Therapeut: »Wie war es? Was ist mit dem Film passiert?« Wenn nicht alle Komponenten einbezogen waren, wird der Film wiederholt, z.B.: »Vergiß diesmal nicht zu sagen: ›Streng dich an!‹, wenn du am Ende angekommen bist.«

In diesem Zusammenhang braucht EMDR nicht formell erklärt zu werden, da mit dieser Art von Verankerung kaum ein Risiko verbunden ist. Wenn der Klient eine Erklärung bezüglich der Aufforderung, die Augenbewegungen auszuführen, haben möchte, sage ich oft einfach: »Dadurch setzen sich die Bilder besser fest.«

Am Ende der Behandlung sagen viele meiner Klienten, diese Übung habe ihnen am besten gefallen. Viele haben sich über die Möglichkeit einer positiven Zukunft noch kaum Gedanken gemacht und auch nie geglaubt, daß eine solche für sie auch nur im Bereich des realistisch Möglichen liege. Beim Ausführen der Übung spüren sie in sich das Aufkeimen von Hoffnung. Außerdem schätzen sie es häufig, daß sie Gelegenheit haben, mit einem Erwachsenen über diese Dinge zu sprechen, der ihnen nicht ständig ihre Schlechtigkeit und Unfähigkeit vorhält.

Nachdem der gute Film entwickelt und zumindest einmal verankert worden ist, ist es an der Zeit, mit einem schlechten Film – mit einer negativen Zukunftsvision – ebenso zu verfahren. Der Therapeut fragt: »Was passiert, wenn die Dinge sich nicht so gut entwickeln, wie du es in unserem Gespräch beschrieben hast? Was ist, wenn du immer wieder die gleichen Fehler machst und dabei immer wieder der gleiche Mist herauskommt?« Daraufhin sollte eine detaillierte Vision von einem negativen Ende entwickelt werden, verbunden mit allen dazugehörigen Emotionen, Empfindungen und Kognitionen. Der Therapeut bietet dabei wie folgt eine spezifische Kognition an:

THERAPEUT: Okay, bei dem schlechten Ende siehst du dich also hinter Gittern?
KLIENT: Ja. In einem Raum aus Beton, wie im Gefängnis.
THERAPEUT: Und was für eine Art von Gefühl ist mit diesem Bild verbunden?
KLIENT: Ein schlechtes, trauriges.
THERAPEUT: Wo spürst du das?
KLIENT: Im Kopf.
THERAPEUT: Wenn du dieses Bild vor Augen hast, wäre es dann passend, dazu zu sagen: »Es hat nichts gebracht«?
KLIENT: Das bringt nichts. Ganz klar.

Das Bild vom schlechten Ausgang der Geschichte wird anschließend zusammen mit den zugehörigen Emotionen und Kognitionen verankert. Die Kognition »Das bringt nichts« sollte generell in allen Fällen vorgeschlagen und benutzt werden, es sei denn, der Klient lehnt sie ab. (Vielen Klienten, die aufgefordert werden, eine solche Kognition zu formulieren, fällt nur eine Selbstbeschuldigung ein. Doch eine Aussage wie »Ich bin dumm« ist in diesem Kontext nicht sinnvoll.) Das Bild von einem negativen Ende sollte einige Male mit Hilfe von Augenbewegungen verankert werden.

Die Bilder vom guten und vom schlechten Ende werden später noch einmal im Rahmen des kognitiven Verhaltenstrainings verwendet. In dieser Phase dienen sie nur dazu, im Klienten das Bewußtsein dessen zu wecken, daß er seinen Weg selbst wählen kann. Als nächstes wird er gebeten zu erklären, daß das positive Resultat ihm wichtig ist und er sich deshalb dafür engagieren wird. Nachdem er den Film von einer positiven Zukunft entwickelt hat, hat er ohnehin schon den ersten Schritt in diese Richtung getan.

Stärken und Hindernisse

Als nächstes trägt der Therapeut mit Hilfe des Klienten Eigenschaften von letzterem zusammen, die das Erreichen einer positiven Zukunft begünstigen. Da Klienten solche Eigenschaften gewöhnlich von sich aus nicht besonders gut beschreiben können, muß der Therapeut sie größtenteils selbst zum Vorschein bringen. Stärken eines Klienten können beispielsweise sein: Intelligenz (die zum Erreichen des genannten Ziels erforderlich ist), spezielle Begabungen (mechanische, künstlerische, geschäftliche, Überzeugungskünste), spezifische frühere Erfolge, welche seine Fähigkeiten in einem ähnlichen Bereich dokumentieren, Ausdauer, Unterstützung von seiten der Familie und/oder von Freunden, die Fähigkeit, unterstützende Beziehungen aufzubauen, und der Wunsch, die genannten Ziele tatsächlich zu erreichen. Die Liste braucht nicht vollständig zu sein.

THERAPEUT: Es ist nicht leicht, diese positive Zukunft zu erreichen, aber möglich ist es. Was von dem, was du kannst, könnte dir helfen, dieses Ziel zu erreichen?

KLIENT: Was meinen Sie damit? Ich probiere es einfach. Ich versuche meine Bestes.

THERAPEUT: Du hast zum Beispiel gesagt, du wolltest das Examen an der High-School ablegen und dich dann um ein Basketball-Stipendium für das College bemühen. Bist du ein guter Basketballspieler?

KLIENT: Ja, ich war in meiner High-School der beste Spieler, bevor ich aus der Mannschaft geworfen wurde.

THERAPEUT: Okay, ich schreibe also auch: »Guter Basketballspieler.« Das ist etwas, das dir helfen wird, deine Ziele zu erreichen. Was gibt es sonst noch?

KLIENT: Wenn ich mich entschlossen habe, etwas zu tun, bringt mich nichts mehr davon ab, es auch wirklich zu tun.

THERAPEUT: Okay, dann schreibe ich das auch auf. Ist deine Beziehung zu deiner Familie sehr eng?

KLIENT: Ja, wir tun alles für einander.

THERAPEUT: Also schreibe ich auf: »Enge Familienbeziehungen.« Es ist nämlich leichter für dich, ein Ziel zu erreichen, wenn deine Familie hinter dir steht. Was noch?

Anschließend sollte eine Liste von Eigenschaften zusammengestellt werden, die den Klienten daran hindern, seine Ziele zu erreichen. Der Therapeut kann die Suche danach einleiten, indem er fragt: »Was könnte dich daran hindern, deine Ziele zu erreichen? Was könnte dir dabei in die Quere kommen?« Daraufhin beschreibt der Klient, nachdem er zuvor seine positiven Ziele benannt und sich zu ihnen bekannt hat, sein problematisches Verhalten als ein persönliches Hindernis. Meist spricht der Klient dabei über »mein Verhalten«, »meine Wut« oder »in Schwierigkeiten kommen«. Oft übernimmt er in dieser Situation zum ersten Mal persönlich Verantwortung für seine Probleme. Die Liste der Hindernisse sollte sehr konkrete Beschreibungen enthalten, beispielsweise: »Wenn mir in der Schule etwas zu schwierig wird, gebe ich auf« oder: »Ich lasse mich zu oft in Prügeleien verwickeln.«

Die Motivation in Prozenten

Der Therapeut fragt den Klienten, zu wieviel Prozent er dazu motiviert ist, seine positive Zukunftsvision zu erreichen, und zu wieviel Prozent er zum Erreichen der negativen Zukunftsvision motiviert ist (d.h. dazu, »den gleichen Scheiß ständig wieder zu tun«). Weil viele Jugendliche das Konzept der Prozentwerte nicht richtig verstehen, gebe ich ihnen bei diesem Anlaß oft eine kleine Lektion in Mathematik, indem ich ihnen die folgenden Fragen stelle:

THERAPEUT: Wenn ich zu dir sage, daß ich zu hundert Prozent bei dir bin, was bedeutet das dann?

KLIENT: Daß Sie voll und ganz bei mir sind.

THERAPEUT: Richtig. Und wenn wir Partner sind und Halbe-halbe machen, was bedeutet das dann?

KLIENT: Daß wir den Gewinn zu gleichen Hälften zwischen uns teilen.

THERAPEUT: Genau. Und wenn ich drei Quarter habe, wieviel ist das dann wert?

KLIENT: 75 Cents.

THERAPEUT: Stimmt. Siehst du, Prozente sind einfach ein Teil von Hundert, wie soundsoviele Cents von einem Dollar. Wie viele von den hundert Prozent von dir wollen also auf die positive Zukunft hinarbeiten, über die wir gesprochen haben? Und wie viele Prozent von dir möchten nur immer weiter in Schwierigkeiten kommen?

Die meisten Klienten erklären, daß sie zu mindestens 50 Prozent die positive Zukunftsvision anstreben, und viele nennen sogar einen wesentlich höheren Wert. Es ist wichtig, von den Klienten eine einigermaßen zutreffende Einschätzung ihrer einander widersprechenden Motivationen zu bekommen. Nennt ein Klient einen unrealistisch hohen Prozentsatz (z.B. 100 Prozent), erkläre ich ihm gewöhnlich, daß selbst dann, wenn der größte Teil von ihm das positive Ziel erreichen will, ein Teil existieren muß, der dies nicht will. Zum Beispiel:

THERAPEUT: Okay, nun hör zu. Als ich noch ein Kind war, habe ich manchmal Sachen gestohlen. Heute tue ich das nicht mehr, und ich habe es auch schon seit langem nicht mehr getan. Aber wenn ich in einen Laden komme, denkt ein Teil in mir immer noch daran, daß ich etwas stehlen könnte. Deshalb würde ich, wenn es um mich ginge, sagen, daß etwa zehn Prozent von mir immer noch Lust verspüren, etwas zu stehlen – obwohl der Rest von mir dafür sorgt, daß das nicht passiert. Wieviel Prozent wären es bei dir?

KLIENT: Ich würde gern zu hundert Prozent für das positive Ziel arbeiten, aber auch in mir gibt es einen Teil, dem alles egal ist. Vielleicht macht dieser Teil ungefähr einen Vierteldollar aus, also 25 Prozent.

THERAPEUT: Dann engagieren sich also 75 Prozent für die gute Zukunft und 25 Prozent für die negative Zukunft?

KLIENT: So ungefähr stimmt's.

Falls hierbei keine Motivation zum Ausdruck kommt, ist es wahrscheinlich besser, sehr langsam vorzugehen und eher an der Herstellung von Rapport und an der Bewältigung aktueller Sorgen zu arbeiten. Solange ein Klient seine persönlichen Ziele nicht als wichtig empfindet, engagiert er sich in einer unangenehmen und langweiligen Behandlung wahrscheinlich nicht. Manchmal weigern sich Klienten, sich mit dem soeben beschriebenen Ansatz zur Feststellung der persönlichen Motivation auch nur zu beschäftigen. Gründe hierfür können unter anderem sein: unzureichender Rapport, vorausgegangene negative Erfahrungen mit Therapeuten, Mißtrauen oder mangelndes Interesse an der Therapie und/oder einer positiven Zukunft. Bei einigen Klienten, die jede Motivation strikt leugnen, könnte die im folgenden beschriebene Intervention von Nutzen sein.

Ein Zeichen tragen

Manchmal fühlen sich Klienten in besonders starkem Maße als Opfer von Gleichaltrigen und Autoritätspersonen, und sie weigern sich, persönliche Verantwortung für ihren eigenen Anteil an diesem Interaktionsmuster zu übernehmen. »Der Lehrer hackt ständig auf mir herum, die anderen Kinder verbreiten Lügen über mich, andere fangen mit einer Sache an, und ich bekomme dann Schwierigkeiten ...« Es kann sein, daß sich ein Klient trotz eingehender Untersuchung gegen Einsichten bezüglich seiner eigenen Rolle im Geschehen notorisch verschließt. Ebenso kann er sich in seiner Rolle als Provokateur oder Held gefallen, er kann anderen die Schuld geben und behaupten, die Konsequenzen seines Verhaltens seien ihm gleichgültig. Die folgende Intervention läßt die Rolle, die der Klient spielt, als absichtlich gewählt erscheinen, unter Zuhilfenahme einer Metapher, die so drastisch wie humorvoll ist.

THERAUPEUT: Ich habe gehört, daß du gestern ziemliche Probleme hattest.

KLIENT: Sie hätten mich sehen sollen! Ich habe ihnen allen gesagt, was ich über sie denke. Ich habe keine Angst, vor niemandem. Sie haben mir zwar wieder meine Privilegien weggenommen, aber das ist mir egal.

THERAUPEUT: Ich dachte, du hättest mir gesagt, du wolltest keine Filme mehr verpassen.

KLIENT: Ist mir egal. Sie können mich zu nichts zwingen.

Theraupeut: Was ist denn passiert?

KLIENT: (*eine lange Geschichte von Vorfällen, die schließlich zu einer offenen Konfrontation und zur anschließenden Bestrafung führten*) Aber egal wie es anfängt und wer damit anfängt, immer bleibt es am Ende an mir hängen, an niemand sonst. Sie haben es einfach auf mich abgesehen.

THERAUPEUT: Du weißt sicher auch warum, oder?

KLIENT: Ich glaube, daß sie Vorurteile haben.

THERAUPEUT: Behandeln sie denn die anderen (*ethnische Zugehörigkeit des Klienten*) Kinder genauso?

KLIENT: Nein, eigentlich nicht, hauptsächlich mich.

THERAUPEUT: Soll ich dir etwas sagen?

KLIENT: Ja, sagen Sie es nur.

THERAUPEUT: Das ist das Zeichen, das du trägst.

KLIENT: Was meinen Sie damit? Ich habe kein Zeichen.

THERAUPEUT: Du trägst ständig ein Zeichen mit dir herum. Es bedeutet: »Legt euch mit mir an.«

KLIENT: (*lacht*)

THERAUPEUT: Trägst du dieses Zeichen überall, wo du hingehst?

KLIENT: Ja. Fast überall.

THERAUPEUT: Deshalb wissen die Leute auch, wie sie dich auf die Palme bringen können. Sie lesen einfach das Zeichen. Wie lange trägst du dieses Zeichen denn schon?

KLIENT: Ein paar Jahre bestimmt schon.

THERAUPEUT: Es muß gut sein, es zu tragen.

KLIENT: Warum sagen Sie, daß es gut sein muß?

THERAUPEUT: Weil du sonst wahrscheinlich lieber ins Kino gehen würdest wie die anderen Kinder. Aber da das nicht so ist, nehme ich an, daß es gut sein muß, das Zeichen »Legt euch mit mir an« zu tragen.

Mit solchen Metaphern kann immer wieder in verschiedenen Sitzungen gearbeitet werden, oft ganz beiläufig oder im Scherz. Man kann dem Klienten auch vorhalten, daß ihm die Konsequenzen seines Verhaltens einschließlich der daraus resultierenden Bestrafungen gefallen. Solche paradoxen Interventionen sollte man auf eine akzeptierende, positive Weise anwenden, die es dem Klienten überläßt, sein negatives Verhalten selbst abzulehnen. Man kann mit einer solchen Metapher dann auch noch weiterarbeiten, wenn sich gewisse Fortschritte manifestiert haben, indem man beispielsweise sagt: »Ich hoffe, daß du diese Woche zumindest ein bißchen in Schwierigkeiten kommst. Ich fände es schrecklich, wenn du auf all die vielen Streitereien verzichten müßtest, die du sonst immer gehabt hast.« Manchmal bitten Klienten daraufhin um Hilfe bei der Arbeit an bestimmten Problemen.

Engagement in der Behandlung

In den meisten Fällen verläuft das Motivationsgespräch relativ problemlos, und der Klient bringt eine mehr als nur halbherzige Sehnsucht nach einer positiven Zukunft zum Ausdruck. Danach ist es an der Zeit, ihn formell am Behandlungsprozeß zu beteiligen. Er hat soeben zugegeben, daß es ihm wichtig ist, positive Ziele zu erreichen, und er hat bestimmte Probleme als Hindernisse auf seinem Weg identifiziert. Deshalb kann der Therapeut nun eine Behandlung im Sinne der Ziele des Klienten anbieten. Beispielsweise so:

THERAPEUT: Achtzig Prozent von dir möchten also einen Gefängnisaufenthalt vermeiden, einen anständigen Schulabschluß machen und den Militärdienst ableisten, aber die zwanzig Prozent von dir, denen das alles egal ist, bringen dich in Schwierigkeiten. Wenn du möchtest, können wir an ein paar Dingen arbeiten und dadurch den achtzig Prozent helfen, stärker zu werden und einen größeren Teil der Zeit über die Verantwortung zu übernehmen.

KLIENT: Und was könnten wir da machen?

THERAPEUT: Alles mögliche. Ich habe eine ganze Trickkiste zur Verfügung. Es ist so, als hätten wir achtundzwanzig Sorten Eiscreme. Du wirst nicht alle mögen, aber wir werden sicher ein paar finden, die du magst – die dir was bringen. Ich werde jede einzelne Sache erklären, bevor wir damit anfangen, und du brauchst nichts zu tun, was du nicht tun möchtest. Aber es ist in jedem Fall ziemlich viel Arbeit, stärker zu werden, und es kann auch mal anstrengend oder langweilig werden. Erinnerst du dich noch daran, wie du gelernt hast [beim Basketball den Korb zu treffen, ein Fahrrad zu fahren...]? Wie du zuerst ziemlich tolpatschig warst, aber dann so lange geübt und geübt hast, bis dir das [...] zur zweiten Natur wurde? Wir können Dinge üben, die dir helfen werden, dich zu beherrschen. Letztendlich mußt du die ganze Arbeit trotzdem selbst tun, aber ich kann dir zumindest helfen, die Fähigkeiten zu üben.

KLIENT: Okay, dann fangen wir doch an.

An diesem Punkt könnte der Therapeut einen »Nicht zu schnell!«-Ansatz ausprobieren. Er könnte dem Klienten sagen, daß die bevorstehende Arbeit sehr schwierig und auch langweilig sein kann und daß sie nicht gleich von Anfang an die erhoffte Effektivität haben wird. Außerdem kann er Fragen stellen, um herauszufinden, daß dieser Plan tatsächlich die Ziele des Klienten unterstützt. Durch diesen paradoxen Ansatz wird der Klient dazu gebracht, auf der Behandlung zu bestehen, und dadurch wiederum wird sein Engagement verstärkt. Im allgemeinen gelingt es schon in der ersten oder zweiten Sitzung, diese Bereitschaft zur aktiven Beteiligung an der Behandlung zu erreichen. Anschließend kann meist mit der Arbeit an dem Teil des Protokolls begonnen werden, dessen Sinn darin besteht, dem Klienten bestimmte Fähigkeiten zu vermitteln.

Das Vermitteln von Fähigkeiten

Der Teil dieses Ansatzes, in dem bestimmte Fähigkeiten vermittelt werden sollen, entspricht ungefähr dem im vorigen Kapiteln beschriebenen Ansatz des Elterntrainings: Er dient dazu, beim Klienten vor Beginn der Traumaarbeit ein Gefühl der Sicherheit zu etablieren. Gehören die Klienten eher jüngeren Altersstufen an, kommt den Eltern beim Verankern dieses Gefühls der Sicherheit meist eine wichtige Rolle zu. Außerdem zeigen diese Kinder gewöhnlich etwas weniger Widerstand und ist deshalb kooperationsbereiter, wenn der Therapeut vorschlägt, mit Hilfe von EMDR an der Auflösung traumatischer Erinnerungen zu arbeiten. Bei Jugendlichen, die unter Störungen des Sozialverhaltens leiden, ist es oft notwendig, jenes Gefühl der Selbstkontrolle zu entwickeln, das durch die Vermittlung entsprechender Fähigkeiten entsteht. Erst danach sind sie gewöhnlich bereit, mit EMDR an der Auflösung von Traumata zu arbeiten. Da es in dieser Hinsicht jedoch die unterschiedlichsten Ausnahmen gibt, sollte das hier Gesagte nur modellhaft verstanden werden.

Vorbereitung

Bei den meisten Jugendlichen, die unter expansiven Verhaltensstörungen leiden, hat dieser Teil des Behandlungsplans den höchsten Stellenwert; oft gestehen solche Klienten bereitwillig ein, daß sie lernen müssen, ihre Wut zu beherrschen. Weil die Arbeit an der Entwicklung von Fähigkeiten generell nicht als bedrohlich erlebt wird und aufgrund ihrer offensichtlichen Wirksamkeit ist dies oft ein guter Anfangspunkt.

Dennoch sollte der Therapeut den Klienten darauf hinweisen, daß die Effektivität der Arbeit an der Entwicklung von Fähigkeiten sich aufgrund des durch früher erlebte Traumata und Verlusterfahrungen entstandenen innerseelischen Drucks möglicherweise in Grenzen hält. Dies kann im Rahmen der Entwicklung einer Fallbeschreibung geschehen, die zur Begründung der vorgeschlagenen Behandlungsaktivitäten dient: Da die Fähigkeit der Selbstbeherrschung bei den meisten Klienten schlecht entwickelt ist und da die meisten Schwierigkeiten damit haben, ihre Wut im Zaum zu halten, bedarf der Teil der Behandlung, in dem entsprechende Fähigkeiten entwickelt werden sollen, keiner Erläuterung oder Begründung. Die Wirkung in der Vergangenheit erlebter Traumata oder Verlusterfahrungen läßt sich plausibel im Sinne einer allmählichen Anhäufung von Streß erklären, wobei man Beispiele verwenden sollte, mit denen der Klient etwas anfangen kann.

THERAPEUT: Nehmen wir einmal an, hier ist der Punkt erreicht, wo ich überkoche (*hält eine Hand an den Hals*). Und nehmen wir außerdem an, du bist noch ein Baby, und es hat sich bei dir noch kein Streß aufgebaut. Deshalb fängst du hier unten an (*hält die Hand an die Fußknöchel*). Bei mir aber hat sich, vielleicht weil mein Hund gestorben ist, als ich noch klein war, dadurch etwas Streß angesammelt (*hält die Hand ans Knie*); vielleicht bin ich auch noch ein paarmal verprügelt worden, und dadurch ist noch etwas mehr Streß entstanden (hält die Hand in halber Höhe der Oberschenkel); dann stirbt auch noch mein Lieblingsvetter, und ich bin schon hier oben (*hält die Hand an die Hüfte*). Deshalb laufe ich jetzt vielleicht so herum. Hast du das soweit verstanden?

KLIENT: Ja, ich verstehe, was Sie meinen. Ich habe jede Menge von solchem Streß.

Therapeut: Nehmen wir also an, ich habe einen schlechten Tag. Weil der Wecker nicht funktioniert hat, bin ich zu spät aufgewacht und muß mich nun beeilen (*hebt die Hand ein paar Zentimeter höher*). Dann schütte ich Milch über meine Getreide-flocken und merke zu spät, daß sie sauer geworden ist (*läßt die Hand noch höher steigen*). Dann bleibe ich irgendwo an einer Ampel hängen (*geht mit der Hand noch höher*), und irgendein Idiot schneidet mich und verursacht fast einen Unfall (*noch höher*), und dann komme ich zu spät zur Arbeit, und mein Chef guckt mich böse an (*hebt die Hand bis zum Hals*). Eine einzige kleine Sache geht schief – du weißt sicher selbst, was dann passieren kann, oder?

KLIENT: Sie könnten explodieren, die Kontrolle verlieren.

THERAPEUT: Genau. Deshalb sollte ich vielleicht etwas tun, um die Stimmung zu ver-bessern. Ich könnte zum Beispiel ein paar Witze machen oder ein wenig spazie-ren gehen, um »Dampf abzulassen«. Zum Glück fange ich ziemlich weit hier un-ten an (*Hand an der Taille*); deshalb kann eine ganze Menge passieren, bis ich den Siedepunkt erreiche. Aber so wie du ständig die Kontrolle verlierst, läufst du wahr-scheinlich andauernd ungefähr so durch die Gegend (*hält eine Hand fast in Höhe des Halses*); wenn dann nur noch ein ganz kleines bißchen Streß dazukommt, ist es passiert.

Der Therapeut kann als mögliche Ursachen für den Aufbau neuer Traumata Beispiele aus dem bisherigen Leben des Klienten anführen, und er kann sogar für jedes dieser Er-eignisse eine separate SUD-Bewertung vornehmen. Hat der Klient dieses Modell erst einmal akzeptiert, wird er seine eigenen heftigen Reaktionen vielleicht in einem neu-en Licht sehen und verstehen, weshalb er sich in stärkerem Maße für die Entwicklung von Bewältigungsstrategien engagieren muß als jemand, dessen Streßniveau nicht schon von vornherein so hoch ist. Außerdem kann diese Diskussion später als Grundlage für ein Verständnis der Grenzen von Bewältigungsstrategien und als Überleitung zur Traumaarbeit dienen.

THERAPEUT: Wir werden zunächst an der Entwicklung von Fähigkeiten zur Verbesserung der Selbstkontrolle arbeiten. Doch wenn du ständig so (*Hand am Hals*) durch die Gegend läufst, kurz vor dem Explodieren, können dir Selbstberuhigungsstrategien auch nur sehr begrenzt helfen. Später werden wir vielleicht etwas tun, wodurch dieses hohe Streßniveau verringert wird.

Der Therapeut sollte sich zunächst sehr detailliert über das problematische Verhalten informieren, unter anderem auch über typische Auslöser sowie über Reaktionen und Konsequenzen. Andere Bewältigungsstrategien könnten in Betracht gezogen werden. Die meisten Menschen verfügen bereits über bestimmte Strategien zur Verbesserung der Selbstkontrolle, die jedoch unterschiedlich effektiv sind. Am besten ist es, bereits benutzte Strategien weiterzuentwickeln, die sich als nützlich erwiesen haben. Die Intervention erscheint dann als weniger befremdlich, und der Klient kann sich an dem Gefühl erfreuen, daß er bereits einen Teil des Wegs zurückgelegt hat. Es gibt viele wirksame Techniken zur Verbesserung der Selbstkontrolle, die nichts mit EMDR zu tun haben, darunter die Auszeit, die Tiefenatmung sowie auch das Dampfablassen durch eine viel Energie erfordernde bzw. entspannende Aktivität wie Gehen, spielerische Sportarten und Musikhören. Auch einfach über Dinge zu reden kann nützlich sein und kann im Laufe der Therapiesitzung geübt werden.

Dieses Protokoll umfaßt drei kognitiv-verhaltenstherapeutische Interventionen, die EMDR-Arbeit einbeziehen: (1) Die Intervention mit Namen *Frühwarnsystem* zielt auf eine allmähliche Stärkung des Gewahrseins der einzelnen Stufen jener Eskalation, die letztendlich zum Ausagieren führt, wodurch der Klient in die Lage versetzt wird, den Prozeß zu unterbrechen, bevor er die Kontrolle verliert; (2) die Intervention *Entscheidungen haben Konsequenzen* wird zur Verringerung der Impulsivität benutzt, wozu das Gewahrsein der Verhaltensalternativen in jedem Augenblick gestärkt wird; und (3) die Strategie *Schutz gegen Provokationen* dient der Immunisierung des Klienten gegen Provokationen. Zwar können diese drei Techniken in jeder beliebigen Kombination angewandt werden, doch waren sie ursprünglich für die Arbeit im Anschluß an die weiter oben beschriebene Intervention der positiven und negativen Filme gedacht, und sie werden hier so dargestellt, daß die späteren Interventionen auf den früheren aufbauen.

Frühwarnsystem

Diese Intervention ist besonders nützlich bei Jugendlichen, die ihre Wut oder Impulsivität als Überraschung oder als Explosion erleben. Sie sind sich nicht der einzelnen Schritte bewußt, die zur Entstehung ihrer problematischen Verhaltensweisen führen. Wenn ihnen klar wird, daß sie auf dem besten Weg sind, in Schwierigkeiten zu geraten, ist der Zeitpunkt, zu dem eine Entschärfung der Situation noch möglich gewesen wäre, oft schon vorüber. Die Intervention *Frühwarnsystem* hilft ihnen, sich der einzelnen Schritte bewußt zu werden, die letztendlich zu der Explosion führen, so daß sie lernen, frühere Phasen des Prozesses zu erkennen, in denen sie die verhängnisvolle Entwicklung noch unterbrechen können.

THERAPEUT: Vielleicht kennst du das aus Filmen, wie ein Angreifer sich an ein Haus anschleicht und vielleicht sogar unbemerkt hineingelangt, bevor irgend jemand auch nur ahnt, daß er da ist? Und dann *hat* er dich! Aber richtig reiche Leute haben Frühwarnsysteme, die das Tor überwachen, außerdem Bewegungsmelder, Videokameras, Hunde und dergleichen ... Wenn ein Angreifer dem Hause näherkommt, wird er schon erwartet. Solch ein Frühwarnsystem brauchst du für deine Wut, damit du sie blitzschnell erkennen kannst, bevor sie vollkommen Besitz von dir ergriffen hat.

Der Klient wird aufgefordert, detailliert auf ein typisches problematisches Ereignis zu fokussieren, das möglichst noch nicht lange zurückliegt. Zuerst wird er gebeten zu beschreiben, wie er provoziert wurde, und dann, wie er darauf reagiert hat. Anschließend wird er aufgefordert, seine Reaktion genauer zu untersuchen und auf Ereignisse zu achten, die zwischen der auslösenden Provokation und der abschließenden Explosion seiner Wut liegen und die er in seiner ersten Beschreibung außer acht gelassen hat. Dabei kann ihm der Therapeut behilflich sein, indem er in Form eines Menüs verschiedene Reaktionsmöglichkeiten aufzählt und den Klienten geduldig begleitet, während dieser sich bemüht, eine neue Sichtweise von sich selbst zu entwickeln.

THERAPEUT: Er erzählt also Blödsinn, und dann verprügelst du ihn?
KLIENT: So ungefähr ist es.
THERAPEUT: Ich möchte, daß du dich jetzt einmal auf die Situation konzentrierst, *wo* er Blödsinn erzählt. Du kannst dabei ruhig die Augen schließen, wenn dir das hilft, dich völlig auf diese Situation zu konzentrieren. Was geht in dir vor?

KLIENT: Ich werde langsam, aber sicher wütend. Niemand sollte es wagen, so mit mir zu reden.

THERAPEUT: Gut. Woran erkennst du, daß du wütend wirst? Wie merkst du das?

KLIENT: Ich weiß es einfach.

THERAPEUT: Was geht denn dabei in deinem Körper vor? Ist er heiß oder kalt? Ist er locker, angespannt, zittrig, trocken oder in Schweiß gebadet?

KLIENT: Jetzt verstehe ich, was Sie meinen. Ich sehe nichts außer diesem Kerl, und mein ganzer Körper ist angespannt. Mein Herz schlägt rasend schnell, und meine Hände sind zu Fäusten geballt.

THERAPEUT: Gut, das ist es, wonach wir gesucht haben. Und was denkst du? Welche Wörter sind in deinem Kopf?

KLIENT: »Bring ihn um.«

THERAPEUT: Okay, was passiert zuerst? Wenn er Blödsinn erzählt, was ist dann das erste Zeichen, an dem du erkennst, daß sich etwas zusammenbraut?

KLIENT: Er hackt auf mir herum, und das mag ich nicht.

THERAPEUT: Gut. Dir fällt also zuerst auf, was er tut, und dann, was du darüber denkst. Was passiert als nächstes?

KLIENT: Alles passiert gleichzeitig.

THERAPEUT: Schauen wir uns das Ganze doch noch einmal ganz genau an, so, als würden wir uns einen Film in Zeitlupe anschauen. Schließ die Augen, stell dir als erstes vor, wie er Blödsinn erzählt, laß dieses Bild dann erstarren, und stelle fest, was dir daran besonders auffällt.

Dieser Prozeß wird so lange fortgesetzt, bis sowohl der Therapeut als auch der Klient das Gefühl haben, eine für viele Situationen dieser Art zutreffende Sequenz erkannt zu haben, beispielsweise: (1) Provokation, (2) Unwillen darüber, nicht geachtet zu werden, (3) Herzklopfen, (4) Wut und Fluchen, (5) Schlagen. Es geht nicht darum, zu Erkenntnissen über die Gründe für das reaktive Verhalten des Klienten zu gelangen, sondern darum, ihm zu helfen, auf die Details seiner eigenen Verhaltensmuster zu achten und zu lernen, diese zu erkennen.

Die letzte Übung im Rahmen der Intervention *Frühwarnsystem* besteht im Visualisieren eines Films, in dem jede einzelne Phase der Eskalation separat und in richtiger Reihenfolge vorkommt. Gleichzeitig geleitet der Therapeut den Klienten durch eine Serie von Augenbewegungen. Das Visualisieren des Films in Verbindung mit Augenbewegungen sollte mehrmals wiederholt werden, und der Klient sollte nach jeder »Vorführung« gefragt werden, ob er auch wirklich jede einzelne Phase des Prozesses registriert hat. Dies soll ihm helfen, sich der Einzelschritte des Prozesses bewußter zu werden. (Im Laufe dieser Übung kann es nebenbei außerdem zur Desensibilisierung des provozierenden Stimulus kommen.)

Die Intervention *Frühwarnsystem* muß im Rahmen des hier beschriebenen Protokolls nicht zwingend benutzt werden. Falls der Klient nicht zu plötzlichem, explosivem Ausagieren neigt und er in der Lage ist, sich die einzelnen Elemente der Eskalation bewußtzumachen, kann die Intervention *Frühwarnsystem* ausgelassen werden. In diesem Fall wird die Bewußtmachung der verschiedenen Eskalationsstufen auf informelle Weise in die folgende Intervention einbezogen. Dieser Bewußtmachungsprozeß ist nicht generell als eigenständige Intervention zu empfehlen, und an ihn sollte sich so schnell wie möglich die Intervention *Entscheidungen haben Folgen* anschließen. Auch diese fördert sowohl das Verständnis des Prozesses als auch das Gewahrsein im jeweiligen Augenblick.

Entscheidungen haben Folgen

Dies ist das eigentliche »Zugpferd« des Abschnitts innerhalb des Protokolls, der dem kognitiven Verhaltenstraining gewidmet ist. Die Intervention *Entscheidungen haben Folgen* baut auf *Zukunftsfilme* und *Frühwarnsystem* auf. Es geht hier darum, den Klienten dazu zu bringen, sich auch in schwierigen Situationen vor Augen zu führen, daß die Verhaltensentscheidungen, die er trifft, Konsequenzen haben.

Der Klient wird gebeten, eine typische auslösende Situation zu beschreiben – gewöhnlich irgendeine Art von Provokation oder Verlockung, mit der er in seiner augenblicklichen Lebenssituation konfrontiert wird. Es sollte eine Situation sein, in der er häufig auf die zuvor von ihm selbst beschriebene problematische Weise reagiert. Gemeinsam mit dem Therapeuten entwickelt er mindestens eine positive Verhaltensalternative für die Reaktion auf die auslösende Situation. Anschließend erklärt ihm der Therapeut den Sinn dieser Übung: Negative Entscheidungen haben negative Folgen oder Konsequenzen, und positive Entscheidungen haben positive Konsequenzen. Mit Hilfe des Durchspielens imaginärer Filme, die dieses Prinzip veranschaulichen, lernt der Klient, zu besseren Entscheidungen zu gelangen, die ihn seinen Zielen näherbringen.

Dann wird der Klient gebeten, einen Film zu kreieren, der die folgenden Komponenten in der angegebenen Reihenfolge enthält:

1. Die Provokation oder die auslösende Situation,
2. die innere Reaktion des Klienten (d.h. das Frühwarnsystem),

3. das Ausagieren oder die Entscheidung für ein »negatives« Verhalten,

4. das Bild vom negativen Ausgang des Prozesses in Verbindung mit den Worten »Das bringt nichts«.

Anschließend vergegenwärtigt sich der Klient diesen Film, während er durch eine Serie von Augenbewegungen geleitet wird. Ebenso wie bei den anderen Filmtechniken wird der Klient auch bei dieser aufgefordert, ein Zeichen zu geben, wenn der Film zu Ende ist.

Nach dem Film fragt der Therapeut den Klienten, was passiert ist, um festzustellen, ob alle Komponenten berücksichtigt wurden. Oft fügen Klienten fehlende Teile ein, damit die Geschichte einen Sinn ergibt. Dies gilt insbesondere dann, wenn es um die Verbindung zwischen einer negativen Entscheidung und dem negativen Ausgang geht. Anschließend wird der Klient gebeten, sich (ebenfalls während einer Serie von Augenbewegungen) einen anderen Film vorzustellen, der genauso wie der erste beginnt, in dem jedoch die negative Entscheidung und der negative Ausgang durch eine positive Entscheidung und einen positiven Ausgang ersetzt werden. Verschiedene gut endende Szenen können bei verschiedenen Anlässen zur Repräsentation unterschiedlicher Ziele benutzt werden. Mit dem Bild von einem guten Ausgang kann der Klient eine (positive) Kognition verbinden, beispielsweise »Es lohnt sich« oder »Ich kann es schaffen«. Auch in diesem Fall fragt der Therapeut im Anschluß an die Augenbewegungen, was passiert ist, und falls nicht alle Komponenten einbezogen wurden, besteht er darauf, die Visualisation in korrigierter Form zu wiederholen. Häufig entwickkeln Klienten während dieser Übung effektive Bewältigungsstrategien wie: »Ich habe mir gesagt: ›Er ist nicht mein Freund, mir ist egal, was er sagt‹, und dann bin ich fortgegangen.«

Schließlich wird der Klient aufgefordert, noch einen dritten Film zu produzieren, der auf die gleiche Weise beginnt (Schritte 1 und 2), aber dann zu schauen, was als nächstes passiert. Allerdings wird ihm zuvor klargemacht, daß eine negative Entscheidung zwangsläufig zu einem negativen Ergebnis führt und eine positive Entscheidung zu einem positiven Ausgang. Gewöhnlich trifft der Klient spontan eine positive Entscheidung und erlebt infolgedessen einen positiven Ausgang. Trifft er jedoch eine negative Entscheidung, der ein negativer Ausgang folgt, akzeptiert der Therapeut dies und bittet ihn, den Prozeß noch einmal zu wiederholen: »Beginne noch einmal genauso, und schau, was passiert. Und denke daran: Negative Entscheidung – negativer Ausgang; positive Entscheidung – positiver Ausgang.« So gut wie sicher trifft der Klient dann beim nächsten Mal eine positive Entscheidung und sichert sich dadurch ein positives Resultat. Der Film kann anschließend mit den gleichen Anweisungen noch einmal wiederholt werden.

Der ganze Prozeß sollte mehrfach wiederholt werden, so daß eine Vielzahl ähnlicher Situationen abgedeckt wird, wobei man mit relativ harmlosen Situationen beginnen und dann allmählich zu schwierigeren Fällen übergehen sollte. Wenn es beispielsweise darum geht, ob eine Prügelei oder schlichtes Weggehen vorzuziehen ist, kann dies anhand einer Serie unterschiedlicher Situationen durchgespielt werden, in denen Gleichaltrige und Autoritätspersonen eine Rolle spielen, die den Klienten auf verschiedenartige Weisen provozieren. Außerdem kann eine Progression von augenblicklichen Schwierigkeiten zu antizipierten zukünftigen Problemsituationen aufgebaut werden, was einem Ansatz zur Vorbeugung gegen Rückfälle gleichkommt.

Die Intervention *Entscheidungen haben Folgen* hat eine ganze Anzahl von Auswirkungen. Abgesehen davon, daß sie die Beziehung zwischen Entscheidungen mit ihren Auswirkungen deutlich macht, wirkt sie auch verstärkend auf das Engagement des Klienten für eine positive Zukunft, indem sie ihm ermöglicht, nicht nur einen positiven Ausgang zu visualisieren, sondern sich auch die praktischen Schritte zu vergegenwärtigen, die zu diesem Ziel führen. Die auf diese Weise nebenbei stattfindende Sensibilisierung kann dazu führen, daß die negativen Entscheidungsmöglichkeiten dem Klienten weniger attraktiv erscheinen. Außerdem übt er auf diese Weise weiter, das durch die Intervention *Frühwarnsystem* entwickelte Gewahrsein aufrechtzuerhalten, und möglicherweise arbeitet er auch weiter an der Desensibilisierung bezüglich der kritischen Situationen. Doch kann der letzgenannte Effekt relativ gering sein, weil die situativen Auslöser vor einer Reprozessierung der Ursprungsereignisse anvisiert werden.

Die beschriebene Intervention kann bezogen auf viele Situationen und über viele Sitzungen hinweg benutzt werden. Es ist wichtig, dem Klienten gegenüber hervorzuheben, daß sich durch Übung zwar eine bestimmte Fähigkeit entwickeln läßt, daß es aber trotzdem weiterhin dem Klienten selbst überlassen bleibt, ob er die betreffende Fähigkeit auch nutzt und die erforderlichen Entscheidungen trifft. Da dieses Werkzeug einem zu reaktivem Verhalten neigenden Klienten an die Hand gegeben wird, kann es sein, daß es dem Betreffenden zumindest anfangs schwerfällt, es erfolgreich zu benutzen. Möglich ist auch, daß einige Klienten, die aufgrund dieser Übung Vertrauen entwickeln, dramatische Fortschritte erwarten und dann enttäuscht sind. Deshalb sollte vor einer übertriebenen Veränderungserwartung gewarnt werden, denn dann vermögen selbst geringfügige und sporadische Fortschritte einen positiven Impuls auszulösen.

Immunisierung gegen Provokationen

Interventionen dieser Art sind für Klienten gedacht, die besonders stark auf die Provokationen anderer reagieren und die dies als ihr spezielles Problem ansehen. Manchmal ist einem Klienten durchaus klar, daß dies ein Problem ist: »Ich hasse es, wenn andere Kinder mich provozieren. Ich werde unheimlich wütend, verliere die Kontrolle und bringe mich dadurch nur in Schwierigkeiten.« Andere sind weniger klar und glauben beispielsweise, es sei ihr gutes Recht, sich ungeachtet eventueller Konsequenzen zu wehren, wobei ihnen die Konsequenzen, wenn sie eintreten, keineswegs gefallen. (Natürlich gibt es legitime Beispiele dafür, sich zu wehren, doch sind diese seltener, als die meisten Klienten annehmen.) Deshalb muß man Klienten manchmal davon überzeugen, daß es *tatsächlich* ein Problem ist, bevor man sich mit dem Problem seiner Anfälligkeit für Provokationen beschäftigt. Dies kann mit Hilfe einer oder mehrerer der im folgenden beschriebenen kognitiven Reframings geschehen.

Wer hat die Kontrolle über dich?

Da die meisten älteren Kinder und Jugendlichen, die sich leicht provozieren lassen, das Gefühl haben, sich zu Recht zu wehren, kann die Vorstellung, daß ihr reaktives Verhalten sie zu Sklaven ihrer Feinde macht, ziemlich beunruhigend auf sie wirken. Die folgende Diskussion vermag einen Klienten innerhalb kürzester Zeit dazu zu bringen, nicht mehr auf seinem reaktiven Verhalten zu beharren und sich statt dessen zu bemühen, seine Reaktionen bewußt zu steuern.

THERAPEUT: Warum sollte denn überhaupt irgend jemand böse Dinge über deine Mutter sagen? Kennt dieser Kerl deine Mutter überhaupt?

KLIENT: Nein, er kennt sie nicht. Er hat es sich einfach nur angewöhnt, so etwas zu sagen. Er will mich einfach irgendwie auf die Palme bringen. Er glaubt, er könnte alles mit mir machen.

THERAPEUT: Nehmen wir einmal an, ich wäre irgendein Junge, der miese Laune hat. Und weil es mir nicht gefällt, mich schlecht zu fühlen, möchte ich meine Gefühle bei jemand anderem loswerden. Vielleicht fühle ich mich ja selbst besser, wenn es mir gelingt, jemand anders dazu zu bringen, sich schlecht zu fühlen. Deshalb nehme ich mir vor, irgend jemanden zur Weißglut zu bringen. Dann sehe ich dich. Bist du jemand, der sich leicht provozieren läßt?

KLIENT: Nein, nur wenn jemand meine Familie in den Dreck zu ziehen versucht.

THERAPEUT: Dann brauche ich also nur etwas Schlechtes über deine Mutter zu sagen, um dich in Raserei zu bringen?

KLIENT: Das stimmt. Das lasse ich keinem durchgehen.

THERAPEUT: Es ist also genauso, als würde man einen Knopf drücken. Ich brauche nur den richtigen Knopf zu drücken, und schon fährst du aus der Haut.

KLIENT: So könnte man es sehen.

THERAPEUT: Du kümmerst dich also um deine eigenen Angelegenheiten, und wenn dann jemand, der einen schlechten Tag hat, bei dir den richtigen Knopf drückt, platzt du vor Wut.

KLIENT: Ich kann einfach nicht dulden, daß jemand so über meine Mutter redet.

THERAPEUT: Wie hieß noch dieser Kerl, um den es gestern ging?

KLIENT: Jerry.

THERAPEUT: Genau, Jerry. Mir war nicht klar, daß du Jerry so sehr magst.

KLIENT: Wovon reden Sie da! Ich hasse ihn!

THERAPEUT: Ich bleibe dabei: Mir war nicht klar, daß du ihn so sehr magst. Gestern hast du ihm die Entscheidung überlassen, wann du wütend wirst; und du hast ihn darüber entscheiden lassen, wann du dich in Schwierigkeiten bringst.

KLIENT: Ich mag ihn überhaupt nicht.

THERAPEUT: Wie kannst du ihn dann darüber entscheiden lassen, wie du dich verhältst? Du gibst ihm ja die völlige Gewalt über dich. Er braucht nichts weiter zu tun, als den richtigen Knopf zu drücken, und du explodierst. Du scheinst regelrecht zu ihm aufzuschauen, ihn anzuhimmeln.

KLIENT: Er hat keine Gewalt über mich. *Ich* bestimme, was ich mache.

THERAPEUT: Wer entscheidet denn dann darüber, wie du dich verhältst? Irgendein Idiot, der gerade zufällig schlechte Laune hat? Oder du?

Dies kann auch mit Hilfe eines Rollenspiels herausgearbeitet werden, wobei der Therapeut den Klienten auffordert, etwas Beleidigendes zu sagen, und der Therapeut dies zunächst auf reaktive Weise und dann auch kontrollierte Weise beantwortet. Die Rollen können auch vertauscht werden. Für den Klienten ist es oft auch wichtig herauszufinden, daß diejenigen, die ihn provozieren, nur ihre eigenen Probleme ausagieren, und daß er ihre Attacken deshalb nicht auf sich persönlich zu beziehen braucht: »Sagt er das, weil du wirklich ein schlechter Mensch bist, oder nur, weil er irgendwelche negativen Gefühle hat, die er an jemand anderem auslassen möchte?«

Der Klient kann aus einer solchen Diskussion eine besonders nützliche Kognition ableiten, beispielsweise: »Ich habe selbst die Kontrolle darüber, was ich tue« oder: »Das ist nicht mein Problem.« Solche Kognitionen können sowohl in der Intervention *Entscheidungen haben Folgen* als auch in den anschließend beschriebenen Interventionen mit positiven Verhaltensalternativen kombiniert werden. Sobald dem Klienten klar ist, daß sein reaktives Verhalten ein Problem ist, können mit Hilfe der folgenden Interventionen sehr schnell Veränderungen herbeigeführt werden.

»Spieltherapie«
Dies ist im Grunde eine Imaginationsübung in Verbindung mit einer EMDR-Version der Spieltherapie. Der Klient kann mit Hilfe dieser Übung lernen, Situationen zu meistern, in denen er sich zuvor hilflos fühlte. Er wird aufgefordert, eine typische provozierende Situation zu wählen, in der er sich einem Gleichaltrigen oder einer Autoritätsperson gegenüber reaktiv verhält. Anschließend wird ihm eine Phantasiegeschichte erzählt, wie sie in einem Comic-Heft oder einem Traum vorkommt, und er wird aufgefordert, eine Lösung zu dem dargestellten Problem zu suchen. Dann wird die Sequenz bei gleichzeitiger Ausführung von Augenbewegungen als Film imaginiert, und zwar unter Einbeziehung der Provokation und der Auflösung des Problems.

THERAPEUT: Mrs. C. wird dir also sagen, daß du etwas nicht verstanden hast, und dann merkst du, daß du in Rage gerätst; du hast das Gefühl, im nächsten Augenblick zu explodieren. Nun nehmen wir einmal für einen Moment an, daß dies in einem Comic-Heft passiert und daß du der Zeichner bist, der sich diese Szene ausgedacht hat. Wie würdest du damit umgehen?

KLIENT: Ich würde sie wegradieren.

THERAPEUT: Okay, versuchen wir das doch gleich mal. Sag es ihr zuerst, und radiere sie dann weg. Bist du bereit? (Geleitet den Klienten durch eine Serie von Augenbewegungen, bis dieser durch ein Zeichen zu verstehen gibt, daß der Film vorüber ist.) Was ist passiert?

KLIENT: Genau das, was ich gesagt habe. Ich habe sie ausradiert, und dann war sie weg.

THERAPEUT: Okay, jetzt stell dir noch einmal die gleiche Situation vor. Du bist auch diesmal wieder der Zeichner. Wie könntest du mit der Sache sonst noch umgehen?

KLIENT: Ich könnte Mrs. C. in einen Käfer verwandeln und dann auf ihr herumtrampeln.

THERAPEUT: Probier das jetzt aus.

Die Prozedur kann mit vielen verschiedenen kreativen Lösungen und mit einer Vielzahl von Ziel-Bildern von unterschiedlichen provozierenden Menschen und Situationen wiederholt werden. Sie ist ein guter Einstieg zur Vorbereitung auf andere Techniken der Immunisierung gegen Provokationen, weil es bei ihrer Anwendung sehr humorvoll zugehen kann und weil durch sie gleichzeitig das Vertrauen in die Möglichkeit gestärkt wird, daß man sich gegen eine solche Provokation zur Wehr setzen kann. Manche Klienten versuchen, den Wert dieser Intervention zu schmälern, indem sie sagen, sie könnten diese Strategien im wirklichen Leben nicht benutzen. Darauf kann der Therapeut antworten: »Das macht nichts. Was wir hier machen, ist nur zum Spaß gedacht.« Dadurch wird verhindert, daß der Klient zu hohe Erwartungen entwickelt.

Mauern

Durch diese Intervention lernt der Klient, metaphorisch eine Grenze zwischen sich und dem Provokateur zu schaffen. Wie in der Intervention *Spieltherapie* wird er aufgefordert, ein typisches provozierendes Ereignis zu wählen, bei dem ein Gleichaltriger oder eine Autoritätsperson eine Rolle spielt, dem gegenüber er sich gewöhnlich sehr reaktiv verhält. In diesem Fall soll er eine Barriere visualisieren, die den Provokateur daran hindert, ihm zu nahe zu kommen. Das innere Bild von der Barriere soll sehr detailliert sein. Anschließend wird er ebenso wie bei der vorigen Übung gebeten, einen Film zu visualisieren, in dem er auf die Provokation mit dem Aufbau der Barriere reagiert. Anders ausgedrückt: Eine Bewältigungsstrategie wird verankert.

THERAPEUT: Diesmal wirst du zwischen dir und dem Provokateur eine Mauer errichten. Stell dir vor, aus welchem Material diese Mauer besteht, wie sie aussieht und wie du sie im Bruchteil einer Sekunde aufbaust.

KLIENT: Es ist eine hohe Ziegelmauer. Ich brauche nur mit den Fingern zu schnippen, und schon ist sie da.

THERAPEUT: Wir werden den Film genauso beginnen wie bei der vorigen Übung, nur baust du diesmal die Mauer auf. Können wir anfangen? Sag mir, wenn du fertig bist. (*Augenbewegungen*) Was ist passiert?

KLIENT: Ich habe die Mauer aufgebaut. Dann hat er weiter Blödsinn erzählt, aber ich konnte ihn nicht mehr hören, und es hat mir auch nichts mehr ausgemacht. Ich habe nur gelacht und bin weggegangen.

Dies kann mit verschiedenen Arten von Barrieren ausprobiert werden, nicht nur mit Mauern, sondern auch mit Türen und sogar mit Kraftfeldern. Die Intervention kann auch mit anderen provozierenden Gleichaltrigen und Autoritätspersonen und in zunehmend schwieriger werdenden Situationen wiederholt werden. Außerdem kann man sie mit der Intervention *Entscheidungen haben Konsequenzen* kombinieren, wozu der Klient einfach die Anweisung erhält, dem Film ein gutes Ende zu geben, sofern er eine positive Verhaltensentscheidung getroffen hat. In der obigen Vignette beispielsweise könnte der Klient zum Schluß sagen: »*Er* ist in Schwierigkeiten gekommen, aber ich nicht.«

Rollenmodell

Bei dieser Übung macht sich der Klient den adaptiven Umgang eines Rollenmodells mit einer Provokation zu eigen. Das Rollenmodell kann entweder mit Hilfe der im Erstgespräch gewonnenen Informationen ausgewählt oder für diese Intervention speziell gesucht werden. Die Funktion des Rollenmodells kann ein Gleichaltriger, ein Verwandter, jemand aus dem näheren Umfeld des Klienten oder eine Persönlichkeit der Popkultur übernehmen. Der Klient wird zunächst aufgefordert zu beschreiben, wie das Rollenmodell mit einer Situation dieser Art umgehen würde. (Merkwürdigerweise bewältigen Rollenmodelle Provokationen gewöhnlich durch Humor oder indem sie den Provokateur ignorieren und sich als ihm überlegen erweisen.) Anschließend wird der Klient gebeten, während einer Serie von Augenbewegungen einen imaginären Film zu visualisieren, der zeigt, wie das Rollenmodell mit der Ziel-Situation umgeht. Daraufhin wird der Klient aufgefordert, selbst zum Rollenmodell zu »werden« (so wie im folgenden Beispiel) und sich während einer Serie von Augenbewegungen vorzustellen, wie er mit der Ziel-Situation umgeht. Zum Schluß soll er die Strategie des Rollenmodells unabhängig von diesem ausprobieren, wieder in Form der Visualisierung eines Films und der Ausführung einer Serie von Augenbewegungen.

THERAPEUT: Kannst du dir jemanden vorstellen, der mit so etwas sehr gut fertig wird?
KLIENT: Mein Freund Joe.
THERAPEUT: Was macht Joe, wenn jemand anders so etwas zu ihm sagt?
KLIENT: Er lacht einfach, macht einen Witz darüber.
THERAPEUT: Machen andere ihm Schwierigkeiten, indem sie versuchen, ihn so wie dich zum Explodieren zu bringen?
KLIENT: Nein, er kommt gut mit allen aus.
THERAPEUT: Ich möchte dich bitten, dir jetzt vorzustellen, wie jemand etwas Böses zu Joe sagt und wie er damit umgeht. Sag mir Bescheid, wenn du damit fertig bist. (*Augenbewegungen*). Was ist passiert?
KLIENT: Jemand hat gesagt: »Deine Schwester ist eine häßliche Kuh«, und Joe hat dar-

auf nur geantwortet: »Läßt sie dich denn *immer noch* abblitzen?« Dann haben alle gelacht, und das war's.

THERAPEUT: Jetzt möchte ich, daß du dir *das* vorstellst: Joe ist da, und du stehst ganz in seiner Nähe, so nahe, daß du ihn atmen hören kannst. Du versetzt dich nun in ihn hinein und spürst, wie es sich anfühlt, er zu sein. Dann sagt dieser andere Kerl: »Deine Schwester ist eine häßliche Kuh.« Du befindest dich im Inneren von Joe, während er auf diese Situation reagiert. (*Augenbewegungen*) Was ist diesmal passiert?

KLIENT: Es fühlte sich ziemlich merkwürdig an, aber ich habe es geschafft. Es ist wieder das gleiche passiert.

THERAPEUT: Jetzt wiederholen wir das Ganze noch einmal, und diesmal sollst du einfach du selbst sein und versuchen, mit der Situation fertig zu werden. (*Augenbewegungen*) Wie war es *jetzt*?

KLIENT: Er hat gesagt, meine Schwester sei eine häßliche Kuh, und ich habe geantwortet: »Ja, das liegt in der Familie«, und dann habe ich ihn angemuht; alle haben gelacht, und niemand war mehr wütend.

Manchmal visualisiert der Klient in einem früheren Teil dieser Prozedur aus eigenem Antrieb, wie er die Strategie seines Rollenmodells anwendet. In diesem Fall können die restlichen Zwischenschritte ausgelassen werden. Des weiteren kann die Prozedur mit mehreren problematischen Situationen ausprobiert werden, aber das ist nicht immer notwendig. Man kann die Intervention *Rollenmodell* auch mit der Intervention *Entscheidungen haben Folgen* verbinden, indem man den Klienten auffordert, dem Film ein gutes Ende zu geben – vorausgesetzt, der Klient hat sich für eine positive Verhaltensalternative entschieden.

Die gesamte *Immunisieren gegen Provokation*-Sequenz läßt sich im allgemeinen in einer einzigen Sitzung abhandeln. Wie bereits weiter oben erwähnt, können mehrere der beschriebenen Prozeduren mit der Intervention *Entscheidungen haben Folgen* verbunden werden. Auch die Technik des Selbstgesprächs kann einbezogen werden, wenn der Klient auf nützliche Kognitionen wie »Es bringt nichts« oder »Ich habe selbst die Kontrolle über das, was ich tue« gestoßen ist. Später, bei der Anwendung der Intervention *Entscheidungen haben Folgen*, können die *Immunisierungs*-Strategien zu den Optionen für positive Verhaltensentscheidungen gerechnet werden. Häufig sind Klienten begeistert davon, diese wirksamen neuen Bewältigungsstrategien zu erlernen, und viele berichten über unmittelbare und dauerhafte Erfolge im Anschluß an eine *Immunisierungs*-Sitzung.

Die Behandlungsphase, die der Entwicklung spezifischer Fähigkeiten gewidmet ist, kann mehrere Sitzungen in Anspruch nehmen, und die Arbeit an einigen ihrer Elemente kann in späteren Sitzungen fortgesetzt werden. Wird dies dem Klienten langweilig, kann man ihn daran erinnern, daß das Erreichen seiner Ziele noch ziemlich viel harte Arbeit erfordern wird. Um den Klienten zu einer realistischen Einschätzung des Fortgangs der Arbeit anzuhalten, kann der Therapeut ihn auffordern, in jeder Sitzung über zwischenzeitliche Erfolge oder Rückschläge zu berichten und beides mit Gelassenheit aufzunehmen. Rückschläge sollten als wichtiges Feedback und als Anregung zur Korrektur verstanden und Erfolge mit Vorsicht genossen werden, weil die Gefahr erneuter Rückschläge niemals auszuschließen ist. Die Haltung des Therapeuten kann verhindern, daß der Klient zu schnell zuviel erwartet und sich dann durch die Nichterfüllung seiner Erwartungen entmutigen läßt.

Diese Bewältigungsstrategien können dem Klienten helfen, erfolgreicher und seiner Möglichkeiten sicherer zu werden, und dadurch wird auch sein für die Behandlung von Traumata so wichtiges Gefühl der eigenen Sicherheit gestärkt. Doch kann durch den übermächtigen inneren Druck das reaktive Verhalten des Klienten so verstärkt werden, daß er mit manchen Situationen auch weiterhin nicht fertig wird.

Trauma-Arbeit

EMDR kann bei der Behandlung starker Traumata und bei Verlusterfahrungen eine entscheidende Komponente innerhalb des gesamten Behandlunglungskonzepts sein; die alleinige Verbesserung der Bewältigungsfähigkeiten hingegen könnte sich bei einem außergewöhnlich starken reaktiven Verhalten als unzureichend erweisen. Doch widerstrebt es vielen Klienten, die EMDR-Arbeit auch nur an relativ geringfügigen belastenden Erinnerungen auszuprobieren. Die größten potentiellen Probleme dabei sind, daß Klienten von einem übermächtigen Affekt überwältigt und dadurch zu einem gewalttätigen oder selbstzerstörerischen Verhalten veranlaßt werden können; die Angst der Klienten vor Überwältigung durch Gefühle; sowie die Gefahr, daß ein verfrühter Versuch der Anwendung von EMDR dazu führen kann, daß sich Klienten weigern, die Arbeit fortzusetzen oder später einen erneuten Versuch damit zu wagen. Dies sind die typischen potentiellen Probleme, und zwar in besonderem Maße bei einer Population, deren Bewältigungsfähigkeiten *per definitionem* sehr begrenzt sind und die zu habituellem Ausagieren neigen. Deshalb ist es in Fällen dieser Art besonders wichtig, mit Vorsicht zu Werke zu gehen und zunächst als Basis eine solide therapeutische Beziehung aufzubauen und an der Entwicklung der Bewältigungsfähigkeiten zu arbeiten, bevor man mit der Arbeit an größeren Traumata und Verlusterfahrungen beginnt.

Das Vertrauen des Klienten wird wahrscheinlich wesentlich stärker werden, nachdem es dem Therapeuten gelungen ist, ihm den Behandlungsplan zu erläutern und diesen als Spiegelung seiner eigenen Ziele darzustellen, und nachdem der Klient durch die Arbeit mit dem Therapeuten erste Fortschritte in Richtung seiner Ziele gemacht hat. Das Bewußtsein des bereits Erreichten ist sehr wichtig, weil viele Klienten der Notwendigkeit der Traumaarbeit eher skeptisch gegenüberstehen oder weil sie diese Notwendigkeit zwar zunächst eingestehen, aber später wieder leugnen. Außerdem kann die Arbeit mit belastenden Erinnerungen beängstigend wirken. Die anfängliche Anwendung von EMDR auf relativ geringfügige belastende Erinnerungen soll es dem Klienten ermöglichen, selbst positive Erfahrungen mit EMDR zu machen, weil dies der späteren Arbeit an schwierigeren Aspekten den Weg ebnet.

Die EMDR-Behandlung einer relativ geringfügigen belastenden Erinnerung sollte am besten in Zusammenhang mit einem aktuellen Ereignis erfolgen. Nehmen wir beispielsweise an, daß der Klient wegen eines Vorfalls am Tag vor der Therapiesitzung sehr wütend auf einen Gleichaltrigen oder einen Lehrer ist. Manche Klienten haben keine Schwierigkeiten, mit dem Therapeuten über solche Vorfälle zu sprechen. Andere wissen über die Zeit zwischen zwei Sitzungen gewöhnlich nicht viel zu berichten. Diese sollte man nach den besten und schlimmsten Augenblicken fragen, die sie seit der letzten Sitzung erlebt haben. Dadurch gewöhnen sich solche Klienten daran, dem Therapeuten ihre Erlebnisse zu offenbaren, und außerdem wird ihre Fähigkeit, Gefühle zum Ausdruck zu bringen, gestärkt. Abgesehen davon liefern die positiven und negativen Gipfelpunkte der vergangenen Woche natürlich nützliches Material für die laufende Sitzung.

Ist ein relativ kurz zurückliegendes belastendes Ereignis identifiziert und beschrieben worden, kann der Therapeut den noch bestehenden negativen Affekt (z.B. Wut) als aktuelles Problem rahmen, insoweit das Risiko einer Überreaktion beim späteren erneuten Kontakt mit der gleichen Person erhöht ist. Außerdem kann der Therapeut an die vorangegangenen Erläuterungen über den Aufbau von Streß anknüpfen und noch einmal darauf hinweisen, daß das Risiko, die Kontrolle zu verlieren, mit steigendem Streßniveau höher wird. Im Anschluß daran fragt der Therapeut den Klienten, ob er bereit ist zu dem Versuch, während der EMDR-Arbeit an diesen Vorfall zu denken, auch auf die Gefahr hin, daß er dann eine Zeitlang sehr intensive Gefühle erleben könnte. Detaillierte Informationen über EMDR zu geben ist in dieser Situation möglicherweise noch nicht notwendig, weil das Risiko des Auftauchens anderer belastender Erinnerungen zu diesem Zeitpunkt noch nicht sehr groß ist und weil der Klient die Augenbewegungen bereits kennengelernt hat.

Häufig weigern sich Klienten, auch nur an relativ unbedeutenden Ereignissen mit EMDR zu arbeiten, weil sie Angst haben, durch die Reaktivierung solcher Situationen noch stärker in Rage zu kommen und dann möglicherweise auszuagieren. Über solche Ängste sollte vor Beginn der EMDR-Arbeit ausdrücklich gesprochen werden. Nachdem der Therapeut sich von den Besorgnissen des Klienten ein Bild gemacht hat, kann er über seine Erfahrung mit anderen, ähnlichen Fällen berichten, in denen sich Klienten nach einer solchen Arbeit im allgemeinen ruhiger fühlten, und er kann dem Klienten versprechen, daß er den Therapieraum in jedem Fall erst zu verlassen braucht, wenn er sich wieder so weit beruhigt hat, daß er gefahrlos in seine vertraute Umgebung zurückkehren kann, »auch wenn wir bis Mitternacht hier bleiben müssen«. Des weiteren sollte der Klient darüber informiert werden, daß er seine Entscheidung für die EMDR-Arbeit zu jedem beliebigen Zeitpunkt revidieren kann, falls diese ihm zu schwierig wird. Glücklicherweise verstehen die meisten Klienten diese letztere Aussage als eine Herausforderung, die ihre Bereitschaft eher erhöht, nach einem ausgiebigen Gespräch über ihre Bedenken bezüglich der Sicherheit einen Versuch mit EMDR zu wagen.

Wird über die Möglichkeit, mit EMDR an einer spezifischen Erinnerung zu arbeiten, in einer Sitzung zwar gesprochen, ohne daß dies auch tatsächlich geschieht, sollte diese Erinnerung vor Abschluß der Sitzung in einen zuvor visualisierten »Behälter« befördert werden, und dem sollte eine Entspannungsübung wie z. B. Tiefenatmung folgen. Durch diese Vorsichtsmaßnahme wird das Risiko verringert, das der Klient bereits durch das bloße Sprechen über die Erinnerung eingegangen ist. Außerdem fungiert der gesamte Vorgang als Referenzerfahrung dafür, daß er in der Lage ist, eine Erinnerung in einer Sitzung zu reaktivieren und die Sitzung trotzdem in guter Verfassung zu verlassen.

THERAPEUT: Ich möchte, daß du dir jetzt einen Behälter vorstellst, in dem du diese Erinnerung so lange aufbewahren kannst, bis du sie wieder brauchst. Siehst du solch einen Behälter vor sich?

KLIENT: Ja, einen Stahl-Safe.

THERAPEUT: Dann möchte ich dich jetzt bitten, dir vorzustellen, daß du die gesamte Erinnerung in diesen Safe legst. Wenn sie wirklich ganz darin ist, kannst du es mir sagen. Bist du bereit? (*Augenbewegungen*) Ist jetzt alles darin?

Die EMDR-Prozedur für ein belastendes Erlebnis aus neuester Zeit ist in diesem Kontext ziemlich einfach. Nachdem der SUD-Wert des belastendsten Bildes festgestellt wurde, wird der betreffende Vorfall (begleitet von Augenbewegungen) in Filmform von Anfang bis Ende verarbeitet, wobei nur nötigenfalls auf besonders belastende Augenblicke fokussiert wird. Es ist wichtig, die Arbeit in dieser wichtigen Behandlungsphase in Gang zu halten, damit der Prozeß zum Abschluß gebracht und möglichst schnell eine Besserung herbeigeführt wird. Außerdem ist dieser Zeitpunkt für die Suche nach ursächlichen Erinnerungen nicht geeignet. Der Hauptgrund für die Anwendung von EMDR auf aktuelle Erlebnisse besteht darin, den Klienten auf eine sichere, begrenzte und positive Weise mit der Traumaarbeit bekannt zu machen. Meist wird dadurch der auf eine Belastung hinweisende SUD-Wert neutralisiert, und der Klient entwickelt spontan eine nützliche Kognition. Nach der EMDR-Arbeit an einem aktuellen Vorfall ist es oft von Nutzen, die Intervention *Entscheidungen haben Folgen* (oder gegebenenfalls *Immunisierung gegen Provokation*) anzuwenden, um den effektiven Umgang mit einem ähnlich gearteten Ereignis zu üben.

Diese selektive Anwendung von EMDR auf aktuelle belastende Erlebnisse kann einmal oder im Laufe von mehreren aufeinanderfolgenden Sitzungen mehrmals angewandt werden. Zwar mögen die Resultate dieser Arbeit nicht besonders tiefgreifend oder dauerhaft sein, doch tragen solche Erfahrungen sehr zur Stärkung des Vertrauens in den Therapeuten bei, und sie kommen seiner Fähigkeit, sich mit schwierigem Material auseinanderzusetzen und daran zu arbeiten, zugute. Die durch das Reprozessieren weniger stark belastender Ereignisse erlangten Einsichten können dem Klienten zu erkennen helfen, daß er habituell überreagiert, und nachdem er dies erkannt hat, werden ihm die Erklärungen des Therapeuten hinsichtlich des Aufbaus von Streß einleuchtender erscheinen. Letztlich dienen diese Erfahrungen mit der Methode als Vorbereitung für die Anwendung von EMDR auf die Grunderinnerungen durch die das reaktive Verhalten entstanden ist.

Die Anwendung von EMDR bei schwereren Traumata und bei Verlusterfahrungen kann bei dieser Population (Jugendlichen mit Störungen des Sozialverhaltens) sehr effektiv sein, und zu ihrer Behandlung braucht das EMDR-Protokoll für die Behandlung Erwachsener nur leicht modifiziert zu werden. Beispielsweise sollte der Therapeut abweichend von jenem Protokoll nicht so sehr auf der Entwicklung einer negativen und einer positiven Kognition beharren, denn es könnte den Klienten frustrieren, wenn er merkt, daß er solche Kognitionen nicht mühelos formulieren kann. Normalerweise entstehen solche Kognitionen während der Verarbeitung ohnehin von selbst.

Kognitionen im EMDR-Protokoll

Kognitionen werden als ein unverzichtbarer Bestandteil des EMDR-Standard-protokolls für Erwachsene angesehen. Das ursprünglich (am Anfang) anvisier-te belastende Bild beinhaltet eine negative Kognition bzw. eine den Klienten selbst betreffende negative Überzeugung, von deren augenblicklicher Zutref-fendheit er überzeugt ist, beispielsweise: »Es war meine Schuld« oder: »Ich bin nicht in Sicherheit.« Der Klient wird dem Standardprotokoll gemäß außerdem gebeten, eine positive Kognition zu formulieren, eine Aussage, von der er sich wünscht, daß sie auf ihn zuträfe, beispielsweise: »Ich habe das Beste getan, was ich tun konnte« oder: »Ich bin jetzt in Sicherheit.« Die negative Kognition wird zu einem Bestandteil des zwecks Reprozessierung anvisierten Bildes; hin-gegen wird die positive Kognition zu einem Bestandteil der durch Adaptation des verarbeiteten Materials enstehenden Perspektive, die der Klient anstrebt. Es kann sehr nützlich sein, diese Kognitionen bei der Arbeit mit Jugendlichen einzubeziehen, sofern der Prozeß, sie zu identifizieren, nicht als zu verwirrend und zu frustrierend erlebt wird.

Der Therapeut sollte den Zustand des Klienten sehr genau im Auge behalten und nicht den Fehler machen, zu früh an einem gravierenden Trauma mit EMDR zu arbeiten. Manche Klienten erklären von sich aus, sie seien bereit, sich sofort mit ih-ren problematischsten Erinnerungen auseinanderzusetzen. Die üblichen Verfahren zur Sicherstellung dessen, daß sich der Klient über die potentiellen Auswirkungen der Behandlung im klaren ist, haben nicht immer die eigentlich beabsichtigte Sicher-heitswirkung, weil Klienten ihre Fähigkeit, mit schwierigen Erfahrungen fertig zu werden, oft überschätzen. Deshalb sollten Therapeuten sich zum Besten eines Kli-enten Beschränkungen im Einsatz von EMDR auferlegen, wenn der Betreffende of-fensichtlich oder auch nur vermutlich ein schlechtes Urteilsvermögen hat, wenn die Streßtoleranz, die er gezeigt hat, bisher nicht besonders groß war und wenn es aus die-sen und anderen Gründen als unwahrscheinlich angesehen werden kann, daß er ei-ne möglicherweise sehr belastend wirkende EMDR-Sitzung erfolgreich durchstehen wird.

Andererseits haben Therapeut und Klient manchmal mehr oder weniger über-einstimmende Ansichten über die potentiell positiven Auswirkungen von EMDR auf die Traumaarbeit, doch obgleich der Therapeut selbst an die Chancen des Klienten, die Traumaarbeit erfolgreich zum Abschluß zu bringen, glaubt, widersetzt sich der

Klient selbst einer EMDR-Behandlung weiterhin. Insbesondere dann, wenn die für die Behandlung verfügbare Zeit von vornherein begrenzt ist, muß der Therapeut seine Kreativität mobilisieren, um Möglichkeiten zu finden, wie er den Klienten dazu ermutigen kann, diese wichtige Arbeit, die sein Leben verändern könnte, fortzusetzen, statt diese Chance ungenutzt verstreichen zu lassen. Bei der Überwindung dieses Widerstandes kann man Klienten auf viele verschiedene Weisen helfen. Der Therapeut kann ihn auffordern, ihm einfach einmal versuchsweise Vertrauen zu schenken. Er kann den Klienten auch provozieren, indem er sich im Sinne einer paradoxen Intervention weigert, die Behandlung durchzuführen – beispielsweise mit der Begründung, diese sei für den Klienten zu schwierig. Auch Anreize (bzw. Belohnungen) können sehr positiv wirken. Hierzu kann eine vom Klienten sehr geschätzte Aktivität oder ein Geschenk dienen, die ihm in Aussicht gestellt werden für den Fall, daß es ihm gelingt, eine Sitzung zur Zufriedenheit des Therapeuten abzuschließen. Ich habe mit einigen skeptischen Klienten sogar Wetten abgeschlossen: »Wenn du das eine Stunde lang versuchst und dich dann besser fühlst, besteht deine Prämie darin, daß du dich besser fühlst. Fühlst du dich nach einstündigem Ausprobieren *nicht* besser, spendiere ich dir einen Hamburger. Wenn es dir *nicht* gelingt, dir eine volle Stunde lang wirklich Mühe zu geben, gilt die Wette nicht mehr.« Natürlich muß man solch eine Strategie äußerst vorsichtig einsetzen, da die Gefahr einer Umkehrung der Wirkung des Anreizes besteht.

Zum Abschluß

Dieser Ansatz zur Einzelbehandlung von Jugendlichen, die zum Ausagieren neigen, sollte auf flexible Weise und nötigenfalls auch unter Einbeziehung anderer Interventionen angewandt werden. Im Idealfall sollte diese Behandlung mit anderen Bemühungen bezüglich des Klienten koordiniert werden, etwa durch Einbeziehung eines Programms zur Verhaltensveränderung, einer Gruppenbehandlung, einer Familienbehandlung und durch Vermittlung von Ausbildungsplätzen oder Arbeitsstellen. Nicht zuletzt sollte versucht werden, das Sicherheitsgefühl des Jugendlichen in seiner alltäglichen Umgebung zu verstärken und ihm ebendort Gelegenheit zum Erleben von Erfolgen zu geben. Die generelle Traumaorientierung kann Auswahl und Reihenfolge von Interventionen im Rahmen eines multidimensionalen Ansatzes zur Behandlung von Jugendlichen selbst bei Problemen wie Störungen des Sozialverhaltens, die normalerweise nicht als traumabedingt verstanden werden, effektiv steuern.

Weil EMDR bei der Auflösung von Traumata so gute Dienste leistet und auch andere Prozesse wie die des Visualisierens und des Lernens zu optimieren vermag, kann diese Methode bei der individuellen Behandlung von Jugendlichen, die unter einer Störung des Sozialverhaltens leiden, eine zentrale Rolle spielen.

TEIL II

Das technische Repertoire

4

EMDR: Ein Überblick über das Standardprotokoll

DIE WIRKSAME ANWENDUNG VON EMDR bei der Therapie von Kindern setzt ausreichende Kenntnisse sowohl in der therapeutischen Behandlung von Kindern als auch im Umgang mit EMDR voraus. Es folgt ein kurzer Überblick über die Grundlagen der EMDR-Theorie und über das EMDR-Standardprotokoll, so wie es bei der Arbeit mit Erwachsenen angewandt wird. Das vorliegende Kapitel enthält Material aus Francine Shapiros Buch *EMDR - Grundlagen und Praxis* (1998), ergänzt um Kommentare und Beispiele. Falls Sie an ausführlicheren Informationen interessiert sind, empfehle ich Ihnen das genannte Original und ein formelles EMDR-Training unter Supervision. Eine gründliche Kenntnis dieses Materials ist unverzichtbar für die Anwendung von EMDR bei Kindern.

Die Theorie der beschleunigten Informationsverarbeitung

Um die durch EMDR verursachten Wirkungen zu erklären, formulierte Francine Shapiro (1998) die Theorie der beschleunigten Informationsverarbeitung, die sich in etwa mit den existierenden Theorien der Traumaverarbeitung in Übereinstimmung befindet. Dieser Sichtweise zufolge sind Menschen in der Lage, emotionale Verletzungen auf ebenso natürliche Weise zu heilen wie körperliche Verletzungen. Dieser Heilungsprozeß beinhaltet die fortschreitende Integration belastender Erinnerungsaspekte durch Aktivitäten wie Sprechen, Denken, Fühlen und Träumen bis zur völligen Durcharbeitung (Verstoffwechslung, Verdauung) der betreffenden Erinnerung. Sie wird auf diese Weise neutralisiert und ist fortan eine normale Erinnerung wie alle anderen auch. Verarbeitete Erinnerungen bilden die Grundlage für das Wachsen und Reifen eines Menschen.

Hat ein Erlebnis jedoch eine so starke Wirkung auf das gesamte System, daß dieses in einen Schockzustand versetzt wird, kann der Heilungsprozeß blockiert werden, so daß die Integration der belastenden Information ausbleibt. Die betreffende Erinnerung wird dann in unverarbeiteter Form gespeichert, und ihre belastenden Aspekte können sich in Form posttraumatischer Symptome manifestieren, welche durch aktuelle Stimuli aktiviert werden können. Auf diese Weise kann eine traumatische Erinnerung unbegrenzt lange belastend wirken. Um dies zu unterbinden, muß die betreffende Erinnerung wieder zugänglich gemacht und bis zur vollständigen Integration durchgearbeitet werden – das heißt, so lange, bis der natürliche Heilungsprozeß wieder in Gang kommt und zum Abschluß gelangt (Shapiro 1995).

Die Rolle von EMDR besteht darin, dem Klienten zu helfen, den Zugang zu einer solchen Erinnerung wieder zu erschließen und sie aus ihrer isolierten, zustandsspezifischen Form in eine neutrale und integrierte Form zu überprüfen. Dies ist ein zentrales Ziel vieler therapeutischer Ansätze zur Überwindung von Traumata. EMDR unterscheidet sich von anderen Ansätzen der Traumatherapie jedoch durch die beschleunigte Informationsverarbeitung, die den natürlichen Heilungsprozeß offenbar auf eine sehr kurze Zeitspanne zusammendrängt.

Zur vollständigen Reprozessierung (Verarbeitung) einer Erinnerung reicht es möglicherweise nicht aus, nur ihr hervorstechendstes Merkmal oder ihren belastendsten Aspekt anzuvisieren. Eine maximale Wirkung läßt sich oft nur durch die zusätzliche Arbeit an weiteren Aspekten derselben erzielen, beispielsweise der mit ihr verbundenen inneren Bilder, Gedanken, Gefühle und Körperempfindungen. Dies ist deshalb wichtig, weil Aspekte des Traumas in zustandsspezifischen Formen gespeichert sein können, die durch einen scheinbar unklaren Teil der Erinnerung repräsentiert werden. Außerdem sind Erinnerungen nie völlig isoliert und für sich stehend, sondern gewöhnlich durch zahlreiche Assoziationsketten miteinander verbunden. Zur Erzielung einer maximalen Wirkung müssen deshalb möglicherweise auch andere, thematisch verwandte Erinnerungen verarbeitet werden. Weiterhin können zu späteren Zeitpunkten andere Stimuli oder Erfahrungen mit der betreffenden Erinnerung assoziiert worden sein, die ebenfalls mit Hilfe von EMDR verarbeitet werden müssen.

Grundkomponenten von EMDR

Das EMDR-Protokoll dient dazu, den Zugang zu allen Elementen einer traumatischen Erinnerung, die auf die oben beschriebene, pathologisch wirkende Weise gespeichert sind, sowie deren Verarbeitung zu ermöglichen. Das Protokoll umfaßt eine Anzahl von Werkzeugen, die das Fokussieren auf die Erinnerung erleichtern, ihre Verarbeitung fördern und die Registrierung der erzielten Fortschritte ermöglichen.

Der Therapeut muß die Gefühle des Klienten während des Prozesses genau registrieren, und er darf den Klienten nicht frustrieren und ihm nicht das Gefühl vermitteln, er sei unzulänglich, weil er nicht die »richtigen« Antworten gibt. Diese Gefahr kann durch die Verwendung allgemeinverständlicher Sprache statt Fachjargons, durch das Übernehmen der Verantwortung für etwaige Mißverständnisse (»Ich glaube, ich habe das nicht richtig erklärt«) und durch flexibles und akzeptierendes Aufnehmen selbst falscher Antworten minimiert werden. Es kann auch nützlich sein, konkrete Beispiele anzuführen, um dem Klienten deutlich zu machen, um welche Art von Informationen es geht. Beispielsweise kann der Therapeut, wenn er den Klienten um eine Selbstbeurteilung gebeten hat und dieser ihm statt dessen über ein Gefühl berichtet, darauf wie folgt reagieren:

THERAPEUT: Wenn du dir diese Erinnerung vor Augen führst, was denkst du dann in diesem Augenblick über dich selbst?
KLIENT: Daß ich traurig bin.
THERAPEUT: Oh, du bist mir schon einen Schritt voraus. Danach, was du dabei fühlst, wollte ich dich auch noch fragen. Wenn du dir die Erinnerung vorstellst und dazu das traurige Gefühl, was glaubst du dann über dich selbst?

KLIENT: Wie meinen Sie das?

THERAPEUT: Ich weiß, daß es mir nicht leichtfällt, das besonders gut zu erklären. Schau dir diese Liste [von Glaubenssätzen bezüglich der eigenen Person] an. Hast du das Gefühl, daß eine dieser Aussagen zu der Erinnerung paßt?

Bildliche Vorstellung

Der Klient wird aufgefordert, ein Bild zu wählen, das den entscheidenden Augenblick der erinnerten Szene wiedergibt, vielleicht das belastendste oder intrusivste Bild oder dasjenige, das die negative Wirkung des Ereignisses auf den Klienten am besten einfängt. Der Therapeut kann zu diesem Zweck sagen: »Gibt es ein Bild, das dir besonders ins Auge springt? Welcher Teil der Erinnerung macht dir jetzt, wo du daran denkst, am meisten zu schaffen?« Falls dies nicht reicht, um das gewünschte Bild zu reaktivieren, kann der Therapeut fortfahren: »Wenn dies ein Film wäre und du bräuchstest ein Bild für das Filmplakat, auf dem zum Ausdruck käme, wie unangenehm die ganze Geschichte für dich ist, welches Bild würdest du dann wählen? Was würdest du auf dem Plakat abbilden?«

Negative Kognition

Der Klient wird aufgefordert, die negative Selbstaussage oder Überzeugung zu beschreiben, die für ihn mit der Erinnerung verbunden ist. Ebenso wie die übrigen Elemente der Erinnerung ist auch diese möglicherweise nicht objektiv zutreffend oder allgemein repräsentativ, innerhalb der Erinnerung in ihrer zustandsspezifischen Form jedoch von herausragender Bedeutung. Diese negative Kognition sollte eine Interpretation der eigenen Rezeption des Geschehens sein, keine bloße Beschreibung des Ereignisses. Beispielsweise könnte der Satz »Ich war hilflos« das Vorgefallene akkurat beschreiben, doch geht es hier eher um eine Interpretation wie »Ich bin ein hilfloser Mensch« oder wie auch immer sonst der Klient sich im Hinblick auf das Erlebnis sieht. Häufig erwähnte negative Kognitionen sind beispielsweise: »Ich bin ein schlechter Mensch« und: »Es war meine Schuld.« Derartige Überzeugungen bleiben nach einem Trauma häufig weiter bestehen, und sie bewirken, daß das Leben des Klienten von Apathie, Selbstbeschuldigungen und anderen beeinträchtigenden Einstellungen geprägt wird. Man kann dem Klienten eine Liste häufig genannter negativer Kognitionen vorlegen, um ihm einen Eindruck davon zu vermitteln, wie potentiell nützliche Reaktionen aussehen könnten.

Eine negative Kognition zu nennen fällt Klienten gewöhnlich besonders schwer, weil sie oft gar nicht begreifen, wovon der Therapeut überhaupt redet. In diesem Falle kann es nützlich sein, wenn der Therapeut den Klienten nach der Identifikation des Ziel-Bildes fragt: »Welche Vorstellung von dir selbst weckt dieses Bild in dir?« oder: »Wenn du dir dieses Bild vorstellst, was kommt dir dann in diesem Moment über dich selbst in den Sinn?« Antwortet der Klient daraufhin etwas, das nicht den formellen Erfordernissen einer negativen Kognition entspricht, kann der Therapeut die Aussage umformulieren. Er muß dabei jedoch sehr vorsichtig vorgehen, denn er darf dem Klienten in keinem Fall etwas in den Mund legen, das dieser gar nicht gesagt hat. Aus diesem Grund empfiehlt es sich im allgemeinen, auf neutrale Weise verschiedene Alternativen anzubieten.

THERAPEUT: Was glaubst du dabei über dich selbst?
KLIENT: Ich fühle mich einsam.
THERAPEUT: Empfindest du den Satz »Ich bin allein auf der Welt« oder den Satz »Ich bin es nicht wert, daß andere sich um mich kümmern« als auf deine Situation zutreffend, oder eher etwas anderes?
KLIENT: Ja.
THERAPEUT: Erscheint dir einer davon als besonders passend zu dem Bild, oder kannst du dir noch etwas Besseres vorstellen?
KLIENT: Ich kann auf niemanden zählen. Niemand hilft mir.
THERAPEUT: Und weshalb glaubst du das?
KLIENT: Ich bin nicht wichtig genug. Ich bin ein Niemand.

Positive Kognition

Der Klient wird aufgefordert, eine positivere, der Adaptation des Geschehenen förderlichere Selbstaussage zu wählen, selbst wenn er diese vor der Verarbeitung nicht als völlig zutreffend empfindet. Auch diese Aussage sollte nicht rein deskriptiv sein – beispielsweise wäre ein Satz wie »Ich wünschte, es wäre nie passiert« in diesem Fall nicht von Nutzen – sondern interpretativ (erklärend). Häufig vorkommende positive Kognitionen sind unter anderem: »Es ist vorbei«, »Ich bin ein guter Mensch«, »Ich bin jetzt in Sicherheit« und: »Ich kann für mich selbst sorgen.« Die positive Kognition repräsentiert eine Formulierung des Behandlungsziels: wie der Klient sich danach gern sehen würde. Der Therapeut kann den Klienten zur Formulierung der positiven Kognition veranlassen, indem er sagt: »Was würdest du gern über dich selbst denken, wenn du dich das nächste Mal an dieses Ereignis erinnerst?« oder: »Was würdest du statt dessen [statt der negativen Kognition] in bezug auf dich selbst lieber glauben?«

Validity of Cognition (VoC-Skala) – Zutreffendheit der Kognition

Der Klient wird aufgefordert, die positive Kognition auf einer von 1 bis 7 reichenden Skala zu beurteilen, wobei 1 für völlig unzutreffend und 7 für völlig zutreffend steht. Die Bewertung sollte die »empfundene Wahrheit« beinhalten, also nicht das, was der Klient intellektuell zwar weiß, aber nicht richtig glaubt. Die VoC-Bewertung ermöglicht es sowohl dem Therapeuten als auch dem Klienten, sich während und nach der EMDR-Sitzung über eventuelle Fortschritte Rechenschaft zu geben. Der Therapeut kann fragen: »Nehmen wir an, daß auf einer Skala, die von 1 bis 7 reicht, die 7 für ›völlig zutreffend‹ und die 1 für ›völlig unzutreffend‹, also gelogen, steht. Sprich [die positive Kognition] nun noch einmal, und sage mir, als wie wahr du sie, gemessen mit Hilfe dieser von 1 bis 7 reichenden Skala, empfindest – wie wahr sie sich in deinem Bauch anfühlt.«

Emotion

Der Klient wird aufgefordert, über seine momentane affektive Reaktion auf das gewählte Erinnerungsbild zu berichten. Dabei muß er auf die Emotion selbst fokussieren, nicht auf eine Umformulierung einer anderen Komponente der Erinnerung. »Ich habe das Gefühl, daß ich dämlich gewesen bin« sollte entweder in eine negative Kognition wie »Ich bin dumm« umgewandelt werden oder in eine Emotion wie »Ich schäme mich«. Häufig auftretende Emotionen sind unter anderem Angst, Wut und Traurigkeit. Die Emotion wird elizitiert mit der Frage: »Welches Gefühl ist mit diesem Bild [dem Bild von der Erinnerung] verbunden? Welche Reaktion ruft es im Augenblick bei dir hervor?«

Subjektive Units of Disturbance (SUD-Skala) – Subjektives Belastungsniveau

Der Klient wird aufgefordert, die augenblickliche Intensität der negativen Emotion auf einer Skala von 0 bis 10 zu bewerten, wobei 0 für keine Belastung und 10 für das Höchstmaß an Belastung steht. Die SUD-Skala ermöglicht es sowohl dem Therapeuten als auch dem Klienten, sich während und nach der EMDR-Sitzung über etwaige Fortschritte Rechenschaft zu geben. Zu bedenken ist, daß der SUD-Wert steigen und fallen kann, während der Klient die Erinnerung durcharbeitet und verschiedene Emotionen auftauchen. Zur Feststellung des SUD-Wertes fragt der Therapeut: »Wie stark ist das Gefühl, gemessen auf einer Skala von 0 bis 10, wobei 10 das schlimmstmögliche Gefühl und 0 ein völlig neutrales Gefühl anzeigt?«

Auch wenn der Klient gerade selbst eine spezifische Emotion wie Angst oder Wut genannt hat, sollte der Therapeut den Namen der genannten Emotion nicht wiederholen, wenn er den Klienten zur Nennung des SUD-Werts auffordert, weil das negative Gefühl des Klienten möglicherweise aus mehreren Emotionen gleichzeitig besteht, von denen der Klient nur eine genannt hat. Am besten ist deshalb, einfach danach zu fragen, wie stark das negative Gefühl ist, ohne es beim Namen zu nennen.

Körperempfindung

Der Klient wird angewiesen, jede Körperempfindung zu lokalisieren, die durch seine augenblickliche Reaktion auf die Reaktivierung der traumatischen Erinnerung zutage treten mag. Solche Empfindungen werden als Bestandteile der Erinnerung angesehen, da zustandsspezifische Aspekte der Erinnerung im Körper gespeichert sein können. Häufig wird über physische Empfindungen wie lokale Spannungen, Übelkeit und Müdigkeit berichtet. Ebenso wie der VoC- und der SUD-Wert werden auch die auftretenden Körperempfindungen zur Messung der während und nach der Sitzung auftretenden Fortschritte im Verarbeitungsprozeß benutzt. Da es oft, wenn auch nicht immer, erhebliche Überschneidungen zwischen diesen drei Indikatoren gibt, ist es wichtig, sie alle drei zu ermitteln. Um Informationen über aufgetretene Körperempfindungen zu erhalten, fragt der Therapeut: »Wo spürst du [die Emotion] in deinem Körper?«

Augenbewegungen

Schnelle bilaterale Augenbewegungen werden zur Kontaktierung, Verarbeitung und Integration der Ziel-Erinnerung benutzt. Der Therapeut induziert die Augenbewegungen, indem er den Klienten auffordert, den Bewegungen seiner Finger zu folgen (oder den Bewegungen eines anderen Objekts, beispielsweise eines Stifts oder eines Zeigestabs). Dies geschieht gewöhnlich in einer Geschwindigkeit von einer Hinundherbewegung pro Sekunde, insgesamt zwanzig bis dreißig Bewegungszyklen pro Serie, wobei sich die Zeigehand in einem Abstand von etwa 70 cm vom Gesicht des Klienten entfernt bewegt, wobei hinsichtlich der Geschwindigkeit, des Abstandes vom Gesicht, der Bewegungsrichtung und der Dauer der einzelnen Serien eine beträchtliche Variationsbreite besteht. Auch andere Arten alternierender Stimulation (z.B. mit Hilfe von Klängen oder Berührungen) können zur Anwendung kommen, falls Augenbewegungen als ungeeignet erscheinen. Generell sollten die Augenbewegungen oder die anderen Arten alternierender Stimulation so lange fortgesetzt werden, bis der Klient einen bestimmten Teil der betreffenden Erinnerung durchgearbeitet und eine neue Verständnisebene erreicht hat. Zunächst bestimmt der Therapeut den Punkt, an dem die Augenbewegungen unterbrochen werden, durch Beobachtung der Körpersprache des Klienten; später entwickelt der Klient oft selbst ein Gefühl für den richtigen Zeitpunkt zur Unterbrechung der Stimulation.

Die Rolle der Augenbewegungen oder anderer Arten alternierender Stimulation ist noch nicht völlig klar, und es gibt sogar Kontroversen darüber, ob ein solcher Stimulus bei der EMDR-Arbeit wirklich unverzichtbar ist. Bis zum Beweis des Gegenteils sollte die Einbeziehung alternierender Stimulation jedoch als unverzichtbar angesehen werden, denn sie spielt in der Mehrzahl der Studien über die Effektivität von EMDR eine wichtige Rolle. Aus ähnlichen Gründen sollten die Augenbewegungen grundsätzlich den genannten Alternativen vorgezogen werden, wobei zu erwähnen ist, daß es unter Klinikern diesbezüglich Meinungsverschiedenheiten gibt. In diesem Buch benutze ich den Begriff *Augenbewegungen* zur Bezeichnung *jeder* Art von Stimulation, sofern nicht ausdrücklich etwas anderes erwähnt wird.

Das EMDR-Protokoll: Die acht Behandlungsphasen

Francine Shapiro (1998) hat das EMDR-Grundprotokoll wie folgt zusammengefaßt:

> Die EMDR-Behandlung besteht aus acht Phasen, die alle unverzichtbar sind. In wie vielen Sitzungen an jeder einzelnen Phase gearbeitet werden muß und wie viele Phasen jeweils in einer Sitzung bearbeitet werden können, ist sehr unterschiedlich. ... Die erste Phase ist der Anamnese gewidmet. In ihr lernt die Therapeutin die Vorgeschichte des Klienten kennen und entwickelt einen Behandlungsplan. Darauf folgt die Vorbereitungsphase, in welcher sie dem Klienten die EMDR-Behandlungsmethoden und die Theorie, die EMDR zugrunde liegt, erläutert, sich ein Bild davon macht, was sich der Klient von der Behandlung

verspricht, und ihn darauf vorbereitet, daß zwischen den einzelnen Sitzungen Störungen auftreten können. In der dritten Phase, der Bewertungsphase, wird ein Ziel festgelegt und unter Verwendung der SUD- und der VoC-Skala eine Ausgangsposition ermittelt. Die vierte Phase, die der Desensibilisierung (und erneuten Verarbeitung beziehungsweise Reprozessierung), beschäftigt sich mit den belastenden Emotionen des Klienten. Die fünfte, die Verankerungsphase, konzentriert sich auf die kognitive Restrukturierung. In der sechsten Phase, der Körpertest-Phase (*body scan*), wird festgestellt, ob noch Spannungen im Körper verblieben sind, und wenn ja, wird an deren Auflösung gearbeitet. In der dann folgenden Abschlußphase wird der Klient auf die Zwischenzeit bis zur nächsten Sitzung vorbereitet, wozu ihm vermittelt wird, wie er ein gewisses inneres Gleichgewicht aufrechterhalten kann. Die achte und letzte Phase ist die der Überprüfung (*re-evaluation*).

Obgleich sich jede Phase auf andere Aspekte der Behandlung konzentriert, sollten wir uns vergegenwärtigen, daß die jeweilige Wirkung der einzelnen Phasen – eine Steigerung des Vertrauens in die eigenen Fähigkeiten (*self-efficacy*), die Desensibilisierung des negativen Affekts, die Beseitigung von körperlichen Spannungszuständen und die kognitive Restrukturierung – eintritt, wenn die dysfunktionale Information verarbeitet worden ist. (Shapiro 1998, S. 102-103)

Phase 1: Anamnese und Entwicklung eines Behandlungsplans

In dieser Phase geht es um Informationen über die grundlegende Lebenssituation des Klienten und deren Beurteilung. Dabei muß unter anderem festgestellt werden, ob irgendwelche Faktoren gegen eine EMDR-Behandlung sprechen, beispielsweise körperlich bedingte beschränkte Belastungsfähigkeit, emotionale Instabilität (die Wahrscheinlichkeit eines Ausagierens unter Streß) und andere Risikofaktoren. Wenn die Durchführung einer EMDR-Behandlung aufgrund dieser Untersuchung als zweckdienlich erscheint, wird damit begonnen, ein umfassenderes Bild von der klinischen Situation zu gewinnen. Dazu gehören die Feststellung der Parameter des Problems, die Traumageschichte und andere Informationen, die zur Formulierung eines geeigneten Behandlungsplans und zur Identifikation möglicher Ziele für die Verarbeitung erforderlich sind.

Phase 2: Vorbereitung

In dieser Phase wird die EMDR-Arbeit einschließlich ihrer eventuellen Auswirkungen erläutert. Abgesehen von einer umfassenden Information des Klienten wird ausführlich über potentiell hinderliche Aspekte wie Ängste und das Phänomen des sekundären Krankheitsgewinns gesprochen. Außerdem muß in dieser Phase festgestellt werden, ob der Klient in der Lage ist, effektiv mit einem hohen Maß an Streß fertig zu werden, und es können auch Entspannungsübungen und andere Fähigkeiten zur Selbstberuhigung vermittelt werden.

Phase 3: Bewertung

In dieser Phase findet eine detaillierte Bewertung der anvisierten Erinnerung statt, und zwar (in der angegebenen Reihenfolge) des gewählten Bildes, der negativen Kognition, der positiven Kognition und des damit verbundenen VoC-Wertes, der Emotion und des SUD-Wertes und der begleitenden körperlichen Empfindung. Dadurch ergibt sich eine Grundlinie (als Ausgangspunkt) für die Messung der Reaktion des Klienten auf die Erinnerung, wenn er auf die Erinnerung fokussiert, die verarbeitet werden soll.

Phase 4: Desensibilisierung

In dieser Phase werden die Augenbewegungen mit der Konzentration auf die anvisierte Erinnerung verbunden, während der Klient die verschiedenen Aspekte derselben – oft in progressiver Weise – durcharbeitet. Vor Beginn der ersten Serie von Augenbewegungen wird der Klient aufgefordert, sich auf die verschiedenen in der vorigen Phase elizitierten Aspekte der anvisierten Erinnerung zu konzentrieren. Nach dieser und weiterer Stimulationsserien wird er gefragt: »Was ist aufgetaucht?« Er berichtet dann, was er während der Augenbewegungen bemerkt hat, wobei Bilder, Kognitionen, Emotionen oder Empfindungen zutage treten können (alle genannten Faktoren treten regelmäßig auf). Beispielsweise kann ein Klient berichten: »Ich habe jetzt zwar nicht mehr so viel Angst, aber ich fühle mich wütender.« Daraufhin fordert der Therapeut ihn auf: »Konzentriere dich jetzt darauf« oder: »Bleibe dabei«, und der Klient richtet seinen Fokus während der nächsten Serie von Augenbewegungen darauf. Dies wird so lange fortgesetzt, bis jeder Aspekt der Erinnerung völlig neutralisiert worden ist. Das Erreichen dieses Ergebnisses ist daran zu erkennen, daß bei weiteren Serien von Augenbewegungen keine Veränderungen mehr auftreten, daß der SUD-Wert auf o (oder 1) fällt, daß der Körpertest (Phase 6) »negativ« (also ergebnislos) ausfällt und daß für die Verankerung ein VoC-Wert von 7 (oder 6) festgestellt wird.

Das Anvisieren von Erinnerungen an kürzliche Ereignisse (während der letzten 2-3 Monate) beinhalten, kann eine zusätzliche Variante dieser Vorgehensweise erforderlich machen. Bei Erinnerungen jüngeren Datums sind die belastenden Elemente anscheinend diffuser gespeichert, weshalb das EMDR-Standardprotokoll zur Kontaktierung aller relevanten Aspekte der Erinnerung möglicherweise nicht ausreicht. Deshalb wird nach Abschluß des Standardprotokolls zur Bearbeitung der am stärksten belastenden Erinnerungssegmente das spezielle Protokoll für relativ frische Erinnerungen angewandt. Dieses erfordert, daß der Klient während der Augenbewegungen nacheinander auf die gesamte Sequenz zielbezogener Ereignisse fokussiert, »so als würdest du dir die ganze Situation wie in einem Film anschauen.« Dies scheint die Erschließung zusätzlicher belastender Elemente zu ermöglichen, die dann vollständig verarbeitet werden können.

Phase 5: Verankerung

Hier wird die positive Kognition »verankert«, indem der Klient sich während der Ausführung von Augenbewegungen auf sie konzentriert. Dies wird so lange fortgesetzt, bis es sich völlig wahr anfühlt – was am Erreichen des Wertes 7 (oder 6) auf der VoC-Skala zu erkennen ist. Als Kognition kann entweder die ursprünglich ausgewählte oder eine andere geeignete, die in Phase 4 spontan aufgetaucht ist, verwendet werden. Sie wird zunächst isoliert und später noch einmal in Verbindung mit der Ziel-Erinnerung verankert. Führt die Verankerung nicht zu einem maximalen VoC-Wert, kann dies anzeigen, daß ein Aspekt der Erinnerung noch nicht vollständig desensibilisiert worden ist. Das Erreichen des maximalen VoC-Wertes deutet darauf hin, daß der Klient eine gesündere, integriertere Perspektive entwickelt hat.

Phase 6: Körpertest

Während der Klient auf die Ziel-Erinnerung und die damit verbundene positive Kognition fokussiert, überprüft er seinen Körper auf eventuell noch bestehende Spannungen oder unangenehme Gefühle. Stößt er auf solche, fokussiert er bei gleichzeitigem Ausführen einer Serie von Augenbewegungen auf die betreffende Empfindung. Repräsentiert das unangenehme Gefühl einen unaufgelösten Aspekt der Erinnerung, wird die Erinnerung zwecks weiterer Desensibilisierung erneut kontaktiert. Doch verschwinden solche unangenehmen Empfindungen häufig bereits durch die Augenbewegungen.

Phase 7: Abschluß

In dieser Phase hilft der Therapeut dem Klienten, vor dem Ende der Sitzung ein gewisses Gleichgewicht wiederzufinden. Zu diesem Zweck können Visualisierungsübungen, Entspannungsübungen und Beruhigungstechniken vermittelt werden, insbesondere wenn die Verarbeitung während der Sitzung nicht zum Abschluß gebracht werden konnte. Außerdem wird der Klient darauf vorbereitet, daß in der Zeit bis zur nächsten Sitzung eventuell unerwartete Wirkungen auftreten können – beispielsweise in Form des Auftauchens weiterer belastender Erinnerungen sowie in Form von Bildern, Gedanken, Gefühlen oder Empfindungen. Der Klient wird gebeten, über Auswirkungen der Arbeit, die er in der Zeit zwischen den Sitzungen bemerkt, Tagebuch zu führen. Außerdem können weitere Strategien zur Bewältigung eventuell auftauchender Probleme besprochen werden.

Phase 8: Überprüfung

Zu Beginn jeder auf eine EMDR-Behandlung folgenden Sitzung wird überprüft, wie sich die Behandlung ausgewirkt hat, und aufgrund des Ergebnisses dieser Überprüfung der nächste Behandlungsschritt festgelegt. Der Klient wird aufgefordert, sich seine aktuellen Reaktionen auf die behandelte Erinnerung zu merken, damit festgestellt werden kann, ob irgendein Aspekt dieser Erinnerung immer noch belastend wirkt. Die Tagebuchaufzeichnungen des Klienten werden dann auf potentielle weitere Behandlungsziele hin untersucht, beispielsweise assoziierte Erinnerungen oder situationsspezifische Auslöser. Außerdem werden Status und Lebenssituation des Klienten im Lichte des Behandlungsprozesses untersucht, um festzustellen, ob außerdem noch andere Probleme einer Behandlung bedürfen.

Weitergehende Anwendungsmöglichkeiten

Im allgemeinen werden EMDR-Therapeuten ausgebildet, indem man ihnen zunächst in Kursen die Grundlagen dieser neuen Methode vermittelt, sie anschließend einige Monate lang mit Supervision begleitet und sie dann an der Ausbildung für Fortgeschrittene teilnehmen läßt. Ein Vorteil dieser Vorgehensweise besteht darin, daß diejenigen, die EMDR eben erst erlernt haben, die Chance erhalten, sich daran zu gewöhnen, »nicht im Weg zu sein« und während der EMDR-Verarbeitung dem Klienten die Führung zu überlassen. Therapeuten, die daran gewöhnt sind, mittels Deutungen, Konfrontation, Bestärkung oder anderer Formen von Input vorzugehen, ist die im EMDR-Protokoll festgelegte Vorgehensweise ganz sicher gewöhnungsbedürftig. Bei störungsfreiem Verlauf einer Sitzung kann sich der Therapeut darauf beschränken, nach einer Serie von Augenbewegungen einfach zu fragen: »Was ist aufgetaucht?« und dann auf den Bericht des Klienten hin mit dem Satz »Bleibe dabei« zu reagieren und eine weitere Serie von Augenbewegungen zu initiieren. Verläuft die Sitzung störungsfrei, reicht die beschriebene Strategie häufig aus, um die Erinnerung an ein einmaliges traumatisches Erlebnis hinreichend zu verarbeiten.

Allerdings verläuft leider nicht jede Sitzung so problemlos, und außerdem gibt es einige Anwendungsbereiche für EMDR, die wesentlich komplexer sind als die Behandlung einer Erinnerung an ein einmaliges Trauma. EMDR wird auch zur Behandlung komplexer, chronischer Traumata sowie von Angst, Depression, psychischen Aspekten körperlicher Krankheiten und anderweitigen Problemen verwendet. Deshalb wurde eine Anzahl spezieller Ansätze, Protokolle und spezifischer Interventionen entwickelt, die zum Repertoire der fortgeschrittenen EMDR-Arbeit zählen.

Beispielsweise ist bezüglich der Behandlung von Angststörungen bekannt, daß früheres Auftreten von Panikanfällen oder Flashbacks (Erinnerungsblitzen) aufgrund traumatisch wirkender Auslöser auf das Vorhandensein weiterer traumatischer Erinnerungen hindeuten können, weshalb sie zusammen mit Erinnerungen an die ursächlichen Ereignisse verarbeitet werden müssen. Des weiteren sollte nach spezifischen Situationen oder anderen Stimuli geforscht werden, die durch ihre Assoziation mit solchen Ereignissen kontaminiert worden sind, und an diesen muß ebenfalls gearbeitet werden. Und schließlich wird mit einer Variante des EMDR-Standardprotokolls auch an antizipierten Situationen oder anderen Triggern gearbeitet, wobei potentiell problematische zukünftige Ereignisse visualisiert werden.

Mittlerweile gibt es eine ganze Reihe von auf EMDR basierenden Protokollen zur Behandlung zahlreicher Probleme, darunter DID (Dissoziative Identitätsstörung bzw.

Multiple Persönlichkeitsstörung), Drogen- und Medikamentenmißbrauch, chronische Schmerzen, spezifische Phobien, chronische Depression und Leistungsangst. Die Grundprinzipien sind bei all diesen Spezialprotokollen die gleichen, so das Achten der spontanen Reaktionen des Klienten als Quelle und Antrieb des Heilungsprozesses, die Auflösung von Hindernissen, die dem Heilungsprozeß im Wege stehen, die schonungslose Suche nach noch nicht verarbeitetem, mit dem Ziel der Verarbeitung assoziiertem Material und die Nutzung der beschleunigten Informationsverarbeitung sowohl für die Auflösung des belastenden Materials als auch für die Vermittlung (bzw. das Erlernen) adaptiver Verhaltensweisen.

Eine der interessantesten und wichtigsten unter den weiterentwickelten EMDR-Interventionen ist das kognitive Einweben. Hier handelt es sich im wesentlichen um eine verfrühte Verankerung, weil dabei *vor* der völligen Auflösung der mit der anvisierten Erinnerung verbundenen Belastung adaptives Material verankert wird. Diese Intervention kommt im allgemeinen dann zur Anwendung, wenn der Verarbeitungsprozeß ins Stocken geraten ist, beispielsweise wenn es im Laufe mehrerer aufeinanderfolgender Serien von Augenbewegungen nicht mehr zu Veränderungen des Ziel-Materials gekommen ist. Der Therapeut bietet dem Klienten in solchen Situationen einen Kommentar oder eine Frage an, wodurch es häufig gelingt, die Verarbeitung wieder in Gang zu bringen.

THERAPEUT: Was fällt dir diesmal auf?

KLIENT: Es ist immer noch genauso, eine 8 [*ein SUD-Wert, der auf ein hohes Maß an Belastung hindeutet*]. Ich bekomme einfach nicht aus meinem Kopf, daß ich hätte wissen müssen, was zu tun war – daß ich sie hätte retten können.

THERAPEUT: Wie alt warst du damals? Fünf?

KLIENT: Ja, fünf.

THERAPEUT: Kennst du irgendwelche anderen Fünfjährigen, die wüßten, was sie in solch einer Situation tun müßten?

KLIENT: Nein, ich glaube nicht.

THERAPEUT: Denke jetzt daran. (*Augenbewegungen*) Was fällt dir diesmal auf?

KLIENT: Ich konnte unmöglich wissen, was zu tun war. Ich war ja nur ein kleines Kind. Es war nicht meine Schuld.

THERAPEUT: Bleibe dabei. (*Augenbewegungen*)

Das kognitive Einweben, das im vorangegangenen Beispiel angewandt wurde, entspricht nicht der allgemein üblichen Vorgehensweise, und es wird nur in besonderen

Situationen eingesetzt, um ein Problem zu lösen und um zu erreichen, daß der normale Prozeß wieder in Gang kommt und zum Abschluß gelangt. Allerdings ist eine andere Variante des kognitiven Einwebens mittlerweile zu einem festen Bestandteil des Standardprotokolls geworden, nämlich das Etablieren eines »sicheren Ortes«. Dabei wird der Klient aufgefordert, sich vorzustellen, er befinde sich an einem besonderen, geschützten Ort, um ihm ein starkes Gefühl der Sicherheit und Geborgenheit zu vermitteln. Diese Art der Verankerung (die in den Kapiteln 5 und 7 ausführlicher beschrieben wird), wird mittlerweile vor Beginn der Arbeit an einer traumatischen Erinnerung generell durchgeführt, und sie scheint viele Klienten besser auf eine erneute Konfrontation mit dem Trauma vorzubereiten und die Angst vor dem anstehenden Verarbeitungsprozeß sehr stark zu verringern. Andere Arten von Bildern können in ähnlicher Weise Verwendung finden, um dem Klienten zu helfen, sich zusätzliche psychische Ressourcen zu erschließen (Greenwald 1993a). Obwohl das kognitive Einweben zeitlich zuerst entstanden ist, wird es mittlerweile – und wahrscheinlich zu Recht – als eine Variante der umfassenderen Klasse von Ressourcenverankerungen angesehen (Leeds 1997).

Somit gibt es hinsichtlich der Anwendung von EMDR zwei einander entgegengesetzte, jedoch nicht unbedingt konträre Trends. Einerseits orientiert sich der Therapeut an den Äußerungen und Wünschen des Klienten und hilft diesem, auf seinem eigenen Kurs zu bleiben, bis das belastende Material vollständig verarbeitet worden ist. Und andererseits entstehen immer neue Techniken der Ressourcenverankerung, die nicht nur den erfolgreichen Verlauf der Standardprozedur zunehmend optimieren, sondern gleichzeitig auch die Anwendung von EMDR bei einem immer größer werdenden Spektrum besonders problematischer Populationen ermöglichen. Der Ansatz der klientzentrierten Verarbeitung nutzt ebenso wie derjenige der Ressourcenverankerung die postulierte Wirkung der beschleunigten Informationsverarbeitung. Ob das Durcharbeiten eines belastenden Aspekts der Erinnerung im Mittelpunkt steht oder die Verstärkung einer psychischen Ressource, die Augenbewegungen optimieren offenbar in beiden Fällen sowohl die Geschwindigkeit als auch die Tiefe der Verarbeitung.

Die verschiedenen weiterentwickelten EMDR-Anwendungen und insbesondere der Ansatz der Ressourcenverankerung werden in diesem Buch sehr häufig genutzt und abgewandelt, wobei die Variante für Erwachsene oft gar nicht erwähnt wird. Zwar setzt die Lektüre dieses Buches eine vollständige Kenntnis der weiterentwickelten Behandlungstechniken nicht unbedingt voraus, doch ist diese für die *Anwendung* vieler der beschriebenen Techniken unbedingt erforderlich. Die folgenden Kapitel enthalten detaillierte Informationen über die Anpassung des EMDR-Protokolls für Erwachsene an die spezielle Situation, die bei der Behandlung von Kindern und Jugendlichen berücksichtigt werden muß.

5

Überblick über die Anwendung von EMDR bei Kindern

EINIGE ASPEKTE DER ANWENDUNG VON EMDR bei Kindern sind bei jeder psychotherapeutischen Arbeit mit Kindern zu beachten: Die Eltern müssen zu einer kooperativen Haltung bei der Behandlung gebracht werden; das Kind, das nicht aus eigenem Antrieb um die Behandlung gebeten hat, muß motiviert werden; und man muß der Tatsache Rechnung tragen, daß viele Kinder an einer Therapie nicht besonders interessiert sind, daß sie eine kurze Aufmerksamkeitsspanne haben und/oder daß sie im präzisen verbalen Ausdruck nicht besonders geübt sind bzw. ihnen nicht viel daran liegt. Es gibt zwar einige EMDR-spezifische innovative Techniken des Umgangs mit diesen Problemen, doch greifen EMDR-Therapeuten bei der Bewältigung dieser Schwierigkeiten häufig auch auf andere bewährte Methoden zurück. Viele Kinderpsychotherapeuten verbinden EMDR auf kreative Weise mit anderen Behandlungsmethoden aus ihrem Repertoire.

Ebenso wie bei anderen Arten therapeutischer Arbeit mit Kindern ist es auch im Rahmen einer EMDR-Behandlung wichtig, hinsichtlich der Beurteilung des Behandlungskontextes und der für die konkrete Behandlung entscheidenden Punkte über ein gutes klinisches Urteilsvermögen zu verfügen. Körperliche Beschwerden, ungesicherte oder inadäquate Lebensbedingungen, der Besuch einer ungeeigneten Schulart, sekundäre Krankheitsgewinne und familiärer Druck können die Fähigkeit eines Kindes, eine therapeutische Behandlung zu seinem Besten zu nutzen, sehr stark einschränken. Beispielsweise sind einige Kliniker der Ansicht, daß Mißerfolge bei einer EMDR-Behandlung trotz offensichtlicher Kooperationsbereitschaft des Kindes auf eine Verknüpfung des individuellen Problems mit der familiären Dynamik hindeuten. Eine sorgfältige Beurteilung der Situation des Kindes unter Einbeziehung seiner Entwicklungsgeschichte und des psychosozialen Kontextes, in dem es aufwächst, ist in jedem Fall der entscheidende erste Schritt bei der Entwicklung eines geeigneten Behandlungsplans.

Die EMDR-Standardprozedur wird bei Kindern häufig mit gewissen Modifikationen angewandt. Beispielsweise ergreift der Therapeut bei der Auswahl von Zielen und bezüglich der Motivierung für die Behandlung in stärkerem Maße die Initiative. Die Arbeit mit Kindern ist gewöhnlich konkreter, sie basiert stärker auf Bildern, und sie ist weniger stark auf das Formulieren einer Kognition und das Benennen von Emotionen und Empfindungen gerichtet. Die Arbeit mit Kindern erfordert außerdem ein größeres Repertoire an Techniken, damit die jungen Klienten die Augenbewegungen auszuführen vermögen. Einige Teile der für Erwachsene verbindlichen Prozedur können ausgelassen oder zumindest abgekürzt werden, und in manchen Fällen läßt sich die Verarbeitung sehr schnell zum Abschluß bringen. Generell ist es bei der Behandlung von Kindern wichtig, die Dinge in Bewegung zu halten, spielerische Elemente einzubeziehen, flexibel zu reagieren, auf das Kind einzugehen und kreativ zu sein.

Unter Klinikern besteht Konsens darüber, daß die EMDR-Behandlung von Kindern am effektivsten ist, wenn die anvisierten Ziele klar und deutlich sind. Dabei kann es sich um Erinnerungen an traumatische Erlebnisse handeln, um Bilder von einem Menschen, vor dem das Kind Angst hat, um unbehagliche Träume, körperliche Symptome oder Empfindungen, spezifische Ängste und positive Ziele, die sich mit Hilfe spezieller Bilder darstellen lassen. Mit der EMDR-Arbeit sollte generell erst begonnen werden, nachdem ein bestimmtes Ziel identifiziert worden ist. Bei manchen Kindern sollte EMDR zunächst nur in Zusammenhang mit positiven Verankerungen benutzt werden, weil dies eventuell weniger bedrohlich wirkt und leichter zu vermitteln ist.

Das Hauptproblem, über das Kliniker gelegentlich berichten, ist, daß Kinder bei einer EMDR-Behandlung nicht kooperieren. Einige weigern sich, überhaupt mit der

EMDR-Arbeit anzufangen, und andere beginnen zwar damit, weigern sich dann aber irgendwann, die Arbeit fortzusetzen. Außerdem kann während der Verarbeitung körperliches Unbehagen entstehen, beispielsweise in Form von Schwindel, Müdigkeit oder Kopfschmerzen; doch klingen solche Probleme ebenso wie bei Erwachsenen gewöhnlich schnell wieder ab. Wie bei anderen Therapiearten können auch bei einer EMDR-Behandlung in der Zeit zwischen den einzelnen Behandlungssitzungen Probleme auftreten. Zwar scheint dies nach allen vorliegenden Berichten bei EMDR wesentlich seltener vorzukommen als bei anderen Behandlungsarten, weil die EMDR-Verarbeitung oft innerhalb einer einzigen Sitzung abgeschlossen werden kann, aber solche Probleme treten dennoch gelegentlich auf, insbesondere wenn die Verarbeitung vorzeitig unterbrochen werden muß (z.B. vor der völligen Neutralisierung des SUD-Wertes). Andererseits berichten Kliniker übereinstimmend, daß die allgemeinen negativen Auswirkungen einer Therapie durch die Anwendung von EMDR verringert werden (Greenwald 1993c; Lipke 1994).

Der vielleicht problematischste Aspekt der EMDR-Arbeit mit Kindern ist – die Beherrschung der Methode vorausgesetzt – die Entscheidung darüber, wann mit der Einbeziehung von EMDR in die Therapie begonnen werden sollte. Es ist verführerisch und oft auch durchaus effektiv, mit dem Einsatz von EMDR schon in der ersten oder zweiten Sitzung zu beginnen. Doch selbst wenn EMDR offensichtlich die vorzuziehende Methode ist, besteht das Risiko einer negativen Auswirkung auf die therapeutische Beziehung, wenn die Behandlung sich so schnell den neuralgischen Punkten nähert, daß das Kind Angst bekommt und sich weigert, die Arbeit fortzusetzen. Andererseits ist es auch nicht empfehlenswert, die EMDR-Behandlung wochenlang hinauszuzögern, statt dessen langsamer wirkende Methoden zu benutzen und dem betreffenden Kind so die Möglichkeit vorzuenthalten, in wesentlich kürzerer Zeit den Zustand der Heilung zu erreichen. Glücklicherweise stehen mittlerweile zahlreiche Techniken zur Verfügung, die dem Kind helfen, ungefährdet nach relativ kurzer Vorbereitungszeit mit der EMDR-Arbeit zu beginnen.

Es gibt keine einfache Formel, nach der man darüber entscheiden könnte, wann genau ein Therapeut bei einem bestimmten Kind mit der EMDR-Arbeit beginnen sollte. Als Maßstab dafür anzugeben, daß die therapeutische Beziehung in der Lage sein muß, die EMDR-Arbeit zu unterstützen, wäre eine übermäßige Vereinfachung. Viele Kinder sind nach einer fünfminütigen Kennenlernphase in der Lage, mit einem völlig fremden Menschen erfolgreich zu arbeiten. Die Entscheidung über den Beginn der EMDR-Arbeit sollte vom Vertrauen des Kindes und von seiner Fähigkeit, Schmerz, Angst und Furcht zu ertragen, abhängig gemacht werden. Hat ein Kind vor einem

traumatischen Erlebnis keine besonderen Probleme gehabt und hat es auch in der aktuellen Situation in den meisten Bereichen keine Probleme, kann es durchaus von
sich aus in der Lage sein, mit der EMDR-Arbeit zu beginnen, nachdem es den Therapeuten kennengelernt hat und dieser ihm generell vertrauenswürdig zu sein scheint.
Andererseits kann es sein, daß ein Kind, dessen Bindungsfähigkeit nicht gut entwik-
kelt ist und dem es in seinem bisherigen Leben nicht gelungen ist, ein Grundvertrauen
zu entwickeln, oder das so stark traumatisiert worden ist, daß sein Vertrauen dadurch
stark geschädigt wurde, vor der direkten Konfrontation mit traumatischem Material
im Rahmen der EMDR-Arbeit längere Zeit darauf verwenden muß, eine fundierte
therapeutische Beziehung aufzubauen. Ebenso benötigt auch ein Kind, das sehr jung
oder sehr ängstlich ist, mehr Unterstützung in Form einer soliden therapeutischen
Beziehung als ein Kind, das älter ist, das die Gründe seines augenblicklichen Unbehagens besser versteht und das dieses Unbehagen auch besser zu ertragen vermag. Als
brauchbare Faustregel kann nach derzeitigem Erkenntnisstand gelten, daß die therapeutische Beziehung alle Mängel bezüglich des angeborenen Vertrauens des Kindes und hinsichtlich seiner Fähigkeit, Streß zu tolerieren, ausgleichen muß, bevor begonnen werden kann, EMDR auf potentiell belastend wirkende Ziele anzuwenden
(Greenwald 1994*d*). Natürlich ist auch die Motivation des Kindes ein wichtiger Fak-
tor.

Auch gibt es kein allgemeines Rezept für die Auswahl unter den zahlreichen Stan-
dardinterventionen und Modifikationen, die für die EMDR-Arbeit mit Kindern zur
Verfügung stehen. Generell nimmt die Abweichung vom Standardprotokoll für Erwachsene zu, je komplexer die Probleme, je jünger die behandelten Kinder und je weniger entwickelt ihre geistigen Fähigkeiten sind. Doch selbst Richtlinien für die Arbeit an einem spezifischen Problem oder mit einer bestimmten Population werden
einzelnen Mitgliedern der betreffenden Gruppen nicht immer gerecht. Eben deshalb
ist es so wichtig, eine große Zahl von Alternativen zu kennen, um für den Fall gewapp-
net zu sein, daß die anfangs gewählte Intervention nicht die erwartete Wirkung hat.

Sicherheit steht an erster Stelle

Das Sicherheitsgefühl des Klienten muß in einer Therapie ständig unterstützt werden.
Der Gebrauch von EMDR bei der therapeutischen Behandlung von Kindern kann für
Therapeuten, die es gewöhnt sind, ihre Interventionen an dem zu orientieren, was
ihre Klienten selbst zutage fördern, eine philosophische Herausforderung sein. The-

rapeuten mit einer EMDR-Ausbildung können – möglicherweise zu Recht – die frühe Anwendung von EMDR zum Wohle des Kindes in Erwägung ziehen, obgleich dieses selbst aufgrund beschränkter Information, einer entwicklungsbedingt beschränkten Sicht und eines eingeschränkten Urteilsvermögens von sich aus ein langsameres Tempo bevorzugt hätte. Deshalb sollte der Therapeut den Anfangskontakt zu EMDR so gestalten, daß sich das Kind weiterhin sicher und im Vollbesitz der Kontrolle über das Geschehen fühlen kann.

Es gibt eine ganze Reihe von sicherheitsfördernden Interventionen. Obwohl eine möglichst perfekte Voraussicht der Entwicklung in der Therapie natürlich der Idealfall ist, lassen sich die im folgenden beschriebenen Techniken auch sehr gut nutzen, wenn die therapeutische Arbeit ins Stocken gerät bzw. wenn die therapeutische Beziehung Schaden gelitten hat.

Bündnis mit den Eltern

Wenn die Eltern nicht von sich aus konkret zum Ausdruck bringen, daß sie bereit sind, die Behandlung aktiv zu unterstützen, muß darüber gesprochen werden. Der Therapeut kann ein Bündnis mit den Eltern aufbauen, indem er ihre Wertvorstellungen respektiert und auf ihre Besorgnisse eingeht. Außerdem ist es von Nutzen, den Eltern eine klar definierte Rolle bei der Behandlung zu übertragen, ohne ihnen für das Problem des Kindes die Schuld zu geben. Einige die Eltern betreffende Interventionen werden in den Kapiteln über die Behandlung spezieller Probleme erläutert.

Kontakt der Kinder zu den Eltern während der Behandlung

Manche Kinder fühlen sich sicherer, wenn sie jederzeit Kontakt zu dem Elternteil aufnehmen können, der sie zur Behandlung gebracht hat. Diese Möglichkeit kann den Kindern auf unterschiedliche Weisen vor Augen geführt werden: (1) Der begleitende Elternteil ist während der Sitzung im Behandlungsraum zugegen oder befindet sich in einem benachbarten Raum; (2) einem sehr kleinen Kind wird erlaubt, während der EMDR-Arbeit auf dem Schoß des begleitenden Elternteils zu sitzen; (3) dem Kind wird gestattet, den begleitenden Elternteil während der Sitzung im Warteraum zu besuchen. Kleinere Kinder profitieren häufig von dem Ritual, vor der Sitzung zu dem Ort zu gehen, an dem die Eltern auf sie warten, und/oder den begleitenden Elternteil zu dem Ort zu bringen, an dem die Therapie stattfindet.

EMDR-Demonstration

Bitten Sie den begleitenden Elternteil oder ein älteres Geschwister, die EMDR-Arbeit zu Demonstrationszwecken vorzuführen, damit das kleinere Kind sieht, daß diese Arbeit ungefährlich ist. Außerdem kann das Kind mit dem Therapeuten zu Demonstrationszwecken die Rollen tauschen, so daß es ihn durch eine Serie von Augenbewegungen geleiten muß. Oft beteiligt sich das Kind spontan an einer solchen Vorführung, während das ältere Familienmitglied weiterhin im Zentrum des Geschehens bleibt.

THERAPEUT (*zum Klienten*): Ich möchte, daß du jetzt zuschaust, wie deine Schwester etwas ausprobiert, das du auch tun könntest. Anschließend sagst du mir, ob du glaubst, daß du das auch tun kannst. (*Zur Schwester*) Hast du Lust, uns zu helfen?

SCHWESTER: Okay.

THERAPEUT: Ich werde meine Hand hin- und herbewegen, und zwar so. Versuche, den Bewegungen meiner Hand mit den Augen zu folgen – aber bewege nicht den Kopf, sondern nur die Augen (*bewegt die Hand*). So ist es gut. Du hast es verstanden. War das leicht oder schwer?

SCHWESTER: Leicht.

THERAPEUT: Dann mache ich es jetzt vielleicht ein bißchen schwerer. Was ißt du am liebsten?

SCHWESTER: Eiscreme.

THERAPEUT: Denke diesmal an Eiscreme, und bewege gleichzeitig wieder die Augen (*bewegt seine Hand*). Du hast es *wieder* geschafft! Hast du gleichzeitig die Augen bewegen und an die Eiscreme denken können?

SCHWESTER: Ja.

THERAPEUT (*zum Klienten*): Ich habe gesehen, daß du deine Augen auch bewegt hast. Woran hast *du* dabei gedacht?

KLIENT: An Eiscreme.

THERAPEUT: War das leicht oder schwer?

KLIENT: Leicht.

Rapport

Ein Kind, daß einem Therapeuten gegenüber Unbehagen empfindet, verhält sich bei strukturierten Behandlungsaktivitäten wie EMDR gewöhnlich nicht kooperativ. Es ist unverzichtbar, daß der Therapeut Rapport zum Kind herstellt. Dies kann auf viele verschiedene Weisen geschehen, unter anderem durch Spielen mit dem Kind, durch Übermitteln positiver und akzeptierender Gefühle und durch kleine Geschenke. Doch bedeutet dies nicht, daß Therapeuten mit jedem Kind, das sie behandeln, unbedingt spielen oder daß sie ihm unbedingt Geschenke machen müssen. Entscheidend ist vielmehr, dem Kind das Gefühl zu vermitteln, daß jemand sich um es kümmert und es versteht. Der Therapeut kann dies vermitteln, indem er auf die Prioritäten und Sorgen des Kindes eingeht.

THERAPEUT: Deine Mami hat mir gesagt, daß du heute nicht kommen wolltest. Das ist nicht schlimm. Aber was würdest du denn gern tun, wenn du nicht hier wärest?

KIND: Ich würde draußen mit meinen Freunden spielen.

THERAPEUT: Das würde dir sicher mehr Spaß machen. Nun hat deine Mami mir aber gesagt, daß du wahrscheinlich eine Zeitlang jede Woche hierhin kommen mußt, bis es dir wieder bessergeht. Weißt du, was sie damit meint?

KIND: Wahrscheinlich meint sie, daß ich mich schlecht benehme. Das sagt sie jedenfalls manchmal zu mir.

THERAPEUT: Und was meinst du?

KIND: Ich habe keine Probleme, außer jemand anderes macht ein Problem.

THERAPEUT: Wer könnte denn zum Beispiel ein Problem machen? Was könnte derjenige tun?

KIND: Zum Beispiel heute, als Mami wollte, daß ich den Mülleimer rausstelle. Sie hat mich nicht nur einmal gefragt und es mir dann überlassen, es zu tun, sondern sie hat deswegen ununterbrochen auf mir herumgehackt und mich angeschrieen.

THERAPEUT: Das klingt nicht gerade besonders toll. Außerdem habe ich gehört, daß du *oft* in Schwierigkeiten kommst.

KIND: Ich habe die Nase gründlich voll davon. Ich brauche mich nur einmal umzudrehen, und schon habe ich wieder Hausarrest.

THERAPEUT: Wow. Das klingt, als hätten ein paar Leute es wirklich auf dich abgesehen.

KIND: Sie sagen es.

THERAPEUT: Also, deine Mami hat mir gesagt, du müßtest jetzt eine Zeitlang hierher kommen. Ich habe dir schon erklärt, daß es meine Aufgabe ist, Menschen zu helfen, in ihrem Leben besser klarzukommen. Meinst du, wir sollten uns in der Zeit, in der du zu mir kommst, damit beschäftigen, wie du es fertigbringen kannst, daß die Leute nicht mehr so auf dir herumhacken?

KIND: Wie denn?

Die therapeutische Beziehung

Die Arbeit an der therapeutischen Beziehung geht meist über die bloße Herstellung von Rapport hinaus. Denken Sie beispielsweise daran, daß ein schreiendes Kind nur duldet, daß seine Mutter ihm eine Wunde mit Seife auswäscht, weil zwischen beiden eine starke Beziehung besteht. Für ein sehr junges Kind oder ein Kind mit einer sehr geringen Streßtoleranz kann die EMDR-Arbeit dem Auswaschen einer Wunde mit Seife gleichen. Die therapeutische Beziehung wird durch die Entwicklung einer Vertrauensbasis und durch erzielte positive Resultate gestärkt. Kinder stellen Therapeuten immer wieder auf die Probe, um herauszufinden, ob sie ihnen vertrauen können. Therapeuten bestehen diese Prüfungen nur, wenn sie das Kind nicht auslachen, es nicht zurückweisen, möglicherweise nicht zulassen, daß es bei einem Spiel betrügt, und sogar einfach dadurch, daß sie pünktlich zur verabredeten Zeit zur Behandlung da sind. Ebenso wichtig ist es für das Kind, durch Erfahrung zu lernen, daß die Teilnahme an therapeutischen Aktivitäten wirklich dazu führt, daß es sich besser fühlt.

Kleine Schritte

Manche Kinder schätzen oder benötigen eine allmähliche Einführung in die EMDR-Arbeit statt einer abrupten Konfrontation mit ihren schlimmsten Erinnerungen. Beispielsweise kann EMDR zunächst auf ein Ziel mit einem niedrigen SUD-Wert angewandt werden. Oder die EMDR-Methode wird an einer positiven Verankerung demonstriert – als Vorbereitung auf die Traumaverarbeitung oder ohne jede Bezugnahme auf die Traumaarbeit. Bei Kindern mit geringer Frustrationstoleranz und bei solchen, für die Traumaarbeit aktuell nicht im Vordergrund steht, sollte die EMDR-Arbeit eventuell auf das Verankern positiver Ressourcen beschränkt werden.

Das Verankern positiver Ressourcen

Viele Arten von positiven Verankerungen können während oder vor der Verarbeitung potentiell belastenden Materials benutzt werden. Die bekanntesten unter diesen werden in den folgenden Abschnitten beschrieben. Sie können dem Kind den Zugang zu einem positiven Ressourcenzustand ermöglichen, mit dessen Hilfe sie die Herausforderungen, vor die sie durch die Arbeit an der Auflösung von Traumata gestellt werden, meistern können (siehe Phase 5: Verankerung in Kapitel 7).

Schutzwaffen und andere Schutzmittel

Vor Beginn der Arbeit an einem Ziel mit einem hohen SUD-Wert sollte ein »Schutzmittel« verankert werden (Greenwald 1993b). Wird das Kind zur Konfrontation mit einem Monster aufgefordert, sollte es zumindest auch über ein Laser-Schwert verfügen können. Mit anderen Worten: Die positive Verankerung kann sowohl vor als auch nach der Reduzierung des SUD-Wertes vorgenommen werden. Wenn die EMDR-Arbeit bereits begonnen hat und der SUD-Wert sich nicht verändert, ist die Verankerung einer »Schutzwaffe« eine ziemlich zuverlässige Möglichkeit zur Unterstützung kontinuierlicher Fortschritte.

THERAPEUT: Wenn du wieder in den Traum zurückkehren müßtest, in dem der Wolf dich gejagt hat, was würdest du dann brauchen, um dich sicher fühlen zu können?
KIND: Ein Messer.
THERAPEUT: Ich möchte, daß du dir dieses Messer jetzt vorstellst: Wie groß ist es? Welche Farbe hat es? Aus welchem Material ist es hergestellt? Ist es stumpf oder scharf, schwer oder leicht? Und was für ein Gefühl ist es, es in der Hand zu halten? Konzentriere dich jetzt hierauf (bewegt eine Hand, um Augenbewegungen zu initiieren). Gut. Wie war das?
KIND: Ich habe das Messer in der Hand gehalten und mich dadurch sicherer gefühlt.
THERAPEUT: Okay. Konzentriere dich jetzt noch einmal darauf, daß du das Messer in der Hand hältst ...

Manchmal bringt ein Kind eine Schutzwaffe spontan in die zuvor schwierige Szene hinein. Beispielsweise könnte es, bezogen auf das vorige Beispiel, sagen: »Diesmal habe ich dem Wolf das Messer gezeigt, und danach ist er weggelaufen.« Manchmal fühlt sich das Kind wegen der Schutzwaffe einfach sicherer und stärker und vermag deshalb mit schwierigem Material fertig zu werden, ohne die Schutzwaffe noch einmal zu erwähnen. Es gibt keine einzig richtige Art, mit diesem Hilfsmittel umzugehen. Benutzt der Klient die Schutzwaffe nach ihrer Verankerung *nicht* und erzielt er in der EMDR-Arbeit weiterhin keine Fortschritte, kann der Therapeut ihm vorschlagen, die Schutzwaffe in die schwierige Szene einzubeziehen: »Wenn der Wolf jetzt wieder hinter dir her ist, dann benutze doch diesmal das Messer und schau, was dann passiert.«

Obwohl diese Intervention ursprünglich für die Arbeit an Träumen entwickelt wurde, eignet sie sich auch für die Arbeit an Ziel-Erinnerungen, sofern dabei die »Traum-Frage« gestellt wird: »Wenn alles, was passiert ist, ein böser Traum wäre und du wieder in diesen Traum zurückkehren müßtest, was würdest du dann brauchen, um dich sicher [oder okay] zu fühlen?«

Abgesehen von Waffen gibt es noch viele andere mögliche Schutzmittel. Manchmal kann ein Helfer als Ressource verankert werden, beispielsweise ein Elternteil, ein Schutzengel oder ein Superheld. Oft ist eine bestimmte Eigenschaft erforderlich, beispielsweise größer oder stärker zu sein. Ziel ist in jedem Fall, dem Kind zu helfen, Kontakt zu inneren Ressourcen herzustellen, die ihm die Konfrontation mit schwierigem Material und dessen Durcharbeitung ermöglichen. Sofern das betreffende Bild (vom Kind) innerlich erzeugt und detailgetreu konkretisiert wird, wirkt es wahrscheinlich bei einem großen Spektrum von Inhalten. Doch muß der Therapeut oft eine ziemliche Kreativität entwickeln, wenn es darum geht, eine erfolgreiche bildliche Repräsentation der angestrebten Ressource entstehen zu lassen.

THERAPEUT: Wenn du in den Traum zurückkehren müßtest, was würdest du dann brauchen, um dich okay zu fühlen?
KIND: Ich müßte stärker sein.
THERAPEUT: Welches Tier, das du kennst, ist das stärkste von allen?
KIND: Ein Bär.
THERAPEUT: Dann wird ein Bär dein Freund werden. Ich möchte, daß du dir ihn vorstellst – wie groß er ist, wie er aussieht, welche Farbe er hat, wie stark er ist, was er tut. (*Augenbewegungen*) Okay, wie war das?
KIND: Der Bär ist in meiner Nähe geblieben, und keiner konnte mir etwas tun.
THERAPEUT: Gut. Jetzt werden wir noch etwas anderes machen. Konzentriere dich wieder auf den Bären, und stell dir diesmal vor, daß du hinter ihm bist – du schleichst dich an, kommst immer näher und näher, bis du dem Bär so nahe bist, daß du seinen Atem hören kannst. Und jetzt stell dir vor, daß du einfach in ihn hineinkriechst, so daß du das Gefühl hast, selbst dieser Bär zu sein. (*Augenbewegungen*) Wie war das?
KIND: Ich war der Bär! Grrr!

Nachdem der Schutz (hier der Bär) verankert worden ist, gehört er zum festen Repertoire des Kindes und kann auf vielfältige Weise genutzt werden. Beispielsweise könnte das Kind nach der soeben beschriebenen Verankerung beschließen, den Bären in die Ziel-Erinnerung einzubeziehen oder selbst der Bär zu sein. Wenn ein solcher Schutzgarant den erfolgreichen Abschluß der Verarbeitung ermöglicht hat, kann er natürlich auch für die abschließende Verankerung benutzt werden. Das neunjährige

Mädchen aus der obigen Vignette hatte an dieser Verankerung so große Freude, daß es wie ein Bär brummend auf allen Vieren in bester Laune meinen Behandlungsraum verließ. (Ich weiß nicht mehr, was ich der Mutter des Kindes erzählt habe!)

Der sichere Ort

Diese Verankerung wird sowohl bei Erwachsenen als auch bei Kindern gewöhnlich vor der Arbeit mit schwierigem Material vorgenommen. Das Kind wird aufgefordert, sich einen besonderen Ort vorzustellen bzw. zu beschreiben oder zu zeichnen, den es mit Wohlbehagen, einem Gefühl der Sicherheit oder mit anderen ihm positiv erscheinenden Eigenschaften assoziiert. Dieser Ort wird dann verankert.

THERAPEUT: Kannst du dir einen Ort vorstellen, an dem du dich immer gut fühlst? Das kann ein Ort sein, den es wirklich gibt, oder ein Ort, den du dir ausgedacht hast. Du sollst dich dort immer sicher und wohl fühlen, und dort kann nichts Böses passieren.

KIND: Im Haus meiner Tante.

THERAPEUT: Erzähl mir ein wenig vom Haus deiner Tante.

KIND: Ich gehe nach der Schule dorthin, wenn bei uns keiner zu Hause ist. Meine Tante gibt mir dann etwas zu essen und läßt mich fernsehen.

THERAPEUT: Du hast mir vorher gesagt, daß du abends dort hingehst, wenn deine Eltern sich streiten.

KIND: Ja, wenn meine Eltern viel rumbrüllen, kommt meine Tante und holt mich zu sich ab.

THERAPEUT: Wo im Haus deiner Tante fühlst du dich denn am besten? In der Küche, vor dem Fernseher oder wo sonst?

KIND: In der Küche, wenn ich nach der Schule dort ankomme und sie mir etwas zu essen gibt. Dann setzt sie sich zu mir und redet mit mir.

THERAPEUT: Denke jetzt daran, wie du mit ihr in der Küche sitzt. Was für ein Gefühl hast du dabei?

KIND: Ein gutes.

THERAPEUT: Würde es sich richtig anfühlen zu sagen: »Ich bin hier sicher?«

KIND: Ja.

THERAPEUT: Konzentriere dich darauf, daß du dort bist, mit deiner Tante zusammensitzt und etwas zu essen bekommst. Achte auf dieses gute Gefühl, und denke an den Satz »Ich bin in Sicherheit«. (*Augenbewegungen*) Wie war das?

KIND: Gut.

THERAPEUT: Konntest du dich auf alles konzentrieren und gleichzeitig denken: »Ich
    bin in Sicherheit«?
KIND: Ja.

Trotz der angebotenen Möglichkeit, einen sicheren Ort zu phantasieren, wählen kleinere Kinder gewöhnlich einen Ort, den sie sehr gut kennen. Ältere Kinder und Jugendliche hingegen wählen manchmal eine Bergspitze, eine Bucht oder eine andere
imaginäre Szene. Entscheidend ist, daß es an dem sicheren Ort keine Elemente gibt,
die seinen Zweck zunichte machen. Wählt das Kind beispielsweise als sicheren Ort
das Fußballspielen im Park und stellt dann während der Verankerung fest, daß es
vor Augen hat, wie es in jenem Park von anderen Jungen provoziert wird, ist diese
Szene als sicherer Ort nicht geeignet. Ist der sichere Ort auf eine solche Weise »verunreinigt«, lassen Sie das Kind einfach einen neuen sicheren Ort wählen. Um der
Wirkung dieses Hilfsmittels willen ist es im allgemeinen besser, wenn das Kind sich
entweder allein an dem sicheren Ort befindet (z.B. in seinem Schlafzimmer) oder zusammen mit Beschützern, beispielsweise ihm wohlgesinnten erwachsenen Familienmitgliedern. Diese Verankerung ist keineswegs völlig beliebig, sondern der Therapeut
muß die Wahl des Ziels steuern, um eine Verunreinigung der soeben beschriebenen
Art zu verhindern. Falls das Kind keinen völlig sicheren Ort zu nennen vermag, kann
der Therapeut ihm helfen, einen solchen zu phantasieren.

THERAPEUT: Wie wäre es, wenn du dir einen Ort ausmalen würdest, an dem du dich
    immer gut fühlst und wo nichts Böses passiert? Wäre solch ein Ort in einem Haus
    oder im Freien?
KIND: In einem Haus.
THERAPEUT: Was für eine Art von Ort ist es? Ein Raum, ein Haus oder etwas anderes?
KIND: Unser Haus, und da gibt es einen Kühlschrank und einen Fernseher und große
    Schlösser an den Türen, damit niemand hineinkommen kann, wenn ich ihn nicht
    hereinlassen will.
THERAPEUT: Und wo in diesem Haus fühlst du dich am sichersten? ...

Nachdem der sichere Ort gewählt und verankert worden ist, kann er auf verschiedene Weisen genutzt werden. Mit seiner Hilfe kann das Kind die Augenbewegungen in
einem positiven Kontext kennenlernen, und gleichzeitig hilft er dem Kind, vor der
Traumaarbeit zusätzliche emotionale Ressourcen zu erschließen. Mit Hilfe des sicheren Orts kann man dem Kind auch beibringen, sich selbst zu beruhigen, indem man

es beispielsweise dazu anleitet, dreimal tief zu atmen und sich dabei vorzustellen, daß es sich an seinem sicheren Ort befindet. Eine Variante dieses Ansatzes besteht darin, daß das Kind während einer Serie von Augenbewegungen übt, sich an den sicheren Ort zu begeben. Anschließend sollte man ihm sagen, daß es diesen Ort jederzeit aufsuchen kann, wenn ihm das traumatische Material zu schwierig wird. Kommt der Prozeß später zum Stillstand, sollte der Therapeut das Kind darauf hinweisen, daß es den sicheren Ort nutzen kann.

Obwohl und vielleicht gerade weil der sichere Ort nützlich, vielseitig verwendbar und relativ leicht zu verankern ist, wird diese Intervention in der klinischen Praxis momentan möglicherweise überstrapaziert. Es besteht kein Grund zu der Annahme, daß diese spezielle Verankerung in jedem Fall das beste Mittel zur Erschließung derjenigen Ressourcen ist, die das Kind zur Verarbeitung von Traumata benötigt. Im Gegensatz dazu hat die Verankerung des weiter oben beschriebenen Schutzmittels bzw. Schutzwaffe den Vorteil, daß das Kind dabei ausdrücklich aufgefordert wird, genau die Ressource zu schaffen, die in der konkreten Situation am nützlichsten ist. Die Arbeit mit dem sicheren Ort ist dann zu empfehlen, wenn die Schaffung eines anderen Schutzmittels nicht möglich ist und/oder wenn das Kind vom Erlernen einer zusätzlichen Selbstberuhigungsmethode profitieren kann.

Ressourcen oder Lösungen

Andere positive Verankerungen können ebenfalls für die Einleitung der EMDR-Arbeit oder für die Überwindung eines Stagnationspunktes in einer Sitzung genutzt werden. Allein die mehr oder minder große Kreativität des Therapeuten setzt der Verankerung zusätzlicher Ressourcen Grenzen. Beispielsweise kann man das Kind auffordern, die Lösung zu dem Problem zu visualisieren, zu beschreiben oder zu zeichnen; ebenso kann man mit den zur Lösung des Problems erforderlichen Ressourcen, Fähigkeiten oder Verhaltensweisen verfahren. Der Therapeut kann weiterhin eine Lösung oder eine ganze Reihe von Lösungsmöglichkeiten vorschlagen. Lösungen können im Bereich des Phantastischen – »Was wäre, wenn du den Bösewicht einfach zusammenschrumpfen lassen würdest?« – oder des Realistischen liegen – »Stell dir diesmal vor, du würdest es so machen, wie du es am liebsten machen würdest.« Zwar kann der Therapeut Vorschläge machen und dem Klienten in hohem Maße behilflich sein, doch sollte im allgemeinen darauf hingewirkt werden, daß der Klient die entscheidenden Ideen selbst entwickelt, denn dann sind diese für ihn wahrscheinlich bedeutsamer und auch wirksamer.

Stopp! bedeutet Stopp!

Dem Kind wird mitgeteilt, daß es die Arbeit jederzeit unterbrechen kann, wenn es will, und es kann dies üben, indem es lernt, seine Absicht durch Handzeichen oder durch verbale Stoppsignale anzuzeigen.

THERAPEUT: Ich werde jetzt meine Hand so bewegen. Jetzt sagst du Stopp! Und dann schau'n wir, was passiert. Los jetzt, sag Stopp!
KIND: Stopp.
THERAPEUT: Siehst du, meine Hand hat aufgehört, sich zu bewegen.

Dies wirkt auf das Kind beruhigend und lustig zugleich. Es vermittelt ihm ein Gefühl der Kontrolle über das Geschehen und erzeugt eine spielerische Atmosphäre. Manchmal ermöglicht das bloße Wissen, daß Stopp! wirklich Stopp! bedeutet, daß Klienten in der Lage sind, eine fast unerträgliche Etappe der Verarbeitung durchzustehen. Diese Wirkung kann noch verstärkt werden, indem man das Kind mehrmals in unmittelbarer Folge die Handbewegungen des Therapeuten zum Stillstand bringen läßt, wobei diese Aufgabe noch erschwert werden kann, indem ihr etwas hinzugefügt wird wie: »Was ist, wenn du nicht mehr sprechen kannst? Kannst du mich auch mit einer Hand zum Stoppen bringen, so wie ein Polizist Autos anhält? Und wenn du sogar vergißt, wie du mich mit der Hand stoppen kannst, wie kannst du mich dann noch stoppen?«

Schmerz bedeutet Stopp!

Der Therapeut sollte eine Unterbrechung der Arbeit erwägen, wenn das Kind körperliches Unwohlsein empfindet. Zwar würde die EMDR-Arbeit mit einem Erwachsenen in einem solchen Fall normalerweise fortgesetzt, doch kann dies bei einem Kind ein Gefühl der Unsicherheit dem Therapeuten und dem gesamten Prozeß gegenüber erzeugen. Außerdem nimmt das Kind es mit Sicherheit sehr positiv auf, wenn es erlebt, daß der Therapeut seinen körperlichen Schmerz ernst nimmt und daß er darauf reagiert. Eine Möglichkeit ist, die unangenehme Empfindung auf andere Weise zu beseitigen, beispielsweise indem man das Kind auffordert, zu visualisieren, wie sie mit dem Ausatmen den Körper verläßt; nachdem dies geschehen ist, kann mit der EMDR-Arbeit fortgefahren werden. Eine weitere Möglichkeit besteht in der Verankerung einer Visualisation, die dazu dient, die Empfindung zu eliminieren (z.B. durch Vi-

sualisieren von heilendem weißem Licht oder die Vorstellung der beruhigenden Aus-
strahlung eines trostspendenden Erwachsenen). Außerdem kann der Therapeut auch
einfach mit dem Kind über die Situation reden, ihm ebenso wie Erwachsenen die Fortsetzung der EMDR-Arbeit empfehlen, gleichzeitig aber auch andere Möglichkeiten
anbieten, beispielsweise die Unterbrechung der Arbeit, eine Pause oder Maßnahmen
zur Erleichterung.

Das generelle Prinzip sollte in jedem Fall sein, Kindern zu helfen, sich möglichst
sicher zu fühlen, und sie darauf hinzuweisen, daß sie unter Berücksichtigung ge-
wisser notwendiger Einschränkungen den Prozeßverlauf in höchstmöglichem Maße
selbst in der Hand haben. Das Verhalten des Kindes oder seine geäußerten Vorlieben
können bei der Auswahl der am besten geeigneten Technik als Richtschnur benutzt
werden. Die adäquate Einbeziehung dieser Sicherheitsaspekte kann darüber entscheiden, ob die EMDR-Arbeit in einer Sackgasse landet oder ob es gelingt, sie erfolgreich
zum Abschluß zu bringen.

6

Die Grundkomponenten der EMDR-Arbeit bei der Behandlung von Kindern und Jugendlichen

IN DIESEM KAPITEL, das sich an dem von Francine Shapiro (1998) entwickelten Format orientiert, werden altersgerechte Varianten der EMDR-Grundkomponenten vorgestellt. Viele der Vorschläge beziehen sich auf bestimmte Altersgruppen. Als »Jugendliche« wird in diesem Text die Altersstufe von 13 Jahren aufwärts bezeichnet, als »Kinder« alle, die 12 Jahre alt und jünger sind, als »ältere Kinder« die Altersklasse von 9-12 Jahren, als »jüngere Kinder« alle von 8 Jahren abwärts, und als »sehr junge Kinder« alle, die 5 Jahre und jünger sind. Diese Altersangaben sollten jedoch nur als ungefähre Anhaltspunkte verstanden werden; sie können ein differenziertes klinisches Urteil nicht ersetzen.

Wenn Kinder oder Jugendliche Information in einer bestimmten Form geben sollen, so wie es während der Beurteilungsphase der EMDR-Behandlung notwendig ist, kann die »Menütechnik« sehr nützlich sein. Der Therapeut bietet zu diesem Zweck verschiedene Möglichkeiten in Form eines Menüs an und hilft dem Klienten dadurch, zu den gesuchten Antworten zu gelangen. Dabei geht es darum, sinnlose Frustration und Konfrontation – das »Ich weiß nicht«-Syndrom – weitgehend zu vermeiden und dem Klienten trotzdem die Möglichkeit zu geben, auf eine Weise zu antworten, die er selbst als stimmig empfindet.

Bilder

Die EMDR-Komponente der bildlichen Vorstellungen wird bei Kindern fast immer auf ungefähr die gleiche Weise wie bei Erwachsenen benutzt. Das Kind wird gefragt: »Erscheint dir ein Teil dieser Erinnerung als besonders schlimm? Als der allerschlimmste?« Ist sich das Kind nicht sicher, wie es reagieren soll, kann der Therapeut fragen: »Wenn diese Erinnerung ein Film wäre, und du müßtest ein Plakat machen, das zeigt, wie schlimm es in diesem Film zugeht, welches Bild würdest du dann für diesen Zweck wählen?« Zählen zu den auftretenden Symptomen intrusive Bilder oder Alpträume, kann sich schon aufgrund dessen ein nützliches Bild anbieten.

Hat ein Kind Schwierigkeiten mit der Benennung eines adäquaten Bildes, kann die bereits früher beschriebene Menütechnik ausprobiert werden. Dabei ist es von Nutzen, wenn der Therapeut eine gründliche Beurteilung durchgeführt hat und er die genauen Einzelheiten des betreffenden Ereignisses ebenso kennt wie die typischen Reaktionen auf ein Ereignis dieser Art. Ist das Ziel-Trauma beispielsweise ein Autounfall, kann der Therapeut sagen: »Welche der folgenden Situationen empfindest du als am schlimmsten, wenn du dich jetzt an sie erinnerst: Als das andere Auto auf dich zukam? Der Augenblick des Zusammenstoßes? Als du im Krankenhaus warst? Oder war ein anderer Augenblick noch schlimmer für dich?« Auf diese Weise macht er dem Kind klar, um welche Art von Reaktion es geht, läßt ihm aber gleichzeitig genügend Spielraum, um entweder eine der angebotenen Möglichkeiten zu wählen oder eine eigene Antwort zu finden.

Negative Kognition

Bei der Suche nach der negativen Kognition gerät die Arbeit bei Erwachsenen oft ins Stocken, und auch bei Jugendlichen und Kindern ist es oft sehr schwierig, sie zur Formulierung einer passenden negativen Kognition zu bringen. In jedem Fall ist es wichtig, für die Fortsetzung der Verarbeitung zu sorgen. Sind die Augenbewegungen unter Einbeziehung des Bildes (und eventuell der zugehörigen Emotion) eingeleitet worden, taucht die negative Kognition oft spontan auf. Doch auch wenn die Kognitionen während der Bewertungsphase ausgelassen werden, können sie später wichtig werden. Und auch wenn das Kind während der Verarbeitung von sich aus keine negativen Kognitionen bemerkt hat, kann der Therapeut während der Phase der »Reinigung« auf von ihm vermutete negative Kognitionen hinweisen, um sicherzustellen, daß keine negativen Nachwirkungen der verarbeiteten Erinnerung beim Klienten zurückbleiben.

Zur Minimierung von Verwirrung oder Frustration und zur Klärung dessen, was erwartet wird, können bei der Suche nach einer adäquaten negativen Kognition die folgenden Fragen von Nutzen sein: »Wenn du dich jetzt an das Vorgefallene erinnerst, was denkst du dann über dich?« – »Wenn du jetzt an die Situation denkst, welche Gedanken über dich selbst fallen dir dann ein?« – »Wie siehst du dich selbst, wenn du daran denkst?« Auch in diesem Fall (wie generell überall) kann die Menütechnik angewandt werden. Beispielsweise könnte der Therapeut sagen: »Ich kenne auch noch andere Kinder, die so etwas durchgemacht haben. Ich würde dir gern erzählen, was einige von ihnen gesagt haben, und du kannst mir dann sagen, ob irgend etwas davon bei dir auch so ist. Zum Beispiel haben andere Kinder gesagt: ›Mir mir ist irgend etwas nicht in Ordnung‹ oder: ›Ich war schuld daran‹ oder: ›Ich bin nicht gut genug.‹ Ist irgendwas davon bei dir auch so?«

Positive Kognition

Die positive Kognition kann auf kreative Weise mit Hilfe von Zeichnungen oder anderen Formen symbolischen Ausdrucks ermittelt werden, beispielsweise indem man das Kind fragt: »Zeig mir, wie es wäre, wenn es besser wäre.« Dabei sollte der betreffende Klient möglichst stark aktiv beteiligt werden, statt daß ihm jedes Detail vorgekaut wird. Ist der Zeitpunkt für eine positive Verankerung gekommen, bietet sich eine solche meist auch an. Wenn nicht, kann der Therapeut sie zu elizitieren versuchen, indem er fragt: »Was sagst du jetzt selbst darüber?« oder: »Was läßt dich das jetzt über dich selbst glauben?« Reicht das nicht aus, kann er die Menütechnik anwenden und beispielsweise fragen: »Erscheint es dir jetzt als richtiger zu sagen: ›Ich bin jetzt in Sicherheit‹ oder: ›Ich bin okay‹ oder: ›Ich bin ein guter Mensch‹ oder was sonst?«

Validity of Cognition Scale (VoC-Skala) – Zutreffendheit der Kognition

Auch die Feststellung des VoC-Wertes wird häufig modifiziert, insbesondere bei der Behandlung von Kindern. Ist jedoch die negative und die positive Kognition bereits gemäß dem Protokoll für Erwachsene elizitiert worden, dürfte die Feststellung des VoC-Wertes kein besonderes Problem sein. Während die meisten Jugendlichen und älteren Kinder mit der von 1 bis 7 reichenden Skala kaum Schwierigkeiten haben, ziehen jüngere Kinder eine weniger abstrakte Form der Beurteilung vor. Besonders beliebt sind in dieser Hinsicht Veränderungen des Abstands zwischen den beiden Händen (Beschreibung folgt) und »animierte« Meßskalen wie beispielsweise eine Reihe von Gesichtern, deren Ausdruck allmählich von extrem traurig zu extrem glücklich übergeht, oder ein Farbbalken (siehe weiter unten).

Emotion

Die Komponente der Emotion wird normalerweise in die Arbeit mit Kindern einbezogen, es sei denn, es gibt wichtige Gründe dafür, dies nicht zu tun – beispielsweise kann man sie bei sehr jungen Kindern auslassen. Das Benennen einer bestimmten Emotion ist deshalb von Vorteil, weil es dem Therapeuten hilft, Zustand und Fortschritte des Kindes zu verfolgen und das Kind auf die Desensibilisierungsphase vorzubereiten. Normalerweise reicht es aus zu fragen: »Was für ein Gefühl hast du dabei?« Antwortet das Kind: »Ich weiß nicht« oder: »Ein schlechtes«, kann der Therapeut ihm Bilder von »Gefühlsgesichtern« zeigen (diese haben sich als sehr nützlich erwiesen) und sagen: »Ist es eins von diesen hier?« Dies fördert den Fortgang der Verarbeitung und trägt zur Vermeidung unnötiger Verzögerungen und von Unbehagen bei, und gleichzeitig lernt das Kind, Gefühle genauer zu artikulieren. Außerdem kann der Therapeut dem Kind auf diese Weise vermitteln, daß es mehrere Gefühle gleichzeitig haben kann, indem er ihm die Möglichkeit gibt, aus der graphischen Darstellung mehr als ein Gefühl zu wählen.

Subjective Units of Disturbance Scale (SUD-Skala) – eine subjektive Einschätzung des Belastungsgrades

Die SUD-Skala wird in irgendeiner Form immer benutzt, es sei denn, es handelt sich um sehr junge Kinder oder solche, deren sprachliches Ausdrucksvermögen noch sehr begrenzt ist. In allen anderen Fällen ist die Feststellung des SUD-Wertes eine der wichtigsten Möglichkeiten, sich über die Fortschritte des Kindes zu informieren. Die meisten Erwachsenen und auch einige ältere Kinder sind in der Lage, den SUD-Wert mit Hilfe der numerischen Methode (der von 0 bis 10 reichenden SUD-Skala) festzustellen. Für andere Kinder gibt es verschiedene weniger abstrakte Möglichkeiten.

Meist wird der SUD-Wert bei Kindern durch verschieden weites Ausstrecken der Arme festgestellt. Der Therapeut sagt: »Wenn du daran denkst, wie schlecht fühlt sich das Gefühl dann an? So sähe es aus, wenn es das schlimmste Gefühl auf der ganzen Welt wäre [*hält die Arme so weit wie möglich auseinander*]; so sähe es aus, wenn es ein ziemlich schlimmes Gefühl wäre [*hält die Arme halb ausgestreckt*]; und so sähe es aus, wenn das Gefühl nur ein bißchen schlimm wäre [*hält die beiden Hände in einem Abstand von nur wenigen Zentimetern*]. Jetzt zeig mir mit deinen Händen, wie schlimm das Gefühl ist.« Manchmal müssen Kinder in nachfolgenden Serien von Augenbewegungen noch ein- oder zweimal daran erinnert werden, wie diese Methode funktioniert, doch im allgemeinen verstehen sie sie und sind dann in der Lage, sie mit Leichtigkeit anzuwenden. Manchmal berichtet ein Kind dann auch von einer »11«, indem es durch Gestikulieren zu verstehen gibt, daß der Abstand seiner vollständig ausgestreckten Arme für das, was es anzeigen will, nicht ausreicht; und manchmal zeigen Kinder eine »0« an, indem sie beide Hände zusammenlegen (und lächeln).

Eine Variante dieser Methode besteht darin, die Füße des Klienten auf einem großen Blatt Papier abzumalen, was Kinder gewöhnlich als sehr angenehm empfinden. Soll dann die Frage nach dem SUD-Wert gestellt werden, kann man dem Kind einen Filzstift geben und es auffordern: »Zeichne jetzt auf dieses Blatt einen Kreis, der zeigt, wie schlimm diese Gefühle sind. Je schlimmer die Gefühle sind, um so größer muß der Kreis sein.« Im Laufe der EMDR-Arbeit werden die Kreise allmählich kleiner. Sie füllen dann nicht mehr das ganze Blatt um die Füße herum aus, sondern schrumpfen zu einem kleinen Punkt zwischen den beiden Füßen. Kindern macht dies oft großen Spaß, und es gefällt ihnen, daß ihre Fortschritte visuell festgehalten werden. Diese Variante der Feststellung des SUD-Wertes bringt ein Spaßelement in die Arbeit, und es kommt sogar vor, daß Kinder darum bitten, die EMDR-Arbeit zu wiederholen, damit ihre Füße wieder abgemalt werden.

Jede Art, den SUD-Wert festzustellen, ist akzeptabel, wenn sie ihren Zweck erfüllt. Der Therapeut kann das Kind fragen, ob es sich ein wenig besser oder schlechter als vorher oder noch ungefähr genauso wie vorher fühlt. Ein geistig retardierter Junge war nur in der Lage zu berichten, daß er eine große, mittlere oder kleine Menge von »schlecht« empfand.

Trotz aller Bemühungen und Erklärungen von seiten des Therapeuten kommt es vor, daß Kinder den SUD-Wert auf eine kaum zu interpretierende Weise benennen, oder es scheint zwar, als seien sie zu einer korrekten Benennung in der Lage, doch tatsächlich wollen sie etwas anderes vermitteln. Bei anderen Kindern ist klar zu erkennen, daß ihr Verständnis des SUD-Wertes nicht dem allgemeinen Standard entspricht und möglicherweise sogar unsinnig ist. Kurz gesagt kann man sich nicht immer darauf verlassen, daß Kinder in der Lage sind, den Vorstellungen des Therapeuten entsprechend effektiv zu kommunizieren. Insbesondere wenn der genannte SUD-Wert als zweifelhaft erscheint, ist der Therapeut bei der Feststellung von Fortschritten und Auswirkungen der Behandlung allein auf sein klinisches Urteilsvermögen angewiesen. Die unmittelbar auf die EMDR-Arbeit folgende Aktivität setzt die neuesten Fortschritte des Kindes und seine aktuellen Besorgnisse oft ganz deutlich in Szene. Auch Feedback von seiten der Eltern über den Verlauf der Woche seit der letzten Sitzung kann sehr informativ sein.

Körperempfindungen

Mit der Komponente der Körperempfindungen wird bei Kindern genauso umgegangen wie bei Erwachsenen. Einige Kliniker forschen bei Kindern unmittelbar nach dem Benennen der Emotion nach einer entsprechenden Körperempfindung, doch die meisten halten es für besser, vorher den SUD-Wert festzustellen. Generell reagieren Kinder gut auf die Frage: »Wo spürst du das in deinem Körper?« Mit ihrer Hilfe können alle eventuell bestehenden ungewöhnlichen Empfindungen elizitiert werden. Anschließend kann man das Kind in Verbindung mit einer Serie von Augenbewegungen darauf fokussieren lassen, was zu einer zusätzlichen Verstärkung der positiven Auswirkungen führen kann.

Die Augenbewegungen

Bei den meisten normalen Jugendlichen und älteren Kinder kann man die Augenbewegungen mittels der gleichen Handbewegungen initiieren, die auch bei Erwachsenen benutzt werden. Die einzelnen Serien von Augenbewegungen können etwas kürzer sein, wobei darauf hingewiesen werden sollte, daß die Verarbeitung bei Kindern manchmal so schnell abgeschlossen ist, daß sich der behandelnde Therapeut verwundert fragt, ob überhaupt irgend etwas geschehen ist. Wie bei Erwachsenen sollte auch bei Kindern und Jugendlichen eine Serie von Augenbewegungen, in der ein beunruhigendes Bild verarbeitet wird, gewöhnlich länger dauern als eine Serie in Zusammenhang mit einer positiven Verankerung.

Zur Zeit gehen wir immer noch von der Annahme aus, daß Augenbewegungen als Stimulationsmethode generell vorzuziehen sind, wenn auch andere Formen der alternierenden Rechts-links-Stimulation ebenfalls akzeptabel sind. Angesichts dieser Präferenz sollte wann immer möglich versucht werden, Augenbewegungen zu induzieren. Beispielsweise kann der Klient auch bei Anwendung einer alternierenden auditiven oder taktilen Stimulation instruiert werden, die Augen zeitgleich mit dem anderen Stimulus zu bewegen.

Viele kleinere Kinder und auch Kinder mit neurologischen Problemen sind nicht in der Lage, Augenbewegungen auf die übliche Weise auszuführen. Auch andere Erwägungen, beispielsweise die Steigerung des Interesses an der Arbeit und das Bemühen, dem Kontrollbedürfnis des Kindes gerecht zu werden, können zur Anwendung anderer Arten, die Augenbewegungen zu initiieren, führen. Nur äußerst selten sprechen Kinder auf keine der im folgenden beschriebenen Methoden an.

Verwendung eines besonderen Objekts

Sie können die normalen Augenbewegungen mit Hilfe eines Zauberstabs induzieren. Zum einen ist der Zauberstab ein schönes Symbol, und zum anderen entlastet er den Arm des Therapeuten. Auch mit Hilfe einer Puppe, eines kleinen Plüschtiers oder eines Plastikschwerts, das bereits während der Sitzung benutzt wurde, können die Augenbewegungen induziert werden. Außerdem kann man dem Kind die Möglichkeit geben, zu diesem Zweck selbst ein besonderes Objekt auszuwählen. Alles, was das Kind darin unterstützt, den Fokus aufrechtzuerhalten, kann einbezogen werden.

Handtippen/Handabklatschen

Diese Methode wird bei jüngeren Kindern wahrscheinlich am häufigsten benutzt, und viele Therapeuten greifen sofort zu ihr, ohne mit der Standardmethode auch nur einen Versuch gemacht zu haben. Der Therapeut streckt beide Hände vor, und das Kind tippt mit einer Hand abwechselnd auf die beiden Handflächen des Therapeuten. Vielen Kindern macht dies Spaß, insbesondere wenn sie auf die Hände nicht nur tippen, sondern klatschen. Achten Sie darauf, daß das Kind seine Augen wirklich bewegt. Manchmal muß der Therapeut seine eigenen Hände ein wenig bewegen und sagen: »Du mußt gucken, wohin du schlägst. Ich werde nämlich versuchen, dich auszutricksen, indem ich meine Hände wegziehe, und du darfst nicht danebenschlagen.« Es gibt noch einige schöne Varianten hierzu. Beispielsweise kann das Kind aufgefordert werden, *für* das Tier, das es auf dem Schoß hat, zu tippen oder mit dem Tier zu tippen. Wenn sich Spielzeug im Therapieraum befindet und das Kind hat eine Pistole oder ein Messer benutzt, um sich im Spiel zu schützen, kann es mit dieser Waffe tippen; dies gilt sowohl für den Fall, daß die Waffe als Schutz verankert werden soll, als auch für die Traumaverarbeitung.

Finger emporschnellen lassen

Halten Sie an beiden Enden des Sehfelds des Kindes eine Faust empor, und lassen sie abwechselnd an den beiden Händen einzelne Finger emporschnellen. Kinder, die nicht in der Lage sind, die Bewegung einer Hand durch das gesamte Sehfeld zu verfolgen, können das Hochschnellen der Finger mit ihren Augen registrieren.

Fingerschnippen

Falls Sie als Therapeut nicht in der Lage sind, mit den Fingern zu schnippen, können Sie jene kleinen Metallfrösche benutzen, die ein Knackgeräusch erzeugen, wenn man auf sie drückt. Dies kann in der gleichen Position wie beim Emporschnellenlassen der Finger geschehen. Der multimodale (visuelle und auditive) Reiz hilft, die Aufmerksamkeit des Kindes zu wecken und zu fokussieren.

Andere Arten der Bewegung

Kinder, die Schwierigkeiten haben, die üblicherweise verwendete Hinundherbewegung der Hände des Therapeuten zu verfolgen, sind möglicherweise in der Lage, einer anderen Art von Bewegung zu folgen, beispielsweise einer Kreisbewegung, einer elliptischen oder diagonalen Bewegung, einer unregelmäßigen Linie oder einer liegenden Acht. Dies kann bei Kindern, die unter AD/HD oder einer Lernstörung leiden, nützlich sein, und man kann es auch bei Kindern ausprobieren, bei denen andere Methoden sich als unwirksam erwiesen haben. Manche Therapeuten glauben, daß bestimmte Bewegungen bestimmte Wirkungen hervorrufen – daß man beispielsweise durch eine Kreisbewegung oder eine liegende Acht eine beruhigende Wirkung erzeugen kann. Diesbezüglich besteht jedoch keine einhellige Meinung, und die vermuteten speziellen Wirkungen sind auch noch nicht formell untersucht worden.

Punkte an der Wand

Wählen Sie Punkte oder Objekte an einer Wand, die der Klient am äußersten Rand seines Sehfeldes sieht, und fordern Sie das Kind auf, diese abwechselnd anzuschauen. Diese Technik ist in vielen Fällen äußerst nützlich. Kinder, die zu oppositionellem Verhalten neigen oder deren Bedürfnis, den Prozeß selbst zu bestimmen, sehr stark ist, werden die Punkte möglicherweise selbst aussuchen und markieren wollen, indem sie diese beispielsweise auf eine Tafel zeichnen oder indem sie Stecknadeln mit farbigen Köpfen an der Wand befestigen. Läßt das Kind sich ablenken, weil es den Therapeuten während der Augenbewegungen sieht, kann das Fokussieren auf Punkte an der Wand von Nutzen sein. Selbst wenn Klienten bereits eine andere Methode erfolgreich benutzt haben, ist ein Wechsel zu dieser eine gute Möglichkeit, ihnen beizubringen, daß sie die EMDR-Stimulationstechnik in bestimmten Situationen selbständig benutzen können, beispielsweise wenn sie aus einem schlechten Traum aufwachen oder wenn sie unter Leistungsangst leiden.

Ballspiele

Es gibt mehrere Möglichkeiten, Augenbewegungen mit Hilfe eines Balls zu initiieren und das Kind während eines Gesprächs zur Ausführung einer Engagement erfordernden Aktivität wie Ballspiel zu bringen (Marshall & Vargas-Lobato 1997). In dem Gespräch kann es um eine traumatische Erinnerung oder um ein aktuelles belastendes Erlebnis gehen oder einfach um ein belastendes Thema. Das Kind kann aufgefordert (oder ihm kann erlaubt) werden, den Ball im Sitzen von einer Hand in die andere zu werfen oder ihn immer wieder hochzuwerfen. Eine andere Möglichkeit ist, daß Therapeut und Kind den Ball hin und her werfen, eventuell im Takt damit, wer von beiden in dem gemeinsamen Gespräch jeweils spricht. Fällt dem Therapeuten eine günstige Gelegenheit zur Einführung der Augenbewegungen auf, behält er den Ball zurück und läßt das Kind abwechselnd auf die Knie schlagen und dabei eventuell laut zählen: »1, 2, 3, 4, 5, 6«. Ist dies für das Kind zu schwierig, kann er statt dessen selbst auf seine eigenen Knie schlagen. Diese Methode verbindet die Augenbewegungen mit einer aktiven, Engagement erfordernden, frei fließenden Interaktion, was insbesondere bei Kindern sehr nützlich sein kann, die andernfalls Schwierigkeiten hätten, fokussiert zu bleiben.

Drücken

Kinder, die ein starkes Kontrollbedürfnis haben, kann man auffordern, den Arm oder Stab des Therapeuten zu bewegen und so seine Bewegungen zu steuern, oder sich vorzustellen, sie würden mit ihren Augen (den Arm oder Stab) drücken.

Augenbewegungen mit Hilfe von Farbstiften

Kinder, denen es schwerfällt, mit den Augen die visuelle Mittellinie zu überqueren, können mit Farbstiften auf einem Blatt Papier Striche von einer Seite zur anderen ziehen, wobei sie mit den Augen ihren eigenen Handbewegungen folgen und den Spuren, die der Farbstift hinterläßt.

Handberührungen

Das Kind läßt beide Hände auf den Knien ruhen, wobei die Handflächen nach oben oder nach unten weisen können. Seine Augen sind geschlossen. Der Therapeut berührt die Hände des Kindes abwechselnd mit einem Finger und fordert das Kind auf, seine Augen entsprechend zu bewegen. Diese Methode entstammt dem Repertoire für Erwachsene, und sie wird wegen der potentiell damit verbundenen Grenzverletzungsproblematik nur in Ausnahmefällen benutzt. Ihre Anwendung kann sinnvoll sein, wenn ein Kind visuell sehr ablenkbar ist oder über trockene und juckende Augen klagt.

Andere alternierende Stimuli

Wie bei Erwachsenen können auch bei Kindern andere alternierende Stimuli benutzt werden, falls das Kind die Augenbewegungen nicht adäquat auszuführen vermag. Alternierende auditive Stimulationen sind mit Hilfe der Fingerschnippmethode möglich. Der Therapeut kann auch abwechselnd mit den Füßen auf den Boden klopfen oder sich abwechselnd auf beide Knie schlagen. Des weiteren kann die Methode des Handabklatschens benutzt werden, ohne daß dabei auf der gleichzeitigen Bewegung der Augen bestanden wird. Das Kind kann dazu aufgefordert werden, sich abwechselnd auf die Knie zu schlagen oder mit den Füßen zu stampfen. Falls nicht kontraindiziert, kann auch mit alternierender Berührung gearbeitet werden, wobei gewöhnlich die Hände des Kindes abwechselnd berührt werden. Ungeachtet all dieser Möglichkeiten sollten die Augenbewegungen in jedem Fall die erste Wahl sein.

High-tech-Möglichkeiten

Zum Induzieren von Augenbewegungen oder anderer Formen alternierender Rechts-links-Stimulation sind verschiedene Geräte entwickelt worden. Unter anderem gibt es einen Stab, an dessen Ende sich ein Licht befindet, und eine Box, aus der ein Lichtstrahl austritt, der sich hin- und herbewegt. Einige Therapeuten, die mit Kindern und Jugendlichen arbeiten, berichten anekdotisch von einer Bevorzugung anderer Formen alternierender Rechts-links-Stimulation, die ihrer Meinung nach von den Kindern besser angenommen werden und weniger ablenkend wirken. Beispielsweise kann eine alternierende auditive Stimulation mit Hilfe von Kopfhörern erfolgen; und eine alternierende taktile Stimulation kann induziert werden, indem man das Kind kleine Objekte festhalten läßt, die abwechselnd vibrieren. Weitere Informationen über Produkte, die zur Unterstützung der EMDR-Arbeit entwickelt wurden, können Sie den in Anhang A zusammengestellten allgemeinen Quellen für Informationen über EMDR entnehmen.

Ich persönlich ziehe herkömmliche Methoden und die traditionellen Augenbewegungen in irgendeiner Form vor, und ich habe mit diesem Ansatz so gut wie nie Probleme gehabt. Dennoch möchte ich nicht ausschließen, daß einige der genannten technischen Geräte einen problemloseren Ablauf von Behandlungssitzungen ermöglichen, ohne daß die Wirkung der Behandlung dadurch beeinträchtigt wird. Bis eindeutigere Untersuchungsergebnisse über diesen Aspekt der EMDR-Arbeit vorliegen, bleibt der einzelne Kliniker in der Wahl seiner Hilfsmittel sich selbst überlassen.

7

Die acht Phasen der EMDR-Behandlung bei der Arbeit mit Kindern und Jugendlichen

IN DIESEM KAPITEL, das sich an dem von Francine Shapiro (1998) entwickelten Format orientiert, werden altersgerechte Varianten der acht Phasen einer EMDR-Behandlung vorgestellt. Allerdings folgen die bei der Arbeit mit Kindern und Jugendlichen tatsächlich benutzten Protokolle nicht immer dem hier beschriebenen Muster. Beispielsweise wird ein »sicherer Ort« oder ein »Schutzmittel« oft *vor* der Desensibilisierung verankert. Solche Variationen und Vorschläge werden in Verbindung mit der Beschreibung der einzelnen Techniken und Protokolle erwähnt. Weitere Detailhinweise zu spezifischen Protokollen und Populationen sind in anderen Kapiteln zu finden.

Bei vielen Jugendlichen und auch bei einigen älteren Kindern kann das EMDR-Standardprotokoll für Erwachsene angewandt werden. Für die Arbeit mit jüngeren, unruhigen Klienten können einige Schritte modifiziert werden, um das Interesse an der Arbeit aufrechtzuerhalten. Zum Glück halten Kinder ihre verschiedenen Erfahrungen in weniger starkem Maße separat als Erwachsene, weshalb bei ihnen die Erzielung des bestmöglichen Behandlungsergebnisses nicht unbedingt die Anwendung des vollständigen Protokolls erfordert. Beim Protokoll für die Behandlung Erwachse-

ner wird ausdrücklich das gleichzeitige Fokussieren auf bildliche Vorstellung, Kognition, Emotion und Empfindung gefordert, um bei der Verarbeitung einen umfassenden, ganzheitlichen Zugang zu der betreffenden Erinnerung zu gewährleisten. Bei
Kindern ist es hingegen oft ausreichend, nur auf das Bild oder auf das Bild in Verbindung mit der Emotion zu fokussieren, um den Zugang zur gesamten Erinnerung zu
erschließen. Generell wird das Protokoll um so stärker abgekürzt, je jünger das betreffende Kind ist. Ein erfahrener Kliniker entwickelt im Laufe der Zeit ein gutes Gefühl
dafür, in welchem Maße er sich des Standardprotokolls bedienen sollte. In jedem Falle wird durch eine systematische Folgebetreuung das Risiko verringert, daß die Behandlung nicht vollständig zum Abschluß kommt.

Phase 1: Anamnese und Behandlungsplanung

In dieser Phase erfolgt eine gründliche Untersuchung der allgemeinen Situation des
Klienten sowie eine Beurteilung seines Zustandes. Bei Kindern und Jugendlichen
ist es besonders wichtig, sich über den gesamten Problemkontext zu informieren, z.
B. die Familie, die Schulsituation und andere potentiell signifikante Faktoren des
Lebenszusammenhangs. Anschließend kann der Therapeut mit den Eltern und anderen Personen darüber sprechen, wie sich die Lebensumwelt des Kindes oder Jugendlichen zum Nutzen der Heilung gestalten läßt. Einige mit der EMDR-Arbeit
zusammenhängende Ansätze für die Arbeit mit der Familie werden in den Kapiteln 2,
9 und 10 beschrieben. Abgesehen von der üblichen Beurteilungsprozedur sollten bei
Kindern und Jugendlichen folgende Themen ausdrücklich angesprochen werden:

Vorgeschichte des Problems und
eventuelle Traumageschichte

Die zur Zeit populärste Art, EMDR zu verwenden, besteht in der Behandlung belastender Erinnerungen, die bisher nicht effektiv verarbeitet wurden und deshalb belastende Symptome hervorgerufen haben. Um geeignete Ziele für die Verarbeitung
zu finden, können die Vorgeschichte des Problems und die Geschichte etwaiger Traumata oder Verluste korreliert werden. Oft läßt sich der Beginn der aktuellen Probleme auf ein bestimmtes Ereignis im Leben des Kindes zurückführen. Auch frühere Ereignisse können die Verletzlichkeit des Kindes verstärkt haben, wobei das Erlebnis,
das den Beginn des Problems markiert, lediglich als letztendlicher Auslöser fungiert

hat. Deshalb ist eine gründliche Untersuchung sowohl der Vorgeschichte des akuten Problems als auch der Geschichte der Trauma- und Verlusterlebnisse im Leben des Kindes erforderlich, um den Fall auf eine für die bevorstehende EMDR-Behandlung nützliche Weise zu beschreiben.

Die aktuelle Situation

Die aktuellen Parameter des Problems sollten sorgfältig analysiert werden, einschließlich der Umstände, unter denen es auftritt (und der umgebungsbedingten Unwägbarkeiten), sowie auch der Umstände, unter denen es *nicht* auftritt. Besonders nützlich ist es festzustellen, wie das Kind selbst das Problem definiert. Anschließend sollten alle Betroffenen ihre Behandlungsziele benennen, und den Eltern und dem Kind sollte der vom Therapeuten entwickelte Behandlungsplan erläutert werden, dem sie zustimmen müssen, damit er umgesetzt werden kann. Auch die spezifischen Einzelheiten des Problems werden während der Behandlung benutzt.

Nützliche Information

Der Behandlung kommen Informationen über die im folgenden zusammengestellten Aspekte zustatten, die von den Eltern oder, falls möglich, vom Kind erfragt werden müssen (ein großer Teil der Information kommt von den Eltern, die sich wahrscheinlich während der ersten ein bis zwei Sitzungen mit der Gesprächsform wohler fühlen): Details über das Trauma bzw. das Verlusterlebnis; Stärken des Kindes und Vorlieben (bevorzugte Speisen, Musikarten, Aktivitäten, Lieblingsschulfach, bester Freund, Rollenmodell/Ich-Ideal usw.); wichtige Erfolge des Kindes in seinem bisherigen Leben (Leistungen, positive Beziehungen); und Ziele des Kindes.

Phase 2: Vorbereitung

In dieser Phase wird eine Erklärung sowohl über die EMDR-Methode als auch über die potentiellen Auswirkungen der Behandlung gegeben. Auf dieser Information basiert die Einwilligung der Eltern und des Kindes in die EMDR-Behandlung. Außerdem werden potentielle Hindernisse wie Ängste oder sekundäre Gewinne untersucht und durchgearbeitet. Des weiteren wird in dieser Phase sichergestellt, daß der Klient in der Lage ist, auf effektive Weise mit einem großen Maß an Streß fertig zu werden;

dies kann die Vermittlung von Entspannungstechniken und anderen Methoden der Selbstberuhigung erforderlich machen.

Zwar sollte die EMDR-Arbeit generell auf eine ansprechende Weise dargestellt werden, doch darf auch nicht versäumt werden, darauf hinzuweisen, daß das Kind während der Arbeit eventuell unangenehme Gefühle erleben wird, daß EMDR in manchen Fällen unwirksam sein kann und daß sich Kinder manchmal vom Therapeuten im Stich gelassen fühlen. Der Therapeut kann beispielsweise sagen: »Viele Kinder fühlen sich nach dieser Behandlung besser, aber das ist bei jedem anders. Manchmal tauchen auch noch andere Gefühle auf, und es läßt sich nur schwer voraussagen, wie es bei dir sein wird. Vielleicht bekommst du durch die Arbeit zuerst Angst. Ich hoffe aber, daß wir darüber hinwegkommen werden und daß du dich dann deutlich besser fühlen wirst. Und natürlich kannst du die Arbeit unterbrechen, wann immer du willst.« Viele der im folgenden beschriebenen Metaphern können bei dieser Vorbereitung helfen.

Manchmal ist es ratsam, EMDR bewußt als sehr schwierig oder unangenehm darzustellen. Insbesondere Jugendliche lassen sich oft durch den Aspekt der Herausforderung motivieren, den die direkte Konfrontation mit einer traumatischen Erinnerung beinhaltet. Außerdem kann man EMDR gegenüber älteren Kindern oder Jugendlichen, die die Behandlung generell völlig ablehnen, als zwar möglicherweise schmerzhaft, dafür aber auch sehr schnell wirkend hinstellen.

THERAPEUT: Wir haben grundsätzlich zwei Möglichkeiten, und gewöhnlich führen beide zum Ziel. Wir könnten uns ungefähr ein halbes Jahr lang jede Woche treffen und in dieser Zeit über verschiedene Themen sprechen [über das Trauma, die Wut usw.], bis du dich irgendwann besser fühlst und du nicht mehr zu mir zu kommen brauchst. Wir können die Behandlung aber auch auf einen Monat oder zwei abkürzen. Nur würde dir das, was wir dann tun müßten, wahrscheinlich nicht sonderlich gefallen.

KLIENT: Worum geht es denn dabei?

THERAPEUT: Ich kann es dir erklären, aber ich sage dir schon jetzt: Es wird dir nicht gefallen. Du mußt dich dabei sehr intensiv auf die unangenehmen Dinge konzentrieren, über die wir schon gesprochen haben. Das Gefühl kann manchmal ziemlich stark werden. Das einzig Gute daran ist, daß du die ganze Angelegenheit auf diese Weise wenigsten schneller hinter dich bringst.

KLIENT: Es wäre mir schon recht, schneller damit fertig zu werden.

THERAPEUT: Laß mich erklären, weshalb ich glaube, daß dir die Behandlung nicht gefallen wird. Zunächst einmal können die Gefühle, die du dabei haben wirst, ziemlich unangenehm sein, vielleicht sogar genauso unangenehm wie das, was du in der ursprünglichen Situation, um die es geht, erlebt hast. Falls du das durchhältst, wirst du dich natürlich später höchstwahrscheinlich besser fühlen. Aber da gibt es auch noch etwas anderes, das viele Kinder merkwürdig finden: Du mußt nicht nur an diese schrecklichen Erlebnisse denken, sondern gleichzeitig auch die Augen hin- und herbewegen.

KLIENT: Was meinen Sie damit?

THERAPEUT: Nun ja, ich werde es dir zeigen. Schau, ich würde meine Hand so hin- und herbewegen, und du müßtest ihr mit deinen Augen folgen. Genau so. Aus irgendeinem Grund funktioniert die Arbeit dadurch besser.

KLIENT: Das ist wirklich ziemlich merkwürdig.

THERAPEUT: Dein Vater hat zu mir gesagt, du müßtest so lange zu mir kommen, bis wir alle der Meinung sind, daß das Problem nicht mehr besteht. Nun kannst *du* entscheiden, ob wir die langsamere oder die schnellere Methode anwenden sollen. Und du kannst deine Entscheidung in jedem Fall auch später noch ändern.

KLIENT: Ich glaube, die schnellere Methode ist mir lieber.

Auf diese Weise wird eine Wahlmöglichkeit angeboten, und die EMDR-Option repräsentiert dabei die Möglichkeit eines schnelleren Behandlungsabschlusses. Später kann der Therapeut sagen: »Es ist okay, wenn du das nicht jetzt machen willst. Wir können heute auch einfach miteinander reden.« Und es ist tatsächlich okay. Es wirkt schon allein therapeutisch, daß der Klient sich für verschiedene Optionen entscheiden kann, und außerdem trägt dies zur Verbesserung der therapeutischen Beziehung bei. Im beschriebenen Beispielfall wird durch diese Vorgehensweise zusätzlich die Motivation für die EMDR-Arbeit gestärkt, und gleichzeitig wird eindeutige Information bezüglich der potentiell mit dieser Arbeit verbundenen Belastung gegeben.

Dieses »informierte Einwilligung« (*informed consent*) genannte Verfahren dient dazu, dem Klienten zu versichern, daß er die Kontrolle über das Geschehen behält, und potentiell schädliche Überraschungen zu vermeiden. Allerdings fokussieren manche EMDR-Therapeuten stärker auf das Positive, um die Kooperation mit dem Klienten zu fördern und seine Erwartungen zu verstärken, und einige beginnen mit der EMDR-Arbeit bereits nach einer minimalen Einführung. Bezüglich der Frage, wie spezifisch das Kind in der Vorbereitungsphase über die EMDR-Arbeit informiert werden sollte, besteht keine Übereinstimmung; in diesem Punkte ist das klinische und ethische Urteilsvermögen des Therapeuten gefordert.

Überprüfung auf Risikofaktoren

Zu den potentiellen Risikofaktoren zählen akute körperliche Krankheiten, Atemprobleme, Medikamenteneinnahme, präpsychotische Zustände, dissoziative Störungen, die Möglichkeit einer Aufdeckung von Mißbrauchs- oder Vernachlässigungserfahrungen, ein laufendes Gerichtsverfahren und Wankelmütigkeit auf seiten des Klienten. Diese Aspekte müssen untersucht und nötigenfalls bearbeitet werden, so daß vor Beginn der EMDR-Arbeit die erforderlichen Vorsichtsmaßnahmen getroffen werden können.

Gerichtsverfahren

Manchmal werden Therapeuten aufgefordert, Kinder zu behandeln, die durch ein Ereignis traumatisiert worden sind, das entweder bereits zum aktuellen Zeitpunkt gerichtlich untersucht wird oder später einer solchen Untersuchung unterzogen werden soll, beispielsweise wenn das betreffende Kind besser in der Lage ist, als Zeuge auszusagen. In solchen Fällen sind verschiedene Probleme zu beachten, darunter auch die eventuellen Auswirkungen der EMDR-Arbeit auf das Erinnerungsvermögen und auf die Bereitschaft und Fähigkeit, eine Zeugenaussage zu machen, sowie auch die Ansichten des Gerichts zum Ausmaß der entstandenen Schädigung.

Geklärt werden muß in solch einem Fall unter anderem die Frage, ob die Anwendung von EMDR die Glaubwürdigkeit des Klienten als Zeuge beeinträchtigen könnte, was die Zutreffendheit seiner Erinnerung betrifft. Vorläufige Untersuchungsergebnisse zeigen, daß EMDR die Erinnerungen an Details wichtiger Erlebnisse zumindest während einer Sitzung sogar verstärken kann (Lipke 1994). Beispielsweise ergab eine bisher unveröffentlichte Untersuchung (Carol McBryde, persönliche Mitteilung), daß Kinder, die nachweislich Mißbrauch erlebt hatten, aufgrund einer EMDR-Behandlung nach dem üblichen Erstgespräch zahlreiche Details über ihre Mißbrauchserlebnisse zu benennen vermochten, deren Zutreffendheit später von unabhängiger Seite bestätigt wurde. Wie Francine Shapiro in ihrem Buch *EMDR – Grundlagen und Praxis* (1998) schreibt, haben die Gerichte bisher EMDR als der juristischen Zeugnisfähigkeit nicht abträglich eingestuft – im Gegensatz zur Hypnose, der potentielle Verzerrungen von Erinnerungsdetails zur Last gelegt werden. Allerdings sind derartige Regelungen ständigen Veränderungen unterworfen, und möglicherweise werden bei einer späteren Neuregelung auch durch EMDR eventuell veränderte Erinnerungen vor Gericht nicht mehr als unproblematisch akzeptiert. Da außerdem Erinnerungsdetails auch völlig unabhängig von einer eventuellen EMDR-Behandlung nicht immer zutreffend sind (ISTSS [International Society for Traumatic Stress Studies] 1998), läßt sich trotz der augenblicklich noch gegebenen Akzeptanz der Gerichte gegenüber einer EMDR-Behandlung vor Abschluß eines Prozesses weder über die Zutreffendheit von Erinnerungsdetails noch über die zukünftige Haltung der Gerichte gegenüber EMDR Definitives sagen.

Die Zeugenaussage eines Kindes kann durch EMDR auch noch auf andere Weise beeinflußt werden. Einerseits bewirkt eine erfolgreiche EMDR-Behandlung oft, daß das Kind sich bei der Diskussion über das fragliche Ereignis vor Gericht weniger unwohl fühlt. Viele Eltern weigern sich strikt, ihr Kind einem Gerichtsverfahren auszusetzen, bis sie sehen, daß es nach einer erfolgreichen Behandlung in der Lage ist, problemlos über das Erlebte zu sprechen. Andererseits kann die Anwendung von EMDR ein Gerichtsverfahren aus zwei Gründen gefährden: Erstens ist die Erinnerung an das Geschehene bei manchen Kindern nach erfolgreichem Abschluß einer EMDR-Behandlung weniger plastisch, so daß die Detailerinnerungen verblassen und die Zeugenaussage emotional sehr viel weniger dramatisch erscheint. Und zweitens kann die Tatsache, daß das Kind nicht mehr unter psychischen Schädigungen aufgrund des Ereignisses leidet, auf dem Ausmaß des erlebten Schmerzes und psychischen Leids basierende Schmerzensgeldforderungen gefährden.

Die Frage der Auswirkungen von EMDR auf Gerichtsverfahren ist sehr komplex und noch nicht sehr gut erforscht. Zur Zeit wird in dieser Hinsicht die folgende Vorgehensweise empfohlen: 1) Ein Gespräch mit dem Kind und seinen Eltern bzw. Erziehungsberechtigten über diese Thematik; 2) Empfehlung einer Beratung durch einen Rechtsanwalt; 3) Hinterlegung einer eidlichen Aussage des Kindes bei den zuständigen Behörden vor Beginn einer Behandlung, so daß später nicht behauptet werden kann, die Erinnerung des Klienten sei durch die Therapie verfälscht worden; und 4) Einholung einer schriftlichen Genehmigung zur Behandlung vom Gericht mit Blick auf die obigen Aspekte. Die meisten Eltern begrüßen es, in der beschriebenen Weise informiert zu werden, auch wenn sie keineswegs vorhaben, das emotionale Wohl ihres Kindes einem potentiellen zukünftigen finanziellen Vorteil zu opfern.

Gefahr des Ausagierens

Ein anderes häufig vorkommendes Risiko ist die Neigung zum Ausagieren. In solchen Fällen kann man den Eltern und Kindern sagen: »Manchmal wird es zuerst schlechter, bevor es besser wird«, weil beunruhigende Emotionen zuweilen zwar aktiviert, aber vor Ende einer Sitzung nicht völlig aufgelöst werden. Selbst wenn eine Sitzung allem Anschein nach erfolgreich verlaufen und der SUD-Wert auf 0 oder 1 reduziert worden ist, kann später zusätzliches belastendes Material auftauchen. Zwar kommt dies aufgrund der schnellen Auflösung des traumatischen Materials bei EMDR offenbar weniger häufig vor als bei anderen Therapieansätzen, doch muß in jedem Fall darüber gesprochen werden, damit sich die Familie darauf einstellen kann. Indem man von Anfang an auf die Möglichkeit des Auftauchens derartiger Schwierigkeiten hinweist, kann man die Gefahr eines vorzeitigen Abbruchs der Behandlung für die Kinder selbst und ihre Eltern verringern, denn das potentielle Problem ist dadurch bereits als ein möglicher Bestandteil des Behandlungsprozesses definiert worden. (Weitere Möglichkeiten des Umgangs mit diesem Risiko werden in diesem Kapitel im Abschnitt über die Abschlußphase sowie in Kapitel 3 beschrieben.) Der Therapeut sollte die Gefahr des Ausagierens sorgfältig abschätzen und die EMDR-Arbeit eventuell verschieben, bis ausreichende Schutzmaßnahmen getroffen worden sind.

Motivation

Viele Kinder wollen nicht an einer Therapie teilnehmen, und der Therapeut kann ihnen in dieser Hinsicht versichern, daß er dies voll und ganz verstehen kann. Zwar muß er auch die Sorgen der Eltern ernst nehmen, doch kann er die Motivation des Kindes verstärken, wenn er es dazu bringt, die Behandlungsziele selbst zu formulieren. »Wenn du jetzt schon zu mir kommen mußt, kannst du die Situation ja vielleicht wenigsten für deine Zwecke nutzen. Manche Kinder möchten ihre schlimmen Träume loswerden oder nicht mehr ins Bett machen; manche wollen in der Schule besser werden, andere möchten mehr Freunde haben, und wieder andere möchten weniger Probleme haben, damit in ihrem Leben mehr Raum für schöne Dinge ist. Möchtest du vielleicht auch irgendwas von dem, was ich aufgezählt habe?« Gewöhnlich ist es nicht ratsam, das Kind selbst entscheiden zu lassen, ob es an einer Therapie teilnehmen will oder nicht, doch kann es sehr nützlich sein herauszufinden, welche Veränderungen es sich selbst in seinem Leben wünscht. Bei sprachlich unbeholfenen und aufsässigen Kindern sowie solchen, denen es an Vertrauen fehlt, kann der Therapeut wahrscheinlich erst dann etwas über eigene Ziele in Erfahrung bringen, wenn die betreffenden Klienten Rapport und Vertrauen zu ihm entwickelt haben – falls ihm das überhaupt jemals gelingt.

Nun sind zwar Ziele in einer Therapie für die Motivation wichtig, doch spielen auch andere Faktoren eine große Rolle, beispielsweise die Unterstützung der Familie während der Behandlung und beim eventuellen Eintreten von Veränderungen, außerdem der Rapport sowie die möglichst weitgehende Vermeidung sozialer Stigmatisierung. Die Motivation des Kindes nimmt gewöhnlich zu, wenn seine Erwartungen im Hinblick auf die Auswirkungen der Behandlung steigen, weiterhin durch die Entwicklung von Überzeugungen hinsichtlich der Wirksamkeit der angewandten Methoden und wenn der Therapeut genau registriert, wann und wodurch sich das Kind besser fühlt. Weiterhin kann der Therapeut die Motivation des Klienten auch durch sein konkretes Verhalten in jedem Augenblick fördern, indem er alle Aktivitäten als nicht bedrohlich erscheinen läßt, nicht vergißt, daß sie Freude machen sollen, und die Arbeit so gestaltet, daß das Interesse des Kindes erhalten bleibt.

Metaphern

Metaphern können aufgrund ihrer Anschaulichkeit und Erfahrungsbezogenheit helfen, den Prozeß, den Mechanismus und die potentiellen Resultate von EMDR zu erklären. Es folgen einige unter EMDR-Therapeuten, die mit Kindern und Jugendlichen arbeiten, besonders beliebte Metaphern.

REM während des Träumens
»Weißt du eigentlich, daß sich deine Augen beim Träumen sehr schnell hin- und herbewegen? Einige Wissenschaftler sind der Meinung, daß deshalb durch das Träumen Probleme verringert werden können. Hast du dich schon einmal wegen irgend etwas schlecht gefühlt, aber beim Aufwachen am nächsten Morgen ging es dir dann wieder besser? Wir werden hier etwas tun, das den schnellen Bewegungen deiner Augen beim Träumen ähnelt. Dadurch könnten die schlechten Gefühle, die du hast, schwächer werden.«

Das Video
»Wenn wir das tun, dann kann das für dich so ähnlich sein, als ob du dir ein Video anschaust. Habt ihr zu Hause ein Videogerät? Dann weißt du, daß es in Filmen manchmal einen Teil gibt, in dem schlimme Dinge passieren. Aber wenn man sich den Film weiter anschaut, ist dieser Teil irgendwann zu Ende, und es kommt etwas anderes. Kennst du das? Wenn wir mit etwas Schlimmem zu tun haben, wollen wir dabei nicht bleiben, stimmt's? Deshalb dürfen wir in so einem Moment nicht auf ›Pause‹ drücken, sondern sollten den Film möglichst weiterlaufen lassen, damit wir schnell durch den schlimmen Teil hindurchkommen und schauen können, was dann kommt.«

Diese Metapher eignet sich auch für den weiteren Gebrauch innerhalb der Therapie. Beispielsweise kann der als Ziel anvisierte Erinnerungsteil auch als »Einstellung« oder

»Schnappschuß« bezeichnet werden. Muß eine ganze Sequenz von Ereignissen verarbeitet werden, kann man dies als »den ganzen Film ablaufen lassen« bezeichnen. Bei einer langen Sequenz kann man vorschlagen, daß der Knopf für den »Schnellvorlauf« gedrückt wird.

Die Schubladenkommode (Dunton 1993)

»Habt ihr zu Hause eine Schubladenkommode? Kannst du dich erinnern, was darin aufbewahrt wird? Was ist in der untersten Schublade? Und wie sieht es mit der obersten aus? Wir werden nun etwas mit deiner Schubladenkommode machen. Denke daran, daß dies deine Schubladen sind, die du auf- und zumachen kannst, wann immer du willst. Was ist in deiner Hausaufgabenschublade (oder in der Schublade für irgendein anderes Problem)?«

Diese Metapher eignet sich besonders gut, um den Klienten zu stärken, und sie ermöglicht eine wundervolle Überleitung zur Verarbeitung. Kindern macht es oft großen Spaß, über den Inhalt ihrer Schubladen zu berichten, und sie werden dadurch gewöhnlich in eine kooperative Geisteshaltung versetzt.

Die Laserwaffe

»Manchmal wirkt das hier so wie eine Laserwaffe, die üble Dinge einfach abschießt und sie verändert oder verschwinden läßt. Du sollst mir nun helfen, das Böse zu finden, damit wir es abschießen können. Meist fühlen sich die Kinder danach besser, aber manchmal wehrt sich das Böse auch. Falls das passiert, werden wir uns überlegen, was wir dagegen tun wollen.« Diese Metapher kann auch auf ein dem Kind bekanntes Videospiel übertragen werden.

Der ausgerenkte Finger

Hast du dir schon einmal einen Finger ausgerenkt, oder hast du vielleicht schon mal im Fernsehen gesehen, wenn das einem Basketballspieler passiert ist? Es tut schon so reichlich weh, aber richtig höllisch wird der Schmerz, wenn der Finger wieder eingerenkt wird. Man muß ziemlich feste daran ziehen, damit er wieder an die Stelle zurückkehrt, wo er eigentlich hingehört. Und dann tut er plötzlich überhaupt nicht mehr weh! Manchmal ist es mit Gefühlen genauso; erst einmal sind sie ganz schlimm, und später werden sie dann viel angenehmer. Gelegentlich dauert es länger, bis sie sich besser anfühlen; wie lange, läßt sich im voraus schlecht abschätzen.«

Zahnschmerzen

»Hast du schon einmal so starke Zahnschmerzen gehabt, daß der Zahn gezogen werden mußte? Was war dabei das Schlimmste: der Schmerz selbst oder die Behandlung beim Zahnarzt? Ich möchte wetten, daß es dir danach viel besser ging. Mit deiner bösen Erinnerung werden wir etwas ganz Ähnliches machen. Jetzt macht sie dir jeden Tag zu schaffen. Während wir daran arbeiten, kann sie eine Zeitlang noch schlimmer werden. Das ist dann ähnlich wie beim Zahnarzt. Wenn wir mit der Arbeit fertig sind, wird es dir wahrscheinlich viel besser gehen, und vielleicht spürst du dann gar nichts mehr.«

Metaphern sind oft nützlich, aber man muß sich ihrer nicht immer bedienen. Man kann EMDR auch einfach als eine Herausforderung hinstellen oder gar nicht erklären. Die Behandlung kann als eine Art Spiel vorgestellt werden, indem der Therapeut beispielsweise sagt: »Ich möchte jetzt mit dir ein Spiel spielen. Es geht so.« Metaphern wirken gewöhnlich dann am besten, wenn ihr Inhalt dem Kind zwar vertraut ist, aber dennoch eine gewisse Faszination von ihm ausgeht.

Stofftiere

Es gibt viele konstruktive Möglichkeiten, Stofftiere in die Arbeit einzubeziehen. Das Tier kann als Stellvertreter für das Kind fungieren, als der »Patient«, der unter einem bestimmten Symptom oder unter einem belastenden Gefühl leidet. Diese indirekt projektive Methode erleichtert es Kindern oft, sich mit ihren Problemen zu beschäftigen. Meist ist es auch nützlich, einem solchen Tier einen Namen zu geben. Sobald die Therapie auf die Ebene des Tiers übergewechselt ist, kann die Arbeit weitgehend ohne Bezugnahme auf die alltägliche Wirklichkeit vonstatten gehen. Beispielsweise kann der Therapeut nach einer Serie von Augenbewegungen nach dem SUD-Wert des Tiers fragen. Im folgenden werden einige Möglichkeiten beschrieben, mit Hilfe eines Stofftiers das Engagement und die Kooperation des Kindes zu stärken.

Demonstrieren der EMDR-Arbeit am Stofftier

Der Therapeut spricht abwechselnd mit der Stimme des Stofftiers und mit seiner eigenen. Auf diese Weise kann das Tier dem Kind helfen, mit der Aktivität vertraut zu werden, und es kann den Klienten zur Teilnahme an der Arbeit ermutigen.

»Geschwister«-Rivalität

Falls es um die Frage der Kontrolle über die Arbeit geht (d.h., wenn dem Kind selbst ein anderes Spiel lieber wäre), nicht um Sicherheit als solche, kann der Therapeut vorschlagen, das Tier noch einmal mit der EMDR-Arbeit an die Reihe kommen zu lassen! Möchte das Kind dann lieber selbst an die Reihe kommen, wird dem Tier gesagt, daß es warten muß. Kooperiert das Kind nicht, kann der Therapeut sich einfach wieder dem Tier zuwenden und sagen: »Ich glaube, du bist jetzt wieder an der Reihe. Sie hatte gar keine Lust, an die Reihe zu kommen.« Dies funktioniert besonders gut bei manipulativ veranlagten Kindern, die unter Vernachlässigung oder Geschwisterrivalität leiden und sich nach Aufmerksamkeit sehnen, und diese Strategie ist einer Konfrontation und dem Beharren auf dem Mitmachen vorzuziehen.

Das Kind hält das Tier

Das Kind wird aufgefordert, das Stofftier zu halten (um es zu trösten und zu schützen), während der Therapeut es behandelt. Er gibt dem Tier Anweisungen, und das Kind folgt dieser Arbeit mit seinen Gedanken und Augen. Dies kann man mit vielen verschiedenen Arten von Augenbewegung verbinden. Man kann das Kind auch bitten, das Tier festzuhalten und selbst an der EMDR-Arbeit teilzunehmen, um ihm zu helfen. Aus welchem Grunde auch immer vermag diese Bitte viele Kinder zu überzeugen.

Das Tier bewegen

Bitten Sie das Kind, das Tier von einem Punkt zum anderen springen zu lassen (wodurch bei dem Kind Augenbewegungen induziert werden), »um ihm zu helfen, sich besser zu fühlen.« Fordern Sie das Tier unterdessen auf, sich auf ein geeignetes Ziel zu konzentrieren. Anschließend können Sie fragen: »Fühlt sich [das Tier] jetzt ein wenig besser, ein wenig schlechter oder ungefähr gleich?«

Spaß ist wichtig

Kinder kooperieren lieber mit dem Therapeuten und kommen lieber zu ihm zurück, wenn ihnen die Sitzung irgendwie Spaß macht. Beispiele für die Einbeziehung solcher Elemente in die EMDR-Arbeit sind das Nachzeichnen der Fußumrisse zwecks Ermittlung des SUD-Wertes, das Abwechseln der EMDR-Arbeit mit Spiel, die Einbeziehung von Stofftieren in die Arbeit, tiefes Durchatmen zwischen den einzelnen Serien von Augenbewegungen und die Stimulation durch Handabklatschen statt durch Augenbewegungen. Außerdem genießen Kinder oft positive Verankerungen, und es macht ihnen großen Spaß, den Rückgang des SUD-Wertes und die Verbesserung ihres Allgemeinzustandes zu verfolgen. Man kann den EMDR-Prozeß trotz seiner letztendlich ernsten Zielsetzung auf spielerische Weise präsentieren. Es folgen einige Beispiele hierfür.

Start und Stopp

Der Therapeut beginnt mit der Übung *Stopp! heißt Stopp!* (siehe Kapitel 5). Kindern, die dies als amüsant empfinden, gefällt es möglicherweise auch, zu bestimmen, wann mit den Augenbewegungen aufgehört und begonnen werden soll. Vielen Kindern macht es Spaß, einem Erwachsenen zu sagen, was er tun soll; für sie ist das ein lustiges Spiel, und sie profitieren davon, das Gefühl zu haben, über den Verlauf des Therapieprozesses zu bestimmen. Sofern die Augenbewegungen so lange fortgesetzt werden, daß der Fortgang der Arbeit gewährleistet ist, kann dies eine ausgezeichnete Methode zur Durchführung der EMDR-Arbeit sein.

Bilderspiel

Manche Therapeuten stellen EMDR als Bilderspiel vor. Nachdem das Kind aufgefordert wurde, sich ein Bild vorzustellen, wird mit den Augenbewegungen begonnen. Man kann in in diesem Kontext auch noch weitere Techniken benutzen. Die Kinder können zu Beginn des Spiels oder zur Erholung in Pausen, die während schwieriger Phasen der Arbeit eingelegt werden, selbst Bilder mit positiver oder neutraler affektiver Ladung auswählen.

Tyrannisieren, Handeln und Bestechen

Bei grundsätzlich gesunden Kindern, deren traumatische Erlebnisse bekannt sind und den Fokus der Behandlung bilden, kann der Therapeut beschließen, sofort mit einer EMDR-Behandlung zu beginnen. Doch auch bei anderen Kindern mag ihm eine EMDR-Behandlung als wünschenswert erscheinen. Manchmal gelingt es Therapeuten, Kinder zur Kooperation zu bewegen, indem sie sie einfach nachdrücklich zur Kooperation auffordern. Zuweilen ist es auch nützlich, einen Handel vorzuschlagen, indem man beispielsweise sagt: »Wenn wir zuerst zehn Minuten lang etwas tun, das *ich* möchte, können wir in den nächsten zehn Minuten etwas tun, das *du* möchtest. Aber meine zehn Minuten zählen nur, wenn du dir wirklich Mühe gibst.« Manche Kinder lassen sich darauf ein, dies für die nächste Sitzung zu versprechen, so daß sie sich emotional darauf vorbereiten können. Ich persönlich habe schon häufiger mit

Karten darum gespielt, wer darüber entscheiden sollte, was in einem bestimmten Teil der Sitzung gemacht werden sollte.

Anreize und Belohnungen können Wunder bewirken. Manche Therapeuten bieten Kindern für das Spielen des Bilderspiels Sticker an, beispielsweise einen Sticker für fünf Minuten EMDR-Arbeit. Manchmal stelle ich auch ein kleines Spielzeug oder einen Quarzkristall als Belohnung in Aussicht und zeichne den Umriß des begehrten Objekts auf ein Blatt Papier. Fährt das Kind mit der EMDR-Arbeit geduldig fort, ergänze ich den Umriß nach und nach. Das betreffende Objekt ist dann verdient, wenn das Bild vollständig ist. Natürlich wird das Bild erst fertig, wenn die Verarbeitung abgeschlossen ist. Auch Eltern können diese Anreizmethode unterstützen, indem sie dem Kind beispielsweise versprechen, daß es nach der Sitzung ein kleines Geschenk bekommt, falls der Therapeut bestätigt, daß es sich sehr große Mühe gegeben hat.

Bei einem solchen Ansatz muß der Therapeut in der Lage sein, klare Grenzen zu setzen, Forderungen zu stellen und gleichzeitig dem Kind gegenüber in ausreichendem Maße sensibel und flexibel zu sein und auf seine Fragen und Bedürfnisse einzugehen. Der Trick besteht darin, auf das Kind so einzugehen, daß es einerseits bestätigt wird, ohne daß es andererseits die Möglichkeit erhält, die geforderte Aktivität zu sabotieren. Wird beispielsweise mit EMDR an einer unangenehmen Erinnerung gearbeitet und das Kind läßt sich vom Stuhl fallen und landet auf den Boden, kann der Therapeut im Scherz sagen: »Willst du da unten weitermachen?« Dadurch wird impliziert, daß das Kind über den Ort der Arbeit oder die Arbeitsweise entscheiden kann, wobei mit der EMDR-Arbeit in jedem Fall weitergemacht wird. Kinder vermögen zu akzeptieren, daß andere über ihre Situation entscheiden und sie in einer bestimmten Weise beeinflussen, sofern sie sich sicher, verstanden und umsorgt fühlen.

Falls Kinder starken Widerstand haben oder sich sogar strikt weigern, mit EMDR zu arbeiten, weil ihnen klar ist, daß sie sich dabei mit beunruhigenden Erinnerungen auseinandersetzen müssen, muß diese Strategie sehr vorsichtig und mit gutem klinischem Urteilsvermögen angewandt werden. Ein Kind zu einer gefürchteten Aktivität zu zwingen kann eine direkte Wiederholung ebenjenes traumatischen Erlebnisses darstellen, um das es in der Behandlung eigentlich geht. Zwar führt ein schneller Beginn mit der EMDR-Arbeit oft zu einer schnellen Auflösung, sofern dabei auf verständige Weise vorgegangen wird, doch kann ein diesbezügliches Fehlurteil den Fortschritt der Therapie erheblich behindern. In solchen Fällen sollte die Anwendung von Sicherheitsstrategien wie der ausschließlichen Arbeit mit positiven Zielen in einer Sitzung, der Arbeit an einem Ziel mit einem niedrigen SUD-Wert und der *Stopp! heißt Stopp!*-

Übung erwogen werden. Meist ist es sinnvoll, zur Verringerung der Gefahr einer erneuten Traumatisierung eine oder zwei zusätzliche Sitzungen einzuplanen.

Phase 3: Bewertung

In dieser Phase findet eine detaillierte Bewertung der anvisierten Erinnerung statt, und zwar einschließlich (in der angegebenen Reihenfolge) des gewählten Bildes, der negativen Kognition, der positiven Kognition und des VoC-Wertes, der Emotionen und des SUD-Wertes und der begleitenden körperlichen Empfindung. Der Ausgangswert der Reaktion des Klienten auf die Erinnerung wird festgestellt, und gleichzeitig wird der Klient auf die Erinnerung, an der gearbeitet werden soll, fokussiert. Wie bereits im vorigen Kapitel erwähnt wurde, kann die Durchführung dieser Phase bei Kindern und Jugendlichen sehr stark variieren.

Die Wahl des Ziels

Ein Bild eignet sich sowohl bei beunruhigenden Erinnerungen als auch zur Verankerung von Ressourcen als Ziel-Medium. Bilder repräsentieren Erfahrungen auf eine für Kinder gut geeignete Weise, da sie sowohl Konzentration als auch Engagement fördern. Ein Bild ist einfach, man kann leicht darauf fokussieren, und gewöhnlich reicht es als Ziel für die EMDR-Arbeit aus. Manchmal ist die Wahl eines auditiven Ziels, beispielsweise Angeschrieenwerden, oder eines kinästhetischen Ziels in Form einer expressiven Haltung oder eines körperlichen Symptoms adäquat. Ein verbales oder kognitives Ziel ist nur selten von Nutzen, möglicherweise bei sehr intellektuellen oder älteren Kindern oder wenn spontan eine dysfunktionale Kognition formuliert wurde. Natürlich wird oft das, was der Klient während der EMDR-Arbeit zutage fördert, in der nächsten Serie von Augenbewegungen in irgendeiner Form als bevorzugtes Ziel genutzt.

Alpträume und schlechte Träume können als Symptome sowohl bei der Beurteilung als auch bei der Ziel-Wahl ausgezeichnete Dienste leisten. Alpträume verfolgen gewöhnlich Kinder, die in ernsten Schwierigkeiten sind (und ihre Eltern!), und die meisten Kinder sind bereit, mit dem Therapeuten zu kooperieren, wenn dieser ihnen in Aussicht stellt, sie von ihren Alpträumen zu befreien. Der Kummer des Kindes kann in diesem Symptom verdichtet sein, und selbst die Auswirkungen kürzlich erlittener Traumata können durch die Verarbeitung eines bösen Traums mit Hilfe von EMDR gelindert werden. Natürlich kann die Verarbeitung von Alpträumen mit Hilfe von EMDR den Zugang zu traumatischen Erinnerungen erschließen. Sind weitere EMDR-Sitzungen erforderlich, hat ein Therapeut, der einem Kind hilft, seine Alpträume loszuwerden, einen konkreten Beweis für die positive Wirkung der EMDR-Arbeit erbracht und kann deshalb mit einer Fortsetzung der Kooperation des Klienten bei schwierigerem Material rechnen.

Kinder verfügen möglicherweise nicht über genügend Geduld für die langsame Vorgehensweise des EMDR-Standardprotokolls für Erwachsene. Doch reicht es glücklicherweise im allgemeinen aus, das schlimmste Bild einer belastenden Erinnerung zu elizitieren, seinen SUD-Wert festzustellen und dann mit den Augenbewegungen zu beginnen. (Das EMDR-Protokoll für Erwachsene sollte unter Umständen bei älteren und klügeren Kindern angewandt werden, deren kognitive Entwicklung über eine vorwiegend konkrete Orientierung hinausgelangt ist.) Die Sequenz der anvisierten Ziele ähnelt derjenigen bei der Arbeit mit Erwachsenen: Zunächst werden alle mit dem gewählten Ziel zusammenhängenden belastenden Erinnerungen vollständig verarbeitet, und anschließend wird eine positive Verankerung durchgeführt. Ebenso wie bei Erwachsenen kann es auch bei Kindern im Falle aktueller traumatischer Erlebnisse notwendig sein, die gesamte Sequenz (den ganzen »Film«) zu reprozessieren, also nicht nur die repräsentativen schlimmsten Augenblicke.

Bei Kindern, die mehrfach von der gleichen Person mißbraucht oder verängstigt worden sind, ist das Gesicht des Täters ein ausgezeichnetes Ziel. Zunächst sollten separate repräsentative Erinnerungen verarbeitet werden; ein paar Ereignisse dieser Art reichen dazu aus. Anschließend kann die Arbeit mit dem Gesicht die schnellere Verdichtung und die vollständige Verarbeitung dieser Gruppe von Erlebnissen fördern. Dieses Prinzip läßt sich auf jedes Ziel anwenden, das geeignet ist, eine Vielzahl ähnlicher traumatischer Erinnerungen zu repräsentieren, beispielsweise den Ort, an dem wiederholter Mißbrauch stattgefunden hat.

Die Zielwahl kann auf verschiedene Weisen erfolgen. Der Therapeut sollte möglichst gut über die Traumavorgeschichte des Klienten informiert sein, und oft ist es auch möglich, den Klienten für die Traumaarbeit zu gewinnen, indem man das Trauma mit einem Symptom in Verbindung bringt, von dem das Kind gern befreit sein möchte. In solchen Fällen kann der Therapeut für die Arbeit direkt ein traumabezogenes Ziel vorschlagen oder mehrere Ziele dieser Art zur Auswahl stellen. Um einem Kind die Wirksamkeit der EMDR-Arbeit überzeugend zu demonstrieren, sollte man am besten mit einer positiven Verankerung, einem Ziel mit niedrigem SUD-Wert oder einem Ziel, für dessen Verarbeitung das Kind besonders stark motiviert ist

(beispielsweise Alpträume), beginnen, um die Wahrscheinlichkeit einer guten Kooperation und einer erfolgreichen Behandlung zu maximieren.

Die Wahl eines Ziels kann sich auch aus dem Geschehen in der Kunst- oder Spieltherapie oder aus dem Gespräch ergeben. Viele Therapeuten setzen EMDR zu jeder
beliebigen Zeit bei Auftauchen eines geeigneten Ziels ein, indem sie sagen: »Denke
jetzt daran, und folge mit deinen Augen den Bewegungen meines Fingers [oder sie initiieren durch eine entsprechende Aufforderung die Stimulation nach einer anderen
Methode, die im betreffenden Fall den größten Erfolg zu versprechen scheint].« Bei
dieser Vorgehensweise wird der SUD-Wert, wenn überhaupt, gewöhnlich erst nach
der ersten Stimulationsserie ermittelt, je nachdem, ob der Therapeut die Verarbeitung
mit Hilfe von EMDR zum Abschluß bringen will oder ob er nur vorhat, mit Hilfe von
einer oder zwei Serien von Augenbewegungen eine Emotion zu verstärken, bestimmte Informationen zu erschließen oder aus anderen therapeutischen Gründen über eine Schwierigkeit hinwegzukommen.

Man kann die Visualisation von Zielen verstärken, indem man das Kind ein Bild
von der visuellen Vorstellung, die reprozessiert werden soll, zeichnen läßt. In der
Anamnesesitzung kann man das Kind bitten, einen schlechten Traum oder eine entsprechende Erinnerung zu zeichnen, um es emotional und thematisch auf die Arbeit
in der nächsten Sitzung vorzubereiten. Das Ziel kann auch durch Spieltherapie, Arbeit im Sandkasten und Kunsttherapie bereits vor der EMDR-Arbeit veranschaulicht
werden. Und zur Verstärkung der Konzentration kann man dem Kind empfehlen,
während der Augenbewegungen die Darstellung des Ziels anzuschauen, statt auf das
Gesicht des Therapeuten oder eine Wand zu fokussieren. Oft reicht allerdings schon
das einfache Malen eines Bildes vom Ziel oder seine Beschreibung mit Worten aus,
um dem Kind das Fokussieren darauf zu ermöglichen.

Wenn ein Kind nicht in der Lage ist, ein Ziel zu beschreiben oder es in Form einer
Zeichnung darzustellen, bedeutet dies nicht unbedingt, daß es unfähig ist, zum Zweck
der Verarbeitung adäquat darauf zu fokussieren. Manche Kinder, die durchaus für
die EMDR-Arbeit motiviert sind, sind entweder nicht in der Lage oder nicht bereit,
über das Ziel zu kommunizieren. Der Therapeut könnte in einem solchen Fall sagen:
»Möchtest du mir von dem schlimmen Teil des Traums erzählen, oder willst du lieber
nur daran denken?« und dann beide möglichen Antworten akzeptieren.

Erzielt die EMDR-Arbeit nicht die erhofften Fortschritte, kann die Verwendung
eines stärker an der Arbeit mit Erwachsenen orientierten Protokolls und die Untersuchung der Assoziationen des Kindes während der Verarbeitung von Nutzen sein, weil
durch letzteres möglicherweise weitere bildliche Vorstellungen, Kognitionen, Emotio-

nen oder Empfindungen zutage gefördert werden. Durch diese Vorgehensweise werden manchmal wichtige neue Ziele sichtbar, die möglicherweise unentdeckt bleiben, wenn man nur auf visuelle Vorstellungen und den SUD-Wert achtet. Dies empfiehlt sich insbesondere bei Kindern, die vor Erreichen des dritten oder vierten Lebensjahrs traumatisiert wurden und die die Erinnerung an diese Erlebnisse kinästhetisch gespeichert haben. Ebenso nützlich kann diese Vorgehensweise bei älteren Kindern sein, bei denen ein ausschließlich visueller Fokus manchmal nicht ausreicht, um die anvisierte Erinnerung vollständig zu reaktivieren.

Falls sich bei einem Kind Kognitionen als Fokus zu eignen scheinen, kann der Therapeut sagen: »Was geht dir über dich selbst durch den Kopf, wenn du daran denkst?« Und wenn Sie eine positive Alternative finden wollen, können Sie fragen: »Wenn du einen Zauberstab hättest, was würdest du dann statt dessen über dich denken wollen?« oder: »Was würdest gern zu dir selbst sagen?«

Einige Probleme können vom Therapeuten auf kreative Weise externalisiert und konkretisiert und in dieser Form anvisiert werden. Beispielsweise versuchte eine Bettnässerin, die Macht des »Pipi-Monsters« zu überwinden, indem sie als Ziel ein Bild von ihrer Konfrontation mit diesem benutzte. Ein ähnlicher Ansatz ist auch schon zur Behandlung von Zwangsstörungen benutzt worden, wozu in einem konkreten Fall ein Tyrann mit Namen »Mr. Clean« externalisiert wurde, der den Klienten zu ständigem Händewaschen zwang (Grosso 1996). Das Kind wird bei der Anwendung dieser Technik aufgefordert, die betreffende Bildvorstellung zu entwickeln und detailliert zu visualisieren, wodurch sie mit der erforderlichen persönlichen Validität und entsprechender Bedeutung ausgestattet wird.

SUD- und VoC-Werte

Der SUD- und der VoC-Wert werden hauptsächlich festgestellt, um den Verlauf der Verarbeitung zu verfolgen. Außerdem kann auch der Klient selbst mit Hilfe der Ergebnisse dieser Messungen relativ anschaulich und konkret etwaige Fortschritte erkennen. Des weiteren stärkt der Prozeß der Beurteilung der eigenen Erfahrung mit Hilfe der SUD- und der VoC-Skala das Selbstgewahrsein und die Selbstbeobachtung, was in einer Therapie häufig zu den angestrebten Zielen zählt.

Die SUD- und die VoC-Bewertung können sehr unterschiedlich genutzt werden. Die meisten Therapeuten nutzen zwar in irgendeiner Form den SUD-Wert, jedoch nicht den VoC-Wert. Es gibt aber auch dabei beträchtliche Ausnahmen. Therapeuten, die bei der EMDR-Arbeit einen kognitiven Fokus benutzen (z.B. für die vorbereitende

Arbeit mit mißbrauchten Kindern) oder die EMDR informell im Rahmen der Spieltherapie anwenden, stellen den SUD-Wert möglicherweise überhaupt nicht fest.

Phase 4: Desensibilisierung

In dieser Phase werden die Augenbewegungen mit der Konzentration auf die anvisierte Erinnerung kombiniert, wobei der Klient die verschiedenen Aspekte derselben durcharbeitet, darunter den negativen Affekt sowie mit der Erinnerung verbundene bildliche Vorstellungen, Kognitionen und Empfindungen. Dies wird so lange fortgesetzt, bis alle Aspekte der Erinnerung völlig neutralisiert sind, was durch SUD-Werte von 0 oder 1 angezeigt wird. Die Prinzipien dieser Arbeit sind bei Kindern grundsätzlich die gleichen wie bei der Behandlung Erwachsener, doch werden bei Kindern auch in dieser Phase einige Schritte ausgelassen. Beispielsweise versäumen es viele Kinder, darüber zu berichten, daß irgend etwas »aufgetaucht« ist oder daß sie während der vorangegangenen Serie von Augenbewegungen irgend etwas »bemerkt« haben. Statt die jungen Klienten daraufhin einem hartnäckigen und gewöhnlich fruchtlosen Verhör zu unterziehen, ist es besser, einfach weiter auf das Ziel zu fokussieren, bis der SUD-Wert auf nahezu Null sinkt. (Allerdings können Jugendliche und ältere Kinder, die berichten, während der Augenbewegungen sei »nichts« passiert, zu einer detaillierteren Äußerung angeleitet werden – wie bereits in Kapitel 2 beschrieben wurde.) Wie bei der Arbeit mit Erwachsenen ist auch dabei das wichtigste Prinzip, die Bemühungen so lange fortzusetzen, wie irgend etwas geschieht, und zu versuchen, Stagnationspunkte aufzulösen.

Bei der EMDR-Arbeit mit Kindern haben sich in dieser Phase gewisse zusätzliche Schritte als nützlich erwiesen. Zwischen den einzelnen Stimulationsserien bringen viele Therapeuten den Kindern Tiefenatmung als Technik der Selbstberuhigung bei, auch mit dem Ziel, ihr Gefühl, sich selbst helfen zu können, zu stärken. Außerdem wird die EMDR-Arbeit selbst auf diese Weise mit etwas Angenehmem in Verbindung gebracht. Nach Abschluß der anfänglichen Desensibilisierungsprozedur gibt es mehrere Möglichkeiten, an weiteren Zielen zu arbeiten, um den völligen Abschluß der Verarbeitung zu gewährleisten und um eine möglichst umfassende Generalisierungswirkung zu erzielen.

Stagnationspunkte

Stagnationspunkte entstehen in einer EMDR-Behandlung gewöhnlich, wenn ein Kind auf den aktuellen Belastungsgrad nicht vorbereitet oder seine Motivation für die Arbeit nicht stark genug ist. Solche Punkte können aber auch ohne jeden ersichtlichen Grund auftreten. Plötzlich weigert sich das Kind aus unbekannten Gründen, die Arbeit fortzusetzen, oder der Belastungsgrad verändert sich trotz wiederholter Verarbeitungsversuche nicht mehr. Die meisten Situationen dieser Art weisen darauf hin, daß das Kind besser motiviert werden muß oder daß sein Gefühl der eigenen Sicherheit gestärkt und seinem Bedürfnis nach Kontrolle über die Situation besser Rechnung getragen werden muß. Die verschiedenen Protokolle dienen dazu, derartige Schwierigkeiten vor dem Erreichen einer kritischen Größe zu lösen. Allerdings vermag kein Protokoll das Auftreten von Problemen völlig auszuschließen.

Der Therapeut muß versuchen, einen Ansatz zur Lösung des Problems zu finden, und im allgemeinen gelingt es ihm auch, das Problem zu identifizieren und zu lösen, so daß die Behandlung fortgesetzt werden kann. Zunächst sollte er sich vergewissern, ob dem Kind klar ist, weshalb diese Arbeit ausgeführt wird, und ob es ausreichend dazu motiviert ist, den Prozeß bis zum Ende durchzustehen. Es kann sein, daß die Stagnation durch zuvor unbeachtete Ängste oder Probleme in Zusammenhang mit sekundärem Krankheitsgewinn aufgetreten sind. Außerdem muß der Therapeut dafür sorgen, daß das Protokoll nicht unnötig langsam und auf eine für das Kind besonders belastende Weise durchgearbeitet wird; vielmehr sollte die Arbeit so unterhaltsam und fesselnd wie möglich sein. Und schließlich sollte der Therapeut dem Kind auch helfen, jenes Gefühl innerer Stärke zu entwickeln, das es für die Fortsetzung der Arbeit benötigt.

Interventionen, die bei der Auflösung von Stagnationspunkten von Nutzen sein können, sind im gesamten Buch zu finden. Mit dem Verständnis der Behandlung und mit der Motivierung zu dieser Arbeit zusammenhängende Probleme werden im Vorbereitungsabschnitt dieses Kapitels und in Kapitel 10 behandelt. Das Sicherheitsgefühl des Kindes betreffende Aspekte werden im letzten Teil dieses Kapitels erläutert. In dem ebenfalls in diesem Kapitel enthaltenen Teil über die Verankerung werden ebenfalls Interventionen beschrieben, die dem Kind helfen, sich sicher und stark genug für die Fortsetzung der Arbeit zu fühlen, und dort werden auch Vorschläge für das kognitive Einweben gemacht.

Zwischen den Stimulationsserien

Atmen kann bei dieser Behandlung viele nützliche Funktionen erfüllen. Der Therapeut kann dem Klienten nach einer Stimulationsserie folgende Anweisung geben: »Atme jetzt tief ein. Und wenn du ausatmest, dann atme den ganzen Müll aus.« Insbesondere bei Kindern kann der Therapeut die beim Atmen entstehenden Körperbewegungen übertreiben, synchron mit dem Kind atmen und die gesamte Prozedur anschließend noch einmal wiederholen. Bewußtes Atmen empfinden Kinder als ein Spiel, was ihnen dabei hilft, ihr Interesse aufrechtzuerhalten und mit der Arbeit fortzufahren. Die Atemtechnik kann in späteren Sitzungen auch benutzt werden, um Kopfschmerzen aufzulösen, Angstzustände zu überwinden, die Entspannung zu fördern und Visualisationsübungen zu unterstützen.

Es gibt keine allgemeingültige Art des Umgangs mit Gedanken, Empfindungen, Gefühlen oder Bildern, die während der EMDR-Arbeit bei den Kindern auftauchen. Meist reicht es aus – und ist zweifellos auch am leichtesten –, beim anfänglichen Ziel zu bleiben, bis die damit verbundene Belastung völlig neutralisiert ist, und dann eine positive Verankerung vorzunehmen. Häufig gibt es auch gar keine andere Möglichkeit, weil viele Kinder während der Verarbeitung keine anderen Reaktionen artikulieren. Besteht eines der Behandlungsziele in der Erweiterung des Selbstgewahrseins oder werden weiterführende Informationen von seiten des Kindes benötigt, liegt es nahe, nach Resultaten der EMDR-Arbeit zu fragen (»Was ist aufgetaucht? Was ist dir aufgefallen?«). Die Beschäftigung mit diesen Produktionen ist oft dann besonders wichtig, wenn sich die Behandlung an allem Anschein nach oberflächlichen Zielen festgefahren hat, deren Verarbeitung möglicherweise keinerlei Einfluß auf die Lösung des Problems hat. Falls solche Produktionen irgendwie weiterführen, sollte der Therapeut deren Untersuchung eigenen Ahnungen und Eingebungen vorziehen.

Manchmal sind Kinder zwar nicht in der Lage zu sprechen, aber trotzdem bereit, mit der Aktivität fortzufahren. Sie können dann ein Ja oder Nein durch Gesten andeuten oder indem sie darauf zeigen. Der Therapeut kann in solchen Fällen Fragen stellen, die sich nur mit Ja oder Nein beantworten lassen, und er kann den aktuellen SUD-Wert feststellen, indem er seine Hände zunächst so weit wie möglich voneinander entfernt hält und sie dann allmählich näher zusammenrücken läßt, wobei er das Kind bittet, ihn anzuhalten, sobald er die Position erreicht hat, die dem augenblicklichen SUD-Wert entspricht. Versucht der Therapeut außerdem, dem Kind beizubringen, Emotionen zu identifizieren, kann er es auffordern, aus einer Folge stilisierter Gesichter mit unterschiedlichem Ausdruck (verängstigt, traurig, wütend, glücklich, verwirrt, einsam) eines zu wählen. Kinder wissen manchmal nicht, weshalb sie nicht sprechen können, und fühlen sich den ungewohnten und verwirrenden Gefühlen vielleicht nicht gewachsen. Man sollte Kindern Verständnis dafür signalisieren, daß der Umgang mit verwirrenden Gefühlen zuweilen schwierig ist, und ihnen die Möglichkeit geben, die Arbeit auf eine für sie akzeptable Weise fortzusetzen, eventuell auch in nonverbaler Form.

Nach einer EMDR-Verarbeitungsserie wollen Kinder manchmal plötzlich schlafen, spielen, malen oder ihre Mutter sehen. Dies zeigt sich als Augenblick plötzlicher Klarheit und Sicherheit über die eigenen Ziele, vergleichbar dem Aufwachen aus einer Trance. Es kann ein Zeichen dafür sein, daß ein bestimmter Teil der Arbeit abgeschlossen ist, und es kann anzeigen, daß das Kind genau weiß, was es zur aktiven Verarbeitung des soeben Durchlebten braucht. Wahrscheinlich ist es am besten, dem Kind in einem solchen Fall zu vertrauen und seinen Vorstellungen zu folgen. Der Therapeut kann nötigenfalls später den SUD-Wert feststellen und mit der EMDR-Arbeit am zuvor anvisierten Ziel fortfahren, eine positive Verankerung vornehmen oder andere Dinge tun, die ihm sinnvoll erscheinen. Hat das Kind jedoch einen bestimmten Teil der Arbeit abgeschlossen und wechselt danach in eine andere Modalität, so ist am betreffenden Tag wahrscheinlich genug EMDR-Arbeit getan worden. Ebenso wie Erwachsene brauchen auch Kinder genügend Zeit, um ihre EMDR-Erfahrungen zu verarbeiten, und akzeptieren deshalb eine Fortsetzung der EMDR-Arbeit in der betreffenden Situation nicht.

Nach Erreichen des SUD-Werts Null

Wenn der SUD-Wert 0 erreicht ist, ist die Arbeit damit nicht zwangsläufig abgeschlossen, denn es muß festgestellt werden, ob die betreffende Erinnerung wirklich vollständig verarbeitet worden ist, und es müssen weitere, verwandte Ziele lokalisiert werden, um die Wirkung der Behandlung zu verstärken. Auch die Phasen der Verankerung, des Körpertests und der Überprüfung können Informationen über andere wichtige Ziele liefern. Im folgenden werden zwei zusätzliche Möglichkeiten zur Identifikation weiterer EMDR-Ziele beschrieben.

Großreinemachen (Greenwald 1994c)

Es kann selbst bei vollständiger Anwendung des EMDR-Protokolls für Erwachsene schwierig sein, mit Sicherheit festzustellen, ob die Verarbeitung einer Erinnerung abgeschlossen ist.

Behauptet ein Kind, sein SUD-Wert sei 0, meint es dies wahrscheinlich wirklich, doch reichen die üblichen Methoden, den vollständigen Abschluß der Arbeit festzustellen – SUD-Wert, Körpertest und eventuell auch der VoC-Wert –, in diesem Fall nicht immer aus. Manche Kinder spalten Aspekte ihrer belastenden Erinnerung ab und sind sich der unverarbeitet gebliebenen Teile nicht bewußt. Außerdem kann ein Kind es selbst nach erfolgreicher EMDR-Arbeit am größten Teil der Erinnerung immer noch vorziehen, andere Teile zu vergessen und nicht zu erwähnen, weil diese nach wie vor belastend wirken.

Man sollte es sich deshalb zur Gewohnheit machen, regelmäßig nach anderen potentiell belastenden Aspekten der anvisierten Erinnerung zu suchen, *nachdem* der SUD-Wert 0 erreicht worden ist. In vielen Fällen lohnt sich diese Mühe. Das Stellen einer Reihe von Fragen, die sich mit den verschiedenen wahrscheinlich belastend wirkenden Elementen der Erinnerung befassen, dauert nicht lange. Beispielsweise kann der Therapeut nach der Arbeit an der Erinnerung an einen Autounfall sagen:

Ich werde dir jetzt Fragen zu den verschiedenen Teilen deiner Erinnerung stellen, weil ich wissen möchte, ob irgendwas davon dir immer noch zu schaffen macht. Wie war es, als du an jenem Tag in das Auto gestiegen bist? Denke einmal darüber nach. Hast du ein unangenehmes Gefühl, wenn du daran denkst? Und was für ein Gefühl hast du dabei, wenn du deiner Mutter beim Autofahren zuschaust? Und als das andere Auto auf eures aufgeprallt ist? Und was ist mit all dem Lärm? Mit dem zersplitterten Glas … der Fahrt zum Krankenhaus … als du dort deine Baseballjacke nicht behalten durftest… als du im Krankenhaus übernachten mußtest … als du allein dort warst … die Spritzen … was die Leute dort zu dir gesagt haben … wie du dich gefragt hast, ob all das deine Schuld war … Und wie ist es, wenn du dir vorstellst, daß du *jetzt* in ein Auto steigen sollst?

Weil die EMDR-Arbeit mit Kindern oft sehr schnell vonstatten geht und weil sie sehr verwirrend sein kann, besteht die Gefahr, daß dabei wichtige Dinge übersehen werden. Das soeben beschriebene Großreinemachen nach Abschluß der Verarbeitung hilft sicherzustellen, daß die Arbeit wirklich abgeschlossen ist.

Themenentwicklung (Tinker 1994)

Nach Abschluß der Arbeit an einem bestimmten Ziel sollte die Behandlung verwandter Ziele in Erwägung gezogen werden. Dies verstärkt nicht nur die Wirkung der Behandlung, sondern verringert auch die Wahrscheinlichkeit, daß unentdeckte Erinnerungen oder Auslöser ein Weiterbestehen der Symptome verursachen. Die neuen Ziele können relativ unscheinbare Vorfälle oder Situationen sein, die zuvor unbemerkt geblieben waren. Trotzdem können sie innerhalb der Traumageschichte eine wichtige Rolle spielen oder immer noch als Auslöser fungieren. Sie sollten verarbeitet werden, um die Wirkung der Behandlung des ursprünglichen Ziels zu verstärken. Um solche relevanten Faktoren zu finden, kann man das Kind fragen: »Was macht dich sonst noch [wütend, traurig usw.]?« Der konkrete Inhalt der Frage hängt von dem Thema ab, auf das die vorangegangene Arbeit fokussiert war. Oft läßt sich eine ganze Reihe so gefundener Ziele ziemlich schnell verarbeiten.

Phase 5: Verankerung

Für Verankerungen wie für die Wahl von Behandlungszielen sind am besten bildliche Vorstellungen geeignet, es sei denn, eine verbale oder anderweitige Form ist in einem bestimmten Fall eindeutig vorzuziehen. Bildliche Vorstellungen können auch mit Kognitionen kombiniert werden. Durch Verankerungen, die *vor* der Reprozessierung durchgeführt werden, kann man dem Kind helfen, zusätzliche Ressourcen für die Konfrontation mit den belastenden Bildern zu mobilisieren (Greenwald 1993a, b); dies gilt insbesondere für den *sicheren Ort* und die Schutzwerkzeuge. Außerdem können Verankerungen vorgenommen werden, um die Arbeit wieder in Gang zu bringen, wenn sie in einer Sitzung zum Stillstand gekommen ist, beispielsweise wenn der SUD-Wert trotz aller Bemühungen nicht sinkt. Manchmal werden Verankerungen auch unabhängig vom Rest des EMDR-Protokolls benutzt.

Weil Verankerungen bei der Arbeit mit Kindern in so vielen Zusammenhängen vorgenommen werden und weil sie oft die gleiche Funktion wie das kognitive Einweben erfüllen (selbst wenn keine Kognition formuliert wird), wird letzteres an dieser Stelle nicht separat behandelt. Der Einsatz korrigierender Information in Form des kognitiven Einwebens erfolgt im übrigen bei Kindern und Erwachsenen auf sehr ähnliche Weise.

Der sichere Ort

Diese häufig benutzte Verankerung wird oft zunächst als Technik der Selbstberuhigung vorgestellt. Das Kind wird aufgefordert, einen »sicheren Ort« (oder einen »besonderen Ort«) zu wählen, und zwar entweder einen realen Ort, den es kennt, oder einen nur in seiner Phantasie existierenden Ort. Typische sichere Orte sind das Zusammensein mit einem Erwachsenen, den das Kind besonders mag, Im-Bett-Liegen, der Aufenthalt an einem imaginierten Strand, in einem Garten oder auf einem Berggipfel. Das Kind wird aufgefordert, auf die Details des gewählten Ortes zu achten sowie darauf, wie entspannend, angenehm und sicher es sich dort fühlt. Dann wird der gewählte Ort verankert, indem das Kind sich darauf konzentriert und eine oder mehrere Serien von Augenbewegungen ausführt. Außerdem kann es während der Verankerung den Satz »Ich bin in Sicherheit« sprechen.

Es ist wichtig, einen sicheren Ort zu wählen, der nicht durch beunruhigende Erinnerungen verunreinigt ist, weil dies die Wirkung verwässern kann. Der sichere Ort sollte ein sicherer Hafen sein. Wenn es dem Kind nicht gelingt, einen sicheren Ort zu etablieren, der seine Funktion tatsächlich erfüllt, sollte eine andere Verankerung, beispielsweise die eines Schutzmittels, in Erwägung gezogen werden.

Der sichere Ort kann auf unterschiedliche Weisen benutzt werden. Er kann Bestandteil des Entspannungstrainings sein, das der eigentlichen EMDR-Arbeit vorangeht. In diesem Teil der Arbeit werden die Augenbewegungen in einem positiven Kontext vorgestellt, nicht in unmittelbarer Assoziation mit der Traumaarbeit. Der sichere Ort kann auch unmittelbar vor der Desensibilisierungsphase verankert werden. Man kann dem Kind sogar sagen: »Wenn es zu schwierig wird, kannst du diesen Ort aufsuchen.« Am Schluß der Sitzung kann diese Verankerung benutzt werden, um dem Kind zu helfen, sich wieder zu beruhigen, bevor es den Therapeuten verläßt.

Der besondere Schutz (Greenwald 1993b)

Dies ist eine Traumwelt-Verankerung, die ursprünglich für den Umgang mit einem Traumkontext entwickelt wurde: für Alpträume.

THERAPEUT: Wenn du noch einmal in diesem Traum wärest, was würdest du dann brauchen, um dich sicher zu fühlen? (*Wenn das Kind nicht weiß, was es auf diese Frage antworten soll, erklärt der Therapeut sie erneut oder nennt Beispiele, etwa: ein Spezialgewehr, einen Zauberstab, ein Laserschwert.*) Was wäre das beste für dich?

KIND: Ein Gewehr.

THERAPEUT: Okay, schau dir das Gewehr gut an – wie es aussieht, welche Farbe es hat, wie schwer es ist, wie es sich anfühlt, es zu halten, und wie es sich anfühlt, es zu benutzen.

Anschließend verankert der Therapeut dieses Bild, das schon *vor* der Verarbeitung des Alptraums benutzt werden kann und das in jedem Fall *nach* der Verringerung des SUD-Werts auf 0 benutzt werden sollte.

Das Schutzmittel kann selbst dann verankert werden, wenn das belastende Zielbild eine Erinnerung, also kein Traumbild, ist (Greenwald 1993a). Dann teilt der Therapeut dem Kind mit: »Ich weiß, daß das wirklich passiert ist, aber wir wollen einmal für einen Augenblick annehmen, daß es nur ein böser Traum war. Wenn du in diesen Traum zurückkehren müßtest, was würdest du dann brauchen?« Der Rest der Intervention verläuft genauso, wie es bereits erklärt wurde.

Dies ist vielleicht die stärkste und am vielseitigsten verwendbare unter den verschiedenen Verankerungen vom Typ des kognitiven Einwebens, weil es dem Kind ermöglicht wird, die am dringendsten zur vollständigen Verarbeitung der Ziel-Erinnerung benötigte Ressource zu benennen und selbst zu kreieren. Andere Verankerungen verbindet der Therapeut mit potentiell einschränkenden Bedingungen. Beides hat seinen Wert und seine Funktion. Viele Therapeuten verankern generell vor der Desensibilisierungsphase ein Schutzwerkzeug, wohingegen andere dies nicht tun, wenn es nicht in irgendeiner Form zu einer Stagnation gekommen ist. Diese Verankerung kann besonders nützlich sein, wenn ein Kind zu verängstigt oder zu erregt ist, um die Arbeit fortzusetzen, oder wenn die Verarbeitung zum Stillstand gekommen ist (wenn der SUD-Wert nicht weiter sinkt). Ein Schutzwerkzeug kann auch bei der Behandlung von Angstzuständen benutzt werden, wenn es um das Anvisieren aktueller Situationen geht.

Gibt das Kind auf die Traum-Frage nicht sofort eine Antwort, die verankert werden kann, sagt es beispielsweise: »Ich müßte stärker werden«, muß der Therapeut ihm helfen, seine Antwort in ein konkretes Bild umzuwandeln. Im vorliegenden Fall könnte er sagen: »Welches Tier ist am stärksten?« Dann wird das Kind aufgefordert, sich auf ein Bild von jenem starken Tier zu konzentrieren, das daraufhin verankert wird. Eine weitere Variante ist die Verankerung eines Rollenmodells (siehe weiter unten).

Das Bild der Lösung

So wie ein Bild das Problem des Kindes repräsentieren kann, kann man das Kind auch auffordern, »ein besseres Bild zu zeichnen«, um dieses Bild dann für die Verankerung zu benutzen. Ebenso kann der Therapeut fragen: »Wenn dieses Problem auf magische Weise verschwinden würde, was wäre dann für dich anders?« Dieser Unter-

schied kann, falls er positiv ist, verankert werden. Eine andere Art von Lösung, die
verankert werden kann, ist die Antwort auf die Frage: »Was würdest du gern statt [des
beunruhigenden Bildes] über dich denken?«

Phantasielösung

Wenn der SUD-Wert hoch bleibt, kann es nicht schaden, eine Modifikation des Ziels
vorzuschlagen, wozu man es beispielsweise verblassen, zusammenschrumpfen oder
explodieren läßt (Shapiro 1998). Dieses spielerische Element verstärkt bei dem Kind
das Gefühl der eigenen Macht, wodurch ein kontinuierlicher Fortschritt begünstigt
wird.

Frühere Erfolge und gute Gefühle

Das Kind wird aufgefordert, eine positive Erinnerung als Mittel gegen die aus der belastenden Erinnerung gezogene negative Lehre zu verwenden. Beispielsweise könnte
nach der Verarbeitung einer Erinnerung, bei der Angst, Ungeschütztheit und ein
Gefühl der Isolation wichtige Rollen gespielt haben, als adäquate Verankerung die
bildliche Vorstellung verwendet werden, daß das Kind beim Schlafengehen von einem der Eltern zugedeckt wird. Auch frühere Erfolgserlebnisse können verankert werden, um Erinnerungen an Versagenserlebnisse in einem ähnlichen Bereich zu neutralisieren. Beispielsweise kann ein Kind, das von seinen Altersgenossen gehänselt
wurde, von der Verankerung einer Erinnerung an eine positive Erfahrung im Kontakt mit anderen Menschen profitieren. Das Erstgespräch mit Eltern und Kind liefert
gewöhnlich nützliche Informationen bezüglich der Stärken, Interessen und Leistungen des Kindes. Falls der Therapeut Vorschläge für mögliche Verankerungen machen
muß, sollte das Kind in jedem Fall aufgefordert werden, die Entscheidung darüber
selbst zu treffen oder das Vorgeschlagene zumindest ausdrücklich zu akzeptieren.

Zukünftige Erfolge und gute Gefühle

Wenn das Kind sich einen Erfolg auf dem als Ziel anvisierten Gebiet vorstellen kann,
so kann auch dieser verankert werden. Dazu ist es wichtig, ein klares Ziel zu wählen,
und um seine Angemessenheit sicherzustellen, kann es notwendig sein, den Klienten
in eine entsprechende Richtung zu lenken. Beispielsweise kann der Therapeut dem
Kind helfen, den Fokus aufrechtzuerhalten, indem er sagt: »Achte darauf, wie gut sich

das anfühlt. Stelle fest, wo in deinem Körper du es spürst« oder: »Achte darauf, wer da ist. Stelle fest, was diese Person sagt.« Falls es sinnvoll erscheint, kann die Verankerung auch das imaginäre Proben der zum Erzielen des Erfolgs notwendigen Handlungen umfassen.

Generalisieren von Sicherheit

Diese Technik wird benutzt, wenn ein Kind eine Angstreaktion auf viele Situationen oder Orte ausgeweitet hat (Diane Spindler-Ranta, persönliche Mitteilung). Verankern Sie die Kognition »Ich bin hier sicher« zunächst mit dem ursprünglichen traumatischen Ziel-Bild und später mit allen übrigen Orten, auf die sich die Angstreaktion des Kindes bezieht. Der Therapeut sagt: »Stell dir jetzt vor, du sitzt an deinem Pult in der Schule, und sage zu dir selbst: ›Hier bin ich sicher.‹ Stell dir jetzt vor, daß du in deinem Bett bist ...« Dies sollte nach der Auflösung des traumatischen Materials geschehen.

Eine Variante besteht darin, die Kognition mit dem sicheren Ort in Verbindung zu bringen und sie dann nacheinander mit einer Reihe anderer vorgestellter Orte zu wiederholen. Außerdem läßt sich auf diese Weise herausfinden, ob es noch unabgeschlossene Probleme gibt.

Rollenmodell/Ich-Ideal

Dies ist eine wundervolle Adaptation einer Intervention, die in vielen anderen Therapieansätzen Verwendung findet. Bei Kindern, die nicht in der Lage sind, über persönliche Erfolge, gute Gefühle oder adäquate Handlungen zu berichten, welche als Ressourcen verankert werden könnten, borgen wir diese Dinge von anderen Personen aus. Der Therapeut stellt entweder vor oder in der Sitzung fest, wen das betreffende Kind besonders bewundert oder respektiert. Dies kann ein älteres Geschwister, ein gleichaltriges Kind aus einer anderen Familie, ein Lehrer, ein berühmter Sportler, eine Cartoon-Figur oder eine Persönlichkeit aus dem Fernsehen sein. Suchen Sie in dem gewählten Rollenmodell zunächst die spezifische Gefühlsqualität oder das Verhaltensrepertoire, die oder das bei dem Kind verstärkt werden soll. Verankern Sie anschließend das Bild des Rollenmodells, wie es die gewünschte Eigenschaft zum Ausdruck bringt.

Eine kompliziertere Version dieser Technik besteht darin, das Kind aufzufordern, sich vorzustellen, es würde das Ziel-Bild (Martinez 1991). Der Therapeut leitet wie folgt zu dieser Visualisation an: »Schau ihn an; du kannst dich von hinten anschleichen, ganz leise, damit du ihm ganz nahe kommen und seinen Atem hören kannst. Jetzt komm ihm ganz langsam so nahe, daß du in ihn hineinschlüpfen kannst. Und spüre, wie es ist, er zu sein, groß und stark und tapfer.« Dieses Bild wird verankert.

Diese Verankerung kann auch durch Umwandlung einer bestimmten gewünschten Qualität in ein Tier erfolgen. Wird das Kind beispielsweise nach einem Schutz gefragt, und es antwortet: »Ich müßte stärker sein«, fragt der Therapeut: »Wenn du an ein starkes Tier denkst, welches Tier fällt dir dann ein?« Anschließend verläuft die Intervention genauso wie zuvor beschrieben.

Eine weitere Variante besteht darin, ein bereits identifiziertes Rollenmodell/Ich-Ideal als Überbringer eines Schutzwerkzeugs zu benutzen. Beispielsweise kann der Therapeut sagen: »Superman hat dir eine Waffe dagelassen. Kannst du sie dir vorstellen?« (Cocco 1995). Anschließend wird dieser Gegenstand wie oben beschrieben intensiviert – »Welche Farbe hat sie? Wie fühlt es sich an, diese Waffe in der Hand zu halten?« – und dann verankert.

Helfer

Manche Kinder wählen spontan einen Helfer oder einen tröstenden Gefährten, wenn sie aufgefordert werden, einen sicheren Ort oder einen Schutz zu visualisieren. Doch kann der Therapeut das Kind auch ausdrücklich auffordern, sich solch einen Helfer zu suchen. Ist es dazu nicht in der Lage, kann der Therapeut ihm einige Beispiele nennen. Als Helfer beliebt sind die Eltern des Kindes, ein Schutzengel (P. Marvel Logan, persönliche Mitteilung), das Rollenmodell/Ich-Ideal oder das augenblickliche Ich (das älter und weiser ist als das Ich der belastenden Erinnerung). Dieser Helfer sollte klar visualisiert und als Ressource verankert werden. Ebenso wie das persönliche Schutzwerkzeug leistet auch der Helfer während des gesamten Desensibilisierungsprozesses gute Dienste.

Fähigkeiten und Wissen

Bei Kindern mit sozialen oder schulischen Defiziten kann man durch Verankern spezifieller Kompetenzen, ja sogar schulischer Inhalte den Lernprozeß verbessern. Das Ziel muß zu diesem Zweck klar und spezifisch sein. Diese Art von Verankerung kann ebenso ein Selbstbehauptungstraining, ein Training der Impulskontrolle oder die Vermittlung mathematischer Fakten beinhalten. Therapeuten können bei der Vornahme dieser Verankerung sehr kreativ vorgehen. Wenn beispielsweise ein Kind das gewünschte Verhalten in einem Rollenspiel zeigt, kann dieses zusammen mit imaginierten Konsequenzen des neuen Verhaltens (wie Stolz und positive Reaktionen anderer) verankert werden.

Korrektur/Polarität

Dies ist eine Variante der üblichen verbalen Verankerung, die dem Repertoire für die EMDR-Behandlung Erwachsener entlehnt wurde (Rappaport 1992). Falls eine dysfunktionale Kognition gefunden wird, sollte eine korrigierende Kognition verankert werden. Letztere sollte möglichst von dem Kind selbst geäußert werden, wozu man es z.B. mit einem Anflug von Humor fragen kann: »War das deine Schuld?« oder: »Bist du dumm?« Wird diese Intervention zu früh eingesetzt, kann sie die Frustration des Kindes verstärken. Doch indem man das Kind auf diese Weise mit seinem Angriff auf sich selbst konfrontiert, gelingt es häufig, die schädigende Wirkung der negativen Kognition zu neutralisieren. Dies scheint deshalb zu funktionieren, weil dadurch die Wut des Kindes geweckt und sein adaptives, rationales Denken dazu veranlaßt wird, auf den zuvor abgeschirmten, traumatisierten Bereich einzuwirken. Die Reaktion kann mehrmals elizitiert werden, wobei das Kind die Erklärung mit zunehmender Kraft vorträgt, bevor mit der Verankerung begonnen wird. Letztere kann auch schon auf die erste Reaktion hin vorgenommen und sogar während der Augenbewegungen fortgesetzt werden, wobei das Kind die Erklärung weiter laut wiederholt.

Inneres Gutsein (Greenwald 1994c)

Manche Kinder sind von ihrer eigenen Schlechtigkeit fest überzeugt. Der Grund hierfür sind gewöhnlich tatsächlich verübte Missetaten, oder es handelt sich um eine Folge schwerwiegender Bestrafungen: »Mein Vater hat mich geschlagen, deshalb muß ich schlecht sein; sonst hätte er das ja nicht getan.« Man kann Kinder in einem solchen Fall fragen: »Ist es möglich, [etwas Böses zu tun/vom Vater bestraft zu werden] und trotzdem [ein guter Junge/gutes Mädchen] zu sein?« Über diese Frage denkt das Kind nach und führt gleichzeitig Augenbewegungen aus. Schon allein durch dieses Verfahren kann es zur Auflösung kommen.

Allerdings fühlen sich manche Kinder trotz dieser Prozedur weiterhin schlecht. Dem Therapeuten bleibt dann die Möglichkeit zu fragen: »Hast du tief in dir ein gutes Herz?« oder: »Gibt es tief in dir einen Teil, der gut ist?« Nachdem es diese Frage beantwortet hat (normalerweise mit »ja«), wird es vom Therapeuten durch eine Serie von Augenbewegungen geleitet. Auf diese Weise kommt das Kind mit dem Gefühl in Kontakt, in Wirklichkeit ein guter Mensch zu sein, und dies ist oft ein entscheidender Schritt in der Behandlung. Der Therapeut kann die Eltern auch dazu anleiten, ihrem Kind häufiger positive Botschaften zu übermitteln.

Kognitives Umstrukturieren

Anstelle von extremen und unzutreffenden negativen Kognitionen kann man adaptive und positive verankern (Diane Spindler-Ranta, persönliche Mitteilung). Wenn beispielsweise an einem Tag die Zeit in der Schule wegen eines belastenden Erlebnisses »schrecklich«, der restliche Tag jedoch okay war, kann der Therapeut im Sinne einer kognitiven Umstrukturierung die Kognition »Der Tag war ziemlich gut« verankern. Hat ein Kind Freude an einem Spiel gehabt, doch sieht es das gesamte Erlebnis als negativ, weil es bei dem Spiel verloren hat, kann der Therapeut den Satz »Es hat mir Spaß gemacht zu spielen« verankern. Und wenn das Kind während eines Spiels Schwierigkeiten hat, mit seiner Frustration darüber, daß es verloren hat, fertig zu werden, kann der Therapeut den Satz »Es macht mir Spaß zu spielen« oder »Es ist okay« verankern. Dieser Ansatz kann einem Kind helfen, sein übertrieben negatives Denken allmählich aufzugeben und zu einer ausgewogeneren und adaptiveren Sichtweise zu gelangen. Diese Technik läßt sich gut mit dem in Kapitel 1 beschriebenen Ansatz zum Aufbau von Stärke verbinden; das Kind fühlt sich stärker, wenn es in der Lage ist, Mißgeschicke zu tolerieren und Hindernisse zu überwinden.

Behälter

In einem visualisierten Behälter können Fähigkeiten oder andere Ressourcen für den späteren Gebrauch aufbewahrt werden. Außerdem kann das Kind zur Sicherung eines zukünftigen Erfolgs üben, diesen Behälter in einer potentiell schwierigen Situation zu öffnen. Eine spezielle Möglichkeit, diesen Behälter zu nutzen, ist die Vorbereitung auf die Arbeit an einer Erinnerung, welche die Wut des Klienten auf seine Eltern wecken könnte. Viele Klienten zögern, an solchen Aspekten zu arbeiten, weil sie fürchten, sie könnten dadurch ihre Liebe zu ihren Eltern zerstören. In solchen Fällen kann der Behälter dazu benutzt werden, um während der Trauma- oder Trauerarbeit die »guten Anteile« oder positiven Aspekte des betreffenden Elternteils sicher aufzubewahren. Sobald die Wut und andere gefürchtete Emotionen verarbeitet worden sind, werden die positiven Aspekte wieder aus dem Behälter hervorgeholt.

Man kann auch mehrere Verankerungen nacheinander vornehmen. Beispielsweise kann man eine Verankerung bezüglich der schulischen Leistungen mit der Verankerung eines Rollenmodells – jemand, der bei Prüfungen immer gut abschneidet – kombinieren. Auch die Intervention *Korrektur/Polarität* (siehe oben) eignet sich sehr gut für solche Kombinationen, wobei die Arbeit entweder im Rahmen einer einzigen Stimulationssequenz oder in zwei aufeinanderfolgenden Sequenzen durchgeführt werden kann.

Bei Kindern, die sich weigern, an beunruhigende Erinnerungen zu denken, oder für die es am wichtigsten ist, auf die Entwicklung von Fähigkeiten und ihrer Selbstachtung zu fokussieren, kann die EMDR-Arbeit auf positive Verankerungen beschränkt werden. Gerät die EMDR-Arbeit an einer traumatischen Erinnerung ins Stocken, läßt sich der Verarbeitungsprozeß oft durch eine positive Verankerung wieder in Bewegung bringen.

Phase 6: Körpertest

Ebenso wie Erwachsene werden auch Kinder aufgefordert, nach eventuell noch verbliebenen Empfindungen körperlichen Unbehagens zu forschen, auf die dann in Verbindung mit Serien von Augenbewegungen fokussiert wird. Gewöhnlich tritt dadurch entweder weiteres Material für die Verarbeitung zutage, oder die Empfindung löst sich auf. Diese Phase kann modifiziert werden, indem man beispielsweise sagt: »Gehe mit einer Kamera in deinen Körper, und schaue dann überall nach, ob es Stellen gibt, die sich anders als gewöhnlich anfühlen.«

Phase 7: Abschluß

In dieser Phase hilft der Therapeut dem Kind, vor Ende der Sitzung sein emotionales Gleichgewicht wiederzufinden, und er hilft ihm und der Familie, sich auf die nächste Sitzung und die Zwischenzeit vorzubereiten. Zwar sollte dies auch geschehen, wenn nicht mit EMDR gearbeitet wurde, doch gibt es spezielle Vorgehensweisen für den Abschluß einer EMDR-Sitzung.

Sicherung des Erreichten

Nach dem EMDR-Teil einer Therapiesitzung empfiehlt es sich, die Erfolge des Kindes mit Hilfe von Phantasiespielen, Rollenspielen oder anderen Mitteln zu sichern. Hat das Kind beispielsweise während der EMDR-Arbeit eine Angst durchgearbeitet, könnte es in einem Kampf zwischen Spielfiguren Tapferkeit demonstrieren. Hat es das Gefühl der Hilflosigkeit durchgearbeitet, kann es aufgefordert werden, körperliche Stärke zu demonstrieren, indem es beispielsweise einen schweren Gegenstand hebt oder Liegestütze macht. (Im Anschluß daran kann die Kognition »Ich werde stärker« verankert werden.) Hat ein Kind an seiner Selbstbehauptung gearbeitet, kann es diese mit dem Therapeuten zusammen in einem Rollenspiel üben. Der Sicherung des Erreichten dient auch, daß der Therapeut die Erfolge des Kindes gegenüber seinen Eltern rühmt, wenn es zu ihnen ins Wartezimmer zurückbringt.

Behälter (Dunton 1993)

Wenn eine Sitzung sich dem Ende nähert und das Kind noch an unaufgelöstem Material arbeitet, kann der Therapeut fragen: »Wo möchtest du diese Gefühle (oder diese Erinnerung) bis zum nächsten Mal aufbewahren?« Anschließend kann die bildliche Vorstellung verankert werden, daß das Unerledigte bis zur nächsten Sitzung in einem Kasten, einem Safe oder im Aktenschrank des Therapeuten verbleibt. Dies hilft dem Kind, sich nach einer schwierigen Sitzung wieder zu beruhigen, was es wiederum den übrigen Familienmitgliedern leichter macht, das, was das Kind in der Therapie erlebt hat, ihrerseits zu bewältigen.

Abschluß

Man sollte dem Kind helfen, sich nach der EMDR-Arbeit wieder zu beruhigen und sich wieder wohl zu fühlen. Manche Kinder lösen sich durch das Ritual des Beiseitelegens der Spielsachen vom belastenden Geschehen während der Sitzung. Der Therapeut kann mit dem Kind auch eine Entspannungsübung oder eine andere beruhigende Aktivität ausführen. Auch positive Verankerungen können diesem Bemühen förderlich sein.

Zwischen den Sitzungen

Kind und Eltern sollten auf eventuelle Zwischenfälle in der Zeit zwischen den Sitzungen vorbereitet sein, und sie sollten über Strategien für den Umgang mit derartigen Störungen sprechen. Über eventuell auftretende Probleme oder mit dem Fokus der Behandlung zusammenhängende Veränderungen sollten sie in der folgenden Sitzung berichten. Sind im Lauf der Sitzung Fortschritte erreicht worden, können eventuell »Hausaufgaben« formuliert werden, die der Integration des Erreichten in den Alltag dienen. Allerdings sollte der Therapeut darauf hinweisen, daß diese Hausaufgaben schwer auszuführen sind, damit der Klient auf eventuell auftretende Schwierigkeiten vorbereitet ist und damit er Erfolge beim Ausführen dieser Aufgaben als etwas wahrnimmt, das die Erwarteten übertrifft.

Phase 8: Überprüfung

Nach der EMDR-Arbeit wird eine Überprüfung durchgeführt, um die Wirkung der Behandlung festzustellen und um darüber zu entscheiden, worauf die Arbeit als nächstes fokussieren sollte. Bei Kindern kann die Überprüfungsphase unmittelbar nach der EMDR-Arbeit beginnen, sofern in der betreffenden Sitzung noch genügend Zeit bleibt. Kinder können ihre augenblickliche Situation sehr dramatisch durch ihr Spiel oder durch andere Verhaltensweisen veranschaulichen. Doch ist es auch wichtig, sich über die Reaktion der jungen Klienten in der Zeit zwischen den Sitzungen zu informieren. Zwar können manche Kinder selbst sehr klar über ihre eigenen Erlebnisse berichten, doch sollte unabhängig davon unbedingt regelmäßiger Kontakt zu den Eltern gehalten werden, entweder in Form eines kurzen Gesprächs zu Beginn jeder Sitzung oder in Form eines Telefongesprächs vor dem Behandlungstermin. Die nächsten Behandlungsschritte können aufgrund der Informationen von seiten des Kindes und der Eltern sowie aufgrund der Beobachtungen des Therapeuten geplant werden.

Teil III

Spezielle
Anwendungsbereiche

8

Säuglinge und Kleinkinder

GENERELL WIRD DIE EMDR-ARBEIT um so stärker abgekürzt, je jünger die Klienten sind; und je jünger sie sind, um so wichtiger wird die Rolle der Eltern bei ihrer Behandlung. Dies gilt insbesondere für Säuglinge und Kleinkinder, bei deren Behandlung die Eltern anwesend sein *müssen*, damit sie sich wohl und sicher fühlen und damit Sie als Therapeut leichter mit ihnen kommunizieren können. Den größten Teil der Behandlung können die Eltern des Kindes unter Anleitung des Therapeuten sogar selbst durchführen.

Säuglinge und Kleinkinder werden gewöhnlich wegen eines traumatischen Erlebnisses wie beispielsweise einem Autounfall, einer medizinischen Behandlung oder Mißhandlungen zur Therapie gebracht. Bei ihrer Behandlung sind verschiedene Aspekte zu berücksichtigen, darunter die Reaktion der Eltern auf das Ereignis, die Aufklärung der Eltern über einen adäquaten Umgang mit dem Kind und die Traumatisierung des Kindes. Glücklicherweise kann all diesen Aspekten oft gleichzeitig Rechnung getragen werden, und manchmal ist dies sogar in einer einzigen Sitzung möglich. Wenn völlig erschöpfte Eltern mit einem schreienden Kind zur Behandlung kommen, ist es mit Sicherheit nicht angebracht, eine vier Sitzungen umfassende Diagnose durchzuführen.

Jesse, ein 19 Monate alter Junge, war im Rahmen eines Beschäftigtenhilfsprogramms, an dem seine Mutter teilnahm, zu mir gekommen. Sie hatte am Telefon gesagt, ihr Junge brülle seit einigen Wochen abends viel, weine viel häufiger und sei viel anhänglicher geworden. In solchen Fällen ist eine sofortige Behandlung sehr wichtig, weil sowohl das Kind als auch die Eltern sehr unter der Situation leiden. Ich schlug der Mutter vor, mit der ganzen Familie zur Behandlung zu kommen – also nicht nur mit dem Jungen, sondern auch mit ihrem Mann, Jesses Stiefvater.

Zunächst geht es in einer solchen Behandlung darum, die Ursache der Störung zu finden. Diese war schon beim ersten Treffen mit dem Jungen leicht zu erkennen, da Jesse unmittelbar vorher einen seiner seltenen Besuche bei seinem leiblichen Vater gemacht hatte. Von diesem war bekannt, daß er über sehr wenig Selbstkontrolle verfügte, wenn ihn die Wut überkam. Jesses Mutter vermutete, der leibliche Vater habe Jesse wahrscheinlich angeschrien und möglicherweise auch geschlagen, oder Jesse sei Zeuge eines lauten und gewalttätigen Streits zwischen Erwachsenen geworden. Überlegungen bezüglich der Sicherheit von Jesses allgemeiner Lebenssituation wurden durch die Tatsache vereinfacht, daß sein Vater mittlerweile in einem anderen Bundesstaat lebte und Besuche seinerseits in absehbarer Zukunft nicht zu erwarten waren. Jesses Situation in der Familie schien stabil zu sein, und er schien zu Hause nicht mit ähnlichen Ereignissen wie bei seinem leiblichen Vater konfrontiert zu sein.

Reaktionen der Eltern

Eltern reagieren auf körperliche oder emotionale Verletzungen ihrer Kinder manchmal sehr heftig und komplex. Beispielsweise kann es sein, daß sich die Eltern aus Sympathie mit ihrem Kind ebenfalls verletzt fühlen. Sie können auch traurig oder wütend darüber sein, daß ihr Kind verletzt wurde. Und es kann sein, daß sie sich persönlich für das Geschehene verantwortlich fühlen, unabhängig davon, ob das Ereignis tatsächlich durch ihre Nachlässigkeit verursacht wurde. Eltern können weiterhin Symptome einer posttraumatischen Reaktion entwickeln, beispielsweise intrusive Bildvorstellungen, übermächtige Affekte, Leugnen, emotionale Taubheit sowie andere Symptome, und derartige Reaktionen können sie daran hindern, auf adäquate Weise mit dem Kind umzugehen.

Manchmal bedürfen Eltern, die extrem stark auf ein Erlebnis ihres Kindes reagieren, selbst einer Behandlung. Dies ist meist dann der Fall, wenn das Trauma des Kindes bei den Eltern selbst traumatische Erinnerungen reaktiviert hat oder wenn sie selbst in irgendeiner Hinsicht für das Trauma des Kindes verantwortlich sind. Es ist bekannt, daß die Reaktion der Eltern eine wichtige Rolle bei der Entwicklung von posttraumatischen Belastungsreaktionen des Kindes spielt. Können sich die Eltern dem Kind gegenüber adäquat verhalten, hat das Kind bessere Genesungschancen.

Doch sollte die Behandlung des Kindes nicht hinausgezögert werden. Die wohl effektivste »Behandlung« der sekundären posttraumatischen Reaktionen der Eltern ist ihre Erkenntnis, daß mit ihrem Kind wieder alles in Ordnung ist. Außerdem kann der Therapeut den Eltern helfen, ihr Gefühl der eigenen Kompetenz zu stärken, indem er sie direkt an der Behandlung des Kindes beteiligt. Wenn es gelingt, die Schuldgefühle der Eltern zu verringern und ihr Gefühl der eigenen Kompetenz zu stärken, wirkt sich dies positiv auf ihre Fähigkeit aus, adäquat für das Kind zu sorgen.

MUTTER: Ich wußte, daß ich ihn nicht in das Haus seines Vaters hätte gehen lassen dürfen. Dieser Mann ist jähzornig, er brüllt herum. Er hat mich früher geschlagen; deshalb habe ich ihn ja verlassen. Gott weiß, was er dem armen Jungen angetan hat. Und ich bin schuld daran, daß das passiert ist, ich hätte ihn nicht zu seinem Vater gehen lassen dürfen.

THERAPEUT: Hat er Jesse schon einmal etwas angetan?

MUTTER: Nein, aber er hat ihn auch nicht oft gesehen. Ich hatte gedacht, es wäre okay, wenn sie sich noch einmal sehen würden, bevor er in den anderen Staat zieht.

THERAPEUT: Und dann ist Jesse so verstört zurückgekommen.

MUTTER: Genau. Ich hätte es wissen müssen.

THERAPEUT: Eltern wünschen sich oft, sie könnten die Zukunft vorhersehen. Man kann einfach nicht immer im voraus wissen, ob etwas schiefgehen wird. Aber jetzt wissen Sie, was passieren kann! Was werden Sie tun, wenn er das nächste Mal in der Stadt ist und seinen Sohn sehen will?

MUTTER: Wahrscheinlich sage ich dann einfach nein, es sei denn, noch jemand anders ist bei dem Treffen zugegen, jemand, bei dem ich mir sicher bin, daß er oder sie mit Jesse weggeht, wenn etwas für den Jungen Negatives passiert.

THERAPEUT: Das ist sicher gut. Gibt es sonst noch jemanden, der sich um Jesse kümmert und bei dem Sie Grund zu Besorgnis haben?

Mutter: Nein, nur wir; manchmal meine Mutter, und ein Babysitter, den wir sehr gut kennen.

Therapeut: Sie haben also einen Fehler gemacht und daraus etwas gelernt. Das klingt so, als würde es nicht noch einmal passieren.

Mutter: Ja, aber er weint und schreit die ganze Nacht.

Therapeut: Deshalb sind Sie ja hier. Sie haben genau das getan, was eine gute Mutter tun sollte: sich um Hilfe bemühen, wenn sie nicht sicher ist, wie sie mit einem Problem fertig werden kann.

Instruktion der Eltern

Viele Eltern wissen nicht, wie sie mit ihrem Kind nach einem traumatischen Erlebnis am besten umgehen sollten. Der Therapeut kann ihnen helfen, Möglichkeiten zur optimalen Unterstützung ihres Kindes bei seiner Genesung zu finden. Bei Säuglingen und Kleinkindern ist hierzu das häufige Herstellen von beruhigendem Körperkontakt eine geeignete Methode. Auch die unbeirrte Ausführung täglich wiederkehrender Handlungen kann beruhigend wirken, und verbales Lob und beruhigende Worte sind ebenfalls geeignete Mittel. Der Therapeut muß jede Situation im einzelnen prüfen, um den Eltern angemessenen Rat geben zu können. Wird das Kind beispielsweise in einer Klinik stationär behandelt, kann er empfehlen, ihm seinen Lieblingsteddybären mitzubringen, es so oft wie möglich zu besuchen und auch andere Verwandten zum Besuch des kleinen Patienten aufzufordern.

Mutter: Was sollen wir denn nun tun, wenn er nachts brüllt und weint? Sollen wir ihn weiter bei uns im Bett schlafen lassen? Vorher hat er ein paar Monate lang in seinem eigenen Bett geschlafen. Der Arzt hat uns gesagt, wir sollten ihn einfach weinen lassen, dann würde er schon irgendwann einschlafen. Aber nun hört er gar nicht mehr auf mit dem Weinen. Und weil ich das nicht ertragen kann, hole ich ihn zu uns ins Bett.

Therapeut: Sie tun genau das Richtige. Weil er im Augenblick Angst hat, braucht er Sie mehr als sonst. Wenn er darüber hinweggekommen und alles wieder normal ist, kann er auch wieder allein schlafen. Im Moment können Sie ruhig auf Ihr eigenes Urteil vertrauen und tun, was Sie für richtig halten.

Einbeziehen der Eltern in die Behandlung

Die Möglichkeit, sich aktiv an der Behandlung zu beteiligen, kann den Eltern helfen, sich wieder als kompetente Erzieher zu sehen. Und in der Tat ist die Beteiligung der Eltern an der Behandlung entscheidend für den Behandlungserfolg. Natürlich spielt auch EMDR dabei eine wichtige Rolle. Doch ist nichts dagegen einzuwenden, wenn Eltern zu der Überzeugung gelangen, daß ihr eigener Beitrag entscheidend für den Erfolg der Behandlung war, denn das Kind braucht selbstsichere und kompetente Eltern.

Bei der Behandlung dieser Altersstufe wird die EMDR-Methode auf ihre Essenz reduziert. Der Therapeut oder die Eltern erwähnen ein paar Schlüsselwörter, die das Kind an das erlebte Trauma erinnern, und tippen (beispielsweise) abwechselnd auf die Füße des Kindes. Das Kind sitzt dabei auf dem Schoß der Mutter oder des Vaters. Nachdem die für das Trauma charakteristischen Wörter erwähnt worden sind, werden, ebenfalls in Verbindung mit alternierender Stimulation, positivere Wörter benutzt. Geht es beispielsweise um einen Autounfall, kann zunächst »großer Knall« und später »alles wieder gut« gesagt werden. Die Stimulationsserien werden so lange wiederholt, bis das Kind glücklicher und entspannter wirkt und auf die mit dem Trauma assoziierten Wörter nicht mehr negativ reagiert. Eine Überprüfungssitzung ist in diesem Fall besonders wichtig für die Feststellung des Behandlungserfolgs, weil Kinder dieser Altersstufe nicht in der Lage sind, verbal über ihr innerens Leben zu sprechen. Außerdem ermöglicht eine Überprüfungssitzung dem Therapeuten, die Eltern weitergehend zu unterstützen und ihnen Ratschläge zu geben.

THERAPEUT: Welche Wörter könnten ihn an das, was er erlebt hat, erinnern?

MUTTER: Daddy. Jedesmal wenn wir das Wort Daddy erwähnen, fängt er wieder an zu weinen.

THERAPEUT: Gut. Sonst noch etwas?

MUTTER: Vielleicht brüllen. Wenn wir zu Hause etwas lauter werden, gefällt ihm das in letzter Zeit gar nicht.

THERAPEUT: Okay. Und was sagen Sie zu ihm, wenn Sie ihm klar machen wollen, daß Sie zufrieden mit ihm sind oder daß irgend etwas gut ist?

MUTTER: Wir sagen dann »guter Junge«, und wenn er sich geschnitten oder eine Beule hat, küsse ich ihn auf diese Stelle und sage: »Alles wieder gut.«

THERAPEUT: Okay, bitte halten Sie ihn einfach weiter so auf dem Schoß wie jetzt. (*Zu Jesse*): Ist es okay für dich, wenn ich so deine Füße berühre? (*Das Kind nickt. Der The-*

rapeut tippt abwechselnd leicht auf die beiden Füße und fährt damit während des folgenden Gesprächs fort. Zur Mutter) Erinnern Sie ihn jetzt an das Negative, das passiert ist. Fangen Sie an.

MUTTER: Jesse, weißt du noch, wie du bei deinem Daddy warst? Hat Daddy gebrüllt? War er laut?

THERAPEUT: Gut. Sagen Sie ihm jetzt, daß alles in Ordnung ist, daß er jetzt bei Ihnen in Sicherheit ist.

MUTTER: Guter Junge, guter Jesse. Alles ist wieder gut! Bei deiner Mami bist du sicher.

THERAPEUT: Kein Daddy mehr?

MUTTER: Kein Daddy mehr. Alles ist jetzt besser. *(Therapeut hört auf, abwechselnd auf die Füße zu tippen.)*

THERAPEUT: Gut. Wir lassen ihm jetzt ein wenig Zeit, und dann gehen wir die ganze Sache noch ein- oder zweimal durch. Haben Sie gemerkt, daß er zuerst völlig steif war, aber jetzt glücklicher wirkt?

Die Familie besuchte mich ungefähr zehn Tage später noch einmal und berichtete, daß die Alpträume und die übertriebene Anhänglichkeit praktisch verschwunden seien. Jesse schlief schon wieder in seinem eigenen Bettchen. In jener letzten Sitzung wiederholten wir zur Sicherheit die EMDR-Prozedur noch einmal, doch war keine weitere Belastung mehr zu finden. Dann besprachen wir noch ein paar allgemeinere Erziehungsfragen, und damit war die Behandlung beendet.

Da Kinder in anderen Fällen nicht so stark auf den ersten Behandlungsversuch reagieren, muß bei ihnen in der Überprüfungssitzung das gesamte Protokoll wiederholt werden. Die Eltern sollten dann zunächst ihre Reaktion auf das ursächliche Ereignis, ihre Haltung dem Kind gegenüber und alle Probleme, mit denen sie nach wie vor konfrontiert sind, beschreiben. Wenn die Eltern mit der Situation hinreichend klarkommen und in der Lage sind, sich effektiv und kompetent um das Kind zu kümmern, kann der Therapeut die EMDR-Behandlung wiederholen. Zu diesem Zweck sucht er eventuell nach weiteren Schlüsselwörtern, um sicherzustellen, daß alle Aspekte des Traumas berücksichtigt werden.

Waren die Eltern offensichtlich *nicht* in der Lage, ihrem Kind die erforderliche therapeutisch wirkende Zuwendung zu geben, sollte die Arbeit primär auf diesen Aspekt fokussieren. Der Therapeut kann ihnen dann helfen, eine adaptivere Sicht der Situation zu entwickeln, oder er kann ihnen bei der Lösung spezieller Probleme helfen. Reagiert beispielsweise der Vater auf das Weinen des Kindes mit so starker Wut, daß er es anbrüllt, kann der Therapeut ihm beibringen, sich aus der Situation zurückzuziehen, bevor er zu brüllen anfängt. In manchen Fällen reagieren Eltern so stark, daß sie die posttraumatische Reaktion ihres Kindes noch verstärken, statt beruhigend zu wirken. Manchmal ist in solchen Fällen EMDR-Arbeit mit den Eltern von Nutzen, wobei entweder auf das auslösende Ereignis, auf Ereignisse, durch welche die Reaktivität der Eltern geweckt wird (z.B. das Brüllen des Kindes), oder auf zurückliegende traumatische Erinnerungen fokussiert wird. Auch wenn die Eltern im Mittelpunkt der therapeutischen Arbeit stehen, kann es nützlich sein, die EMDR-Arbeit mit dem Kind zu wiederholen. Dies kann zur Folge haben, daß sich das Kind schneller erholt, was wiederum auch für die Eltern von Nutzen ist.

Die Arbeit mit etwas älteren Kindern

EMDR kann bei sehr jungen Kindern auch auf andere Weise eingesetzt werden, beispielsweise im Rahmen einer Spieltherapiesitzung. Dabei können allerdings besondere Probleme auftreten. Solche Kinder verfügen nicht immer über eine für diese Arbeit ausreichende Konzentrationsfähigkeit, und sie sind auch nicht immer in der Lage, die EMDR-Erfahrung im Kontext eines umfassenderen Heilungsprozesses zu sehen. Wenn die Verarbeitung zeitweise unangenehme Gefühle verstärkt, sind sie manchmal nicht bereit, die Arbeit fortzusetzen. Und ein solcher vorzeitiger Abbruch der EMDR-Arbeit kann zu einer erneuten Traumatisierung führen, selbst wenn sich die Heilung bereits anbahnt. Eine solche Entwicklung kann das Vertrauen in die Beziehung zum Therapeuten gefährden und zu einer Verstärkung der Probleme in der Zeit zwischen den Therapiesitzungen führen. Doch Beziehungen können »repariert« und die auftretenden Probleme auf eine andere Weise behandelt werden, und ein dahingehender Versuch mag um der bereits vor der Unterbrechung des Prozesses erkennbaren Heilungswirkung als der Mühe wert erscheinen. In solchen Fällen ist das Urteilsvermögen des Therapeuten gefragt.

Kleine Kinder mit allgemeinen Vertrauensproblemen sollten im allgemeinen nicht bereits zu Beginn einer Behandlung mit EMDR konfrontiert werden, es sei denn, es geht um eine Kurzbehandlung unmittelbar im Anschluß an ein traumatisches Erlebnis wie beispielsweise einen Unfall oder einen angstauslösenden Film. Besser sollte durch Einbeziehung der Eltern und spielerischer Elemente eine gute Beziehung zu dem Kind hergestellt werden, bevor mit der eigentlichen EMDR-Arbeit zur Auflösung des Traumas begonnen wird. Diese Art der Behandlung ist mit der Situation vergleichbar, wenn eine Mutter die Schnittwunde ihres Kindes auswäscht: Treten dabei

Schmerzen auf, erduldet das Kind diese nur, weil seine Beziehung zu seiner Mutter so stark ist.

Augenbewegungen sind für sehr junge Kinder manchmal zu schwierig auszuführen. Handtippen ohne Augenbewegungen ist bei dieser Altersstufe eine akzeptable Stimulationsmethode, die den Kindern außerdem Spaß macht. Verursacht selbst das Handtippen Probleme, kann das Kind *seine* beiden Hände auf die des Therapeuten legen, und dieser kann ihm beibringen: »Schlag diese Hand. Gut. Und jetzt die andere« (Tinker 1994). Bei noch kleineren Kindern kann der Therapeut mit alternierenden Geräuschen oder Berührungen arbeiten. Beispielsweise kann er abwechselnd auf die beiden Füße des Kindes tippen, während die Mutter es auf dem Arm hat.

Die Verarbeitungsziele sollten für diese Altersstufe ebenfalls vereinfacht werden. Beispielsweise kann man das Kind auffordern, mit Emotionen aufgeladene Wörter zu wiederholen, die mit dem Trauma oder mit Angst zusammenhängen, beispielsweise »Auto«, »bumm!« oder »Doktor« (Tinker 1994). Oder der Therapeut selbst spricht diese Wörter aus (Lovett 1995). Doch vor allem muß sich der Therapeut zuerst von den Eltern genaue Informationen beschaffen, um das Wesen und die Details der Ziel-Erinnerung richtig zu verstehen.

9

Jüngere Kinder

DIE ERFOLGREICHE ANWENDUNG VON EMDR bei jüngeren Kindern (im Alter zwischen 4 und 7 Jahren) macht es erforderlich, sich besonders mit der effektiven Einbeziehung der Eltern zu beschäftigen und mit der Bereitschaft des Kindes, die Arbeit auch dann fortzusetzen, wenn sie uninteressant oder schmerzhaft ist. Die EMDR-Arbeit selbst wird für Klienten dieser Altersstufe in verschiedener Hinsicht vereinfacht, und andere Elemente werden den Bedürfnissen jüngerer Kinder entsprechend modifiziert. Bei diesem Ansatz arbeitet man gewöhnlich zunächst mit der ganzen Familie, wobei diese Arbeit schließlich in die EMDR-Behandlung des Kindes übergeht.

Beurteilung

Das Problem des Kindes zu beurteilen ist nicht schwierig, wenn die Eltern aufgeschlossen sind und das Verhalten ihres Kindes gut beobachten. Beispielsweise wissen Eltern oft zutreffend zu berichten, daß die Symptome des Kindes nach einer ganz bestimmten Trauma- oder Verlusterfahrung begonnen haben. Doch sollte der Therapeut sich auch in solchen Fällen genau über die Entwicklungsgeschichte des Kindes informieren und in diesem Zusammenhang auch über *alle* erlebten größeren Verluste oder Traumata sowie über eventuelle signifikante Veränderungen der Einstellung, der Stimmung oder des Verhaltens. Dies alles trägt zum Verständnis der augenblicklichen Probleme des Kindes bei und ermöglicht es dem Therapeuten, den Eltern das Problem auf eine Weise zu erklären, die sie zu verstehen vermögen. Auch traumafokussierte standardisierte Messungen (siehe Anhang B) können von Nutzen sein, und zwar sowohl für die Beschaffung von Informationen als auch für deren plausible Vermittlung gegenüber den Eltern. Die Beurteilung des Therapeuten sollte auch die Beschreibung der Eltern-Kind-Interaktionen aus der Perspektive der Eltern sowie Verhaltensbeobachtungen einbeziehen. Dies alles hilft den Therapeuten, adäquate Interventionen für das Kind zu entwickeln und die Eltern zu einer effektiveren Unterstützung des Kindes zu ermutigen.

Gespräch über das Problem

Falls möglich, sollte der Therapeut ein Gespräch nur mit den Eltern führen, um hervorzuheben, daß zwischen Erwachsenen und Kindern eine wichtige Grenze besteht (»Es gibt Dinge, die man in Gegenwart von Kindern nicht sagen sollte«) und um nach Möglichkeit auszuschließen, daß die Eltern das Kind in Gegenwart des Therapeuten in Verlegenheit bringen. Dadurch erhält der Therapeut außerdem die Möglichkeit, das Problem nötigenfalls in einen anderen interpretatorischen Rahmen zu stellen, so daß er dem Kind zusammen mit den Eltern einen Behandlungsplan präsentieren kann, der von einer mit letzteren gemeinsam entwickelten Grundanschauung ausgeht. Die so entstandenen Konzepte werden dem Kind natürlich in vereinfachter Form erläutert.

Zwei Perspektiven scheinen für die Erklärung der Probleme gegenüber den Kindern selbst als auch gegenüber ihren Eltern besonders nützlich zu sein. Eltern machen sich gewöhnlich Sorgen, mit ihren Kindern könnte irgend etwas grundsätzlich nicht in Ordnung sein und deshalb auch nicht beseitigt oder aufgelöst werden. Der Therapeut hat die Möglichkeit, mit Hilfe seiner Beschreibung die Sicht der Eltern so zu verändern, daß sie ihr Kind nicht mehr als von Grund auf böse oder schlecht oder verrückt, sondern als verwirrt, traurig oder unreif ansehen. Besonders wirkungsvoll ist es, die Probleme der Kinder als normale Reaktionen auf bestimmte Trauma- und/oder Verlusterlebnisse hinzustellen. Nützlich kann auch sein, die Probleme als Ausdruck von Unreife zu deuten; das Kind »braucht nur etwas zu lernen«, um über sein Problem hinwegzukommen. Trauma-, verlust- oder entwicklungsbedingte Probleme sind lösbar, sofern die Eltern und der Therapeut ihnen mit spezifischen therapeutischen Mitteln begegnen.

THERAPEUT: Es klingt so, als könnte es manchmal ziemlich schwierig sein, mit Ihrer Tochter zurechtzukommen.

MUTTER: Das kann man wohl sagen. Sie kann mich so richtig auf die Palme bringen. Man könnte fast meinen, daß sie manchmal geradezu um eine Ohrfeige bittet, und zwar so lange, bis ich ihr schließlich eine gebe, einfach damit sie endlich Ruhe gibt.

THERAPEUT: Erinnern Sie sich noch daran, daß Ihre Tochter mit ansehen mußte, wie Sie und Ihr Mann miteinander gestritten haben, bis er schließlich aus dem Haus gegangen ist? Kinder, die so etwas miterleben, können dadurch sehr verängstigt werden. Sie bekommen dann das Gefühl, daß die Welt nicht mehr sicher ist, daß jederzeit alles Mögliche passieren kann. Und die Sorge, daß jederzeit etwas Schlimmes passieren kann, haben sie auch viel später noch. Wußten Sie, daß solche negativen Gefühle sich in einem Menschen festsetzen können?

MUTTER: Nein, darüber habe ich noch nie nachgedacht, aber ich kann mir vorstellen, daß es so ist.

THERAPEUT: Wenn sie nervös wird und sich fragt, ob die Situation für sie noch sicher ist, verhält sie sich Ihnen gegenüber nervig und versucht auf diese Weise im Grunde auszudrücken, wie sie die aktuelle Situation empfindet. Und wenn Sie ihr dann zeigen, daß *Sie* nach wie vor darüber entscheiden, was in ihrem Leben geschieht, fühlt sie sich wieder sicher.

Magisches Denken

Je besser Eltern die Erfahrungen und Bedürfnisse ihrer Kinder verstehen, um so wahrscheinlicher vermögen sie, effektiv an der therapeutischen Arbeit mitzuwirken. Geistig aufgeschlossenere Eltern profitieren vermutlich davon, wenn man sie über die Rolle des magischen Denkens in der Entwicklung ihres Kindes sowie über die Art, wie das Kind das akute Problem erlebt, informiert. Ich erkläre dies den Eltern gewöhnlich etwa wie folgt:

Wenn ein Baby geboren wird, weiß es nicht einmal, daß es ein Baby ist oder daß jemand anders jemand anders ist. Wird ihm dann klar: »Oh, ich bin ich, und ich höre da auf, wo meine Haut ist, und dahinter ist etwas, das nicht ›ich‹ ist«, ist es immer noch der Meinung: »Aber ich habe Macht über alles in der Welt.« Natürlich ist die Welt, die das Baby meint, nur das, was es sehen kann, und *darüber* hat es tatsächlich Macht. Es braucht nur etwas zu denken, und schon passiert es. »Ich habe Hunger – Mami gibt mir etwas zu essen. Mir ist kalt – Mami wickelt mich in eine Decke.« Am Anfang weiß das Baby nicht einmal, *daß* es kommuniziert, indem es weint. Es fragt sich: »Woher weiß Mami, was ich will?« Es braucht nur an etwas zu denken, und schon passiert es.

Dies nennt man magisches Denken. Später lernen Kinder natürlich dazu, und ihnen wird klar, daß Dinge nicht einfach deshalb geschehen, weil wir sie denken, sondern dadurch, daß jemand etwas tut. Und sie merken auch, daß sie nicht immer die Kontrolle über alles haben. Ihre schrecklichen Wutanfälle bekommen sie dann im Alter von zwei Jahren, weil ihnen aufgeht, daß sie nicht immer ihren Willen bekommen werden. Doch ein Teil ihres magischen Denkens bleibt erhalten; vielleicht schrumpft es jedes Jahr ein wenig, aber selbst Erwachsene haben noch einen Rest davon.

Typisch für Kinder ist allerdings, daß sie sehr starke Gefühle haben; bei ihnen geht es immer um alles oder nichts. Wenn sie Sie lieben, sind Sie für sie der beste Mensch auf der Welt; wenn sie Sie hassen, würden sie Sie am liebsten umbringen. Sie verstehen zwar nicht, was das bedeutet, aber ihre Gefühle sind so stark, daß sie glauben, dies tun zu müssen. Problematisch ist, daß ein Kind, wenn etwas wirklich Schlimmes passiert – wenn jemand stirbt oder weggeht oder einen schweren Unfall hat oder etwas Böses oder Beängstigendes tut –, denkt, es selbst habe dies getan. Das magische Denken sagt ihm dann: »Ich bin wütend auf ihn gewesen, und dann hat er das getan. Ich bin schuld daran. Ich habe es bewirkt.« Das Kind hat das Gefühl, der Grund für alles Schlechte zu sein, und es hält sich für gefährlich und glaubt, es würden noch mehr schlimme Dinge passieren, wenn es wieder schlechte Gefühle hätte.

Das Beste, was Sie zu Hause tun können, ist, Ihrem Kind dabei zu helfen, das zu lernen, was Kinder im Alter von zwei Jahren lernen müssen: daß *Sie* die Erwachsenen sind und deshalb die Verantwortung tragen und daß das Kind selbst nicht soviel Macht hat, wie es vielleicht noch glaubt. Wenn es Ihnen gelingt, dies Ihrem Kind zu vermitteln, wird es keine so starken Schuldgefühle mehr haben und sich nicht mehr so gefährlich vorkommen, und seine Angst vor seinen eigenen negativen Gefühlen wird allmählich abnehmen. Wenn Sie ihm dies oft genug klarmachen, wird es vielleicht irgendwann daran glauben, daß es auch jene anderen Dinge nicht verursacht hat.

Schulung der Eltern

Sobald die Eltern die vom Therapeuten erläuterte trauma- bzw. verlustorientierte Sichtweise verstehen und akzeptieren, kann dieser sie in korrigierend wirkende Aktivitäten einbeziehen. (Ein Ansatz zur Schulung der Eltern wird in Kapitel 2 detailliert beschrieben; eine weitere, altersgerechte Intervention folgt im nächsten Kapitel.) Dies stärkt sowohl bei den Eltern als auch beim Kind die Vorstellung, daß die Eltern die Verantwortung tragen und daß dies einer Verstärkung der Sicherheit des Kindes gleichkommt. Diese Intervention ist jedoch nicht in jedem Fall notwendig, und das klinische Urteil des Therapeuten muß darüber entscheiden, ob sie im konkreten Fall ausgeführt werden sollte.

Manchmal haben Kinder innerhalb einer Familie eine Rolle übernommen, die eigentlich den Eltern zukommt, beispielsweise die eines Vertrauten, eines Sorgenden oder gar des Chefs der Familie. Eine solche Rollenkonfusion sollte vom Therapeuten bis zur Absurdität herausgearbeitet werden, denn dadurch verhilft er den Familienmitgliedern möglicherweise zu einer neuen Sicht ihrer Interaktionen. Dabei wird zunächst die Konfusion selbst dargestellt, und anschließend werden die Elemente ihrer Auflösung sequentiell abgehandelt. Nachdem durch Demonstration klargestellt worden ist, daß die Eltern größer, älter und stärker sind als das Kind, werden sie darauf vorbereitet, die Verantwortung, die ihnen zukommt, auch tatsächlich zu tragen. Sobald sie unter Beweis zu stellen vermögen, daß sie tatsächlich die Verantwortung tragen, können sie ihre Elternpflichten so erfüllen, daß das Kind ein stärkeres Gefühl der Sicherheit empfindet.

THERAPEUT: Vielleicht halten Sie mich jetzt für dumm, aber ich bin etwas verwirrt. Wer von Ihnen ist denn nun die Mutter?
KIND: Sie!
THERAPEUT: Da bin ich mir gar nicht so sicher. Wenn deine Mami dir von ihren Problemen erzählt, dann bist *du* die Mutter. (*Dann zur Mutter:*) Haben Sie erwachsene Freunde, denen Sie von Ihren Schwierigkeiten erzählen können, so daß Sara nicht Ihre Mutter zu sein braucht?

Mutter: Ja, ich rede manchmal mit meiner Nachbarin und mit meiner Schwester.

Therapeut: Das ist gut. Sie sollten über Erwachsenenthemen mit Erwachsenen sprechen, damit ihre Tochter ein Kind sein kann. Aber ich bin mir immer noch nicht ganz sicher, wer hier die Mami ist. Erinnern Sie sich noch daran, wie Sie (*zur Mutter*) ihr vor kurzem gesagt haben, sie sollte die Stifte weglegen, und dann hat sie doch weiter damit gemalt? Da war Ihre Tochter der Boss. Die wirkliche Mutter erkenne ich immer daran, wer bestimmt, wo's langgeht. Deshalb bin ich immer noch verwirrt. (*Zum Kind*) Sagst du manchmal, wo's langgeht, obwohl das eigentlich deine Mami sagen sollte?

Kind: Manchmal gehorche ich schlecht.

Therapeut: Oh, dann bist du also manchmal auch durcheinander. Kein Wunder, daß *ich* jetzt selbst durcheinander bin.

Mutter: Also, ich sage ihr schon, was sie tun soll, aber sie hört nicht immer darauf.

Therapeut: Genau. Deshalb sind wir in so einem Durcheinander. Es ist aber wirklich wichtig zu wissen, wer die Mutter ist, zu wissen, wer das Sagen hat. Schau'n wir doch mal: Eine Mutter sollte größer, älter und stärker sein. (*Zum Kind*) Mutter, steht doch mal auf.

Kind: Ich bin Sara!

Therapeut: Oh, tut mir leid. Ich bin etwas durcheinander. Okay, Mutter – nein, ich meine Sara – steh auf. Und (*zur Mutter*) Mutter, stehen Sie bitte auch auf. Okay, gut. Wer von Ihnen beiden ist nun größer?

Kind: Sie!

Therapeut: Hmm. Schau'n wir doch mal: Du reichst bis hier (*legt eine Hand auf den Kopf des Kindes*), und Sie reichen bis hier. Jetzt ist es völlig klar: Sie ist größer. Und wer ist älter?

Kind: Sie!

Therapeut: Bist du dir sicher? Wie alt bist du denn?

Kind: Ich bin sechs.

Therapeut: Und wie alt sind Sie?

Mutter: Siebenundzwanzig.

Therapeut: Also größer und älter. Vielleicht sind Sie ja wirklich die echte Mutter. Aber jetzt wollen wir doch einmal sehen, wer von Ihnen stärker ist. (*Zum Kind*) Geh zu ihr, und hebe sie vom Boden hoch.

Kind: Das kann ich nicht.

Therapeut: Woher willst du das wissen? Wenn du die Mutter wärest, könntest du es. Versuch es einfach mal.

KIND: (*versucht es*) Ich kann es nicht!

THERAPEUT: Okay, gut. Und jetzt (*zur Mutter*) heben Sie sie doch mal vom Boden hoch. (*Die Mutter tut dies.*) Aha, Sie sind also nicht nur größer und älter, sondern auch stärker! Dann sind Sie wahrscheinlich die echte Mutter. Jetzt wollen wir noch feststellen, wer hier der Boss ist! (*Zum Kind*) Ich möchte, daß du ihr jetzt sagst, sie soll hüpfen; versuche, sie dazu zu bringen. (*flüsternd zur Mutter*) Tun Sie es nicht.

KIND: Los, hüpfe.

MUTTER: Nein (*lächelt und bewegt sich nicht von der Stelle*).

THERAPEUT: (*zur Mutter*) Gut gemacht. Aber wie schafft sie es nur, manchmal ihren Willen durchzusetzen? Ich glaube, ich weiß es! (*Zum Kind*) Versuch' es noch einmal. Vielleicht hat sie es sich jetzt anders überlegt. (*Zur Mutter flüsternd*) Tun Sie es nicht.

KIND: Hüpfe jetzt!

MUTTER: Nein (*lächelt und bewegt sich nicht von der Stelle*).

THERAPEUT: Sie machen Ihre Sache beide sehr gut. (*Zum Kind*) Versuch es immer wieder. Ich bin mir sicher, daß du sie dazu bringen kannst, es sich anders zu überlegen. (*Zur Mutter flüsternd*) Tun Sie es nicht.

Dieses Rollenspiel ermöglicht auf eine ausgezeichnete Weise, die adäquate elterliche Autorität hervorzuheben. Kindern macht dies gewöhnlich auch dann großen Spaß, wenn sie selbst nicht artikulieren können, daß sie sich sicherer fühlen, wenn ihre Eltern ihnen sagen, was sie tun sollen. Man kann die Eltern gegenüber Versuchen ihrer Kinder, sie zu etwas zu bringen, das sie eigentlich nicht wollen, immunisieren, indem man jede dieser Taktiken systematisch durchspielt und indem man die Kinder auf eine spielerische Weise an diesem Prozeß teilnehmen läßt.

THERAPEUT: Hmm, das scheint nicht zu funktionieren. Was können wir da machen? Ah, ich weiß schon! Mach das Gesicht, das du sonst auch immer machst, du weißt schon (*demonstriert es mit dem eigenen Gesicht*), natürlich kannst du das selbst besser. Mach jetzt dieses Gesicht, und sag es ihr wieder.

KIND: (*macht das gewünschte Gesicht*) Mami, hüpf jetzt endlich!

THERAPEUT: Die ist ja unglaublich abgebrüht! Fällt dir vielleicht selbst noch irgend etwas ein, wodurch du sie dazu bringen kannst, zu tun, was du sagst?

KIND: Vielleicht wenn ich weine?

THERAPEUT: *Das ist eine gute Idee!* Probier es doch aus (*mittlerweile hat die Mutter ihre Rolle verstanden und braucht deshalb keinen Souffleur mehr*).

KIND: Ich kann nicht.

THERAPEUT: Das ist okay. Tu einfach, was du kannst. Tu so als ob.

KIND: (*stöhnt*) Mami, hüpf doch bitte!

THERAPEUT: Das war sehr gut. Aber sie tut es immer noch nicht. Wie wäre es, wenn du brüllen würdest? Meinst du, damit hättest du Erfolg?

KIND: Ich glaube nicht.

THERAPEUT: Laß uns noch eine letzte Sache probieren. Brüll Sie diesmal an, daß sie hüpfen soll, und stampfe gleichzeitig mit den Füßen auf. (*Das Kind stampft und brüllt.*) Ich glaube, sie ist wirklich die echte Mutter. Sie ist älter, größer und stärker, und wie wir jetzt festgestellt haben, bestimmt sie auch, was läuft. Du kannst sie nicht herumkommandieren. Das ist eine gute Nachricht!

Nachdem klargestellt ist, daß der Elternteil in der Eltern-Kind-Beziehung die größere Macht hat, sollte dies sofort mit der beschützenden Funktion in Verbindung gebracht werden. Auch dies kann durch ein Gespräch oder durch ein Rollenspiel geschehen, und man kann dabei auf alle spezifischen Ängste des Kindes eingehen. Der Therapeut kann sagen: »Deine Mami scheint ziemlich stark zu sein. Glaubst du, sie könnte auch mit Monstern [Räubern usw.] fertig werden?« Anschließend kann der Therapeut dem Elternteil im Rahmen eines weiteren Rollenspiels die Möglichkeit geben, das Kind erfolgreich vor dem gefürchteten Objekt zu schützen.

THERAPEUT: (*erhebt die Arme und bleckt die Zähne*): Ich bin das Monster! Kleine Kinder sind mein Leibgericht! Ich glaube, ich sehe schon eins! (*Geht langsam auf das Kind zu und flüstert*) Meinst du, deine Mami könnte dich retten?

MUTTER: Geh weg, sonst schieße ich!

THERAPEUT: Ha, ha! Hier komme ich!

MUTTER: Peng! Peng!

THERAPEUT: (*fällt zu Boden*) Ich bin tot.

Falls sich der Therapeut in der Rolle des Monsters unwohl fühlt, kann dafür auch eine Puppe oder ein anderes Hilfsmittel benutzt werden. Auch zur Darstellung von Waffen oder anderen Schutzwerkzeugen können irgendwelche anderen Gegenstände verwendet werden. Man kann dieses Rollenspiel einige Male mit Variationen wiederholen, beispielsweise: »Oh nein! Jetzt kommen sogar *zwei* Monster!«

Zwar hat das Kind selbst von diesem Spiel den direktesten Nutzen, doch lernen auch die Eltern, wie wichtig es für ein Kind ist, daß seine Eltern eine Position der

Stärke verkörpern. Dadurch entsteht ein positiver Kontext für eine effektive und konsequente Disziplinierung des Kindes. Das Ziel dieser Intervention ist deshalb, die Eltern auf ein Training in der Erfüllung ihrer Funktion als Eltern vorzubereiten und dem Kind zu vermitteln, daß Disziplin gleichbedeutend mit einem höheren Maß an Sicherheit ist. Ein adäquater Umgang mit Disziplin verstärkt das Sicherheitsgefühl des Kindes, und das ist in dieser Behandlungsphase das Entscheidende.

Vorstellung und Durchführung der EMDR-Arbeit

Sobald Anzeichen dafür erkennbar werden, daß die Umgebung des Kindes seiner Heilung förderlicher geworden ist, ist es wahrscheinlich an der Zeit, die Behandlung auf das Trauma- bzw. Verlusterlebnis zu fokussieren. Dabei werden viele Elemente des Standardprotokolls ausgelassen, und zwar aus verschiedenen Gründen. Jüngere Kinder möchten keine Erklärungen darüber hören, weshalb EMDR ihnen nützlich sein könnte. Es reicht aus, sie darauf vorzubereiten, daß sie sich eine Zeitlang schlecht fühlen könnten, und ihnen klarzumachen, daß sie die Arbeit unterbrechen können, wenn sie möchten. Die Sitzung wird wahrscheinlich relativ problemlos verlaufen, wenn der Therapeut einerseits ein gutes Tempo (nicht zu langsam) vorlegt und andererseits nie aus dem Auge verliert, daß die Arbeit dem Kind Spaß machen sollte. Überdies ist es sehr nützlich, auf jede erdenkliche Weise die Motivation des Kindes zu nutzen. Diese Elemente einer effektiven Behandlung werden häufig auf unterschiedlichste Arten miteinander verbunden. Es folgt ein Beispiel dafür, wie man die genannten Prinzipien in der Praxis anwenden kann.

THERAPEUT: Du hast gesagt, du wolltest aufhören, ins Bett zu machen, damit du im Haus deiner Freundin übernachten kannst.

KIND: Ja. Mami hat gesagt, wenn ich eine ganze Woche lang nicht ins Bett mache, darf ich meine Freundin Jennie besuchen und bei ihr übernachten.

THERAPEUT: Wir können etwas tun, das dir vielleicht helfen wird, nicht mehr ins Bett zu machen. Aber bevor ich dir etwas darüber erzähle, muß ich dir eine Spielregel erklären: Wenn es zu schwierig wird, kannst du sofort aufhören. Weißt du, wie Polizisten mit der Hand den Verkehr anhalten?

KIND: (*streckt eine Hand aus und hält die Handfläche nach vorn*)

THERAPEUT: Ganz genau. Ich werde jetzt irgendwelche Geräusche machen, und du sollst versuchen, mich dazu zu bringen, damit aufzuhören, indem du die Hand so ausstreckst wie jetzt gerade. Können wir anfangen? Bla bla bla bla bla bla bla. (*Das Kind streckt die Hand aus.*) Du hast es geschafft! Wir machen das jetzt noch einmal. Diesmal werde ich meinen Arm hin- und herbewegen, und du sollst wieder versuchen, mich zum Aufhören zu bringen. (*Therapeut bewegt den Arm.*) Du hast es schon wieder geschafft! Weißt du jetzt, was du tun mußt, damit ich aufhöre?

KIND: (*nickt*)

THERAPEUT: Okay. Jetzt kommt das Nächste. Wir wollen mal sehen, ob du das auch schaffst. Mit welcher Hand kannst du am besten etwas tun?

KIND: Mit dieser.

THERAPEUT: (*streckt seine eigenen Hände mit nach oben gerichteten Handflächen aus*) Okay, benutze nur diese Hand, und schlage damit jetzt auf diese Hand (*bewegt seine rechte Hand; das Kind berührt diese*). Gut, und jetzt schlag auf diese (*bewegt seine linke Hand; das Kind berührt sie*). Gut. Und jetzt schlag abwechselnd darauf. Gut. War das leicht oder schwer?

KIND: Leicht.

THERAPEUT: Okay, dann werde ich es jetzt schwerer machen. Diesmal sollst du darüber nachdenken, wo du dich am sichersten fühlst. Was ist der sicherste Ort, den du kennst?

KIND: Zu Hause.

THERAPEUT: Wo zu Hause? In welchem Teil des Hauses?

KIND: In meinem Zimmer.

THERAPEUT: Fühlst du dich in deinem Zimmer zu einer bestimmten Zeit am sichersten? Wenn du allein bist oder wenn jemand bei dir ist?

KIND: Wenn meine Mami mir gute Nacht sagt.

THERAPEUT: Okay, denke diesmal daran, daß du in deinem Zimmer bist und deine Mami dir gute Nacht sagt. Tu das jetzt, und schlage gleichzeitig auf meine Hände, genauso wie eben. (*Kind tut dies.*) Gut. War das leicht oder schwer?

KIND: Leicht.

THERAPEUT: Und *wie* war es für dich?

KIND: Gut.

THERAPEUT: Fühlst du dich danach sicherer?

KIND: Ja.

THERAPEUT: Jetzt werde ich es dir noch schwerer machen. Stell dir vor, wie deine Mami dir gute Nacht sagt, und denke gleichzeitig: »Ich bin in Sicherheit.« Und jetzt schlag auf meine Hände. ... Gut. Hast du dich auf all das gleichzeitig konzentrieren können?

KIND: Ich glaube, ja.

THERAPEUT: Gut. Du scheinst ja wirklich alle schwierigen Aufgaben, die ich dir stelle, ausführen zu können. Aber jetzt kommt das Schwerste. Es könnte sein, daß du dich dadurch kurze Zeit nicht so gut fühlst. Zuerst möchte ich aber noch einmal von dir wissen, ob du dich noch daran erinnerst, wie du mich dazu bringen kannst aufzuhören?

KIND: (streckt eine Hand aus und deutet das vereinbarte Stoppzeichen an)

THERAPEUT: Gut. Du weißt, daß deine Mami mir von den bösen Dingen erzählt hat, die dein Babysitter mit dir gemacht hat. Du sollst jetzt an das Schlimmste denken, was passiert ist. Siehst du das Bild vor dir?

KIND: (nickt)

THERAPEUT: Möchtest du mir sagen, was es für ein Bild ist, oder möchtest du lieber nur daran denken?

KIND: Nur daran denken.

THERAPEUT: Okay. Jetzt sollst du mir zeigen, wie schlimm das Gefühl ist, das du bei dem Bild hast. So sieht ein *sehr* schlimmes Gefühl aus (*hält beide Arme weit auseinander*), so ein mittelschlimmes Gefühl (*hält die Hände näher beieinander*), und so ein Gefühl, das nur ein bißchen schlimm ist (*hält die Hände nah zusammen*). Denk jetzt wieder an das Schlimmste, was dein Babysitter getan hat, und zeig mir mit deinen Händen, wie schlimm das Gefühl ist, das du hast, wenn du an das schlimme Erlebnis denkst.

KIND: (breitet die Arme so weit wie möglich aus)

THERAPEUT: Oh! Das muß aber ein *ganz* schlimmes Gefühl sein. Denke jetzt weiter daran, und schlag wieder so wie vorhin auf meine Hände. ... Okay, jetzt atme tief ein, und dann wieder aus. (*Der Therapeut übertreibt das tiefe Ein- und Ausatmen, um es zu demonstrieren.*) Gut. Wenn du das nächste Mal ausatmest, und du hast irgendwelche schlimmen Gefühle oder anderen Müll, dann atme einfach alles aus. Laß es uns noch einmal versuchen. Atme ein (*beide atmen zusammen ein*), und jetzt atme den Müll aus (*beide stoßen die Luft aus*). Gut. Denke jetzt wieder an das Bild. Kann es losgehen? Und schlag auf meine Hände. ... Okay. Jetzt atme tief ein, und jetzt atme den Müll aus. Gut. Und jetzt zeig mir mit deinen Händen, wie schlimm das Gefühl ist, das du hast, wenn du an das denkst, was der Babysitter gemacht hat.

KIND: (hält die Hände ungefähr in halbem Abstand voneinander entfernt)

THERAPEUT: Okay, denk noch einmal an das Bild. Können wir anfangen? Und schlag auf meine Hände. ... Gut. Atme tief ein, und atme dann den ganzen Müll aus. ... Und denke wieder an das Bild. Können wir anfangen? Und schlag auf meine

Hände. ... Gut. Atme tief ein, und atme den ganzen Müll aus. ... Wieviel von dem schlimmen Gefühl ist jetzt noch da?

KIND: (*hält die Hände direkt beieinander*)

THERAPEUT: Okay, denk jetzt wieder an das Bild. Kann's losgehen? Und schlag auf meine Hände. ... Gut. Atme tief ein, und atme den Müll aus. ... Wieviel von dem schlimmen Gefühl ist noch übrig?

KIND: (*schlägt die Hände zusammen*) Alles ist weg!

THERAPEUT: Booa! Wo ist das schlimme Gefühl denn geblieben?

KIND: (*zuckt die Achseln*) Vielleicht hab ich es ausgeatmet.

THERAPEUT: Und was ist aus dem Babysitter geworden? Kann er noch schlimme Dinge mit dir machen?

KIND: Nein, er darf nicht mehr zu uns kommen. Wenn er doch kommt, holt Mami die Polizei, und die bringt ihn ins Gefängnis.

THERAPEUT: Denke jetzt daran (*hält die Hände so, daß das Kind daraufschlagen kann*). Was ist jetzt passiert?

KIND: Er hat versucht, zu uns zu kommen. Meine Mami hat die Polizei geholt, und als die Polizisten kamen, haben sie ihn auf den Boden geworfen, ihm Handschellen angelegt und ihn ins Gefängnis gebracht.

THERAPEUT: Kann dir jetzt nichts mehr passieren?

KIND: (*nickt*)

THERAPEUT: Denke jetzt daran (*hält die Hände so, daß das Kind daraufschlagen kann*). Was ist diesmal passiert?

KIND: Nichts.

THERAPEUT: Sage zu dir: »Ich bin jetzt in Sicherheit«, und stell dir vor, daß du in deinem Zimmer bist und deine Mami dir gute Nacht sagt (*hält die Hände so, daß das Kind daraufschlagen kann*). Was ist diesmal passiert?

KIND: Gut.

THERAPEUT: Ein gutes Gefühl? Hast du dich sicher gefühlt? (*Kind nickt.*) Denk diesmal an das Bild von deinem Babysitter, an das du vorher schon gedacht hast, und sage zu dir selbst: »Ich bin in Sicherheit« (*hält die Hände so, daß das Kind daraufschlagen kann*). Was ist diesmal passiert?

KIND: Ich bin in Sicherheit. Er kann mir nichts mehr tun. (*Steht auf.*) Können wir *Candyland* spielen?

THERAPEUT: Ja, ganz kurz. Danach muß ich deiner Mami sagen, wie gut du das hier gemacht hast. Ich wußte vorher nicht genau, ob es für dich zu schwer sein würde.

KIND: Ich bin blau, du bist rot. Darf ich anfangen?

Die Vignette begann mit der Identifikation eines motivierenden Faktors. Das Mädchen war interessiert zu kooperieren, weil es das Bettnässen überwinden und bei seiner Freundin übernachten wollte. Anschließend lernte die Klientin durch Ausprobieren, wie sie den Therapeuten dazu bringen konnte anzuhalten. Diese Übung macht vielen Kindern so großen Spaß, daß sie später fragen, ob sie sie noch einmal wiederholen können. Außerdem verhindert sie, daß die jungen Klienten durch die Reaktivierung der traumatischen Erinnerung erneut traumatisiert werden – denn diesmal hat die Klientin die Kontrolle über das, was passiert. Anschließend wurde Schritt für Schritt die EMDR-Arbeit erläutert, und zwar so, daß das Mädchen stolz auf sich sein konnte. Es hatte dem Therapeuten beweisen können, daß ihm nichts zu schwer war!

Die Augenbewegungen (in diesem Fall das Handtippen) wurden zuerst an einem positiven Bild erprobt, wodurch sofort gute Gefühle geweckt werden. Dies erfüllt mehrere Funktionen. Mit Hilfe des »sicheren Orts« tritt das Kind zu seinem eigenen Gefühl der Sicherheit in Verbindung, eine gute Grundlage für die Konfrontation mit einer traumatischen Erinnerung. Gleichzeitig beginnt eine Schlecht-Gut-Sequenz, wobei das Schlechte die traumatische Erinnerung ist und das zum Schluß in Erscheinung tretende Gute die Auflösung der mit dem Ziel verbundenen Belastung, die Wiederherstellung der positiven Perspektive, das Spielen eines Spiels sowie die Tatsache ist, daß der Therapeut das Kind seinen Eltern gegenüber lobt. Eine solche Erfahrung vermittelt dem Kind, daß man sich in einer Therapie auf sichere, begrenzte Weise mit negativen Gefühlen auseinandersetzen und sich am Ende wieder gut fühlen kann.

Der Therapeut in dieser Vignette konnte nicht wissen, in welchem Maße die traumatische Erinnerung durch die Behandlung aufgelöst war. Er beendete die betreffende Sitzung nach dem transkribierten Teil, weil das Kind an diesem Tag eindeutig genug gearbeitet hatte und weil mit der Auflösung der ursprünglichen Zielerinnerung ein guter Schlußpunkt erreicht war. Doch sollten Therapeuten nach einer solchen Sitzung unbedingt das Spiel des Kindes beobachten und sich bei den Eltern erkundigen, ob ihnen in den Tagen nach der Sitzung irgendwelche Änderungen im Verhalten des Kindes aufgefallen sind. Und natürlich sollte das Kind selbst in der nächsten Sitzung gefragt werden, als wie negativ es die bearbeitete Zielerinnerung dann noch empfindet. Ebenso sollte die Reaktion des Kindes auf damit in Zusammenhang stehende Erinnerungen und Bilder untersucht werden (z.B. das Gesicht des Babysitters).

Die hier vorgestellte Vignette war nicht unbedingt eine Demonstration der vollständigen Auflösung einer traumatischen Erinnerung, sondern sie sollte einen Ansatz zur Anwendung von EMDR bei jüngeren Kindern veranschaulichen. Zu diesem Zweck wurde eine einzige Sitzung zum Teil wiedergegeben.

10

Familien

IN VIELEN THERAPEUTISCHEN ANSÄTZEN für die Arbeit mit Kindern wird die Bedeutung der Familie hervorgehoben. Familieninterventionen im Rahmen einer EMDR-Behandlung dienen hauptsächlich dazu, den Fortschritt des Kindes in der EMDR-Therapie zu sichern, das Kind zur Mitarbeit bei der EMDR-Behandlung zu ermutigen und dem Therapeuten für seine Arbeit glaubwürdige Zusatzinformationen zu verschaffen. Außerdem fühlen sich Eltern, wenn sie an der Heilung ihres Kindes aktiv mitwirken können, besser, und das wiederum ist gut für das Kind. In diesem Kapitel beschreibe ich, wie Therapeuten Eltern dazu ermutigen können, ihren Kindern zu helfen, die EMDR-Arbeit erfolgreich durchzustehen. Außerdem beschreibe ich noch einige weitere Interventionen im Detail.

Obwohl diese Interventionen einerseits auf die gesamte Familie als System wirken und andererseits die Behandlung des Kindes unterstützen sollen, sind sie nicht für jede Familie geeignet. Dient ein Symptom des betreffenden Kindes beispielsweise innerhalb des Familiensystems dazu, einen Konflikt zwischen den Eltern zu entschärfen, kann ein verfrühter Heilungsversuch kontraproduktiv wirken (Szapocznik *et al.* 1989).

Und wenn die Eltern dem Kind die Schuld geben oder an seine grundsätzliche Schlechtigkeit glauben, werden gegenteilige Äußerungen von ihrer Seite dem Kind nicht als glaubhaft erscheinen. Deshalb sollten die im folgenden beschriebene Interventionen nur dann ausprobiert werden, wenn keine derartigen Hindernisse vorhanden oder diese weitgehend aufgelöst sind. Bei der Entscheidung darüber, ob die Behandlung eines bestimmten Kindes sinnvoll ist, muß der Therapeut berücksichtigen, ob die Familie tatsächlich in der Lage ist, das Kind zu unterstützen.

Eltern und EMDR

Unter Fachleuten besteht keine Einigkeit hinsichtlich der Frage, ob man Eltern spezifisch über EMDR informieren und ihnen sogar einschlägige Lektüre empfehlen sollte oder ob man mit ihnen nur allgemein über Therapie sprechen und EMDR als eine unter vielen anderen therapeutischen Techniken hinstellen sollte. Die Entscheidung darüber hängt sicherlich nicht zuletzt von der Aufgeschlossenheit der betreffenden Eltern ab und davon, wie viel sie von sich aus wissen *wollen*. Allerdings sind sich EMDR-Therapeuten, die Kinder behandeln, weitgehend einig darüber, daß man mit den Eltern in jedem Fall über die Fortschritte des Kindes sprechen sollte, außerdem über eventuelle ungewöhnliche Verhaltensweisen, Symptome und besondere Vorfälle, die in der Zeit zwischen den Sitzungen auftreten, sowie darüber, wie die Eltern selbst mit dem Kind umgehen. Auch Lehrern, Sozialarbeitern und Pflegeeltern können im Sinne unserer Thematik Elternfunktionen zukommen. Wie bei jeder anderen psychotherapeutischen Behandlung von Kindern ist es auch im Fall einer EMDR-Behandlung von entscheidender Bedeutung, daß die Eltern den Behandlungsprozeß unterstützen.

Das Bringen des Kindes zur Therapie

Wenn Eltern ihr Kind dem Therapeuten anvertrauen, signalisieren sie damit eindeutig, daß sie von ihrem Kind eine kooperative Haltung erwarten, daß sie den Therapeuten gutheißen und ihn als zu ihrem »Team« gehörig ansehen. Diesen Effekt kann der Therapeut noch verstärken, indem er sein Einvernehmen mit den Eltern bezüglich der Behandlung demonstrativ zur Schau stellt. Beispielsweise kann er zu diesem Zweck mit den Eltern und dem Kind gemeinsam über die Behandlungsziele sprechen. Und später kann er sich auf die Autorität der Eltern und auf ihre positive

Haltung der Therapie gegenüber beziehen, indem er sagt: »Deine Mutter hat mir gesagt, daß ...«

Liefern von Informationen

Die Eltern sind die wichtigste Quelle für Informationen über das Kind. Zu den relevanten Informationen zählen eine detaillierte Traumageschichte, beobachtete Verhaltensweisen, die auf Emotionen wie Angst, Furcht, Wut und Traurigkeit hindeuten, und Informationen über die Helden, Vorlieben, Abneigungen, Interessen, Stärken und Schwächen des Kindes. Diese Informationen sind nicht nur für die Beurteilung des Falls zu Beginn der Behandlung wichtig, sondern auch zur Feststellung der Behandlungserfolge sowie zur Auswahl von Zielen und verankerbaren Ressourcen für das Kind. Man sollte die Klienten um ihre Hilfe bei dieser Auswahl bitten – wobei anzumerken ist, daß sich gerade dadurch oft bestätigt, wie wichtig es ist, sich Information aus anderen Quellen zu beschaffen!

Demonstration der EMDR-Arbeit

Wie der Vorkoster eines Königs können die Eltern im Beisein des Kindes EMDR zuerst ausprobieren, um die Ungefährlichkeit der Methode zu bestätigen. Außerdem lassen sich Kinder oft durch den Wunsch motivieren, die Eltern nachzuahmen. »Ich habe mit deiner Mutter gesprochen, und sie hat mir gesagt, daß du seit [dem Trauma] schlimme Träume gehabt hast. Ist das wahr?« Das Kind nickt. »Wir können etwas ausprobieren, wodurch deine schlimmen Träume vielleicht verschwinden werden. Hast du Lust dazu?« Das Kind nickt. »Ich werde es zuerst mit deiner Mutter machen, damit du siehst, wie es funktioniert. Anschließend kannst du es selbst ausprobieren. Okay. Dann schau jetzt zu.« Dann sagt der Therapeut zur Mutter: »Denken Sie an den schlimmen Teil Ihres Traums, und folgen Sie mit Ihren Augen den Bewegungen meiner Hand.« Dann bewegt er die Hand mehrmals hin und her. Anschließend fragt er das Kind: »Meinst du, das könntest du auch?«

Beim Kind bleiben

Manche sehr junge oder ängstliche Kinder fühlen sich wohler, wenn ihre Eltern im Therapieraum bleiben oder wenn sie zumindest in nächster Nähe und jederzeit erreichbar sind. Ängstliche Kinder sind zur EMDR-Arbeit möglicherweise nur dann in der Lage, wenn sie auf dem Schoß ihrer Eltern sitzen. In solchen Fällen können die Eltern unter Umständen sogar die alternierende Stimulation durch Handtippen ausführen, während das Kind den Bewegungen der Hand des Therapeuten folgt. Das Sicherheitsgefühl des Kindes ist in jedem Fall wichtiger als irgendwelche Vorstellungen des Therapeuten darüber, wie die Dinge sein oder gemacht werden sollten. Tritt der Therapeut in solch einem Fall dafür ein, daß die Eltern bei dem Kind bleiben, fühlt sich die Familie verstanden und zeigt deshalb dem Therapeuten gegenüber generell größeres Vertrauen.

Kommunizieren

Die Eltern sollten regelmäßig mit dem Therapeuten kommunizieren, ihm Feedback über die Fortschritte des Kindes geben und ihm von allen wichtigen Ereignissen oder Besorgnissen berichten. Optimal ist, vor jeder Sitzung mit dem Kind zumindest kurz mit den Eltern zu reden – entweder persönlich oder am Telefon. Der Therapeut kann so feststellen, wie das Kind auf die vorige Sitzung reagiert hat, und er erhält Informationen über neues Material, an dem zu arbeiten sinnvoll sein könnte. Je besser die Beziehung zwischen den Eltern und dem Therapeuten sich entwickelt, um so mehr Informationen bekommt er, um so mehr Gelegenheit zu Gesprächen und familientherapeutischen Interventionen hat er und um so leichter kann er den Eltern Empfehlungen für den Umgang mit ihren eigenen Problemen geben.

Therapeutische Arbeit mit den Eltern

Eltern sind oft bereit, sich selber auf therapeutische Arbeit einzulassen, solange diese Arbeit auf Probleme mit der Elternrolle beschränkt wird, beispielsweise auf Schwierigkeiten mit dem Ziehen von Grenzen und mit reaktivem Verhalten gegenüber bestimmten Verhaltensweisen des Kindes. Im letzteren Fall können die Eltern mit Hilfe von EMDR desensibilisiert werden, was ihnen ermöglicht, im Rahmen ihrer Elternrolle adäquater auf Probleme ihres Kindes zu reagieren. Selbst eine oder zwei Therapiesitzungen mit den Eltern können sich lohnen. Falls dabei Probleme aus den beiden Ursprungsfamilien oder Eheprobleme zutage treten, können diese entsprechend ihrer Relevanz und im Interesse des Klienten tiefgehender behandelt werden. Häufig konzentriert sich die Arbeit mit Eltern jedoch darauf, ihnen zu helfen, die Probleme des Kindes aus einem produktiveren Blickwinkel zu verstehen und sie zu einem konsequenteren Umgang mit ihrem Kind anzuleiten(siehe die Kapitel 2 und 9).

Weitere Familieninterventionen

Manchmal sind zusätzliche Interventionen erforderlich, um die Eltern dazu zu bewegen, den Heilungsprozeß ihrer Kinder in ausreichendem Maße zu unterstützen. Die anschließend beschriebenen Interventionen dienen dazu, den Eltern aktiv zu helfen, ihrem Kind korrigierende Informationen zu vermitteln. Diese können notwendig sein, um das Engagement des Kindes für die Behandlung zu stärken oder um ihm ein möglichst produktives Verhalten nahezulegen. Wie bereits erwähnt wurde, können auch die Eltern selbst von der Beteiligung an diesen Interventionen profitieren, weil diese die familiäre Dynamik günstig beeinflussen.

Appellieren an die Regeln (Lovett 1995)

Regeln können für ein Kind eine ungeheure Bedeutung haben. Deshalb sind sie oft sehr nützlich, wenn das Kind lernt, sich assertiver zu verhalten, oder wenn es an der Stärkung seiner Selbstkontrolle arbeitet. Beispielsweise fällt es Kindern, die Schwierigkeiten gehabt haben, sich gegen aggressive Gleichaltrige zu wehren, manchmal relativ leicht, zu ihren Peinigern zu sagen: »Die Regel lautet: Nicht schlagen.« Auf diese Weise leiht es sich praktisch die Autorität des Erwachsenen, um sein eigenes Selbstvertrauen zu stärken.

Therapeut, Eltern und Kind können gemeinsam eine oder zwei Regeln formulieren, die der Weiterentwicklung des Kindes besonders förderlich sind. Anschließend kann der Therapeut die Eltern bitten, diesen Regeln sowohl während der Sitzung als auch zu Hause nachdrücklich Geltung zu verschaffen. Man kann diese Regeln auch verankern. Dies sollte zuerst in Verbindung mit der Erinnerung an die entsprechende Äußerung der Eltern und anschließend in Verbindung mit dem Bild einer ähnlichen Äußerung des Kindes selbst geschehen. Besonders schwierige Situationen können auch geprobt (und als Vorstellung verankert) werden, wobei die Bezugnahme auf die Regeln von Nutzen sein kann.

Eine Besserung kann riskant sein (Greenwald 1994c)

Diese Intervention zielt direkt auf eventuelle Probleme des sekundären Krankheitsgewinns, und sie sollte in die Vorbereitung auf die EMDR-Arbeit generell einbezogen werden. Nach sorgfältiger Beurteilung des Kindes und der Familie, wenn eine individuelle Behandlung des Kindes angemessen erscheint, stellt der Therapeut zunächst

EMDR als eventuell nützlich für die Behandlung des Klienten vor, bringt aber gleichzeitig auch eine gewisse Besorgnis bezüglich der mit einer erfolgreichen Behandlung verbundenen potentiellen Risiken zum Ausdruck. Dies könnte das Kind zu dem Eingeständnis veranlassen, daß es fürchtet, bei einer merklichen Besserung seines Zustandes die besondere Aufmerksamkeit seiner Eltern und/oder die fürsorgliche Zuwendung der Familie einzubüßen. Nachdem das Kind dies eingestanden hat – was manchmal erst auf spezifisches Nachfragen hin geschieht –, kann über dieses Problem gesprochen werden. Typische Resultate solcher Gespräche sind unter anderem, daß die Eltern dem Kind widersprechen und ihm versichern, die Beziehung zu ihm werde durch die therapeutische Arbeit sogar besser werden; außerdem kann über spezifische Möglichkeiten gesprochen werden, eventuelle Veränderungen in Beziehungen zu registrieren; und schließlich kann die Familie auch ihre Bereitschaft bekunden, sich nach der Einzelbehandlung des Kindes mit diesem die Familie als Ganzes betreffenden Problem zu befassen.

THERAPEUT: Bevor wir uns zu weit vorwagen, möchte ich mir sicher sein, daß es okay ist, die Arbeit fortzusetzen. (*Zum Kind*) Was wäre das Schlimmste, was passieren könnte, wenn es dir bessergeht?

KIND: Nichts.

THERAPEUT: Manche Kinder befürchten, ihre Eltern könnten sich weniger um sie kümmern und weniger Zeit mit ihnen verbringen, wenn sie sich nicht mehr so große Sorgen um sie zu machen brauchen. Ist das bei dir auch so?

KIND: Ich glaube schon.

THERAPEUT: (*zum anwesenden Elternteil*) Ist das bei Ihnen auch so?

ELTERNTEIL: Natürlich nicht. Wenn ich diese ganzen Sorgen nicht hätte, könnten wir mehr Dinge zusammen tun, die Spaß machen.

THERAPEUT: Was denn zum Beispiel?

ELTERNTEIL: Uns Filme anschauen, im Park spazierengehen, Spiele spielen.

THERAPEUT: Sie meinen also, wenn er dieses Problem nicht hätte, würden Sie ebensoviel Zeit mit ihm verbringen wie jetzt, aber sie würden mehr Dinge tun können, die Ihnen beiden Spaß machen?

ELTERNTEIL: Genau.

THERAPEUT: (*zum Kind*) Wäre das okay für dich?

KIND: Es wäre sogar besser.

THERAPEUT: Das könnte ich mir auch vorstellen. Aber ich bin mir noch nicht so ganz sicher. Können wir einen Handel abschließen? Können wir uns nach der Auflösung des Problems wieder zusammensetzen, um sicherzustellen, daß in der Familie alles gut läuft? Wenn dann etwas nicht so gut gelaufen ist, können wir etwas dagegen unternehmen.

KIND: Okay.

ELTERNTEIL: Okay.

THERAPEUT: (*zum Kind*) Was wäre denn am besten daran, wenn es dir bessergehen würde?

Diese Intervention stärkt das Gefühl des Kindes, daß es die Erlaubnis hat, an der Beseitigung seiner Symptome zu arbeiten, daß es dabei unterstützt wird und daß es nicht gefährlich ist, dies zu tun. Außerdem kann die Intervention den Nutzen der EMDR-Arbeit vergrößern, weil die paradoxe Besorgnis des Therapeuten wegen eines eventuellen Erfolgs die Motivation des Klienten oft steigert. Des weiteren hilft das Bewußtsein der durch diese Diskussion erzeugten familiären Dynamik der Familie, ihre Struktur so zu verändern, daß sie Veränderungen des Kindes infolge der Therapie zu unterstützen vermag.

»Was für ein guter Junge/gutes Mädchen« (Greenwald 1994c)

Diese Intervention geht auf das grundlegende Gefühl von Kindern ein, schlecht zu sein, und sie wird angewandt, wenn die inneren Ressourcen des Klienten sich als für den durch EMDR initiierten Heilungsprozeß unzureichend erwiesen haben. Beispielsweise kann ein Kind seine Erinnerung an einen ständig wütenden, strafenden oder aufgebrachten Elternteil als unwiderlegbaren Beweis für seine eigene Schlechtigkeit verstehen, wodurch natürlich Fortschritte des betreffenden Klienten behindert werden. Der Therapeut sollte in solchen Fällen korrigierende Informationen anführen, die aus der Informationsquelle stammen, die für das Kind die höchste Autorität besitzt: von seinen Eltern. In einer Sitzung mit der ganzen Familie befragt der Therapeut die Eltern, die immer wieder darauf beharren müssen, daß ihr Kind »ein guter Junge/ein gutes Mädchen« ist, auch wenn er/sie manchmal Fehler macht oder Dinge tut, die sie bestrafen müssen. (Manche Eltern müssen auf diese Rolle vorbereitet werden.) Bestimmte beunruhigende Ereignisse der Vergangenheit können in diesem Zusammenhang besprochen werden, wobei die Eltern gefragt werden, ob das Kind am betreffenden Vorfall schuld sei (was von ihnen verneint wird). Nach einer solchen Sitzung vermögen die Kinder diese Information gewöhnlich leicht im Rahmen der EMDR-Arbeit zu integrieren, wodurch es oft zu dramatischen Veränderungen kommt.

Auch diese Intervention hat gewöhnlich vielfache Auswirkungen. Abgesehen davon, daß das Kind eine für seine Heilung notwendige Ressource erhält, wird es den Eltern dadurch erleichtert, ihre positiven Gefühle zum Kind von ihren negativen Gefühlen hinsichtlich seines Verhaltens zu unterscheiden. Indem die Eltern in diese Intervention einbezogen werden, erhalten sie die Chance, die Gutheit ihres Kindes zu entdecken, und werden darin bestärkt, die Heilung des Kindes durch Lob und positive Interaktion zu unterstützen.

Die Geschichte des Kindes (Lovett 1995)

Durch die Traumatisierung eines Kindes kann der beteiligte Elternteil zum Opfer eines Sekundärtraumas werden, indem es Gefühle der Schuld, der Hilflosigkeit und andere Symptome entwickelt. Dies kann für den betroffenen Erwachsenen zu einer dauerhaften Belastung werden und seine Möglichkeiten, die Heilung seines Kindes zu unterstützen, einschränken. Durch die im folgenden beschriebene Intervention wird dem beteiligten Elternteil in der Behandlung eine wichtige Rolle zugestanden. Gleichzeitig erhält das Kind nützliche Information und wird zur Beteiligung an der EMDR-Arbeit ermutigt, so daß beide Beteiligte gleichzeitig Heilung finden können. Der hier beschriebene Geschichten-Ansatz kann schon bei sehr jungen Kindern verwendet werden, und er eignet sich für Kinder bis zum Alter von acht Jahren.

Nach der anfänglichen Beurteilung werden die Eltern gebeten, zu Hause eine kurze märchenartige Geschichte aufzuschreiben, deren Hauptfigur etwas Ähnliches erlebt wie das traumatisierte Kind. Die Geschichte soll folgende Eigenschaften haben:

► Der Protagonist sollte das gleiche Alter und Geschlecht wie das Kind haben und in einer ähnlich strukturierten Familie leben. Allerdings sollte er einen anderen Namen haben, wodurch dem Kind die Möglichkeit gegeben wird, die Geschichte entweder in der dritten oder in der ersten Person zu hören.

► Die Geschichte sollte in altersgerechter Sprache geschrieben sein, damit das Kind sie leicht verstehen kann.

► Die wichtigsten Elemente der traumatischen Erinnerung des Kindes sollten in der Geschichte enthalten sein.

► Die Geschichte beginnt mit der Schilderung einer positiven Situation. Nach dem traumatischen Teil sollte der positive Zustand wiederhergestellt werden.

Der Therapeut liest die fertige Geschichte anschließend und ändert sie nötigenfalls ab, bevor sie für die Arbeit mit dem Kind benutzt wird. Ob die Eltern in der Lage sind, Anweisungen auszuführen, kann überdies als diagnostischer Hinweis auf ihre Fähigkeit, ihr Kind in der Therapie zu unterstützen, verstanden werden. Wenn eine Geschichte, die Eltern geschrieben haben, völlig unbrauchbar ist, benötigen die Betreffenden wahrscheinlich besondere Hilfe.

Ist die Geschichte fertig und sind Kind und Eltern auf die EMDR-Sitzung vorbereitet worden, lesen die Eltern dem Kind die Geschichte vor, und zwar jeweils in Abschnitten von ein bis zwei Zeilen, so wie der Therapeut es ihnen signalisiert. Nach dem Vorlesen eines solchen Teils geleitet der Therapeut das Kind durch eine Serie von Augenbewegungen. Es können auch mehrere Serien von Augenbewegungen ausgeführt werden, falls das Kind sich dabei nicht zu unwohl fühlt. Das Vorlesen wechselt so lange mit Unterbrechungen zwecks Ausführung von Augenbewegungen ab, bis die Geschichte zu Ende ist. Dieser ganze Prozeß wird so lange wiederholt, bis kein Teil der Geschichte mehr belastend wirkt und das Kind sich des glücklichen Endes der Geschichte sicher ist.

Die Struktur der Geschichte erinnert an ein Traumaprotokoll für die Anwendung von EMDR bei jüngeren Kindern. Die Geschichte beginnt mit einem positiven Bild (oder einem sicheren Ort), sie zeichnet dann den Verlauf der traumatischen Erinnerung nach und endet schließlich mit einem weiteren positiven Bild (oder einer Verankerung). Diese Intervention stellt eine besonders elegante Möglichkeit der Integration einzel- und familientherapeutischer Behandlungskomponenten dar.

11

Bettnässen

GANZ GLEICH, OB BETTNÄSSEN das primäre Problem ist oder eines unter vielen, in jedem Fall ist es ein ausgezeichneter Fokus für eine EMDR-Behandlung. Sowohl die Kinder selbst als auch ihre Eltern sind gewöhnlich sehr stark motiviert, dieser Plage ein Ende zu machen, und ein diesbezüglicher Erfolg ist sehr konkret. Manchmal gibt sich das Bettnässen nach der Auflösung eines Traumas von selbst, insbesondere wenn ein Kind diese unangenehme Angewohnheit erst nach einem bestimmten traumatischen Erlebnis entwickelt hat. Oft sind zur Überwindung des Problems jedoch zusätzliche Interventionen erforderlich. Ich persönlich bevorzuge einen weitgestreuten Ansatz, der in der gleichzeitigen Anwendung einer ganzen Reihe von Interventionen besteht. Zu den Vorteilen dieser Methode zählt, daß sie die Erfolgschancen vergrößert, eventuell zu einer schnelleren Auflösung führt und bei den Eltern ebenso wie beim Kind den Glauben an die eigenen Möglichkeiten stärkt, da allen Beteiligten das Gefühl vermittelt wird, ihr aktiver Beitrag sei von entscheidender Bedeutung.

Wie bei allen körperlichen oder physiologischen Symptomen sollte auch im Fall des Bettnässens ein Mediziner zu Rate gezogen werden, um eine körperliche Ursache, beispielsweise das Vorliegen einer Allergie oder einer Verstopfung, auszuschließen. Es gibt auch Medikamente, die manchen Kindern helfen, das Bettnässen zu überwinden, und es gibt Kinder, die erst relativ spät in ihrer Entwicklung lernen, nachts »trocken« zu bleiben. Der im folgenden beschriebene Cluster von Interventionen ist in jedem Fall mehr als ausreichend, um die meisten betroffenen Kinder vom Bettnässen zu erlösen. Zwar handelt es sich nicht um eine erschöpfende Darstellung sämtlicher effektiver Interventionen für die Behandlung dieses Symptoms, doch werden viele Aspekte dieser Problematik beleuchtet, darunter traumatische Erlebnisse, Schlafhygiene, Verhaltensmöglichkeiten sowie die körperliche und emotionale Entwicklung.

Klinische Beurteilung

Bei der klinischen Beurteilung von Bettnässern sollten die vielen potentiell ursächlichen Faktoren einbezogen werden. Hat das Kind schon einmal mit dem Bettnässen aufgehört und dann später wieder damit begonnen? Welches andere Ereignis fällt zeitlich mit dem Neueinsetzen des Problems zusammen? Tritt das Bettnässen jede Nacht auf oder nur unter bestimmten Bedingungen? Welche Konsequenzen hat dieses Symptom, einschließlich eventueller Strafen sowie möglichen sekundären Krankheitsgewinns? Wie wirkt der Erziehungsstil der Eltern mit der Trauma-/Verlustgeschichte des Kindes zusammen, und wie beeinflußt er die mit dem Symptom zusammenhängenden Faktoren? Wie steht es mit den Schlafgewohnheiten des Kindes, und könnten diese das Problem begünstigen? Und schließlich: Welche Ziele hat das Kind, und inwiefern bringt die Überwindung dieses Symptoms das Kind diesen Zielen näher?

Trauma

Bettnässen ist ein geradezu klassisches Symptom bei Kindheitstraumata, und es verschwindet in vielen Fällen verschwindet es nach Auflösung der ursächlichen traumatischen Erinnerungen von selbst. Falls das Bettnässen eine posttraumatische Reaktion ist, kann das Versäumnis, die traumatische Erinnerung zu verarbeiten, die Wirkung anderer, sonst effektiver Interventionen vereiteln. Deshalb sollte die Auflösung der traumatischen Erinnerungen vorrangiges Ziel sein. Sie läßt sich durch EMDR-Arbeit an allen signifikanten Trauma- und Verlusterinnerungen erreichen. Dieser Ansatz wird in anderen Kapiteln des vorliegenden Buches detailliert beschrieben, und zwar bezogen auf Kinder verschiedener Altersstufen. Alpträume und Nachtangst sollten bei Bettnässen gewöhnlich als Bearbeitungsziele anvisiert werden, und zwar im Rahmen der Traumaarbeit, und nötigenfalls auch unmittelbar vor dem direkten Fokussieren auf das Bettnässen. Da das Erleben dieser mit dem Schlaf zusammenhängenden Störungen zu erneuten Traumatisierungen führen können, bildet ihre Behandlung einen unabdingbaren Bestandteil der Trauma-Arbeit.

Die positive Rolle der Eltern

Ein wichtiger Aspekt der Traumaarbeit besteht darin, den Eltern zu helfen, eine sichere Umgebung für ihr Kind zu schaffen und diese dem Kind dann nahezubringen. Andernfalls können Kinder leicht unablässig strafender Beschämung oder anderen streßerzeugenden Erfahrungen ausgesetzt sein, die auf eine zwar nur minimale, aber potentiell sehr hinderliche Weise retraumatisierend wirken. Wichtig ist dieser Teil der Behandlung auch insofern, als die Eltern in diesem Zusammenhang gebeten werden können, ein Programm zur Verhaltensveränderung durchzuführen, das Gewohnheiten (Fähigkeiten, Verhaltensweisen und Einstellungen) erfordert, die ihnen unter dem Aspekt einer allgemein positiven Haltung zur Erfüllung der elterlichen Aufgaben vermittelt werden. Dieser Ansatz wird in Kapitel 2 dieses Buches detailliert erläutert.

Schlafhygiene

Der Therapeut sollte sich darüber informieren, ob das Bettnässen jede Nacht oder unregelmäßig auftritt und ob sein Auftreten mit anderen Ereignissen im Leben des Kindes zusammenhängt. Beispielsweise machen manche Kinder ins Bett, nachdem sie abends einen beängstigenden Film gesehen haben, andere an Abenden, an denen sie früh zu Bett gehen sollen, und wieder andere nach Erlebnissen, die mit besonderem Streß oder mit besonders starken Erregungszuständen verbunden waren. Jedes erkennbare Muster dieser Art sollte überprüft und korrigiert werden, um die Häufigkeit des Bettnässens zu verringern. Auch eine gute Schlafhygiene ist dabei nützlich. Dazu gehört, daß das Kind regelmäßige Mahlzeiten einhält, genügend Bewegung hat und regelmäßig schläft; Essen spät abends sollte vermieden, die Flüssigkeitsaufnahme nach dem Abendessen sollte stark eingeschränkt und in der Stunde vor dem Zubettgehen sollten erneuter Streß und Aufregung vermieden werden.

Manche Eltern wecken ihr Kind später in der Nacht noch einmal auf, damit es zur Toilette gehen kann. Wenn diese Methode ihren Zweck erfüllt hat, sollte ihre Anwendung während der Behandlung fortgesetzt werden, auch wenn später darauf verzichtet werden kann. Da jeder Erfolg zum Fortschritt der Behandlung beiträgt, sollte man dem Kind möglichst viele Erfolgserlebnisse ermöglichen, selbst wenn dazu außergewöhnliche Unterstützungsmethoden verwendet werden müssen. Außerdem hilft ein Erfolg dem Kind, von seiner gewohnheitsmäßigen Inkontinenz zu gewohnheitsmäßiger Kontinenz überzugehen. Sollten die Eltern es sich jedoch noch nicht zur Gewohnheit gemacht haben, ihr Kind in der Nacht noch einmal aufzuwecken, damit es zur Toilette gehen kann, ist es wahrscheinlich nicht sinnvoll, damit anzufangen.

Betonung einer allgemein positiven Entwicklung

Zum Trockenhalten des Betts sind ältere Kinder gewöhnlich problemlos in der Lage; Bettnässen – das machen nur Babys. Kinder haben keine Schwierigkeiten, die Vorstellung zu akzeptieren, daß sie, wenn sie größer und stärker sein werden, älteren Kindern ähnlicher sein und nachts trocken bleiben werden. Die Behandlung sollte deshalb als eine Methode dargestellt werden, die dem Kind beim Aufbau von Stärke hilft. Wenn der Therapeut einen Zuwachs an Stärke als einen Ausdruck größerer Reife darstellt, akzeptieren die Kinder dieses Konzept gewöhnlich. Dieses Thema läßt sich auf vielfältige Weisen weiterentwickeln. Beispielsweise kann man das Kind dazu ermutigen, seinen Körper zu trainieren und durch die Ausführung von Liegestützen sowie durch Ringkämpfe mit dem Therapeuten das Zunehmen seiner Stärke unter Beweis zu stellen. Auch bildliche Vorstellungen vom Trainieren des Körpers, vom Essen reichhaltiger Mahlzeiten und von anderen gesunden Aktivitäten können zusammen mit einer Kognition wie »Ich werde immer stärker« verankert werden.

Manchmal haben Kinder in anderen Bereichen Probleme, die sich mit dem Thema Bettnässen in Zusammenhang bringen lassen. Beispielsweise können Fortschritte im Bereich der (zuvor mangelhaften) Impulskontrolle oder der (zuvor vernachlässigten) Erfüllung häuslicher Pflichten auch als zusätzliche Möglichkeiten des Kindes verstanden werden, unter Beweis zu stellen, daß es reifer geworden ist. In Verbindung mit Serien von Augenbewegungen kann adäquates Verhalten im anvisierten Bereich samt den angestrebten positiven Resultaten und einer entsprechenden positiven Kognition (beispielsweise »Ich werde immer stärker«) in der Vorstellung geprobt werden.

Auch ein positives Rollenmodell kann zur Unterstützung des Fokussierens auf eine allgemein positive Entwicklung herangezogen werden. Das Rollenmodell ist wahrscheinlich eine Person, mit der sich das Kind identifizieren kann – und diese Person »macht« nicht ins Bett. Dies kann verankert werden mit Hilfe der Vorstellung, daß das Rollenmodell etwas tut, um mehr Kraft zu entwickeln, und daß es danach in einem trockenen Bett aufwacht. Anschließend können die gleichen Aktivitäten mit der Vorstellung verankert werden, daß das Kind sein Rollenmodell imitiert.

Kräftigung des Schließmuskels

Im Einklang mit dem positiven Ansatz, daß sich das Symptom im Laufe der ganz normalen, möglicherweise durch den Therapieprozeß verstärkten Entwicklung auflösen wird, können Kinder Übungen zum Zweck der Entwicklung ihrer Schließmuskeln ausführen. Dies kann man dem Kind gegenüber sowohl als Körpertraining als auch als Herausforderung darstellen, wobei es aufgefordert wird, seine vorherige persönliche Bestleistung immer wieder zu übertreffen. Diese Intervention muß je nach Geschlecht unterschiedlich ausgeführt werden, und diejenige für Jungen macht wesentlich mehr Spaß. Jungen können üben, indem sie Papierschiffchen in der Toilette versenken. Sie setzen ein solches Schiffchen in die Toilette, versenken es mit ihrem Urinstrahl und hören dann mit dem Urinieren auf, bis sie das nächste Schiffchen in die Toilette gesetzt haben, das sie dann ebenfalls versenken. Je schneller sie den Urinstrahl unterbrechen können, um so weniger »Munition« vergeuden sie und um so mehr Schiffchen können sie versenken. Auch Mädchen können üben, das Urinieren zu unterbrechen, indem sie immer wieder anfangen zu urinieren und es dann gleich wieder unterbrechen. Der Therapeut sagt: »Versuche herauszufinden, wie oft du bei einem Gang zur Toilette den Urin zurückhalten kannst. Versuche, deinen eigenen Rekord zu brechen.« Mädchen, denen dies schwerfällt, können sich vorzustellen, sie würden in einer öffentlichen Toilette urinieren, und dann würde plötzlich ein Mann die Tür zu ihrer Kabine öffnen. Die meisten Mädchen können lernen, auf einen solchen Schreck hin den Urinfluß zu unterbrechen.

Man kann das Fassungsvermögen der Blase von Kindern erweitern, indem man sie auffordert, morgens ein großes Glas Wasser zu trinken und dann ungefähr fünf Minuten lang den Harndrang auszuhalten, sobald sie das Bedürfnis verspüren, zur Toilette zu gehen. Dies sollten sie mindestens einmal täglich üben.

Externalisieren des Problems

Bei dieser Intervention wird dem Kind geholfen, das Problem als ein anderes Wesen zu personifizieren. Dieses Wesen sollte einen Namen, einen Körper und einen Charakter haben. Sobald das Kind es beschrieben und/oder gezeichnet hat, kann es mit Hilfe von EMDR verarbeitet werden. So könnte ein Kind mit dem »Pipimonster« kämpfen, sich mit ihm anfreunden, es in einen Käfig sperren oder es wegjagen.

Belohnungsprogramm

Die Arbeit mit Anreizen bzw. Belohnungen kann nützlich sein. Die Betonung des Positiven wird aufrechterhalten, indem man nur Belohnungen verteilt und keine Bestrafungen verhängt. Um das Kind zu ermutigen, sollte das Programm ein schnelles Erfolgserlebnis ermöglichen, und die in Aussicht gestellten Belohnungen sollten zur Erzeugung einer starken Motivation ausreichen. Um beiden Erfordernissen gerecht zu werden, ist es sinnvoll, mehrere Belohnungsebenen einzuplanen. Z.B. kann sich das Kind für jede Nacht, in der sein Bett trocken bleibt, ein Sternchen verdienen, wobei sich fünf trockene Nächte zu einem Ausflug zum nächsten Eisladen summieren.

Die Wirkung von Anreizen kann man durch die genau richtige Mischung von Anspannung und Wohlbehagen maximieren. Beispielsweise ist nichts dagegen einzuwenden, daß das Kind dazu angehalten wird, die Folgen zu tragen, wenn es ins Bett gemacht hat – beispielsweise daß es dann sein Bettzeug selbst auswaschen muß. Allerdings muß eine solche Maßnahme als faire Konsequenz hingestellt werden, sie darf keinesfalls als Bestrafung erscheinen, weil durch eine Strafe der Streß des Kindes nur noch verstärkt wird, was der Behandlung abträglich wäre. Die Eltern sollten in der effektiven Anwendung des Belohnungsansatzes geschult werden; sie sollten dabei ermutigend wirken, sich jedoch weder übermäßig engagieren noch reaktiv verhalten. Ein ideales Belohnungsprogramm entsteht wahrscheinlich durch Versuch und Irrtum. Beispielsweise sprechen manche Kinder auf die Herausforderung an, sich in fünf aufeinanderfolgenden Nächten eine Belohnung verdienen zu können, andere empfinden dies als zu starken Druck und deshalb auch als zu »stressig«. Im letzteren Fall sollten die Bedingungen modifiziert werden, so daß sie die Belohnung beispielsweise verdienen, wenn sie fünf Nächte lang nicht ins Bett gemacht haben, unabhängig davon, ob diese fünf Nächte unmittelbar aufeinander folgen oder nicht. Hat das Kind dies gemeistert, kann die Meßlatte für einen Erfolg allmählich höher gelegt werden.

12

Spezielle Behandlungssituationen und Populationen

IN DIESEM KAPITEL werden Behandlungsprobleme und -ansätze für spezielle Behandlungssituationen und Populationen beschrieben. Viele der hier erwähnten Techniken sind bereits an anderer Stelle in diesem Buch detailliert beschrieben worden.

Settings

Behandlung ambulanter Patienten

Bei Kindern mit allgemein guter Funktionsfähigkeit und begrenzter Problematik kann eventuell bereits in der zweiten Sitzung mit der EMDR-Arbeit begonnen werden. In solchen Fällen hat sich die im folgenden beschriebene Vorgehensweise bewährt.

Beim Erstgespräch befragt der Therapeut die Eltern des Kindes über Familienstruktur und Familiendynamik, Stärken und Interessen des Kindes, über seine Traumageschichte sowie über augenblickliche Probleme und Symptome und darüber, wie es selbst und seine Familie mit diesen umgehen. In einem separaten Gespräch erklärt der Therapeut dem Kind den Grund für die Behandlung, worin sie besteht und was sie beinhaltet. Dann beginnt er, das Kind für die Behandlung zu motivieren, und er wählt potentielle Ziele für die Verarbeitung und Ressourcen für die Verankerung aus. Dies ist ein guter Zeitpunkt, um das Kind aufzufordern, das Problem oder ein Symbol für dieses zu zeichnen und um positive Bilder und Gefühle zu identifizieren. Auch über die Ziele der Therapie kann in diesem Zusammenhang gesprochen werden, und anhand eines neutralen oder positiven Ziels kann geprüft werden, welche Methode der Augenbewegungen oder welche andere Methode der Rechts-links-Stimulation besonders geeignet ist. Die erste Sitzung wird jedoch nicht nur für die Beurteilung der Situation des Klienten genutzt, sondern auch dazu, Eltern und Kind auf ihre aktive Beteiligung an der Behandlung vorzubereiten.

Die folgenden Sitzungen werden wie folgt strukturiert:

ELTERN-CHECK-IN (5 MINUTEN): Beratung mit den Eltern; Überprüfung der Fortschritte des Kindes in Bereichen, die mit dem behandelten Problem in Zusammenhang stehen; Befragung der Eltern nach eventuell signifikanten Ereignissen im Leben des Kindes; Ermutigung der Eltern, den Heilungsprozeß des Kindes zu unterstützen.

KIND-CHECK-IN (10 MINUTEN): Aktivität, die das Kind selbst initiiert, gewöhnlich Zeichnen oder Spielen; falls möglich verbales *Check-in*.

EMDR (20 MINUTEN): orientiert an den Behandlungszielen und an eventuellen neuen Informationen.

SPIEL (15 MINUTEN): vom Kind initiierte Aktivität zur Sicherung der Verarbeitungsresultate.

Diese Routine nutzt mehrere Behandlungsmodalitäten auf eine sehr effektive Weise. Die jeweilige individuelle Situation erfordert ein großes Spektrum von Varianten, denn bei jüngeren Kindern dauert die EMDR-Arbeit manchmal nur wenige Minuten, und bei manchen älteren Kindern kann das Spiel sehr stark eingeschränkt oder sogar völlig ausgeklammert werden.

Andere Therapeuten berichten, daß sie eine flexible Struktur bevorzugen und EMDR schlicht in allen ihnen günstig erscheinenden Augenblicken im Laufe einer Sitzung einsetzen. Beispielsweise könnte ein Kind ein Bild zeichnen, das Verletztheit ausdrückt, oder es könnte ein Puppendrama mit einer Wutszene aufführen, und der Therapeut interveniert dann, indem er Augenbewegungen induziert, während das Kind in der mit jenem Augenblick verbundenen Emotion verharrt.

Zusatzbehandlungen mit EMDR

EMDR-Therapeuten werden häufig gebeten, in den unterschiedlichsten Zusammenhängen eine Zusatzbehandlung durchzuführen. Dies kann sehr nützlich sein, doch
sollte man in solchen Fällen vorab Klarheit über die Definition der Beziehungen und
vorhandene Erwartungen schaffen und außerdem dafür sorgen, daß die Behandlung
unter Bedingungen stattfinden kann, die der Sicherheit des Klienten und einer erfolgreichen Arbeit mit ihm förderlich sind.

Eine EMDR-Zusatzbehandlung im Rahmen einer ambulanten Therapie ist besonders dann sinnvoll, wenn bereits eine anderweitige therapeutische Beziehung besteht
und der behandelnde Therapeut um Hilfe bei der Auflösung eines spezifischen, bekannten Traumas oder anderer Behinderungen des Therapieprozesses bittet. Da sich
der behandelnde Therapeut über die in Zusammenhang mit einer EMDR-Behandlung relevanten Aspekte meist nicht in ausreichendem Maße im klaren ist, muß sich
der EMDR-Therapeut in solchen Fällen selbst ein klares Bild über den betreffenden
Fall verschaffen. Diese Beurteilung sollte möglichst in Anwesenheit des Kindes und
seiner Familie durchgeführt werden, also nur in Ausnahmefällen ausschließlich in
Form eines Gesprächs mit dem behandelnden Therapeuten. Kommt der EMDR-Therapeut durch dieses Gespräch zu der Überzeugung, daß eine EMDR-Behandlung sinnvoll und möglich ist, sollte er diese Behandlung ausdrücklich in seiner Funktion als
Berater durchführen, so daß der behandelnde Therapeut weiterhin die Gesamtverant-
wortung für den Fall trägt und auch die therapeutische Betreuung nach Abschluß der
EMDR-Arbeit fortsetzt. Oft ist die Anwesenheit des behandelnden Therapeuten bei
der EMDR-Arbeit von Nutzen, denn zum einen fühlt sich das Kind dann oft wohler,
und zum anderen weiß der behandelnde Therapeut, was während der EMDR-Arbeit
passiert ist.

Normalerweise ist es *nicht* ratsam, eine solche Zusatzbehandlung in Fällen durchzuführen, in denen abzusehen ist, daß der EMDR-Therapeut im Laufe der Arbeit zum
hauptverantwortlichen Therapeuten werden wird. Fängt der verantwortliche Therapeut mit der Behandlung eines Falls gerade an und stellt sich dann heraus, daß der
größte Teil der Arbeit in der Auflösung eines einmaligen Traumas oder eines Verluster-
lebnisses besteht, sollte er den Fall möglichst völlig an den zu Rate gezogenen EMDR-
Therapeuten abgeben. Hat der behandelnde Therapeut eine gute therapeutische Beziehung zu einem mehrfach traumatisierten Kind, das sich schon seit längerer Zeit bei
ihm in Behandlung befindet, besteht die beste Lösung wahrscheinlich darin, daß er
selbst lernt, eine EMDR-Behandlung durchzuführen. Therapeuten, die keine EMDR-

Ausbildung mitgemacht haben, wissen oft gar nicht, wie sie mit einem EMDR-Berater zusammenarbeiten können, und es bleibt dann diesem selbst überlassen, dafür zu sorgen, daß er seine Arbeit zum Nutzen des Klienten auf effektive und adäquate Weise durchführen kann.

Aufgrund ihrer stetig wachsenden Bekanntheit werden EMDR-Zusatzbehandlungen mittlerweile auch im Kontext stationärer Behandlungen immer häufiger durchgeführt, da viele der in solchen Institutionen arbeitenden Therapeuten noch keine entsprechende Ausbildung erhalten haben. Auch in solchen Situationen sollte sich der EMDR-Therapeut gründlich über den Behandlungszusammenhang informieren, statt blind der generellen Aufforderung zu folgen, »das Trauma mit EMDR zu behandeln«. Bei guter Zusammenarbeit mit den behandelnden Therapeuten und wenn auch die übrigen Voraussetzungen für eine effektive Behandlung erfüllt sind, kann eine EMDR-Zusatztherapie auch in einem solchen Kontext durchaus effektiv und von Nutzen sein.

Milieutherapie

Im Rahmen einer Milieutherapie läßt sich EMDR auf ein negatives Verhalten, das verändert werden soll, anwenden. Nachdem das Kind aus der akuten Situation entfernt, Sicherheitserfordernissen Rechnung getragen und dem Kind geholfen worden ist, die Fassung wiederzuerlangen, bietet sich die noch sehr frische Erfahrung extremer Reaktivität als mit einem hohen Maß an Betroffenheit und Motivation verbundener Verarbeitungsfokus an. Die Verankerung eines Rollenmodells bzw. Ich-Ideals kann ebenfalls von Nutzen sein, wenn es darum geht, Kindern zu helfen, bestimmte Ziele zu erreichen. Allerdings wirkt diese Intervention im Augenblick des Geschehens am besten, wenn der EMDR-Therapeut zuvor bereits eine gute therapeutische Beziehung zu dem Kind hergestellt hat und beide regelmäßig zu normalen Therapiesitzungen zusammentreffen.

Obgleich der Therapeut nicht immer über die Autorität verfügt, Struktur und Alltag der laufenden Milieutherapie zu verändern, können diese Faktoren sich sehr förderlich bzw. hinderlich auf die Heilung des Kindes auswirken. Inbesondere wird sich ein Kind natürlich vermutlich nicht sicher genug fühlen, um sich mit traumatischen Erinnerungen auseinanderzusetzen, wenn es entweder vom Personal einer Institution oder von Gleichaltrigen hart oder gar brutal behandelt wird. Beispielsweise ist in vielen Institutionen eine veraltete Form körperlicher Freiheitsbeschränkung üblich, weshalb auch eine Intervention, die eigentlich ein Gefühl der Sicherheit vermitteln soll, als ein aggressiver Akt empfunden wird. Andere, subtilere Elemente des Umgangs mit den Bewohnern einer Institution können ebenfalls erheblichen Einfluß auf den Behandlungsverlauf haben. Beispielsweise machen sich in vielen Institutionen wohlmeinende Mitarbeiter eine Gefängniswärtermentalität zu eigen, weil sie sich aufgrund ihrer Pflichten in erster Linie auf die negativen Verhaltensweisen der ihnen Anvertrauten konzentrieren.

Programme, die die Heilung unterstützen, ähneln in vielem einer unterstützenden familiären Umgebung. Gute Programme dieser Art werden gewöhnlich mit einer relativ kleinen Teilnehmerzahl durchgeführt und konzentrieren sich auf den Einzelnen; größere Programme sollten in kleinere Teileinheiten untergliedert sein. Gute Programme sind von einer Vision oder Theorie getragen – beispielsweise der Traumaorientierung –, an der sich ihre Strategie und Praxis orientiert, so daß ein kohärentes und systematisches Vorgehen gewährleistet ist. Außerdem konzentrieren sich gute Programme auf das Positive, indem sie den Teilnehmern beispielsweise fesselnde und sinnvolle Aktivitäten anbieten und indem sie das Zugeständnis von Privilegien und Statusverbesserungen vom Erreichen bestimmter Resultate abhängig machen. Und schließlich sind auch ständige Unterstützung und Fortbildung der Mitarbeiter einer solchen Institution wichtig für die Gewährleistung einer sinnvollen und effektiven Arbeit.

Schulen

Die schulische Umgebung ist einer EMDR-Behandlung insofern förderlich, als es sich um eine von festen Regeln geprägte Situation handelt und die Therapieziele deshalb als konkrete, erstrebenswerte Ziele dargestellt werden können, da die Behandlung dem Kind beispielsweise hilft, in der Schule bessere Leistungen zu erzielen. Für die erfolgreiche Arbeit in einer schulischen Umgebung empfiehlt es sich, die im folgenden aufgeführten Punkte zu beachten.

Der Therapeut muß sich bemühen, innerhalb der Schule als fester Mitarbeiter und nützliche Ressource akzeptiert zu werden. Dies trägt nicht nur dazu bei, daß er von den Kindern, die er behandeln soll, akzeptiert wird, sondern gibt ihm auch die Möglichkeit, zusammen mit den Eltern des Kindes und seinen Lehrern ein Team zu bilden. Um dies zu ermöglichen, muß er die Mission der Schule – die Kinder zu erziehen – verstehen und respektieren. Lehrer und Verwaltungspersonal messen der Teilnahme der Schüler am Unterricht gewöhnlich große Bedeutung bei und sind der Auffassung, daß die Abwesenheit vom Unterricht möglichst gering gehalten werden sollte. Tatsächlich

scheint man in vielen Schulen der Meinung zu sein, daß Therapeuten nicht mit den
Lehrern um die Zeit des Kindes konkurrieren und daß sie die Erziehungsvorstellun-
gen der Schule in keiner Hinsicht beeinträchtigen oder erweitern sollten. Zwar mag
den Betreffenden klar sein, daß psychische Probleme die Möglichkeiten eines produktiven Engagements des Kindes in der Schule stark einschränken können, doch stehen
Territorialansprüche und Abwehrhaltung gegen Veränderungen möglicherweise im
Vordergrund. Es ist nicht Aufgabe des Therapeuten, aus dem Kampf um das Kind als
Sieger hervorzugehen; eine solche Sichtweise richtet gewöhnlich mehr Schaden an,
als sie Nutzen bringt. Vielmehr sollte er immer wieder ausdrücklich darauf hinweisen,
daß er die Schule als übergeordnete Autorität akzeptiert und daß er Ziele und Mission
der Schule unterstützt. Die Wichtigkeit von Maßnahmen zur Erhaltung der geistigen
Gesundheit sollte im Sinne der Ziele und der Mission der Schule begründet werden.
Beispielsweise muß ein Junge über den Tod seines Onkels hinwegkommen, damit er
sich wieder auf die Arbeit in der Schule konzentrieren kann und nicht mehr den Unterricht stört.

Die Lehrer sollten auch darüber befragt werden, wann ihrer Ansicht nach der beste
Zeitpunkt für die Arbeit des Therapeuten mit dem Kind ist – beispielsweise während
des Unterrichts in einem Fach, in dem das Kind ohnehin gut ist, oder während des Unterrichts in einem Fach, an dem teilzunehmen es sich weigert. Der Wechsel des Kindes in die Therapie und wieder zurück in den normalen Unterricht sollte möglichst
störungsfrei verlaufen. Deshalb sollte auch keine Mühe gescheut werden, um am Ende jeder Sitzung dafür zu sorgen, daß sich das Kind nach den Therapiesitzungen in
der Klasse nicht störend verhält.

Oft hat der Therapeut die Möglichkeit, den Klassenlehrer dahingehend zu beraten,
daß er die Situation in der Klasse im Sinne einer optimalen Unterstützung des behandelten Kindes gestaltet. Das Wissen des Lehrers über das Kind und seine Fähigkeiten,
die Situation im Unterricht zu beeinflussen, sollte der Therapeut respektieren. Fühlt
sich ein Lehrer respektiert, ist er offener für Ratschläge oder bittet sogar darum.
Spricht der Therapeut den Lehrer hingegen von sich aus an, um ihm Ratschläge zu
geben, könnte der Lehrer abwehrend reagieren.

EMDR kann bei vielen Aspekten der Behandlung von Nutzen sein, unter anderem
bei der Traumaarbeit, dem Erlernen von Bewältigungsfähigkeiten und der Verbesserung der Lernkompetenz. Außerdem kann die EMDR-Arbeit helfen, mit der Schule
zusammenhängende Frustrationen zu überwinden und die Therapiesitzungen jeweils
zu einem adäquaten Abschluß zu bringen.

EMDR bei der Behandlung medizinischer Notfälle im Krankenhaus

EMDR-Arbeit steht bei der Behandlung eines Kindes in einem Krankenhaus gewöhnlich nicht im Vordergrund. Meist muß zunächst den Eltern geholfen werden, mit ihrer eigenen Reaktion auf die Einlieferung in das Krankenhaus und mit den damit einhergehenden Umständen fertig zu werden, damit sie dem Kind wirksam beistehen können. Schmerzbekämpfung ist zunächst wichtiger als psychotherapeutische Arbeit, und außerdem ist sie eine gute Möglichkeit, dem Kind greifbare Erfolge zu demonstrieren. In der unbehaglichen Atmosphäre einer Notaufnahme lassen sich panische Patienten manchmal durch die Stimme eines vertrauten Menschen beruhigen, deren Wirkung durch abwechselndes Tippen auf einen erreichbaren Körperteil wie Füße oder Schultern verstärkt werden kann.

EMDR kann im Krankenhaus auf verschiedene Weisen benutzt werden, beispielsweise indem man Visualisationen des inneren Heilungsprozesses verankert und dem Kind dann beibringt, diese selbständig zu üben. Außerdem kann EMDR bei der Verarbeitung von Veränderungen des Selbstbildes oder der Lebensgestaltung aus medizinischen Gründen von Nutzen sein. Des weiteren kann man Kinder mit Hilfe von EMDR auf beängstigende medizinische Prozeduren vorbereiten und auf die gleiche Weise ihre Mitarbeit bei der bevorstehenden Behandlung gewährleisten. Kommt ein Kind nach einem traumatischen Erlebnis ins Krankenhaus, kann EMDR zur Verarbeitung des Erlebten eingesetzt werden. Man sollte auch bedenken, daß ein Krankenhausaufenthalt schon an und für sich traumatisierend wirken oder ein traumatisches Erlebnis in die Länge ziehen kann.

Oft sind Krankenhausaufenthalte so kurz und mit so großen körperlichen Unannehmlichkeiten verbunden, daß eine psychotherapeutische Behandlung in dieser Zeit gar nicht möglich ist. Man kann jedoch den Eltern helfen, sich auf die Unterstützung der emotionalen Genesung ihres Kindes nach seiner Rückkehr nach Hause vorzubereiten und sie darin zu schulen, auf posttraumatische Symptome zu achten, die später therapeutisch behandelt werden müssen. Sinnvoll ist auch, den Eltern schriftliche Informationen, beispielsweise Beschreibungen posttraumatischer Symptome, mitzugeben sowie Empfehlungen für den Umgang mit ihnen (siehe Anhang A).

Katastrophen, Unfälle und andere akut
traumatisierende Ereignisse (Greenwald 1993d)

Wenn nach einem traumatisierenden Vorfall die dringendsten Bedürfnisse erfüllt sind, sollte man allen Betroffenen die Möglichkeit geben, über ihre Erlebnisse zu sprechen. Eltern fühlen sich in solchen Situationen oft von Emotionen überwältigt, schuldig und gestreßt, und möglicherweise benötigen sie Hilfe bei der Bewältigung ihrer eigenen Reaktionen, damit sie sich effektiv um ihre Kinder kümmern können. Außerdem muß ihnen möglicherweise bei der Sicherung der grundlegendsten Überlebensbedürfnisse geholfen werden. Und schließlich müssen sie höchstwahrscheinlich über das Wesen der posttraumatischen Reaktionen ihrer Kinder aufgeklärt werden sowie auch darüber, wie sie deren Heilungsprozeß am besten unterstützen können.

In einer familiären oder eine andere Gemeinschaftsform betreffenden Krise ist es sicherlich angebracht, leidende Kinder mit EMDR zu behandeln, selbst wenn diese nicht das primäre Problem sind und selbst wenn zu erwarten ist, daß sie sich im Laufe der Zeit auch ohne Hilfe erholen werden. Steht eine Familie ohnehin unter starkem Streß, verursacht ein Kind, das ängstlich ist, zum Ausagieren neigt oder nachts häufig aufwacht, zusätzlichen Streß. In solchen Situationen ist jede Intervention, die das Streßniveau verringert, sinnvoll und stärkt letztendlich die betroffene Familie.

Diese Population ist für EMDR-Therapeuten besonders interessant, weil sich bei ihr häufig schnell dramatische Besserungen erzielen lassen und weil diese Arbeit eine ungeheuer starke vorbeugende Wirkung hat. Als Ziele können Alpträume, neu entstandene Ängste oder Erinnerungen an das traumatische Erlebnis dienen. Bei Ereignissen aus neuester Zeit kann es notwendig sein, die gesamte Sequenz zu verarbeiten, statt nur auf die herausragenden Situationen zu fokussieren. Der Therapeut sollte darauf gefaßt sein, daß er mit älterem traumatischem Material arbeiten muß, das während der Verarbeitung zum Vorschein kommt. Ausgehend von unserem Verständnis, daß posttraumatische Symptome häufig die kumulative Wirkung zahlreicher belastender Erlebnisse spiegeln (Greenwald 1997*b*), sollten ältere Traumata aufgespürt und behandelt werden, falls die Zeit dies erlaubt.

Probleme und Populationen

AD/HD und Lernstörungen

Dunton (1993) weist darauf hin, daß es wichtig ist, die körperlichen Belastungsgrenzen sowie die Sensibilität des Kindes gegenüber Frustration, Mißerfolgen und Bedrohungen für die Selbstachtung zu beachten. Ihr Ansatz ist ein sanftes Modell zur schrittweisen Stärkung der Selbstwirksamkeit (des Bewußtseins der eigenen Fähigkeiten), das die besonderen Bedürfnisse von Kindern berücksichtigt. Abgesehen von den im folgenden beschriebenen nützlichen Methoden für die Behandlung dieser Population enthält auch das Kapitel über expansive Verhaltensstörungen viele Ansätze, die in diesem Zusammenhang ebenfalls von Nutzen sein können.

Dunton ist der Auffassung, daß das Schwergewicht der Behandlung bei dieser Art von Fällen auf der Verankerung positiver Ressourcen liegen sollte, die der Stärkung des Selbstwertgefühls, der sozialen sowie der Lernkompetenz zugute kommen. Beispielsweise verankert sie nach dem Durcharbeiten einer Leistungsangst eine Erinnerung an ein gutes Gefühl bzw. an ein Gefühl des eigenen Erfolgs. Vermag das betreffende Kind sich nicht daran zu erinnern, jemals ein solches Gefühl gehabt zu haben, hilft sie ihm, die angestrebte Fähigkeit zu entwickeln, indem sie Ich-Ideale oder Rollenmodelle verankert. Diese Methode ist auch für die Verankerung sozialer Kompetenz äußerst nützlich. Außerdem verankert Robbie Dunton spezifische schulische Fähigkeiten, beispielsweise die Fähigkeit, Wörter richtig zu buchstabieren oder mathematisches Faktenwissen; dies geschieht vorzugsweise in visueller oder sensorischer Form, beispielsweise indem sie das Kind auffordert, diese Dinge zunächst einmal aufzuschreiben.

Da es Kindern, die unter dieser Art von Störungen leiden, häufig besonders schwerfällt, mit ihren Augen Handbewegungen zu folgen, sind bei ihnen häufig Stimulationsmethoden erforderlich, bei denen mehrere Reize gleichzeitig angeboten werden oder bei denen die Richtung der Handbewegungen immer wieder geändert wird. Als besonders effektiv haben sich in solchen Fällen Handklatschen, Fingerschnippen oder das Bewegen der Hand in einer elliptischen oder achtförmigen Bewegung erwiesen. Auch »Punkte an der Wand« sind in solchen Fällen eine gute Stimulationsmethode, weil dem Kind dadurch eine zusätzliche Möglichkeit des Kontrollerwerbs eröffnet wird. Sind Kinder nicht in der Lage, mit ihren Augen Handbewegungen zu verfolgen, reicht manchmal das abwechselnde Erzeugen von Klickgeräuschen zu beiden Seiten des Kopfes aus, um die Verarbeitung in Gang zu bringen.

Falls während der Stimulation eine unangenehme körperliche Reaktion auftritt oder dem Kind die Erfahrung nicht behagt, sollte die EMDR-Arbeit möglicherweise unterbrochen werden, auch wenn der Therapeut in einem ähnlichen Fall bei einem Erwachsenen die Reaktion verarbeiten und dann mit der Arbeit am gewählten Ziel fortfahren würde. Ein Kind hingegen könnte bei einer Fortsetzung der Arbeit ein Gefühl der Unsicherheit entwickeln, die therapeutische Beziehung könnte Schaden nehmen, was sich negativ auf die zukünftige Kooperation auswirken könnte.

Kinder dieser Art haben häufig viele kleinere traumatische Erlebnisse gehabt. Das Fokussieren auf das aktuellste Problem oder den neuesten Vorfall vermittelt dem Kind in solchen Fällen ein Gefühl des Respekts, weil die jungen Klienten die aktuellsten Erlebnisse oft als die wichtigsten empfinden. Eine Möglichkeit besteht darin, mit dem augenblicklich größten Problem zu beginnen (z. B.: »Ich hasse den Lehrer«), dieses zu verarbeiten und dann zu fragen: »Hast du dich vorher schon mal so gefühlt?« und im Anschluß daran nacheinander alle zutagetretenden traumatischen Erfahrungen durchzuarbeiten.

Bei einem anderen Ansatz, der aus der kognitiven Verhaltenstherapie stammt, bleibt der Fokus auf das neueste Ereignis gerichtet. Nach Verarbeitung der assoziierten negativen Aspekte wird ein Punkt gesucht, an dem eine Entscheidung bezüglich des Verhaltens möglich war, und das Kind wird aufgefordert, sich eine andere, positive Verhaltensweise auszumalen. Diese positive Verhaltensmöglichkeit wird zusammen mit dem positiveren Ergebnis geübt und verankert. Man kann diesen Ansatz systematisch nutzen, um an immer schwierigeren Arten von Situationen zu arbeiten. Und schließlich kann man EMDR bei diesen Klienten auch als Methode der Selbstberuhigung einsetzen, indem man ihnen beibringt, auf bestimmte Punkte an einer Wand zu fokussieren, um in besonders belastenden Situationen Angst und emotionale Reaktivität zu verringern.

Mißbrauchte Kinder

Eine EMDR-Behandlung ist bei dieser Population durchaus von Nutzen, doch kann die Arbeit sehr kompliziert sein, da viele mißbrauchte oder mißhandelte Kinder über die offensichtlichen PTBS-Manifestationen hinaus in schwerwiegender Weise geschädigt worden sind. Die Behandlung kann in solchen Fällen auf die Familie fokussieren, und in der Einzeltherapie spielt möglicherweise eine korrigierend wirkende Beziehung eine wichtige Rolle. Die Einbeziehung von EMDR in die Behandlung von Kindern mit einer von Mißbrauch oder Mißhandlungen geprägten Vorgeschichte sollte nur mit besonderer Vorsicht erfolgen, da ein verfrühter Einsatz von EMDR zu erneuter Traumatisierung und zu einer Schädigung der therapeutischen Beziehung führen kann. Trotz der Möglichkeit, bei der Behandlung dieser Kinder verstärkt Interventionen zur Förderung des Sicherheitsgefühls zum Einsatz zu bringen, bleibt manchmal nichts anderes übrig, als auf die heilende Wirkung der Zeit zu setzen. Ebenso wie bei anderen Techniken zur Behandlung dieser Population ist auch beim Einsatz von EMDR für die Sicherheit und das Vertrauen der Klienten entscheidend, daß der Therapeut deren Bedürfnisse berücksichtigt und ihnen das Gefühl vermittelt, die Kontrolle über die Situation zu haben.

Fakten bezüglich der augenblicklichen realen Sicherheit können bei mißbrauchten oder mißhandelten Kindern zur Verstärkung des Sicherheitsgefühls benutzt werden. Beispielsweise könnte ein solches Kind den Täter im Gefängnis visualisieren (falls er sich dort befindet) und gleichzeitig während einer Serie von Augenbewegungen sagen: »Ich bin jetzt in Sicherheit.« Als Ziele für die Traumaverarbeitung können konkrete Vorfälle gewählt werden, wobei zu erwähnen ist, daß es manchmal ausreicht, einige der schwerwiegendsten Vorfälle durchzuarbeiten. Außerdem sind das Gesicht des Täters und der Ort, an dem der Mißbrauch stattgefunden hat, oft ausgezeichnete Ziele, die die Verkürzung der noch erforderlichen Verarbeitung fördern. Weiterhin können die traumatischen Erlebnisse auch gebündelt durchgearbeitet werden, wobei sich das Kind die einzelnen Situationen so langsam oder so schnell vergegenwärtigen kann, wie es möchte. Sind das erste, das schlimmste und das neueste Ereignis verarbeitet und anschließend das Gesicht des Täters, der Ort der Tat sowie andere zentrale Ziele neutralisiert worden, kann das Rekapitulieren der noch verbleibenden Erinnerungen in wenigen Minuten abgeschlossen sein.

Viele mißbrauchte und mißhandelte Kinder sind auf vielfältige Art unter Druck gesetzt, belogen und getäuscht worden; dies gilt insbesondere für diejenigen, die sexuell mißbraucht wurden und/oder sich in der Gewalt von Sekten befanden. Kommen hierzu noch Adaptationsreaktionen des Kindes selbst – beispielsweise Selbstbeschuldigungen, Dissoziation, Verzerrung und Verleugnung –, besteht die große Gefahr, daß die Erinnerung, die kognitiven Prozesse und das Realitätsgefühl des Kindes schwerwiegender Beeinträchtigung unterliegen. Bei solchen Kindern kann ein wichtiger Behandlungsfokus die Wiederentdeckung ihrer tatsächlichen Geschichte und die Bestätigung ihrer Erfahrungen sein, wobei der Therapeut als Zeuge fungiert, der die Klienten bei ihren Nachforschungen unterstützt. Kinder, deren Erinnerungsvermögen beeinträchtigt ist, erleben häufig Flashbacks oder das Auftauchen bestimmter Erinnerungsfragmente, die sie als verwirrend, belastend und beängstigend empfinden. Sutton (1994) ist der Auffassung, es könne ratsam sein, auf der kognitiven Ebene an der Rekonstruktion der Erinnerungen zu arbeiten, bevor man mit intensiver emotionaler Arbeit beginnt, weil dies den betroffenen Kindern ermöglicht, ein Gefühl der Sicherheit und Kontrolle aufrechtzuerhalten. Durch das Erforschen der Erinnerung während der EMDR-Arbeit können verlorengegangene Erinnerungsdetails wieder auftauchen, so daß die ganze Geschichte zusammenhängender und organisierter erscheint. Dabei kann die Anwendung des vollständigen EMDR-Protokolls ein Fehler sein. Falls ein Kind nicht in der Lage ist, starke schmerzhafte Emotionen zu ertragen, sollte EMDR ausschließlich zu dem Zwecke eingesetzt werden, Informationen zu gewinnen.

Obwohl EMDR den Zugang zu Einzelheiten von Erinnerungen offenbar begünstigt (siehe Vorwort), besteht kein Grund zu der Annahme, daß solche Details oder generell auch nur irgendwelche Detailerinnerungen völlig zutreffend sind (ISTSS 1998). Zwar ist die psychologische Wahrheit des Klienten gültig und innerhalb des Behandlungskontexts maßgeblich, doch ist für andere Zwecke, beispielsweise in Rechtsstreitigkeiten, normalerweise eine Bestätigung von unabhängiger Seite erforderlich.

Des weiteren kann EMDR bei der Arbeit an Fällen von Mißbrauch und Mißhandlung auch auf die normale Weise benutzt werden: für die Arbeit an traumatischen Erinnerungen. Allerdings enthebt dies keineswegs der Notwendigkeit, eine solide therapeutische Beziehung aufzubauen, innerhalb derer sich dies durchführen läßt.

EMDR könnte für die Mißbrauchsopfer, die ihren Therapeuten nicht schildern möchten, was sie erlebt haben, besonders attraktiv sein. Ihnen eröffnet EMDR die Möglichkeit, das traumatische Material zu verarbeiten, ohne darüber sprechen zu müssen.

Dissoziative Störungen

Man kann Kinder auf dissoziative Störungen hin untersuchen, indem man nach Symptomen forscht wie beispielsweise Gedächtnisstörungen, Überraschtsein beim Entdecken von Dingen, die sie allem Anschein nach gekauft oder getan haben, sowie unerklärlichen Kopfschmerzen, insbesondere wenn derartige Symptome in Verbindung mit einer bekannten umfangreichen Traumavorgeschichte, etwa chronischem Mißbrauch, auftreten. Ebenso wie Erwachsene sollten auch Kinder, die an einer dissoziativen Störung leiden, mit großer Vorsicht behandelt werden, und zwar von Therapeuten, die über eine spezielle Ausbildung für die Behandlung solcher Störungen verfügen. Dabei muß auf eine möglichst umfassende Beteiligung aller Teilpersönlichkeiten und auf deren Einverständnis mit der Arbeit Wert gelegt werden. Dissoziierende Kinder reagieren häufig sehr empfindlich auf Kritik sowie auf bestimmte Eigenschaften der Therapeuten, die von ihnen als Warnsignale empfunden werden und dadurch eine dissoziative Episode auslösen können.

Wie bei Erwachsenen können auch bei Kindern geringfügigere dissoziative Störungen direkter behandelt werden. Der Therapeut sollte bei ihnen auf ungewöhnliche Reaktionen während der Verarbeitung gefaßt sein, beispielsweise starke Kopfschmerzen oder ein plötzliches Schlafbedürfnis. Selbst wenn die Anwendung von EMDR auf Erinnerungen als zu problematisch erscheint, kann diese Methode zur Behandlung bestehender Symptome benutzt werden, und man kann dem Kind beibringen, sich in belastenden Situationen mit Hilfe der Augenbewegungen selbst zu beruhigen. Die vorliegenden anekdotischen Berichte über die Behandlung dieser Population sind hinsichtlich der durch die EMDR-Arbeit erzielten Resultate positiv.

Reaktive Bindungsstörung

Die reaktive Bindungsstörung (*Reactive Attachment Disorder* – RAD) ist eine komplexe Störung, die einen sehr speziellen Behandlungsansatz erfordert. Obgleich einige Kliniker EMDR mittlerweile als zentrale Komponente der Behandlung von Kindern und Jugendlichen, die unter RAD leiden, ansehen (Greg Keck, persönliche Mitteilung), sollte die Methode bei RAD-Fällen nur im Rahmen eines umfassenderen Behandlungsansatzes benutzt werden. Unter RAD leidende Kinder erleben Traumata oft auf eine ganz spezielle Weise, da ihre Bindungsorientierung und damit ihre Erwartungen bezüglich Sicherheit und Fürsorge bereits gestört sind. Bei der Traumaarbeit mit EMDR bietet sich in solchen Fällen hauptsächlich die Wut des Kindes als Fokus an, im Gegensatz zu dem Spektrum von Reaktionen, die andernfalls zu erwarten sind.

Es wurde berichtet, daß EMDR sich bei Fällen dieser Art in Zusammenhang mit einer »Festhalte«-Intervention als besonders nützlich erweisen kann. Dabei wird das Kind während eines unkontrollierbaren Wutausbruchs im Beisein des Therapeuten von den Adoptiveltern festgehalten. Das Einbeziehen von EMDR in diese Intervention scheint den Übergang von der Wut zum Akzeptieren einer neuen Bindung zu begünstigen (Marshall und Vargas-Lobato 1997; Joanne May, persönliche Mitteilung). EMDR kann auch bei der Einzelarbeit mit kognitivem Fokus benutzt werden, um dem Kind zu helfen, von der Überzeugung »Ich bin schlecht/böse« zu »Ich verdiene es, geliebt zu werden« zu gelangen. Dem folgt häufig eine weitere kognitive Veränderung bezüglich der Elternfiguren, indem die Klienten beispielsweise erkennen, daß sich die leiblichen Eltern unverantwortlich verhalten haben, und indem sie lernen, die Adoptiveltern als potentielle Quellen von Liebe und Geborgenheit zu sehen.

EMDR wird auch an bestimmten Punkten der Entwicklung einer Bindung zu den neuen Eltern benutzt (Joanne May, persönliche Mitteilung). Beispielsweise können Augenbewegungen induziert werden, oder der Therapeut kann abwechselnd auf die Füße des Kindes tippen, während die Adoptivmutter oder der Adoptivvater das Kind hält und »die persönliche Geschichte neu erfindet«, indem sie oder er sagt: »Wenn ich bei deiner Geburt dabeigewesen wäre, hätte ich dein Haar gestreichelt, ich hätte deine Zehen gezählt, ich hätte...« Wenn die neue Beziehung sich entwickelt und bei dem Kind allmählich wieder Hoffnung keimt, taucht bei ihm wahrscheinlich auch Angst vor einem erneuten Verlust der Eltern auf. In dieser Situation kann der Therapeut dem Kind helfen, seine Angst zu konkretisieren (z.B.: Mami wird sterben, wenn sie in Urlaub fährt) und sie anschließend mit Hilfe von EMDR zu verarbeiten.

Zwangsstörungen

Es gibt Spekulationen darüber, daß Menschen, die unter Zwangsstörungen leiden, besondere neurologische Eigenarten aufweisen, die sich mit einer EMDR-Behandlung nicht vereinbaren lassen (Rothbaum 1992). Andererseits liegen anekdotische Berichte über Erfolge mit EMDR bei solchen Störungen vor. Beispielsweise beschreibt Grosso (1996) einen Fall, in dem er einem sechsjährigen Mädchen half, seine Zwangsstörung zu externalisieren und in einer Gestalt mit Namen »Mr. Clean« zu personifizieren, die ihr befahl, was sie tun sollte. Außerdem identifizierte der Therapeut zusammen mit der Klientin die damit verbundenen Auslöser, beispielsweise Angst und ein merkwürdiges Gefühl im Bauch. Die verschiedenen tyrannischen Verhaltensweisen von Mr. Clean und die Reaktionen des Mädchens auf sie dienten als Ziele für die EMDR-Arbeit. Außerdem wurden Bewältigungsstrategien verankert, beispielsweise die, Mr. Clean einfach aufzufordern zu verschwinden. Bei der Arbeit an diesem Fall wurde EMDR in Verbindung mit unterstützenden Verhaltensinterventionen in der häuslichen Umgebung eingesetzt.

Tourette-Syndrom

Abruzzese (1995) schlägt vor, EMDR in Verbindung mit angeleiteter Visualisation einzusetzen, um Kindern zu helfen, einen peinlichen Tic in einen weniger auffälligen

Körperbereich zu verlegen, beispielsweise vom Hals zum großen Zeh. Dabei läßt man das Kind »den Ort finden, wo der Tic herkommt, also das Kontrollzentrum«, und hilft ihm dann, den Tic an einen anderen Ort zu befördern. Da Tics besonders in Streßsituationen aktiv werden, kann auch am Ursprung des Streß gearbeitet werden. EMDR kann bei Störungen dieser Art auch für die Verarbeitung von Traumata sowie zur Förderung der Entspannung und zur Verstärkung der Selbstwirksamkeit (des Überzeugtseins von den eigenen Fähigkeiten) benutzt werden. Besondere Aufmerksamkeit sollte man den spezifischen Situationen schenken, in denen die Tics eines Kindes gewöhnlich aktiver werden. Sie sollten mit Hilfe von EMDR verarbeitet werden, indem man entweder das Kind auffordert, sich einen »Film« vorzustellen, oder indem der Therapeut, während er den Klienten durch eine Serie von Augenbewegungen geleitet, ein Skript über den typischen Verlauf der Ereignisse vorliest. Auch andere Problemlösungsansätze und Bewältigungsstrategien können in diese Arbeit einbezogen werden.

Somatische Störungen

Somatische Störungen können ein großes Spektrum von Problemen umfassen, von denen sich zumindest ein Teil mit EMDR behandeln läßt. Dazu zählen der Umgang mit Schmerzen, die Auflösung von Reaktionen auf Traumata und Trauer, die Gewinnung des Einverständnisses des Klienten mit einer Behandlung, Streßabbau und Hilfe bei der Gewöhnung an unvermeidbare neue Einschränkungen. Zu den von einem speziellen Krankheitsbild unabhängigen, generellen Maßnahmen zählen solche zur Unterstützung der Familie, Arbeit an Traumata oder Trauerarbeit, Hilfe bei der Einstellung auf eine neuartige Situation und Lösung gegenwärtiger sowie zu erwartender Schwierigkeiten. Allerdings sollte akuten Problemen Vorrang eingeräumt werden. Hat beispielsweise ein Kind Schmerzen, sollte man ihm zunächst beibringen, wie es diese minimieren kann, und ihm erst später helfen, den Streß zu verringern, durch den der Schmerz möglicherweise verschlimmert wird. Andernfalls könnte der Klient durch den Schmerz so stark abgelenkt sein, daß er sich nicht auf die Therapie konzentrieren kann, oder er ist von einem Therapeuten enttäuscht, der darauf beharrt, der Schmerz werde durch Erinnerungen verursacht, und sich dementsprechend verhält.

Schmerz
Zu den Standardmethoden zur Bewältigung von Schmerz zählen Ablenkung, Selbsthypnose, Entspannung und allgemeine Streßverminderung. Im folgenden wird be-

schrieben, auf welche Weisen EMDR die Streßreduktion unterstützen kann. Zunächst sollte man den Klienten allgemeine Strategien vermitteln, die eine sofortige Linderung ihrer Schmerzen bewirken. Der Therapeut sollte den Schmerz in jedem Fall als real existierend akzeptieren und dementsprechend handeln. Hat er auf diese Weise das Vertrauen des Klienten gewonnen, erweitert dies seinen Spielraum für die Anwendung anderer Interventionen.

Manchmal scheint körperlicher Schmerz als physischer Behälter für psychischen Schmerz zu fungieren. Ist festgestellt worden, daß der Schmerz durch ein Trauma entstanden ist (z.B. durch einen Autounfall), kann die betreffende Erinnerung mit Hilfe von EMDR verarbeitet werden. Dadurch läßt sich der Schmerz in manchen Fällen verringern oder gar eliminieren. Ist nicht feststellbar, daß eine bestimmte Erinnerung den Schmerz verursacht, kann man den multimodalen EMDR-Standard-Fokus direkt auf den Schmerz selbst anwenden (Bild, Kognition, Emotion, Empfindung). Dies kann eine verblüffende Vielfalt von Reaktionen auslösen, die dann wie gewöhnlich verarbeitet werden.

Man kann diesen Ansatz außer bei Schmerzen im allgemeinen auch bei anderen somatischen Beschwerden wie Kopfschmerzen, Verspannungen und Magenbeschwerden verwenden, sofern der Klient zuvor in ausreichendem Maße medizinisch untersucht und behandelt worden ist. Manchmal treten durch das Fokussieren auf somatische Störungen traumatische Erinnerungen zutage. Deshalb ist der Aufbau einer therapeutischen Beziehung so wichtig, die solche plötzlichen Enthüllungen und ihre anschließende Verarbeitung zu verkraften und zu unterstützen vermag. Auch die Möglichkeit des Vorliegens einer dissoziativen Störung sollte überprüft werden.

Trauma und Trauer

Generell sollte man sich im Verlauf einer Behandlung mit bestehenden Traumata und Trauerproblemen so früh wie möglich beschäftigen. Durch die Anwendung von EMDR auf diese Ziele können reaktive Verhaltensweisen und Streß verringert werden, und dadurch wiederum läßt sich eine große Zahl von Beschwerden wie Asthma, chronische Schmerzen und bestimmte Arten von Kopfschmerzen lindern. Überdies lassen sich, solange die mit einer körperlichen Krankheit in Zusammenhang auftretenden Traumata und Trauergefühle nicht aufgelöst sind, in Bereichen wie Streßmanagement, der Gewinnung des Einverständnisses für eine Behandlung und der Unterstützung der Genesung nur schwer Erfolge erzielen.

Es gibt verschiedene potentielle Traumaursachen, bei denen somatische Probleme im Spiel sein können, beispielsweise die Erinnerung an einen Unfall oder Überfall, bei welchem dem Klienten die akute Körperverletzung zugefügt wurde, sowie beunruhigende Erlebnisse bei der anschließenden medizinischen Behandlung oder die Reaktion einer signifikanten Bezugsperson auf das Geschehen oder seine Folgen. Wenn Menschen an einer schweren bzw. unheilbaren Krankheit leiden, kann die Mitteilung traumatisierend wirken. Werden Patienten darüber informiert, daß sie an einer unheilbaren Krankheit leiden oder daß sie in Zukunft in anderer Weise schwerwiegend beeinträchtigt sein werden – beispielsweise durch teilweise Lähmung oder eine Entstellung –, löst dies häufig Trauerreaktionen aus.

Anpassung

Bei einigen somatischen Problemen ist der Klient gezwungen, sich mit einer Verringerung seiner körperlichen Fähigkeiten oder anderen Beeinträchtigungen abzufinden, die er als erhebliche Einschränkung seiner eigenen Erwartungen hinsichtlich der Lebensqualität erfährt. Beispielsweise könnte ein Junge in der Präadoleszenz, der Narben im Gesicht hat, glauben, er werde nie eine Freundin finden oder heiraten können. Vor der Behandlung eines solchen Problems sollten damit verbundene Trauma- und Verlusterlebnisse bereits möglichst weitgehend aufgelöst worden sein, weil sie andernfalls die Verarbeitung stören können. Andere Aspekte der Behandlung können je nach Situation vor oder nach der Beschäftigung mit den Anpassungsproblemen berücksichtigt werden. Beispielsweise könnte der Junge mit den Gesichtsnarben eine wesentlich positivere Zukunftsperspektive entwickeln, sobald er gelernt hat, mit der Tatsache fertig zu werden, daß seine Klassenkameraden ihn nun anders betrachten als vorher. Andererseits ist er möglicherweise gar nicht bereit, sich Fähigkeiten zur Bewältigung dieses Problems anzueignen, solange er nicht selbst daran glaubt, in Zukunft mit sozialen Kontakten rechnen zu können, die ihm den erforderlichen Aufwand als lohnend erscheinen lassen. Die Festlegung einer sinnvollen Interventionsabfolge bedarf guten klinischen Urteilsvermögens.

Hilfe bei der Anpassung an eine neue, beeinträchtigende Situation umfaßt mehrere Schritte, unter denen die Arbeit an dem Trauma, durch das die Beeinträchtigung entstanden ist, der erste ist. Anschließend kann mit Hilfe von EMDR unter Verwendung der Standardprozedur so an der befürchteten Zukunft gearbeitet werden, als wäre sie eine Erinnerung. Sobald es gelungen ist, die Macht der gefürchteten Zukunft zu verringern, treten allmählich mehr positive Alternativen zutage. Manchmal kann man auch anderweitige Ressourcen nutzbringend einsetzen, indem man beispielsweise ein soeben erblindetes Kind mit blinden Erwachsenen bekannt macht, die ihm als positive Rollenmodelle dienen können. Und schließlich kann die positive Zukunft auch durch Imagination (in Verbindung mit Augenbewegungen, einer Kognition, einer Emotion und einer Empfindung) entwickelt und gestärkt werden. Dabei geht es nicht nur um das »Happy-End«, sondern auch um die Entwicklung einer Vorstellung über die verschiedenen Schritte, die realistischerweise erforderlich sind, um jenen glücklichen Abschluß zu erreichen, wo einige der weiter oben behandelten Interventionen zur Gewinnung des Einverständnisses des Klienten mit der Behandlung und zur Lösung von Problemen zählen können.

Verringerung von Streß

Streßverringerung ist bei Störungen, auf die sich Streß besonders negativ auswirkt – beispielsweise Asthma –, von besonderer Bedeutung. Wir werden das Gemeinte am Beispiel von Asthma aufzeigen. In Kombination mit einer adäquaten medizinischen Versorgung können verschiedene psychotherapeutische Interventionen zur Verringerung der Zahl der Asthmaanfälle beitragen, wobei die Tendenz des Kindes, Zustände hoher psychischer Belastung zu erleben, verringert wird. Ist die Familie eines Klienten für die Entstehung von starkem Streß verantwortlich, sollte eine Familientherapie empfohlen werden. Da Traumatisierungen oft zu einer Verstärkung normaler Streßreaktionen führen, kann Traumaarbeit unter Verwendung von EMDR eine allgemeine Verringerung reaktiver Verhaltensweisen zur Folge haben. Im Fall von Asthma können Erinnerungen an schwere Asthmaanfälle ebenso wie erlebte Traumata und Verlusterlebnissen als Ziele für die Verarbeitung benutzt werden. Auch die Lebensumstände des Klienten sollten eingehend auf eventuelle Ursachen von übermäßig starkem Streß hin untersucht werden, und diese sollte man dann nach Möglichkeit verarbeiten.

Problemlösungsfähigkeiten

Fähigkeiten, die helfen, Probleme zu lösen, tragen zur Verringerung von Streß ebenso wie zur positiven Anpassung bei. Zu den Problemen, um deren Lösung es dabei geht, gehören diejenigen, die mit der körperlichen Erkrankung zusammenhängen, sowie auch alle anderen Probleme, die starken Streß erzeugen oder die Funktionsfähigkeit beeinträchtigen. Typische aktuelle Belastungssituationen können zunächst mit Hilfe von EMDR verarbeitet werden; anschließend sollten dann ebenfalls in Begleitung von Augenbewegungen integrativere Bewältigungsstrategien geübt werden. Mit zu erwartenden Schwierigkeiten kann auf ähnliche Weise verfahren werden. Typische Problembereiche sind unter anderem die Gewinnung des Einverständnisses mit einer Behandlung, die Interaktion mit Familienmitgliedern und Gleichaltrigen, Lern- und

Schulprobleme und der Umgang mit zuvor normalen Situationen, die sich in irgendeiner Weise verändert haben.

In manchen Fällen sollte die somatische Störung selbst anvisiert werden, insbesondere wenn das Kind mit Aktivitäten befaßt ist, die seiner Heilung dienen sollen.
Die Grundlage für diese Intervention ist das Visualisieren der Heilung (Simonton
& Creighton 1982), wobei sich das Kind vorstellt, wie innere biologische Kräfte die
Heilung fördern. Beispielsweise würde ein Kind, das an Leukämie leidet, visualisieren, daß weiße Blutkörperchen seine kranken Blutzellen auffressen. Dies kann entweder mit Hilfe anatomisch korrekter Bilder oder mittels symbolischer Vorstellungen
geschehen. In letzterem Fall könnten beispielsweise Soldaten in weißen Uniformen
die weißen Blutkörperchen darstellen. Wie bei anderen Visualisationen sollte der Inhalt der Visualisation soweit wie möglich und bis in die Einzelheiten vom Kind selbst
stammen. Sobald es die Szene vor Augen hat und sie während der Ausführung von
Augenbewegungen aufrechterhält, kann es lernen, diese Übung zu Hause selbständig
auszuführen. Dabei benutzt es für die Augenbewegungen Punkte an einer Wand oder
bewegt die Augen bei geschlossenen Lidern. Die positive Wirkung dieses EMDR-
unterstützten Visualisationsansatzes wurde für die Arbeit mit Erwachsenen durch
anekdotische Berichte bestätigt (Greenwald 1998a).

Nachdem diese Visualisation gelehrt und geübt worden ist, kann sie mit anderen
Elementen der Behandlung verbunden werden. Beispielsweise kann man das Einverständnis des Kindes mit einer Behandlung stärken, indem man es auffordert, sich
während der Augenbewegungen einen »Film« vorzustellen, in dem auf Aktivitäten,
durch die es sein Einverständnis mit der vorgeschlagenen Behandlung bekundet
(das Einnehmen von Medikamenten, das Ausführen bestimmter Körperübungen),
die ebenfalls visualisierte Heilung folgt. Diese Kombination des Visualisierens von
Aktivitäten, die das Einverständnis des Kindes mit der Behandlung ausdrücken, mit
einer Visualisation der Heilung kann auch in einen umfassenderen Film einbezogen
werden, der beispielsweise eine Entwicklung zu einer positiveren Anpassung und das
allmähliche Erreichen verschiedener Ziele beschreibt.

Anhang A

EMDR und Ressourcen für die Traumaarbeit mit Kindern

DIE *EMDR INTERNATIONAL ASSOCIATION* (EMDRIA) ist eine unabhängige gemeinnützige Organisation, die sich für die Förderung, die Weiterentwicklung und die verantwortungsvolle Anwendung von EMDR einsetzt. Ihre vielen Aktivitäten umfassen die Empfehlung von EMDR-Therapeuten, die Unterstützung von Forschungsarbeiten, die Organisation und Durchführung von Ausbildungsprogrammen, die Veröffentlichung einer Zeitschrift und die Organisation einer jährlich stattfindenden internationalen Konferenz. EMDRIA ist eine hervorragende Ressource und Informationszentrale. Interessierte Kliniker können Mitglieder von EMDRIA werden. Die Adresse der Organisation lautet: P.O. Box 140824, Austin, TX 78 714-0824; e-mail: emdria@aol.com; Tel.: 001/512/302-9943.

Inzwischen ist auch das Internet eine ausgezeichnete Informationsquelle für Bücher über EMDR sowie für diesbezügliche Produkte, Ausbildungsveranstaltungen und Forschungsergebnisse. Außerdem finden Sie dort Informationen über die Entstehung von Traumata bei Kindern, über ihre Beurteilung sowie über Möglichkeiten der Behandlung. Es folgt eine Liste der besten Internet-Sites zu diesen Themen:

Die EMDRIA-Homepage, www.emdria.org, bietet eine Fülle von Informationen über
        diese Organisation sowie über verwandte Themen und alle Dienstleistun-
        gen, die EMDRIA anbietet.
Auch das EMDR Institute, der erste und immer noch wichtigste Anbieter von EMDR-
        Ausbildungen, hat eine ausgezeichnete Homepage: www.emdr.com. Dort
        finden Sie Informationen über EMDR und EMDR-Ausbildungen und eine
        regelmäßig aktualisierte Liste von Publikationen über EMDR.
Auf David Baldwins *Trauma Pages*, www.trauma-info.com, finden Sie ausführliche
        Informationen über alle Traumaaspekte einschließlich der verfügbaren Be-
        handlungsmethoden und weitere Internet-Verweise zu dieser Thematik.
Ricky Greenwalds *Child Trauma Home Page*, www.childtrauma.com, bietet umfangrei-
        che Informationen, Orientierungshilfen für die klinische Arbeit sowie wei-
        tere Adressen zur Thematik Kindheitstraumata und EMDR für Eltern, Kli-
        niker und Wissenschaftler. Sie finden dort Broschüren, Informationsblätter
        für Eltern, Artikel aus Fachzeitschriften und Angaben über Meßverfahren.

Weitere wichtige Internet-Ressourcen zu den Themen Trauma und EMDR können
Sie mit Hilfe der auf den oben genannten Internet-Sites angegebenen Links erkun-
den.

Anhang B

Traumaorientierung und therapeutisches Arbeiten mit Kindern

IN DIESEM ANHANG werden die empirischen und theoretischen Grundlagen der Traumaorientierung bei der therapeutischen Arbeit mit Kindern und Jugendlichen beschrieben. Es geht mir in erster Linie darum zu beschreiben, wie sich das augenblicklich verfügbare Wissen über die Verbreitung von Traumata bei Kindern sowie über die Auswirkungen, die Beurteilung und die Behandlung dieser Traumata für die Behandlung zahlreicher psychischer Probleme, die bei Kindern auftreten, nutzen läßt. Ich will damit nicht den Eindruck erwecken, daß praktisch jedes Kind schwer traumatisiert sei, und auch nicht behaupten, daß sich die Probleme aller Kinder letztendlich auf eine Posttraumatische Belastungsstörung (PTBS) zurückführen lassen. Allerdings bin ich überzeugt, daß die meisten Kinder irgendwelche beunruhigenden Erfahrungen gemacht haben, die für die akuten Probleme, unter denen sie leiden, von Bedeutung sind, und daß diese Erfahrungen einem Trauma so stark ähneln, das mir die Anwendung der für die Behandlung von Traumata geltenden Prinzipien auch in solchen Fällen als gerechtfertigt erscheint.

Traumadefinition

Traumata von Kindern beinhalten im allgemeinen, daß die Betreffenden einen über-
wältigenden Schrecken oder Schmerz in Verbindung mit einem Gefühl der eigenen
Hilflosigkeit erlebt haben (Krystal 1978). Typische Beispielsituationen hierfür sind
Autounfälle, körperliche Mißhandlungen, sexueller Mißbrauch, Hausbrände und das
Miterleben von Gewalttätigkeiten. Extreme Erlebnisse dieser Art führen häufig zur
Entstehung einer Posttraumatischen Belastungsstörung (PTBS), sie können aber auch
Folgen anderer Art nach sich ziehen.

Kinder können jedoch auch einer Vielzahl anderer beängstigender Ereignisse ausgesetzt sein, die nicht die im DSM-IV festgelegten Kriterien für Traumata erfüllen.
Hierzu zählen unter anderem der Tod eines Familienmitglieds, das Auseinanderbrechen der Ursprungsfamilie, schwere Krankheiten, Umzüge und die verschiedensten
anderen beängstigenden Situationen. Im allgemeinen werden die symptomatischen
Reaktionen von Kindern auf Ereignisse dieser Art, wenn sie als solche erkannt werden, Anpassungsstörungen genannt. Die Ergebnisse der vorliegenden Untersuchungen über Anpassungsstörungen in der Kindheit legen jedoch nahe, daß diese Bezeichnung unglücklich gewählt ist. Beispielsweise deuten die Symptome, die sich bei Kindern nach dem Auseinanderbrechen ihrer Ursprungsfamilie manifestieren, auf eine
posttraumatische Reaktion hin (Heatherington *et al.* 1989), die durch die weiterhin
bestehende familiäre Dynamik noch zusätzlich verkompliziert sein kann. Ebenso
wie PTBS-Symptome lösen sich auch die Symptome einer Anpassungsstörung häufig
nicht innerhalb der in der DSM-IV-Definition festgelegten Zeitspanne von sechs Monaten auf, und sie können sogar permanent bestehen bleiben (Newcorn & Strain 1992).
Eine andere Ähnlichkeit zwischen beiden Störungsbildern besteht darin, daß die innere psychische Schädigung in beiden Fällen auch nach einem Rückgang der akuten
Symptomatik oft bestehen bleibt.

Zumindest für Kinder ist der Unterschied zwischen einem unerwarteten traumatischen Erlebnis und einer unvermeidlichen, vorher absehbaren Verlusterfahrung
nicht sehr groß. Zwar löst eine Verlusterfahrung gewöhnlich keinen Zustand erhöhter
psychischer Erregung aus (Pynoos 1990), doch kann in beiden Fällen ein Gefühl
überwältigender Angst und Hilflosigkeit auftreten. Außerdem entwickeln viele Kinder ähnliche Reaktionen auf chronisch auftretende, jedoch relativ geringfügige beunruhigende Ereignisse, beispielsweise wiederholte verbale Angriffe oder Frustrationen durch Vorgänge in der Schule. Reaktionen, die posttraumatischen Symptomen
ähneln, können also durch viele Arten von Ereignissen entstehen. Dabei interessiert

den Kliniker weniger, wie schwerwiegend ein Trauma irgendeinem objektiven Kriterium gemäß war, sondern in erster Linie, wie sehr das betreffende Kind gegenwärtig durch das Erlebte beeinträchtigt ist.

Als Kliniker ziehe ich es vor, Traumata auf eine möglichst umfassende Weise zu definieren, so daß alle nicht völlig integrierten stark beunruhigenden Erlebnisse in die Definition einbezogen sind. Natürlich würde eine so weitgefaßte Definition in einem wissenschaftlichen Kontext nicht akzeptiert werden, und die nachfolgende Erörterung bezieht sich größtenteils auf extremere Arten von traumatischen Ereignissen. Es liegt mir des weiteren fern, den Eindruck erwecken zu wollen, daß die Anpassungsreaktion des einen Kindes den gleichen Belastungsgrad beinhaltet wie die PTBS eines anderen. Allerdings halte ich die von mir bevorzugte weitgefaßte Definition von Kindheitstraumata für diejenige mit der größten klinischen Relevanz, weil das Erkennen des Traumaanteils am Problem eines Kindes den Behandlungsplan unabhängig von der spezifischen Diagnose in jedem Fall bereichern kann.

Anfälligkeit für Traumata

Schwere der Exposition

Seit Terrs (1979) bahnbrechender Untersuchung einer Gruppe entführter Kinder hat das Interesse an den Reaktionen von Kindern auf traumatisierende Ereignisse wie Unfälle, Mißbrauchserlebnisse, Gewalterlebnisse und Naturkatastrophen stark zugenommen. Allgemein wird anerkannt, daß praktisch alle Kinder, die extrem traumatisierenden Ereignissen ausgesetzt waren, sofern sie nicht behandelt werden, über ein Jahr und manchmal sogar ihr ganzes weiteres Leben lang unter posttraumatischen Reaktionen leiden werden (Greening & Dollinger 1992; Holaday *et al.* 1992; Nader *et al.* 1990; Newman 1976; Terr 1979; van der Kolk 1987). Die Anfälligkeit der Betroffenen wächst mit der Schwere der Exposition (Lonigan *et al.* 1991; Nader *et al.* 1990; Pynoos *et al.* 1987). Die Folgen einer posttraumatischen Belastung, z.B. eine stationäre Behandlung oder die Trennung von den Eltern, können die Traumaexposition verlängern und zu einer Fortsetzung der Traumatisierung führen (McFarlane 1987). Andere mit dem Trauma verbundene Verlust- oder Dislokationserlebnisse können eine ähnliche Wirkung haben (Cohen 1988). Auch eine geringfügigere Traumaexposition kann eine posttraumatische Reaktion hervorrufen, doch sind die Symptome in solchen Fällen gewöhnlich weniger stark und treten auch weniger häufig auf.

Die Stärke des Einwirkens eines traumatischen Erlebnisses wird durch die Wahrnehmung desselben, durch seine Bedeutung für den spezifischen Betroffenen (Milgram *et al.* 1988) und durch die Stärke seiner emotionalen Reaktivität beeinflußt (Schwarz & Kowalski 1991). Wie stark diese Faktoren sich auswirken, hängt möglicherweise von der Entwicklungsstufe (siehe weiter unten) sowie von früheren Traumatisierungen oder von bereits bestehenden Psychopathologien ab, wobei alle diese Faktoren außerdem das Risiko zu vergrößern scheinen (Burke *et al.* 1982; Earls *et al.* 1988).

Die Entwicklungsstufe

Kinder sind möglicherweise generell besonders verletzlich, weil sie hilfloser sind und sich leichter verängstigen lassen als Erwachsene, die hinsichtlich ihrer körperlichen Kraft, ihres Wissens, ihres sozialen Status, ihrer emotionalen Ressourcen und ihrer Sichtweise von Situationen reifer sind. Allerdings scheint sich der Entwicklungsstand von Kinder nicht *per se* auf ihre Anfälligkeit für Traumatisierungen auszuwirken (Newman 1976; Terr 1979). Beispielsweise sind die in Zusammenhang mit Traumatisierungen auftretenden Phänomene der kognitiven Verzerrung und der Regression auf allen Entwicklungsstufen zu finden (Schwarz & Kowalski 1991; Terr 1979). Die Entwicklungsstufe eines Kindes könnte jedoch Einfluß darauf haben, welche Art von Erlebnissen als traumatisch empfunden werden. Bemühungen, mit dem Erlebten fertig zu werden, stehen in Relation zu Problemen der aktuellen Entwicklungsphase, vorhandenen Fähigkeiten sowie anderen Einflüssen. Beispielsweise wächst die Fähigkeit, den Affekt zu regulieren und sich außerhalb der Familie emotionale Unterstützung zu suchen, mit dem Alter. Außerdem beeinflußt die Entwicklungsstufe das Verständnis von Erfahrungen (Newman 1976). Beispielsweise nehmen sehr kleine Kinder lebensbedrohliche Gefahren nicht unbedingt realistisch wahr (Green *et al.* 1991).

Persönlichkeitsstile

Persönlichkeitsstile, die zu Vermeidung, Verleugnung und zum Externalisieren des Ortes der Kontrolle im Gegensatz zur aktiven Konfrontation und Integration von Erlebnissen tendieren, können ebenfalls die Anfälligkeit von Menschen verstärken (Gibbs 1989; Hyman *et al.* 1988). Eine solche Prädisposition vergrößert die Gefahr, daß ein belastendes Ereignis zum Trauma wird, statt effektiv verarbeitet zu werden. Die Schwere der Traumaexposition in Verbindung mit peritraumatischer Dissoziation (während und nach dem Vorfall) wird heute als einer der zuverlässigsten Anhaltspunkte dafür angesehen, ob zu einem späteren Zeitpunkt Probleme mit posttraumatischem Streß auftreten werden (Michaels *et al.* 1998; Shalev *et al.* 1996).

Obwohl das Temperament eines Menschen zu dieser Tendenz zweifellos in verschiedener Hinsicht beiträgt, entwickelt sich schon sehr früh im Leben eines Menschen ein Muster der Eltern-Kind-Interaktion, durch welches das Kind lernt, in welchem Maße es schmerzliche Emotionen noch als erträglich empfindet und ab wann es sie fürchten und meiden sollte (Mahler *et al.* 1975; Winnicott 1965). Insofern könnte ein zum Vermeiden tendierender Reaktionsstil bereits eine chronische posttraumatische Reaktion auf einem sehr niedrigen Niveau repräsentieren. Ebenso prädisponieren auch vorherige separate traumatische Erlebnisse (aus Gründen, die im folgenden erläutert werden) zur Anfälligkeit für posttraumatische Reaktionen.

Umweltfaktoren

Auch das soziale Umfeld eines Kindes nach einem akuten traumatischen Erlebnis kann den Ausdruck von Gefühlen und die Integration der traumatischen Erinnerung entweder unterstützen oder behindern (Cohen 1988; Galante & Foa 1986; Jones 1991). Eine besonders wichtige Rolle spielt in dieser Hinsicht der Charakter der familiären Interaktion. Falls ein Elternteil in Anbetracht des traumatischen Erlebnisses seines Kindes zusammenbricht oder die Botschaft vermittelt, daß es eine Konfrontation des Kindes mit seiner traumatischen Erinnerung nicht ertragen könnte (was als übermäßig beschützende Haltung dem Kind gegenüber oder in Form des Vermeidens oder Verleugnens des Geschehenen zum Ausdruck kommen kann), kann dadurch die im Dienste der Abwehr stehende posttraumatische Reaktion des Kindes verstärkt werden. Außerdem übernimmt das Kind in solchen Fällen manchmal die Rolle des »Beelterns der Eltern« mit der Folge, daß sie selbst des Gefühls, umsorgt zu werden, verlustig gehen, daß ihre Verarbeitungsmöglichkeiten verringert werden und ihre Belastung verstärkt wird (Bloch *et al.* 1956; Green *et al.* 1991; McFarlane 1987).

Prävalenz traumatischer Erfahrungen

Einige Erkenntnisse über die Prävalenz traumatischer Ereignisse in der Kindheit basieren nur auf Rückschlüssen, doch tut dies der Tatsache keinen Abbruch, daß sie als ebenso überzeugend wie beunruhigend anzusehen sind (z.B. Pynoos 1990). In neuesten Untersuchungen wurde erstaunlich häufig festgestellt, daß junge Erwachsene in ihrem Leben mindestens einem Kriterium-A-Stressor (extrem traumatisch) ausgesetzt waren, wobei die Vermutung naheliegt, daß dies meist in der Kindheit oder Adoleszenz der Fall war. Beispielsweise stellten Riise *et al.* (1994) dies bei 85 Prozent einer Population von jungen Militärangehörigen fest, von denen nur ein Bruchteil unter Traumata militärischen Ursprungs litt, und Vrana & Lauterbach (1994) stellten bei 84 Prozent einer Gruppe von College-Studenten, die in einer vermutlich relativ geschützten Umgebung aufgewachsen waren, das Vorkommen eines solchen Stressors fest. Unter gesellschaftlich benachteiligten Stadtbewohnern scheint das Erleben von Kriterium-A-Ereignissen alltägliche Realität zu sein (Campbell & Schwarz 1996; Jenkins 1995). Menschen erleben heutzutage in ihrer Kindheit und Jugend so häufig Traumata, daß dies als der Regelfall angesehen werden muß.

Bezieht man auch Verlusterfahrungen und chronische geringfügige Traumatisierungen ein, schält sich allmählich heraus, daß Kindheitstraumata bei einer entsprechend umfassenden Definition allgegenwärtig sind. Und in der klinischen Praxis kommt es tatsächlich so gut wie nie vor, daß ein Klient im Alter eines Kindes oder Jugendlichen in seinem Leben nicht zumindest ein signifikantes beeinträchtigendes Erlebnis gehabt hat. Obwohl die meisten Kinder und Jugendlichen nicht das vollständige PTBS-Syndrom entwickeln, sind vermutlich bei einem hohen Prozentsatz Symptome von posttraumatischem Streß anzutreffen (Cuffe *et al.* 1998; Greenwald & Rubin 1999), die für die Entstehung einer anderen psychischen Störung ausreichen können.

Auswirkungen von Traumata

Traumata gehen mit einem intensiven Gefühl der Hilflosigkeit und Angst einher, das häufig mit körperlichem oder emotionalem Schmerz verbunden ist. Wird dieser Zustand für das Kind unerträglich, bemüht es sich mit allen verfügbaren Kräften, diesen unangenehmen Gefühlen zu entkommen. Diese Bemühungen kommen in vielfältigen Symptomen zum Ausdruck (siehe die nachfolgende Beschreibung). Die Symptome bewirken eine teilweise Entlastung von den unerträglichen Gefühlen, sie zögern jedoch andererseits eine echte Entlastung hinaus, da sie eine direkte und vollständige Konfrontation mit der traumatischen Erinnerung und ihre Verarbeitung verhindern. Die Folge ist, daß die betreffende Erinnerung in ihrem ursprünglichen Zustand verbleibt und eine ständige Bedrohung darstellt.

Ein traumatisches Erlebnis ist für das Körper-Geist-System des Betroffenen ein so starker Schock, daß die normalen Verarbeitungsprozesse den Dienst versagen. Eine direkte Konfrontation mit den beunruhigenden Aspekten der Erinnerung und ihre Verarbeitung werden vermieden, weil das Geschehene als überwältigend erlebt wird. Vermeidung, eines der Kennzeichen für PTBS, kann sich vieler Strategien bedienen, beispielsweise der Verdrängung, der Ablenkung, der Selbstmedikation, der emotionalen Betäubung, des emotionalen Rückzugs und des aktiven Meidens aller Dinge und Situationen, die an das Erlebte erinnern könnten.

Unterdessen bleibt das traumatische Erlebnis in aktiver, unverarbeiteter Form bestehen und droht ständig, sich bemerkbar zu machen, so als bestehe die traumatische Situation weiterhin. Die Erinnerung bleibt aktiv, als warte sie auf eine Chance, den normalen Verarbeitungsprozeß zu durchlaufen und danach in den Speicher des Langzeitgedächtnisses überzugehen. Geschieht etwas, das thematisch dem Trauma ähnelt, wird die traumatische Erinnerung stimuliert und taucht dann teilweise oder ganz wieder auf, als wollte sie sagen: »Ich bin immer noch da. Kann ich endlich verarbeitet werden?« Dies kann direkt in Form der Intrusion eines Bildes aus der traumatischen Erinnerung, als Intrusion einer Überzeugung und/oder eines Affekts geschehen, in jedem Fall in Form einer Überreaktion auf den aktuellen Stimulus. Da sich der Betroffene seiner Überreaktion oft nicht bewußt ist, wird die Gefahr des akuten Ereignisses, das als Stimulus oder Trigger fungiert, in übertriebenem Ausmaß erlebt. Eine solche Intrusion, das ungewollte Eindringen von Erinnerungsaspekten in das Bewußtsein des gegenwärtigen Augenblicks, ist ein weiteres Kennzeichen für PTBS.

Doch nicht nur das unverarbeitete Trauma trägt zur Überreaktion und zu einem gesteigerten Erleben von Bedrohungen aus der Umgebung bei, sondern auch die Erinnerung selbst verstärkt die negative Wahrnehmung allen Geschehens. Manche Kinder empfinden viele Aspekte ihres Lebens als bedrohlich, weil sie nie wissen, wann sich die traumatische Erinnerung in ihrem Alltag bemerkbar machen wird. Traumatisierte Kinder erleben häufig die Welt generell, ja, ihre eigene Psyche als gefährlich, weil sie oft ohne Vorwarnung von ihrer traumatischen Erinnerung überfallen werden. Dadurch kann eine verstärkte Wachsamkeit gegenüber potentiellen Bedrohungen entstehen, und in Verbindung damit können sich Symptome wie Angst, Besorgnis, Anspannung, die unzutreffende Interpretation neutraler Äußerungen als bedrohlich und eine übertriebene Schreckreaktion manifestieren. Dieser Zustand der Übererregung, auch *Hyperarousal* oder Überlebensmodus genannt (Chemtob *et al.* 1988), ist ein weiteres Merkmal für PTBS. Er verstärkt überdies die Reaktivität, weil sich das Kind bereits in einem Zustand der Anspannung befindet.

Das Wirken des Überlebenstriebs verleiht dem Vermeidungsverhalten in allen seinen vielfältigen Formen Priorität. Intrusionen verstärken die übermäßige Reaktivität noch weiter und rufen bei dem betroffenen Kind nicht nur eine allgemeine Angst hervor, sondern wecken auch spezifische Gedanken und Gefühle in ihm, deren Ursprung die unverarbeitete traumatische Erinnerung ist. Beispielsweise kann es sein, daß sich das Kind allgemein hilfloser und unfähiger fühlt und infolgedessen in einen Zustand der Apathie verfällt. Somit wird die Reaktion des Kindes auf das Trauma zu einem wichtigen Einflußfaktor für seine Persönlichkeit, für seine Stimmung und für sein Verhalten.

Die Kombination von Vermeidung, Intrusionen und Übererregung erzeugt bei dem traumatisierten Kind eine äußerst negative Dynamik. Jede erneute Stimulation der traumatischen Erinnerung bewirkt eine weitere Verstärkung der Vermeidungsreaktion. Diese verhindert die Konfrontation mit der traumatischen Erinnerung und das Durcharbeiten derselben, beides Faktoren, die für eine Genesung erforderlich sind (siehe unten). Die Vermeidungssymptome wirken in dem Maße, wie sie den traumatischen Schmerz lindern, selbstverstärkend und bleiben deshalb auf unbegrenzte Zeit bestehen.

Die Auswirkungen von Traumata können entweder im Verborgenen bleiben oder auf unterschiedliche Weisen zum Ausdruck gelangen. Posttraumatische Symptome manifestieren sich bei Kindern oft völlig anders als die klassische PTBS bei Erwachsenen. Beispielsweise können bei Kindern somatische Symptome, regressive Verhaltensweisen oder Tendenzen zum Ausagieren auftreten (Fletcher 1993). Die Nachwirkungen von Traumata könnten, sofern man letztere in einem sehr weiten Sinne definiert, die Grundlage der meisten nicht organisch bedingten Psychopathologien bilden (Brom 1991; Conaway & Hansen 1989; Famularo *et al.* 1992; Flisher *et al.* 1997; Green 1983; Kendall-Tackett *et al.* 1992; Malinosky-Rummell & Hansen 1993; Terr 1991; van der Kolk 1987). Traumatisierte Kinder entsprechen oft eher den Verhaltenskriterien für andere diagnostische Kategorien als PTBS, beispielsweise für AD/HD, Generalisierte Angststörung, Depression oder Störung mit Oppositionellem Trotzverhalten. Die Auswirkungen von Traumata auf Kinder werden häufig zu Unrecht mittels einer Diagnose bezeichnet, die zwar die sich manifestierenden Verhaltensweisen richtig beschreibt, aber nicht auf die Wurzeln der Störung eingeht. Zu beachten ist, daß Traumata auch zur Entstehung dauerhafter Symptome führen können, die keiner formellen Diagnose entsprechen (Cuffe *et al.* 1998; Fletcher 1996; Sullivan *et al.* 1991; Terr 1991).

Das spezielle Problem des chronischen Traumas verursacht häufig noch umfassendere Veränderungen der Persönlichkeitsorganisation, darunter die für PTBS klassischen Symptome der Verleugnung, des Wie-betäubt-Seins und des Hyperarousal sowie Dissoziation, Selbsthypnose und Wutanfälle. Diese umfassende Reaktion gilt als Ursprung bestimmter bei Erwachsenen auftretender Pathologien wie Borderline-Persönlichkeitsstörung, Dissoziativer Identitätsstörung (van der Kolk 1987) und komplexer PTBS (Herman 1992).

Das Trauma – eine schwere Last

Ich werde nun versuchen, den Prozeß zu beschreiben, welcher der offensichtlich kumulativen Wirkung von Traumatisierungen zugrunde liegt (Figley 1985; Peterson *et al.* 1991). Traumata erhöhen die Reaktivität gegenüber thematisch ähnlichen Stimuli, wobei die aktuelle Reaktion zuvor unverarbeitete schmerzhafte Emotionen ebenso einschließt wie die durch den aktuellen Vorfall hervorgerufenen. Mit jeder weiteren Traumatisierung gewinnt der nichtintegrative Reaktionsstil, mit dessen Hilfe der Klient versucht, das Erleben schmerzhafter Emotionen zu vermeiden, an Bedeutung, da der Schmerz, der durch die Reaktion hervorgerufen wird, mit jedem weiteren traumatischen Erlebnis zunimmt. Mit der *Belastung durch das Trauma* wächst also auch die thematisch damit zusammenhängende Reaktivität und die Prädisposition für einen nichtintegrativen Reaktionsstil.

Dieses Konzept der *Traumabelastung* könnte den »Schlummereffekt« erklären, der bei Menschen zu beobachten ist, denen im normalen Alltag keine Langzeitnachwirkungen von Traumata anzumerken sind, die jedoch bei einer Konfrontation mit einem Ereignis, das dem erlebten Trauma thematisch verwandt ist, eine entsprechende Reaktion zeigen (Kantor 1980; Wallerstein *et al.* 1988). Neuere Untersuchungen haben außerdem gezeigt, daß bei Menschen mit einer Traumavorgeschichte nach einem traumatischen Erlebnis eine gesteigerte Anfälligkeit für posttraumatische Reaktionen besteht (Riise *et al.* 1994; Scott & Gardin 1994). Bei Erreichen einer bestimmten kritischen Masse kann die Last der Reaktivität die Sicherungsmechanismen (oder konkurrierenden Schemata) schlicht außer Funktion setzen und dann allgemeiner und offensichtlicher wirken und sich in Symptomen der Depression, Angst oder PTBS manifestieren.

Es gibt immer mehr Belege dafür, daß Kinder durch Erfahrungen auf gesunde Weise reifen; dies gilt sogar für belastende Erfahrungen, sofern sie diese zu integrieren vermögen. Hingegen werden sie durch Traumatisierungen eindeutig psychisch geschädigt (Pynoos & Nader 1988; Terr 1991). Ein Nachlassen der Symptome im Laufe der Zeit ist nicht unbedingt ein Zeichen für eine Besserung oder gar Genesung; dies kann vielmehr ein Indiz dafür sein, daß es dem betreffenden Kind gelungen ist, das Problem mit Hilfe einer Abwehrstrategie vordergründig unter Kontrolle zu bringen (oder es zu verbergen). Die zugrundeliegende Schädigung kann ungeachtet dessen trotzdem fortbestehen, die Bewältigungsfähigkeiten des Kindes in Zukunft beeinträchtigen, es zur Abänderung seiner beruflichen Ziele bewegen und seine zukünftigen Beziehungen, seine Stimmungen und sein Ichgefühl beeinflussen. Der entstandene Schaden kann sehr umfangreich oder eher begrenzt sein, wobei im letzteren Fall ein ähnliches Maß an Reaktivität nur in ähnlichen Situationen mit ähnlicher Thematik auftritt. Bei einer großen Zahl traumatisierter Kinder klingen die Symptome im Laufe der Zeit nicht ab.

Die Beurteilung von Traumata

Es gibt viele sinnvolle Ansätze zur Beurteilung von Traumata, die je nach Kontext von unterschiedlichem Nutzen sind und die man dementsprechend einsetzen sollte. Doch statt hier ein bestimmtes Beurteilungsverfahren zu beschreiben, werde ich mich mit den allgemeineren Aspekten beschäftigen, die bei der Durchführung einer Beurteilung von posttraumatischem Streß zu berücksichtigen sind.

Der Zeitfaktor

Bei Kindern, die kurz nach einem traumatischen Ereignis mittels intensiver klinischer Methoden untersucht und beurteilt werden, wird gewöhnlich eine Belastung diagnostiziert, wohingegen sowohl nichtklinische Beurteilungsmethoden als auch ein Verstreichen längerer Zeit nach dem traumatischen Ereignis einen Rückgang der feststellbaren Belastung zur Folge hat (Sugar 1989). Bei vielen Kindern sind die akuten Symptome stärker und lassen sich besser feststellen als die langfristigen. Außerdem fällt es dem Kind selbst und den Menschen in seiner Umgebung unmittelbar nach dem traumatischen Ereignis leichter, den Zusammenhang zwischen den neu auftauchenden Symptomen und dem Erlebten zu erkennen. Später organisiert sich die Persönlichkeit des Kindes mehr oder minder stark um die posttraumatischen Symptome, mit der Folge, daß sie weniger deutlich zu erkennen sind. Trotzdem kann die posttraumatische Reaktion des Kindes natürlich noch lange nach dem Nachlassen der akuten Reaktion die Aufrechterhaltung der Symptome stützen. Klinische Beobachtungen bei Erwachsenenpopulationen deuten ebenfalls darauf hin, daß eine scheinbare Genesung von Kindheitstraumata nicht unbedingt eine echte Genesung sein muß, weshalb die betreffenden Erwachsenen in Bereichen, die thematisch mit den erlebten Traumata in Zusammenhang stehen, weiterhin verletzlich bleiben (Greenwald 1997*b*; Kantor 1980).

Eine der besten Möglichkeiten, die Beteiligung bestimmter Ereignisse der Vergangenheit an der Entstehung akuter Symptome festzustellen, besteht darin, sich sowohl über die belastenden Ereignisse, die der Klient in der Vergangenheit erlebt hat, als auch über die Entstehungsgeschichte der Symptome zu informieren. Dabei sollten auch andere Faktoren berücksichtigt werden, beispielsweise eventuelle Kopfverletzungen und andere medizinische Probleme sowie situative Faktoren – Veränderungen im sozialen Umfeld, in der Schule, in der Familie und in der Lebensweise. Verblüffend oft stellt sich heraus, daß die akuten Probleme unmittelbar nach einem größeren Trauma oder Verlusterlebnis entstanden oder schlimmer geworden sind, ohne daß irgend jemand in der betreffenden Familie bisher einen solchen Zusammenhang vermutet hätte.

Informationsquellen

Kinder sind gewöhnlich die besten Informanten, was ihre inneren Zustände angeht, doch sind sie meist schlechte Beobachter ihres eigenen Verhaltens. Eltern hingegen unterschätzen die innere Belastung ihrer Kinder häufig, sind aber gute Beobachter des Verhaltens ihrer Kinder (Belter *et al.* 1991; Burke *et al.* 1982; Earls *et al.* 1988; Handford *et al.* 1986; Loeber *et al.* 1990; Yule & Williams 1990). Deshalb ist es notwendig, sich Informationen aus mehreren Quellen zu beschaffen.

Die Berichte von Eltern und ihren Kindern stimmen zwar im allgemeinen überein, jedoch nicht immer. Manchmal bemühen sich traumatisierte Kinder um ein vorbildliches Verhalten, weil sie verhindern wollen, daß sich ihre Eltern Sorgen um sie machen, oder um von anderen nicht ausgegrenzt zu werden; aus solchen Gründen vermeiden sie bewußt, sich ihre permanente Belastung anmerken zu lassen (Bradburn 1991). In solchen Fällen liefert das, was die Kinder selbst über ihre posttraumatischen Symptome sagen, die besten Hinweise. Andere Kinder streiten ab, unter einer posttraumatischen Belastung zu leiden, oder sind sich dessen nicht bewußt und geben keine posttraumatische Symptomatik an. In Fällen dieser Art sind die Informationen der Eltern am nützlichsten.

Auch andere Informationsquellen können sehr aufschlußreich sein. Beispielsweise ist es beweiskräftiger, wenn der Lehrer und die Eltern das gleiche Cluster problematischer Verhaltensweisen in unterschiedlichen Settings beschreiben. Ebenso informativ ist es, wenn ein traumatisiertes Kind zu Hause Verhaltensprobleme hat, weil seine Eltern sich nicht konsequent um Disziplin bemühen, wohingegen es in der durchstrukturierten Situation in seiner Schulklasse keine Probleme hat. Die Situation kann natürlich auch genau umkehrt sein: Das Kind benimmt sich dann in der Klasse unter der Aufsicht eines übermäßig strengen oder nachgiebigen Lehrers schlecht, hat jedoch zu Hause keine Probleme.

Die familiäre Umgebung

Die familiäre Umgebung kann zur Entwicklung und Aufrechterhaltung posttraumatischer Symptome ebenso beitragen wie zur Genesung von denselben. Deshalb ist die Beurteilung der familiären Situation sehr wichtig. Zwar können diesbezüglich auch Gespräche mit den Eltern und dem Kind von Nutzen sein, doch vermag nichts die direkte Beobachtung der familiären Interaktion zu ersetzen.

Wie bereits weiter oben erwähnt, kann ein Kind erneut traumatisiert werden, wenn seine Eltern das Auftauchen traumatischen Materials mit reaktiven Verhaltensweisen abwehren. Berichtet das Kind beispielsweise über eine Vergewaltigung, und die Eltern reagieren darauf mit Vermeidung und Verleugnung, fühlt sich das Kind wahrscheinlich abgelehnt und herabgewürdigt. Falls die Eltern nach einem Autounfall mit ihrem eigenen Schuldgefühl fertig zu werden versuchen, indem sie dem Kind alles erlauben, und auf diese Weise ihre Verantwortung für die Durchsetzung von Disziplin vernachlässigen, kann dies zur Folge haben, daß das Kind das Gefühl bekommt, einen geschädigten oder unfähigen Eindruck zu machen. Wenn Eltern ihr Kind davon abzubringen versuchen, über ein traumatisches Erlebnis zu sprechen, angeblich weil sie verhindern wollen, daß sich das Kind schlecht fühlt, verhindern sie genau dadurch möglicherweise die Auflösung des traumatischen Erlebnisses, weil sie dem Kind die Botschaft vermitteln, daß das betreffende Ereignis so beängstigend ist, daß man keinesfalls darüber sprechen sollte. Nach einem größeren Trauma oder einem entsprechend gravierenden Verlusterlebnis sind viele Eltern so in Anspruch genommen von ihren eigenen Reaktionen, daß sie Schwierigkeiten haben, auf die emotionalen Bedürfnisse ihres Kindes einzugehen. Entwickelt das traumatisierte Kind gleichzeitig in zunehmendem Maße problematische Verhaltensweisen, kann leicht ein Teufelskreis negativer Interaktionen entstehen und sich verfestigen.

Auch bereits bestehende Dynamiken innerhalb der Familie können die Perpetuierung der posttraumatischen Symptome des Kindes begünstigen. Beispielsweise wurde ein Mädchen, das von einem Babysitter vergewaltigt worden war, durch das tyrannische Verhalten ihres älteren Bruders ihr gegenüber immer wieder auf zwar minimale, aber signifikante Weise erneut traumatisiert. Ein Vater, der seine Kinder zwar nicht mehr schlug, traumatisierte sie dennoch immer wieder, indem er sie anbrüllte; sie duckten sich dann und hielten einen Arm vors Gesicht, wie um Schläge abzuwehren. Die familiäre Dynamik, die neben Inkonsequenz bei der Aufrechterhaltung von Disziplin wahrscheinlich am häufigsten vorkommt, ist, daß Eltern die Kontrolle über ihr eigenes Verhalten verlieren und zu brüllen anfangen, aus einem Aufwallen von Wut heraus körperliche Disziplinierungsmaßnahmen durchführen und unangemessen harte Strafen verhängen. Ständige Interaktionen dieser Art vermitteln einem traumatisierten Kind das Gefühl, daß es immer noch nicht in Sicherheit ist, was in seinen Augen bedeutet, daß sich das erlebte Trauma jederzeit wiederholen kann. Dadurch wird eine Genesung wesentlich erschwert.

Unterstützende Elemente der familiären Umgebung sollten ebenfalls untersucht werden. Die meisten Familien bieten ihren Kindern Unterstützung in Form bestimmter Alltagsroutinen, durch Vermittlung eines Gefühls der Sicherheit und durch eine allgemein unterstützende Haltung ihnen gegenüber. Im allgemeinen ist es nicht besonders schwierig, konkrete Anhaltspunkte für eine generell fürsorgliche und verantwortungsvolle Haltung der Eltern zu erkennen. Diese positiven Ressourcen, die der Heilung zugute kommen, können entwickelt und im Rahmen des Behandlungsplans genutzt werden.

Aspekte der augenblicklichen Sicherheit

Für die Entwicklung eines adäquaten Behandlungsplans ist es wichtig, die augenblickliche Sicherheit des Klienten zu untersuchen und zu beurteilen. Die posttraumatische Reaktion eines Kindes zu behandeln, solange das Kind noch dem Risiko einer erneuten Traumatisierung ausgesetzt ist, ist ebenso sinnlos wie das Überstreichen einer beschädigten Decke ohne vorherige Beseitigung des Schadens am Dach, auf den die Schädigung der Decke zurückzuführen ist. Die Traumabehandlung hat ihr Ziel erreicht, wenn das Kind sagen kann: »Das ist vorbei, und ich bin jetzt in Sicherheit.« Deshalb müssen die gravierendsten Sicherheitsprobleme erkannt und möglichst weitgehend aufgelöst werden, bevor mit der Verarbeitung des Traumas begonnen wird. Subtilere Aspekte der persönlichen Sicherheit, beispielsweise eine konsequente Haltung der Eltern in der Durchsetzung von Disziplin, können entweder zuvor oder gleichzeitig in Angriff genommen werden, je nachdem, was das klinische Urteil als ratsamer erscheinen läßt.

Objektive Meßinstrumente

Bis vor kurzem war es ziemlich schwierig, Traumatisierungen bei Kindern zweifelsfrei festzustellen. Dazu waren umfangreiche klinische Interviews erforderlich (McNally 1991), weil die Beurteilung von Traumata mit Hilfe von Instrumenten zum Aufspüren von Angst, Depression oder üblicher Psychopathologie nicht besonders zuverlässig ist. Mittlerweile sind jedoch verschiedene Meßinstrumente entwickelt worden, die für eine effiziente Untersuchung auf posttraumatische Symptome sowie für die Beurteilung des Fortschritts der Behandlung von großem Nutzen sein können. Objektive Messungen können eine klinische Beurteilung zwar nicht ersetzen, sie aber sinnvoll ergänzen. Da sich Instrumente dieser Art noch weitgehend in der Entwicklung befinden, werde ich hier nur einige erwähnen und verweise interessierte Leser auf die in Anhang A aufgelisteten Informationsquellen.

Es gibt keine eindeutig beste Meßskala zur Feststellung von Traumata bei Kindern. Vielmehr entscheiden der Zweck der Beurteilung sowie die Bedingungen, unter denen sie durchgeführt wird, darüber, welches Instrument in einer bestimmten Situation am besten geeignet ist. Dabei müssen verschiedene Aspekte berücksichtigt werden:

Die Traumageschichte

Es gibt verschiedene Hilfsmittel zur Erforschung der Traumageschichte, angefangen von Checklisten bis hin zu umfangreichen strukturierten Interviews. Einige davon zielen darauf ab, eine Qualifikation nach ganz bestimmten Kriterien (den in Kriterium A des DSM-IV zusammengefaßten) festzustellen, wohingegen andere sich mit einem größeren Spektrum widriger Ereignisse beschäftigen. Die kürzeren Fragebögen lassen sich zwar leichter anwenden, doch vermitteln sie kein wirklich umfassendes Bild, und man sollte sie am besten als Orientierungshilfe für Follow-up-Fragen während eines klinischen Interviews benutzen. Die strukturierten Interviews sind erheblich detaillierter, doch sind sie relativ ermüdend und in erster Linie für Forschungsprojekte geeignet. Das Problem bei den Berichten von Kindern und ihren Eltern über die Traumageschichte des Kindes ist, daß sie nicht immer völlig übereinstimmen, sowohl bezüglich der spezifischen Ereignisse, über die berichtet wird, als auch hinsichtlich der Reaktion des Kindes auf dieselben.

Das identifizierte traumatische Ereignis

Manchmal wird eine Traumabeurteilung durchgeführt, um die Reaktion eines Kindes auf ein bestimmtes Ereignis festzustellen, beispielsweise auf einen Hurrikan, eine

Schießerei in einer Schule oder auf einen kürzlich bekannt gewordenen Mißbrauch. Die *Impact of Events Scale* ist das einzige erprobte Instrument zur Beurteilung posttraumatischer Reaktionen auf ein bestimmtes Ereignis, und sie umfaßt ein Subset von acht Themen (IES-8), die sorgfältig für die Anwendung bei Kindern und Jugendlichen validiert worden sind (Dyregrov & Yule 1995). Obwohl die IES-8 bei der Untersuchung von Symptomen einer posttraumatischen Belastung und für die Beurteilung von Fortschritten in der Behandlung sehr nützlich sein kann, hat dieses Meßverfahren auch Schwächen. Die erste von diesen ist gleichzeitig eine seiner Stärken: Das Verfahren gibt nur Auskunft über die Reaktion auf das identifizierte Ereignis, registriert jedoch posttraumatische Symptome, die mit anderen, möglicherweise unerkannten Traumata zusammenhängen, nicht zuverlässig. Ein weiterer wichtiger Nachteil der IES-8 besteht darin, daß sie sich nur mit zwei klassischen posttraumatischen Symptomen – Vermeidung und Intrusion – befaßt, also nicht mit dem gesamten Spektrum möglicher posttraumatischer Reaktionen.

PTBS versus posttraumatische Symptome

Einige Meßverfahren zielen auf die DSM-Kriterien für die PTBS-Diagnose. Obgleich dieser Ansatz sowohl für Forschungszwecke als auch für die Diagnose von PTBS von Nutzen ist, umfassen die DSM-Kriterien für PTBS nicht das gesamte Spektrum der bei Kindern beobachtbaren posttraumatischen Reaktionen (Fletcher 1993). Für klinische Zwecke wäre eine das gesamte Symptomspektrum umfassende Beurteilung vorzuziehen. Zur Zeit der Entstehung des vorliegenden Buches bevorzugen viele Kliniker und Forscher die *Trauma Symptom Checklist for Children* (Briere 1996), weil sie gute Meßmethoden verwendet und weil sie ein umfassenderes Symptomspektrum abdeckt und relevante Subskalen umfaßt. Die *Los Angeles Symptom Checklist–Adolescent* (Foy et al. 1997) hat ebenfalls gute psychometrische Eigenschaften, und sie ist häufig bei städtischen Teenagern eingesetzt worden. Beide letztgenannten Instrumente umfassen auch PTBS-Subskalen. Den *Child Report of Posttraumatic Symptoms* und den *Parent Report of Posttraumatic Symptoms* (Greenwald & Rubin 1999) kennzeichnen Kürze, Abdeckung des gesamten Symptomspektrums, Empfindlichkeit bezüglich Veränderungen des posttraumatischen Status und die Einbeziehung der Perspektiven von Eltern und Kind. Allerdings handelt es sich um ein relativ neues Meßverfahren, das bisher weniger erprobt ist als die bereits erwähnten.

Die Auswahl eines objektiven Meßverfahrens sowie des generellen Beurteilungsansatzes hängt letztlich vom Zweck der Beurteilung ab, weiterhin vom Alter des Kindes und von der Verfügbarkeit geeigneter Ressourcen. Beispielsweise kann man bei einem

Kindergartenkind wahrscheinlich keine der verfügbaren Eigenberichtsmessungen durchführen, doch können die Eltern eines solchen Kindes natürlich einen Elternberichtsfragebogen ausfüllen und relevante Beobachtungen über die Vorgeschichte ihres Kindes und über sein Verhalten mitteilen. Viele Kliniker kombinieren verschiedene Beurteilungsverfahren, indem sie beispielsweise ein Screening der Traumavorgeschichte und der Traumasymptome mit einem klinischen Interview verbinden.

Ich möchte noch einmal ausdrücklich darauf hinweisen, daß eine generelle Untersuchung der Trauma-/Verlustvorgeschichte und die Suche nach posttraumatischen Symptomen in jedem Fall erfolgen sollten, ganz gleich, ob es sich um einen bekannten Posttrauma-Kontext handelt oder um eine Erstuntersuchung auf bestehende psychische Störungen oder Verhaltensprobleme (Greenwald 1997b). Bei vielen traumatisierten Kindern wird gegenwärtig die Traumatisierung nicht erkannt (Burke *et al.* 1982; Earls *et al.* 1988; Handford *et al.* 1986; Kendall-Tackett *et al.* 1993; Terr 1983). Diesem unglücklichen Umstand ist die Entstehung ungeheuer vieler vermeidbarer Beeinträchtigungen und großen unnötigen Leids zuzuschreiben. Bei dem Bemühen, Kindern zur Genesung zu verhelfen, ist die zuverlässige Feststellung vorliegender Traumatisierungen der entscheidende erste Schritt.

Genesen von Traumata

Die Genesung von einem Trauma wird ermöglicht durch einen integrativen Verarbeitungsstil (Gibbs 1989; Hyman *et al.* 1988) in Verbindung mit Gesprächen über das Geschehene und dem Ausdruck der mit dem Trauma verbundenen Gefühle im Beisein unterstützungswilliger Familienmitglieder, Gleichaltriger und/oder Berater (Bloch *et al.* 1956; Cohen 1988; Galante & Foa 1986; Jones 1991). Die Unterstützung oder Hemmung der Verarbeitung in einer bestimmten Zeitspanne nach einem beunruhigenden Ereignis kann einen starken Einfluß darauf haben, ob die betreffende Erinnerung integriert wird oder weiterhin problematisch bleibt.

Der unbezwingbare Drang, sich selbst zu schützen, die in der posttraumatischen Symptomatik zum Ausdruck kommt, kann bewirken, daß das traumatisierte Kind gegenüber seinen Eltern und anderen Menschen, die ihm bei seiner Genesung zu helfen versuchen, unzugänglich ist. Solche Kinder müssen häufig von Psychotherapeuten behandelt werden, die speziell für die Unterstützung eines derartigen Genesungsprozesses ausgebildet worden sind. Kinder, die nicht auf diese Weise behandelt werden, leiden meist weiter unter dem Erlebten und leben mit einem erhöhten Risiko

der Entstehung einer Psychopathologie, emotionaler Belastungszustände, dysfunktio-
naler Entscheidungen für das weitere Leben und zusätzlicher Traumatisierung (Krystal 1978; Pynoos 1990; Sugar 1989; Terr 1979, 1991). So langwierig und anstrengend die
Behandlung eines traumatisierten Kindes auch sein kann, für eine zukünftige gesunde Entwicklung ist sie ungeheuer wichtig.

Das Vorgehen bei der Verarbeitung traumatischer Erlebnisse kann Interventionen
verschiedener Behandlungsmodalitäten umfassen, wobei kulturelle, kommunale, soziale, familiäre und entwicklungsspezifische Aspekte zu berücksichtigen sind, die im
Leben des Kindes vor, während und nach dem traumatischen Erlebnis bestimmend
sind (Cohen 1988; Pynoos & Nader 1988; Terr 1989). Interventionen, die die Medien
(Terr 1989), die Schule (Chemtob & Nakashima 1997; Jones 1991), die Familie (Cohen
1988) und die Gruppe (Chemtob & Nakashima 1997; Galante & Foa 1986; Yule & Williams 1990) einbeziehen, sind noch im Stadium der Entwicklung. Frühes Intervenieren
ist besonders vorteilhaft, weil die Reaktionen auf das Trauma dann noch gut zu erkennen sind und sich eindeutig mit diesem in Zusammenhang bringen lassen; außerdem
erscheint den Betroffenen eine Behandlung in diesem Stadium noch als aussichtsrei-
cher, und gewöhnlich tritt auch die Genesung schneller ein (Pynoos & Nader 1988).
Zwar ist auch eine spätere Behandlung möglich, doch werden die Traumanachwir-
kungen im Laufe der Zeit immer stärker in die Persönlichkeit und den Lebensstil integriert (Horowitz 1986). Eine periodisch wiederholte Behandlung an wichtigen Punkten der Entwicklung kann notwendig sein, wenn das traumatische Erlebnis eine lang-
fristige Entwicklungsstörung verursacht hat, beispielsweise als Folge des Todes eines
Elternteils (James 1989).

Viele Kinder benötigen eine Einzeltherapie, eventuell in Verbindung mit anderen
Behandlungsansätzen. Eine solche Einzelbehandlung umfaßt gewöhnlich Gespräche,
spielerische und künstlerische Aktivitäten und/oder Expositionsmethoden. Trotz der
vielen Variationsmöglichkeiten hinsichtlich der Form und des Behandlungszeitpunk-
tes ist die allen diesen Behandlungen zugrundeliegende Struktur nahezu identisch:
Wiedererleben des Traumas in einer sicheren, kontrollierten Umgebung, Durcharbeiten der emotionalen Reaktionen, Restrukturierung der kognitiven Einschätzungen
und die Verstärkung des Gefühls, mit Hilfe der eigenen Fähigkeiten das Erlebte bewältigen zu können (James 1989; Peterson *et al.* 1991; Pynoos & Eth 1986).

Obwohl eine Einzelbehandlung bei manchen Kindern für die Genesung von einem
Trauma entscheidend ist, reicht sie allein nicht immer aus. Meist ist Unterstützung von
seiten der Umgebung dringend erforderlich, damit das Kind ein begründetes Gefühl
größerer Sicherheit entwickeln kann. Um dies zu erreichen, müssen Bemühungen

unterschiedlichster Art unternommen werden; beispielsweise muß für die Festnah-
me eines Vergewaltigers gesorgt werden, ein Mißbrauchstäter muß aus dem Haus ver-
bannt werden, oder eine Schulbehörde muß veranlaßt werden zu verhindern, daß
sich die Schüler gegenseitig tyrannisieren. Wie bereits weiter oben erwähnt, kommt
auch der Familie bei der Genesung des Kindes eine wichtige unterstützende Funktion
zu, sofern die Eltern dem Kind zu vermitteln vermögen, daß es zu Hause in Sicherheit ist. Dabei können angesichts der traumabedingten Hypersensibilität des Kindes
sehr starke Sicherheitsmaßnahmen erforderlich sein. Das Gefühl der Sicherheit wird
durch Fairneß, Vorhersehbarkeit und ein Gefühl der Kontrolle verstärkt. Verstehen
Eltern die Empfehlungen des Therapeuten bezüglich ihres eigenen Verhaltens, sind
sie im allgemeinen sehr stark motiviert, an ihrer eigenen Selbstkontrolle zu arbeiten
und sich um Konsequenz bei ihren Erziehungsmaßnahmen zu bemühen.

Die Traumaorientierung

Obwohl es in großen Teilen dieser Erörterung um extreme Traumata ging, lassen
sich, wie ich bereits erwähnt habe, die Dynamik der Traumatisierung und die Prinzipien der Traumabehandlung auf ein großes Spektrum von Erlebnissen und akuten
Problemen, unter denen Kinder häufig leiden, übertragen. Die vorliegenden Untersuchungsergebnisse unterstützen diese Ansicht, da viele Kinder, die psychothe-
rapeutisch behandelt werden, zumindest unter einigen posttraumatischen Symptomen leiden. Ein Vorteil der Traumaorientierung besteht darin, daß die Erlebnisse,
durch welche die Probleme der Kinder entstanden sind, durch diese Sichtweise mit
hoher Wahrscheinlichkeit erfaßt werden. Ein weiterer Vorteil ist, daß es in traumabasierten Fallbeschreibungen weder Schuldzuweisungen noch Stigmatisierungen gibt,
sondern eine mitfühlende Perspektive in bezug auf das Kind begünstigt wird. Und
schließlich gelingt es mit Hilfe derartiger Fallbeschreibungen gewöhnlich, die betroffenen Kinder und ihre Eltern zur produktiven Beteiligung an den erforderlichen
Behandlungsaktivitäten zu bewegen.

Im vorliegenden Buch wird die Integration von EMDR in einen umfassenden traumaorientierten Therapieansatz beschrieben. Die von Francine Shapiro (1998) entwik-
kelte Theorie der beschleunigten Informationsverarbeitung, die formuliert wurde,
um Anhaltspunkte für eine sinnvolle Anwendung von EMDR zu beschreiben, steht
in Einklang mit der hier dargelegten umfassenden Sicht von Traumafolgen und verwandten Dynamiken. EMDR vermag in hohem Maße die Bemühungen traumaorientierter Kindertherapeuten zu unterstützen und ihre Effizienz zu erhöhen.

Literatur

Abruzzese, M. (1995). *The use of EMDR for children with disruptive behavior disorders.* Workshop presented at the EMDR annual conference, Pacific Grove, CA, June.

American Psychiatric Association (1994). *Diagnostic and Statistical Manual of Mental Disorders (DSM-IV).* Washington, DC: Author.

Belter, R.W., Dunn, S.E. & Jeney, P. (1991). The psychological impact of Hurricane Hugo on children: a needs assessment. *Advances in Behaviour Research and Therapy* 13:155-161.

Bloch, D.A., Silber, E. & Perry, S.E. (1956). Some factors in the emotional reaction of children to disaster. *American Journal of Psychiatry* 113:416-422.

Brandburn, I.S. (1991). After the earth shook: children's stress symptoms 6-8 months after a disaster. *Advances in Behaviour Research and Therapy* 13:173-179.

Briere, J. (1996). *Trauma Symptom Checklist for Children (TSCC) Professional Manual.* Odessa, FL: Psychological Assessment Resources.

Brom, D. (1991). The prevalence of posttraumatic psychopathology in the general and the clinical population. *Israel Journal of Psychiatry and Related Sciences* 28:53-63.

Burke, J.D., Borus, J.F., Burns, B.J. *et al.* (1982). Changes in children's behavior after a natural disaster. *American Journal of Psychiatry* 139:1010-1014.

Campbell, C. & Schwarz, D. (1996). Prevalence and impact of exposure to interpersonal violence among suburban and urban middle school students. *Pediatrics* 98:396-402.

Chambless, D.L., Baker, M., Baucom, D. *et al.* (1998). Update on empirically validated therapies, II. *Clinical Psychologist* 51:3-16.

Chemtob, C. & Nakashima, J. (1996). *Eye movement desensitization and reprocessing (EMDR) treatment for children with treatment resistant disaster related distress.* Paper presented at the annual meeting of the International Society for Traumatic Stress Studies, San Francisco, CA, November.

Chemtob, C.M., Roitblat, H.L., Hamada, R.S. *et al.* (1988). A cognitive action theory of posttraumatic stress disorder. *Journal of Anxiety Disorders* 2:253-275.

Cocco, N. (1995). *EMDR in the treatment of darkness phobia in children.* Paper presented at the EMDR annual conference, Pacific Grove, CA, June.

Cocco, N. & Sharpe, L. (1993). An auditory variant of eye movement desensitization in a case of childhood post-traumatic stress disorder. *Journal of Behavior Therapy and Experimental Psychiatry* 24:373-377.

Cohen, A. & Lahad, M. (1997). Eye movement desensitisation and reprocessing in the treatment of trauma. In *Community Stress Prevention,* vol. 2, hrsg. von M. Lahad & A. Cohen, S. 160-165. Kiryat Shmona, Israel: CSPC Publications.

Cohen, R.E. (1998). Intervention programs for children. In *Mental Health Response to Mass Emergencies: Theory and Practice*, hrsg. von M. Lystad, S. 262-283. New York: Brunner/Mazel.

Conaway, L.P. & Hansen, D.J. (1989). Social behavior of physically abused and neglected children: a critical review. *Clinical Psychology Review* 9:627-652.

Cuffe, S.P., Addy, C.L., Garrison, C.Z. *et al.* (1998). Prevalence of PTSD in a community sample of older adolescents. *Journal of the American Academy of Child and Adolescent Psychiatry* 37:147-154.

Datta, P.C. & Wallace, J. (1996): *Enhancement of victim empathy along with reduction in anxiety and increase of positive cognition of sex offenders alfter treatment with EMDR*. Paper presented at the annual meeting of the EMDR International Association, Denver, CO, June.

Dunton, R. (1993). *Applying the EMDR model to children and adolescents with school related behavior and learning issues*. Workshop presented at the EMDR annual conference, San Jose, CA, March.

Dutton, P. (1996). *Superkids: Practical Child Management*. Dollar, Scotland: Psynapse.

Dyregrov, A. & Yule, W. (1995). *Screening measures: The development of the UNICEF screening battery*. Paper present. at the annual meeting of the International Society for Traumatic Stress Studies, Boston, MA.

Earls, F., Smith, E., Reich, W. & Jung, K.G. (1998). Investigating psychopathological consequences of a disaster in children: a pilot study incorporating a structured diagnostic interview. *Journal of the American Academy of Child and Adolescent Psychiatry* 27:90-95.

Famularo, R., Kinscherff, R. & Fenton, T. (1992). Psychiatric diagnoses of maltreated children: preliminary findings. *Journal of the American Academy of Child and Adolescent Psychiatry* 31:863-867.

Feske, U. (1998). Eye movement desensitization and reprocessing treatment for posttraumatic stress disorder. *Clinical Psychology: Science and Practice* 5:171-181.

Figley, C., ed. (1985). *Trauma and Its Wake: The Study and Treatment of Post-Traumatic Stress Disorder*. New York: Brunner/Mazel.

Fletcher, K.E. (1993). *The spectrum of post-traumatic responses in children*. Poster represented at the annual meeting of the International Society for Traumatic Stress Studies, San Antonio, October.

Fletcher, K.E. (1996). Childhood posttraumatic stress disorder. In *Child Psychopathology*, hrsg. von E. Mash & R. Barkley, S. 242-276. New York: Guilford.

Flisher, A.J., Kramer, R.A., Hoven, C.W. *et al.* (1997). Psychosocial characteristics of physically abused children and adolescents. *Journal of the American Academy of Child and Adolescent Psychiatry* 36:123-131.

Foy, D.W., Wood, J.L., King, D.W. *et al.* (1997). Los Angeles Symptom Checklist: psychometric evidence with an adolescent sample. *Assessment* 4:377-384.

Galante, R. & Foa, D. (1986). An epidemiological study of psychic trauma and treatment effectiveness for children after a natural disaster. *Journal of the American Academy of Child Psychiatry* 25:357-363.

Gibbs, M.S. (1989). Factors in the victim that mediate between disaster and psychopathology: a review. *Journal of Traumatic Stress* 2:489-514.

Green, A.H. (1983). Child abuse: dimension of psychological trauma in abused children. *Journal of the American Academy of Child Psychiatry* 22:231-237.

Green, B.L., Korol, M., Grace, M.C. *et al.* (1991). Children and disaster: age, gender, and parental effects on PTSD symptoms. *Journal of the American Academy of Child and Adolescent Psychiatry* 30:945-951.

Greening, L. & Dollinger, S.J. (1992). Illusions (and shattered illusions) of invulnerability: adolescents in natural disaster. *Journal of Traumatic Stress* 5:63-75.

Greenwald, R. (1993a). Magical installations can help clients to slay their dragons. *EMDR Network Newsletter* 3(2):16-17.

Greenwald, R. (1993b). Treating children's nightmares with EMDR. *EMDR Network Newsletter* 3(1):7-9.

Greenwald, R. (1993c). *Using EMDR with children.* Pacific Grove, CA: EMDR Institute.

Greenwald, R. (1993d). *Using EMDR with children: critical incidents.* Workshop presented at the EMDR annual conference, San Jose, CA, March.

Greenwald, R. (1994a). Applying eye movement desensitization and reprocessing (EMDR) to the treatment of traumatized children: five case studies. *Anxiety Disorders Practice Journal* 1:83-97.

Greenwald, R. (1994b). Eye movement desensitization and reprocessing (EMDR): an overview. *Journal of Contemporary Psychotherapy* 24:15-34.

Greenwald, R. (1994c). Family interventions to enhance child EMDR treatment. *EMDR Network Newsletter* 4(2):7-8.

Greenwald, R. (1994d). The therapeutic relationship and EMDR. *EMDR Network Newsletter* 4(1):10-11.

Greenwald, R. (1994e). Using EMDR with children: »cleaning up« afterwards. *EMDR Network Newsletter* 4(3):8.

Greenwald, R. (1995). Eye movement desensitization and reprocessing (EMDR): a new kind of dreamwork? *Dreaming* 5:51-55.

Greenwald, R. (1996). The information gap in the EMDR controversy. *Professional Psychology: Research and Practice* 27:67-72.

Greenwald, R. (1997a). A better approach to training: why you should teach EMDR in your home town. *The EMDR Practitioner.* Im Internet: http://www.geocities.com/HotSprings/Spa/1999).

Greenwald, R. (1997b). Children's mental health care in the 21st century: eliminating the trauma burden. *Child and Adolescent Psychiatry On-Line.* Im Internet: http://www.Priory.com/psychild.htm).

Greenwald, R. (1997c). *EMDR for adolescents with disruptive behavior disorders.* Workshop presented at the annual meeting of the EMDR International Association, San Francisco, CA, July.

Greenwald, R. (1998a). EMDR cures kidney stones: a case report. *EMDRIA Newsletter* 3(3):32.

Greenwald, R. (1998b). Eye movement desensitization and reprocessing (EMDR): new hope for children suffering from trauma and loss. *Clinical Child Psychology and Psychiatry* 3:279-287.

Greenwald, R. (1998c). *A trauma-focused individual therapy approach for adolescents with conduct disorder.* Manuscript submitted for publication.

Greenwald, R. (Im Druck). Suggestion is still powerful: response to EMDR and Mesmerism: *A Comparative Historical Analysis. Journal of Anxiety Disorders.*

Greenwald, R. & Rubin, A. (1999). Brief assessment of children's post-traumatic symptoms: development and preliminary validation of parent and child scales. *Research on Social Work Practice* 9:61-75.

Grosso, F.C. (1996). Children and OCD: extending the treatment paradigm. *EMDRIA Newsl.* 1(1):10-11.

Handford, H.A., Mayes, S.D., Mattison, R.E. *et al.* (1986). Child and parent reaction to the Three Mile Island nuclear accident. *Journal of the American Academy of Child Psychiatry* 25:346-356.

Heatherington, E.M., Stanley-Hagan, M. & Anderson, E.R. (1989). Marital transitions: a child's perspective. *American Psychologist* 44:303-312.

Herman, J.L. (1992). Complex PTSD: A Syndrome in Survivors of Prolonged and Repeated Trauma. *Journal of Traumatic Stress* 5:377-391.

Holaday, M., Armsworth, M.W., Swank, P.R. & Vincent, K.R. (1992). Rorschach responding in traumatized children and adolescents. *Journal of Traumatic Stress* 5:119:129.

Horowitz, M.J. (1996). *Stress Response Syndromes*, 2nd ed. Northvale, NJ: Jason Aronson.

Hyer, L. & Brandsma, J.M. (1997). EMDR minus eye movements equals good psychotherapy. *Journal of Traumatic Stress* 10:515-522.

Hyman, I.A., Zelikoff, W. & Clarke, J. (1988). Psychological and physical abuse in the schools: a paradigm for understanding post-traumatic stress disorder in children and youth. *Journal of Traumatic Stress* 1:243-267.

ISTSS (International Society for Traumatic Stress Studies) (1998). Childhood trauma remembered: a report on the scientific knowledge base and ist applications. Chicago: ISTSS.

James, B. (1989). *Treating Traumatized Children: New Insights and Creative Interventions.* Lexington, MA: Lexington.

Jenkins, E.J. (1995). Violence exposure, psychological distress and risk behaviors in a sample of inner-city youth. In *Trends, Risks, and Interventions in Lethal Violence: Proceedings of the Third Annual Spring Symposium of the Homicide Research Working Group, Atlanta,* hrsg. von C.R. Block & R.L. Block, S. 287-297. Washington, DC: U.S. Department of Justice, Office of Justice Programs, National Institute of Justice.

Jones, C.A. (1991). Who takes care of the caretakers? *Advances in Behaviour Research and Therapy* 13:181-183.

Kantor, D. (1980). Critical identity image: a concept linking individual, couple, and family development. In *Family Therapy: Combining Psychodynamic and Systems Approaches,* hrsg. von J.K. Pearce & L.J. Friedman, S. 137-167. New York: Grune & Stratton.

Kendall-Tackett, K.A., Williams, L.M. & Finkelhor, D. (1993). Impact of sexual abuse on children: a review and synthesis of recent empirical studies. *Psychological Bulletin* 113:164-180.

Krystal, H. (1978). Trauma and affects. *Psychoanalytic Study of the Child* 33:81-116. New Haven, CT: Yale University Press.

Lee, C.W., Gavriel, H. & Richards, J. (1996). Eye movement desensitization: past research, complexities, and future directions. *Australian Psychologist* 31(3):168-173.

Leeds, A. (1997). *In the eye of the beholder: reflections on shame, dissociation and transference in complex posttraumatic stress and attachment disorders.* Workshop presented at the annual meeting of the EMDR International Association, San Francisco, CA, July.

Lipke, H. (1994). Eye movement desensitization and reprocessing (EMDR): a quantitative study of clinician impressions of effects and training requirements. Nachdruck in F. Shapiro (1995), *Eye Movement Desensitization and Reprocessing: Basic Principles, Protocols and Procedures,* S. 376-386. New York: Guilford, 1995. (dt. Ausgabe siehe unter Shapiro)

Loeber, R., Green, S.M. & Lahey, B.B. (1990). Mental health professionals' perception of the utility of children, mothers, and teachers as informants on childhood psychopathology. *Journal of Clinical Child Psychology* 19:136-143.

Lonigan, C.J., Shannon, M.P., Finch, A.J., Jr. et al. (1991). Children's reactions to a natural disaster: symptom severity and degree of exposure. *Advances in Behaviour Research and Therapy* 13:135-154.

Lovett, J. (1995). *EMDR with children: eleven months to eleven years.* Workshop presented at the EMDR annual conference, Pacific Grove, CA, June.

Mahler, M., Bergmann, A. & Pine, F. (1975). *The Psychological Birth of the Human Infant.* N. Y.: Basic Books.

Malinosky-Rummell, R. & Hansen, D.J. (1993). Long-term consequences of childhood physical abuse. *Psychological Bulletin* 114:68-79.

Marshall, T.J. & Vargas-Lobato, M. (1997). *Reactive attachment disorders and EMDR.* Workshop presented at the annual meeting of the EMDR International Association, San Francisco, California, July.

Martinez, R. (1991). Innovative uses. *EMDR Network Newsletter* 1(1):5-6.

McFarlane, A.C. (1987). Posttraumatic phenomena in a longitudinal study of children following a natural disaster. *Journal of the American Academy of Child and Adolescent Psychiatry* 26:764-769.

McNally, R.J. (1991). Assessment of posttraumatic stress disorder in children. *Psychological Assessment* 3:531-537.

Mendoza-Weitman, L. (1992). Case study. *EMDR Network Newsletter* 2(1):11-12.

Michaels, A.J., Michaels, C.E., Moon, C.H. *et al.* (1998). Psychosocial factors limit outcomes after trauma. *Journal of Trauma* 44:644-648.

Milgram, N.A., Toubiana, Y.H., Klingman, A. *et al.* (1988). Situational exposure and personal loss in children's acute and chronic stress reactions to a school bus disaster. *Journal of Traumatic Stress* 1:339-352.

Nader, K., Pynoos, R., Fairbanks, L. & Frederick, C. (1990). Children's PTSD reactions one year after a sniper attack at their school. *American Journal of Psychiatry* 147:1526-1530.

Newcorn, J.H. & Strain, J. (1992). Adjustment disorder in children and adolescents. *Journal of the American Academy of Child and Adolescent Pychiatry* 31:318-327.

Newman, C.J. (1976). Children of disaster: clinical observations at Buffalo Creek. *American Journal of Psychiatry* 133:306-312.

Pellicer, X. (1993). Eye movement desensitization treatment of a child's nightmares: a case report. *Journal of Behavior Therapy and Experimental Psychiatry* 24:73-75.

Peterson, K.C., Prout, M.F. & Schwarz, R.A. (1991). *Post-Traumatic Stress Disorder: A Clinician's Guide.* New York: Plenum.

Puffer, M.K., Greenwald, R. & Elrod, D.E. (1998). A single session EMDR study with twenty traumatized children and adolescents. *Traumatology* 3(2). Im Internet: http://www.fsu.edu/~trauma/v3i2art6.html)

Pynoos, R.S. (1990). Post-traumatic stress disorder in children and adolescents. In *Psychiatric Disorders in Children and Adolescents,* hrsg. von B.D. Garfinkel, G.A. Carlson & E.B. Weller, S. 48-63. Philadelphia: W.B. Saunders.

Pynoos, R.S. & Eth, S. (1986). Witness to violence: the child interview. *Journal of the American Academy of Child Psychiatry* 25:306-319.

Pynoos, R.S., Frederick, C., Nader, K. *et al.* (1987). Life threat and posttraumatic stress in school-age children. *Archeives of General Psychiatry* 44:1057-1063.

Pynoos, R.S. & Nader, K. (1988). Psychological first aid and treatmant approach to children exposed to community violence: research implications. *Journal of Traumatic Stress* 1:445-473.Rappaport, J. (1992). Innovative uses. *EMDR Network Newsletter* 2(1):14.

Riise, K.S., Corrigan, S.A., Uddo, M. & Sutker, P.B. (1994). *Multiple traumatic experiences: risk factors for PTSD.* Poster presented at the annual meeting of the International Society for Traumatic Stress Studies, Chicago, IL, November.

Rodriguez, G. (1997). Medical conditions in children and EMDR. *EMDR Association of Australasia's Saccades Newsletter* 2(1):5.

Rothbaum, B. (1992). How does EMDR work? *Behavior Therapist* 15:34, 46.

Rubin, A. & Bischofshausen, S. (1997). *EMDR outcomes in a child guidance center: preliminary findings.* Paper presented at the annual meeting of the EMDR International Association, San Francisco, California, July.

Scheck, M.M., Schaeffer, J.A. & Gilette, C.S. (1998). Brief psychological intervention with traumatized young women: the efficacy of eye movement desensitization and reprocessing. *Journal of Traumatic Stress* 11:25-44.

Schwarz, E.D. & Kowalski, J.M. (1991). Malignant memories: PTSD in children and adults after a school shooting. *Journal of the American Academy of Child and Adolescent Psychiatry* 30:936-944.

Scott, S.T. & Gardin, M. (1994). *Multiple traumas and the development of post-traumatic stress disorder.* Poster presented at the annual meeting oft the International Society for Traumatic Stress Studies, Chicago, IL, November.

Shalev, A.Y., Peri, T., Canetti, L. & Schreiber, S. (1996). Predictors of PTSD in injured trauma patients: a prospective study. *American Journal of Psychiatry* 153:219-225.

Shapiro, F. (1989a). Efficacy of the eye movement desensitization procedure in the treatment of traumatic memories. *Journal of Traumatic Stress* 2:199-223.

Shapiro, F. (1989b). Eye movement desensitization: a new treatment for post-traumatic stress disorder. *Journal of Behavior Therapy and Experimental Psychiatry* 20:211-217.

Shapiro, F. (1991a). Eye movement desensitization and reprocessing: a cautionary note. *Behavior Therapist* 14:188.

Shapiro, F. (1991b). Eye movement desensitization and reprocessing procedure: from EMD to EMD/R – a new treatment model for anxiety and related traumata. *Behavior Therapist* 14:128, 133-135.

Shapiro, F. (1995). *Eye Movement Desensitization and Reprocessing: Basic Principles, Protocols and Procedures.* New York: Guilford; dt.: (1998) *EMDR – Grundlagen und Praxis. Handbuch zur Behandlung traumatisierter Menschen.* Paderborn: Junfermann.

Shapiro, F. (1996a). Eye movement desensitization and reprocessing (EMDR): evaluation of controlled PTSD research. *Journal of Behavior Therapy and Experimental Psychiatry* 27:209-218.

Shapiro, F. (1996b). Errors of context and review of eye movement desensitization and reprocessing research. *Journal of Behavior Therapy and Experimental Psychiatry* 27:313-317.

Simonton, O.C. & Creighton, J. (1982). *Getting Well Again.* New York: Bantam; dt.: (1982) *Wieder gesund werden.* Reinbek: Rowohlt.

Soberman, G.S., Greenwald, R. & Rule, D. (1998). *Eye movement desensitization and reprocessing (EMDR) for traumatic memories in the treatment of boys with conduct disorder.* Manuscript submitted for publication.

Stickgold, R. (1998). *REM sleep, memory, PTSD and EMDR.* Paper presented at the annual meeting of the EMDR International Association, Baltimore, MD, July.

Sugar, M. (1989). Children in a disaster: an overview. *Child Psychiatry and Human Development* 19:163-179.

Sullivan, M.A., Saylor, C.F. & Foster, K.Y. (1991). Post-hurricane adjustment of preschoolers and their families. *Advances in Behaviour Research and Therapy* 13:163-171.

Sutton, A. (1994). *EMDR with sexually abused children.* Workshop presented at the EMDR annual conference, Sunnyvale, CA, March.

Sweet, A. (1995). A theoretical perspective on the clinical use of EMDR. *Behavior Therapist* 18:5-6.

Szapocznik, J., Rio, A., Murray, E. *et al.* (1989). Structural family versus psychodynamic child therapy for problematic Hispanic boys. *Journal of Consulting and Clinical Psychology* 57:571-578.

Terr, L. (1979). Children of Chowchilla: a study of psychic trauma. *Psychoanalytic Study of the Child* 34:547-623. New Haven, CT: Yale University Press.

Terr, L. (1983). Life attitudes, dreams, and psychic trauma in a group of „normal" children. *Journal of the American Academy of Child Psychiatry* 22:221-230.

Terr, L. (1989). Treating psychic trauma in children: a preliminary discussion. *Journal of Traumatic Stress* 2:3-20.

Terr, L. (1991). Childhood traumas: an outline and overview. *American Journal of Psychiatry* 148:10-20.

Tinker, R. (1994). *Using EMDR with children and adolescents.* Workshop presented at the EMDR annual conference, Sunnyvale, CA, March.

van der Kolk, B.A. (1987). The psychological consequences of overwhelming life experiences. In *Psychological Trauma,* hrsg. von B.A. van der Kolk, S. 1-30. Washington, DC: American Psychiatric Press.

van Etten, M. & Taylor, S. (1998). Comparative efficacy of treatments for posttraumatic stress disorder: a meta-analysis. *Clinical Psychology and Psychotherapy* 5:126-145.

Vrana, S. & Lauterbach, D. (1994). Prevalence of traumatic events and post-traumatic psychological symptoms in a nonclinical sample of college students. *Journal of Traumatic Stress* 7:289-302.

Wallerstein, J., Corbin, S.B. & Lewis, J.M. (1988). Children of divorce: a ten-year study. In *Impact of Divorce, Single-Parenting, and Stepparenting on Children,* hrsg. von E.M. Heatherington & J. Arasteh, S. 198-214. Hillsdale, NJ: Lawrence Erlbaum.

Weinberg, R. & Caspers, S. (1997). *Using EMDR with students who have a learning disability to improve reading skills.* Paper presented at the annual meeting of the EMDR International Association, San Francisco, CA, July.

Weinberg, R. & Caspers, S. (1998). *Using EMDR with students who have a learning disability to improve reading skills.* Paper presented at the annual meeting of the EMDR International Association, Baltimore, MD, July.

Winnicott, D.W. (1995). *The Maturational Processes and the Facilitating Environment.* New York: International Universities Press.

Yule, W. & Williams, R.M. (1990). Post-traumatic stress reactions in children. *Journal of Traumatic Stress* 3:279-295.

Personen- und Stichwortregister

Lernen, Denken & „bewußt sein"

168 Seiten, kart.
DM 34,80; EUR 17,79
ISBN 3-87387-448-2

Die drei inhaltlichen Schwerpunkte dieses Buches stehen in engem Zusammenhang: Das verbindende Element heißt „Lernen". Beginnend mit der Feldenkrais-Methode wird mittels der wissenschaftlichen Bewegungsanalyse und einer Videoaufzeichnung der Aufbau und Ablauf einer exemplarischen Lektion aus *Bewußtheit durch Bewegung* dokumentiert, beschrieben und interpretiert, um ein Verständnis der Methode, mit der man das „Lernen lernen" kann, zu eröffnen. Es folgen lerntheoretische Aspekte John Deweys, eines amerikanischen Pädagogen und Psychologen. Diese werden mit den Lehren von Moshé Feldenkrais verglichen. Der dritte Inhaltsschwerpunkt erhellt lebhaft die Bewegungen des Bewußtseins und Denkens. Das menschliche Bewußtsein und folgerichtig auch das Umfeld, das es sich erschafft, befinden sich grundsätzlich in Unordnung. Mit entsprechendem Eigeninteresse und der Absicht, die geistigen Werkzeuge der Beobachtung und Aufmerksamkeit einzusetzen, kann es zu einer Ordnung gelangen.

Dr. Gerhard Wallner studierte Elektrotechnik mit Schwerpunkt Elektromedizin. Er ist darüber hinaus Dipl.-Yogalehrer und Dipl.-Feldenkrais-Lehrer.

www.junfermann.de

JUNFERMANN • Postfach 1840 • 33048 Paderborn
eMail: ju@junfermann.de • Tel. 0 52 51/13 44 0 • Fax 0 52 51/13 44 44